Polifonia Urbana

Polifonia Urbana

arquiteturas, urbanismos e mediações

Adriana Levisky

Senac
kpmo

Gerente/Publisher: Luís Américo Tousi Botelho (luis.tbotelho@sp.senac.br)
Coordenação Editorial/Prospecção: Dolores Crisci Manzano (dolores.cmanzano@sp.senac.br)
Administrativo: grupoedsadministrativo@sp.senac.br
Comercial: comercial@editorasenacsp.com.br

Edição e Preparação de Texto: Heloisa Hernandez
Revisão de Texto: AZ Design Arte e Cultura

KPMO Cultura e Arte
www.kpmo.com.br
Coordenação Editorial: Keila Prado Costa
Direção de Arte: 2021 © Marcello de Oliveira
Versão Inglês: Carolina Lara

Impressão e Acabamento: MaisType

Editora Senac São Paulo
Rua 24 de Maio, 208 – 3º andar – Centro – CEP 01041-000
Caixa Postal 1.120 – CEP 01032-970 – São Paulo – SP
Tel. (11) 2187-4450 – Fax (11) 2187-4486
E-mail: editora@sp.senac.br
Home page: http://www.livrariasenac.com.br

Dados Internacionais de Catalogação na Publicação (CIP)
(Jeane Passos de Souza – CRB 8ª/6189

Levisky, Adriana
Polifonia Urbana : arquiteturas, urbanismos e mediações / Adriana Levisky. - São Paulo : Editora Senac São Paulo; KPMO Cultura e Arte, 2021.

Bibliografia
ISBN 978-65-5536-667-9 (impresso/2021)
ISBN 978-65-5536-668-6 (ePub/2021)
ISBN 978-65-5536-669-3 (PDF/2021)

1. Arquitetura e urbanismo 2. Projetos urbanísticos 3. Arquiteto urbanista – Atuação profissional 4. Sustentabilidade urbana 5. Levisky Arquitetos | Estratégia urbana, 2003-2021 (escritório de arquitetura) I. Título.

21-1288t — CDD-719 / 720 / BISAC ARC010000 / ARC006000

Índice para catálogo sistemático:

1. Arquitetura e urbanismo : Planejamento urbano 719
2. Arquitetura e urbanismo : Escritório de arquitetura 720

Sumário

Parte 2

Projetos, possibilidades e interlocuções 67

Parte 3

Legislação e oportunidades 321

Nota do editor

Dialogar, interagir e reagir, a partir do conhecimento da arquitetura e das leis que regem a sociedade e o território que ocupa, com todas as suas demandas. Para Adriana Levisky, cabe ao arquiteto urbanista um posicionamento empreendedor, no sentido de ir em busca não só de resolver aquilo que lhe é solicitado, mas de estar um passo à frente, ouvindo à população, a instituições públicas e privadas, contextualizando problemas e apresentando meios e soluções ainda não pensados para otimizar dinâmicas sociais e de espaços públicos.

Com esse intuito, a autora retoma nesta publicação alguns dos trabalhos que desenvolveu em seu escritório, contando ao leitor o histórico de cada um desses projetos selecionados, bem como sua evolução – ou não – ao longo do processo. Chama a atenção um e-mail enviado à arquiteta, escrito por um líder comunitário de um bairro-cota que corria risco de deslizamento, onde foi implementado o loteamento Rubens Lara, resgatando a autoestima da população local: "*De repente, percebia-se um carrinho novo na garagem de um, depois na de outro e assim sucessivamente. (...) As famílias, de uma forma geral, foram todas mobilizadas para o crescimento*".

Outros pontos de destaque estão relacionados às possibilidades de atuação do arquiteto, por vezes limitada por conta da legislação, somada à pouca organização dos arquitetos enquanto categoria profissional. A autora também reflete sobre outras questões que impactam no resultado final dos projetos, reverberando na sociedade e seus modos de vida.

Atento à dinâmica das cidades e à necessidade de projetos urbanísticos que atendam a diferentes anseios, o Senac São Paulo apresenta esta publicação na área de arquitetura e urbanismo para estimular o debate sobre o tema entre profissionais da área e interessados em geral.

Agradecimentos

Encerrar esta jornada, fruto de quatro anos de introspecção e reflexão sobre temas que estruturam este livro, fez-se capaz por conta da participação e da contribuição de diversas pessoas, antes e durante esta trajetória.

A essas pessoas dedico minha imensa gratidão.

Tentando compreender as formas de colaboração recebidas para a realização deste trabalho, arrisco uma organização temática. Ou seja, aqueles que me dedicaram gentileza, senso ético, coragem e energia; os que me abriram importantes portas ao conhecimento e às oportunidades, e aqueles que me acompanharam na linha de frente na confecção deste livro.

No campo das gentilezas, da ética, da coragem e da energia, meus mais amorosos agradecimentos aos meus pais David Léo Levisky e Ruth Blay Levisky; minhas filhas, Nina Levisky Loureiro e Lis Levisky Loureiro; meus irmãos, Flavia Blay Levisky e Ricardo Blay Levisky; meu companheiro, Manoel Fernandes Barreira Neto;

minha amiga e também irmã, Maria Eugênia França Leme, e meu amigo de muitas construções e canções, onde quer que ele se encontre, César Pereira Lopes.

No campo do conhecimento, minha profunda gratidão ao Marcelo Suzuki, à Elisabeth Goldfarb, ao Gianfranco Vannucchi e ao Roberto Aflalo Filho, que, com tamanha generosidade, me indicaram caminhos e conexões. Ao Carlos Guilherme Campos Costa, líder comunitário do Loteamento Residencial Rubens Lara, e ao Ivanildo de Oliveira, líder comunitário do Jardim Colombo, que, por meio de suas atuações, muito me ensinaram sobre a sabedoria da generosidade e do viver em coletividade.

No campo das oportunidades, meu agradecimento à minha amiga Elisabete França e ao amigo Lair Krähenbühl, que me propiciaram experiências genuínas no campo da urbanização de interesse social e da reurbanização das ocupações irregulares, e ainda na compreensão das dinâmicas da vida em comunidades. Ao amigo Claudio Lottenberg, que me possibilitou iniciar uma longa trajetória de investigação e de aprendizado no campo da saúde. À amiga Heloísa Proença, que me suscitou melhor compreensão a respeito das questões administrativas e da gestão pública. E ao querido Abram Szajman, que me permitiu aprendizado sensível e abrangente no campo das questões de interesse público e social.

No campo da parceria investigativa, de todas as horas, na área da saúde, meu amigo Antonio Carlos Cascão e, na área da regulação urbanística e edilícia, meu querido amigo Pedro Luis Ferreira da Fonseca.

Agradecimentos calorosos à Sophia da Silva Telles, que, com delicadeza e assertiva análise crítica, direcionou e redirecionou os meandros desta publicação e abriu caminho para uma prazerosa amizade.

À Keila Costa e ao Marcello de Oliveira, meu agradecimento pela contínua dedicação e estímulo para que finalizássemos o trabalho.

Aos colegas de profissão, colaboradores fervorosos de todos os tempos, que compuseram a família da Levisky Arquitetos | Estratégia Urbana, contribuindo neste instigante processo criativo, de pesquisa, reflexão e investigação ininterrupta.

E, finalmente, minha profunda gratidão à minha parceira de todas as horas, que tem ao longo dos anos me permitido sonhar e manter incansável a chama da dúvida, da inquietação e do sonho, Renata Gomes.

Prefácio

Um ouvido atento às vozes da cidade

Cidades contemporâneas constituem espaços privilegiados que estimulam a reflexão sobre as implicações e os significados do viver junto. Densamente povoadas e, ao mesmo tempo, atravessadas por contradições que acarretam problemáticas de natureza variada, desafiam o poder público, a iniciativa privada e a sociedade civil. Acabam oferecendo, por isso mesmo, possibilidades bastante concretas para uma atuação voltada à responsabilidade social e à melhoria da qualidade de vida das pessoas.

Parte do fascínio exercido por esses aglomerados urbanos parece ter a ver justamente com sua característica ambígua, simultaneamente acolhedora do impulso realizador dos seres humanos, dando forma aos sonhos empreendedores das mais distintas espécies, e excludente, negando à parte significativa da população o acesso a direitos fundamentais. Se, por um lado, a cidade permite – ou deveria permitir – a satisfação das necessidades mais básicas, como moradia, mobilidade, educação, cultura e lazer, por outro, encontra-se, muitas vezes, em condições precarizadas, necessitando de investimento e requalificação.

Etimologicamente associadas à ideia de "reunião de cidadãos", cidades, por definição, convidam à participação e demandam o exercício da cidadania. Abrem, assim, canais para a construção coletiva de seus caminhos, envolvendo o Estado, o empresariado, as organizações não governamentais e todos aqueles que, imbuídos do espírito cívico, almejam contribuir para a existência em sociedade. É, portanto, na complementariedade e no equilíbrio entre a ação do poder público e a da iniciativa privada que reside a fórmula que tem permitido o endereçamento mais adequado dos desafios atuais, cuja complexidade é diretamente proporcional à multiplicidade de aspectos conjurados: sociais, econômicos, políticos, ambientais, jurídicos, culturais, geográficos.

Campo controverso, no qual reivindicações e disputas ideológicas emergem de maneira mais expressiva, o território urbano demanda negociação permanente entre os atores que convivem no espaço, possibilitando – exigindo, pode-se dizer – a construção de pactos em nome da coletividade e do interesse público. Nesse contexto, em meio à profusão de vozes das ruas, a figura do mediador, que escuta, acolhe e dá lugar àquilo que está sendo dito, para além de desejável, é essencial.

Conhecedor das lógicas e dinâmicas da cidade, o arquiteto urbanista, ao posicionar-se como elo entre os diferentes atores, mapeando interesses e propondo soluções, pode ocupar essa posição estratégica. Com cerca de 15 milhões de metros quadrados em projetos de arquitetura, urbanismo e consultoria no portfólio, é precisamente neste lugar do meio, interpretando a legislação vigente, estabelecendo acordos de vizinhança e criando modelos de cooperação público-privados, que atuam Adriana Levisky e o escritório Levisky Arquitetos | Estratégia Urbana.

Na condição de presidente da Federação do Comércio de Bens, Serviços e Turismo do Estado de São Paulo (FecomercioSP), pude acompanhar de perto o desenvolvimento do plano de requalificação das imediações da praça 14 Bis, no bairro da Bela Vista, em São Paulo, sob sua responsabilidade, especialmente no que tange à mediação entre os diversos agentes envolvidos. Ainda não concretizado, como Adriana conta no livro, seu preparo minucioso, seguido da interrupção pelo poder público, até o presente momento, expressa alguns dos percalços nesta trajetória. Esta é, aliás, uma das virtudes da publicação, que reúne experiências pessoais no campo empresarial, institucional e projetual: a tentativa de evidenciar dificuldades no processo de trabalho.

Nesse sentido, a tarefa de tornar as cidades mais acolhedoras, eficazes e sustentáveis, empreitada de longo prazo e de impacto dilatado, afetando parcelas significativas da população e implicando, por vezes, a reorganização de setores socioeconômicos, costuma encontrar resistência na brevidade de projetos político-partidários – daí novamente a importância das parcerias com organizações da sociedade civil.

Ainda assim, trata-se de um esforço do qual não é possível alijar-se. Experiências como a da praça Victor Civita ou a do Plano Urbanístico de Expansão do Hospital Albert Einstein, narradas na obra, demonstram que a identificação de interesses comuns e a definição de contrapartidas, mesmo quando são muitos os agentes envolvidos, pode trazer benefícios para a cidade como um todo.

Pessoalmente, posso assegurar, a partir da experiência à frente de instituições como o Senac e o Sesc em São Paulo, que a implantação de unidades de ensino, cultura e lazer traz impactos positivos num raio de até muitos quilômetros de distância de onde esses equipamentos estão instalados. Presentes em cidades com grande concentração populacional, às vezes em terrenos cedidos pelas prefeituras municipais e integrando projetos de requalificação urbana mais amplos, suas estruturas, cuidadosamente pensadas para possibilitar uma experiência plena, em harmonia com o ambiente e com as características socioculturais do entorno, enfatizam ideais que desejamos ver incorporados em todo e qualquer projeto: acessibilidade, sustentabilidade, acolhimento.

Atentos a esses ideais, Adriana Levisky e o escritório Levisky Arquitetos | Estratégia Urbana têm ambição maior do que a de simplesmente atender a demandas prévias de seus clientes, e buscam, junto a eles, avaliar possibilidades, mensurar riscos e desenhar soluções, articulando o diálogo com outros agentes, quando é o caso. Em vez de uma atuação passiva, de prestação de serviços a partir das requisições do mercado, oferecem uma ação propositiva, visando, com isso, influenciar o próprio mercado, o Estado e a sociedade.

Adriana Levisky idealiza, assim, um arquiteto urbanista empreendedor. A dimensão política do discurso está associada ao desejo de que essa postura transcenda o seu próprio escritório e seja assimilada por outros profissionais da área, que têm, na presente publicação, um valioso instrumento. O entrelaçamento entre experiências do passado e reflexões sobre o lugar do arquiteto na sociedade contemporânea aponta, nesse sentido, e com a pressa dos assuntos urgentes, ao desenho da cidade do futuro.

Abram Szajman
Presidente da Federação do Comércio de Bens, Serviços e Turismo, do Centro do Comércio e dos Conselhos Regionais do Sesc e do Senac no Estado de São Paulo

Palavras da autora

P*olifonia urbana: arquiteturas, urbanismos e mediações* não é um livro acadêmico, no tradicional senso que essa classificação representa. Tampouco se refere a um catálogo ilustrativo da produção profissional de um escritório de arquitetura. Talvez, sua estrutura corresponda a um híbrido, resultante da compilação comentada de uma série de experiências pessoais no campo empresarial, institucional e projetual.

Este é um livro de reflexões. De forma livre e espontânea, pretendo expor e dividir com o leitor diversos temas que ocupam meus pensamentos e que inspiram cotidianamente a rotina do nosso escritório.

Qual leitor?

Bem, todos que tenham interesse pela arquitetura e pelo urbanismo. Pelas oportunidades de interação com a cidade. Estudantes. Colegas de profissão ou de atividades complementares. Interessados na prática dessa profissão por meio de seus mais variados nichos de atuação. Nos seus erros e acertos. Na fragilidade de alguns pontos da formação e capacitação profissional. Nos pensamentos silenciosos que auxiliam as estratégias de estruturação e a manutenção de um escritório de arquitetura. Na opção pela *persona* pública que se propõe a comunicar com a sociedade em seu mais amplo espectro, em virtude de sua produção profissional. Na escolha dos canais mais consistentes de interlocução na busca da construção de uma posição pública e política enquanto profissional. Na reflexão sobre as condições, regras e vícios que caracterizam as relações pública e privada na prática de trabalho.

Por meio de um relato despretensioso, este livro pretende agrupar, a partir dos diversos projetos e processos que vimos produzindo nos últimos 18 anos, experimentos, apostas, pontos de vista para com a sociedade, que de alguma forma vem costurando, alinhavando e estruturando nossos trabalhos.

Possivelmente, este livro seja uma maneira, ou melhor, um desejo de se expor na busca pela construção de uma maior intimidade com aqueles que provavelmente também carregam inquietações e motivações similares, decorrentes da prática profissional na arquitetura e urbanismo no Brasil e do desejo de interagir com as cidades e a sociedade contemporâneas.

Falando um pouco sobre o nosso escritório, o Levisky Arquitetos | Estratégia Urbana teve sua origem em 2003, fruto de uma alteração de sociedade a partir do amadurecimento dos rumos desejados para a configuração de um futuro profissional e existencial almejado.

Após a saída da FAU-USP, em 1992, como arquiteta recém-formada, dei continuidade à minha experiência profissional anterior, iniciada ainda como estagiária no Instituto Lina Bo e Pietro Maria Bardi, com a arquiteta Lina Bo Bardi. Dessa experiência, que me trouxe a oportunidade singular de estudar a obra, a *persona* e o olhar sobre a cultura e a técnica brasileira de Lina, veio a possibilidade de morar por um ano na Europa, quando pude conhecer, reconhecer e experienciar uma série de lugares, histórias, projetos, pessoas e culturas.

Na bagagem de volta, o esboço de minha dissertação de mestrado configurava-se, buscando por meio de uma melhor compreensão do fator "tempo", talvez, a consolidação de aspectos essenciais da cultura no imaginário e na estética de uma sociedade. Assim foi concluída na Faculdade de Filosofia, Letras e Ciências Humanas da USP a dissertação *A sacralização do espaço e a espacialização do sagrado*, cuja defesa ocorreu em 2000, sob a orientação de Berta Waldman, coorientação de Michel Leipziguer e especial participação de Hilário Franco Junior e Salete Cara.

Dessa jornada, diversos campos de reflexão se abriram, principalmente nas áreas da História da Cultura, História das Mentalidades, Linguística e Semiótica – disciplinas que preencheram um lugar fundamental na minha busca pela compreensão dos espaços, lugares e sociedade, personagens essenciais e corriqueiros em minha subsequente atuação enquanto profissional da arquitetura e do urbanismo.

Se, em minha experiência anterior, na empresa Levisky Loureiro Arquitetos Associados (1996-2003), em sociedade com o arquiteto Alexandre Santos Loureiro, a atuação na elaboração de projetos de edificações e o acompanhamento das respectivas obras eram a atividade principal, quando da abertura da nova empresa, Levisky Arquitetos | Estratégia Urbana (de 2003 até os dias atuais), em sociedade com a arquiteta Renata Gomes, o eixo fundamental de atuação passou a ter como base a cidade e suas relações. Tal diálogo se estabeleceu buscando aproximar arquitetura e urbanismo por meio da produção concomitante de consultorias com base na legislação urbanística no campo do planejamento, do desenho urbano e da produção imobiliária, bem como de projetos arquitetônicos de edifícios institucionais e urbanos, como alicerces da comunicação entre cidade e sociedade, entre cultura e economia.

Das primeiras experiências na capital paulistana, que coincidiram temporalmente com o processo de aprovação do Plano Diretor Estratégico de São Paulo (Lei nº 13.430, de 2002), até a presente data, o escritório organizou-se em segmentos de atuação, sempre norteando, ou melhor, tendo como primeira interlocutora, mesmo que às vezes silenciosa, a cidade. Assim, o escritório se estruturou a partir dos seguintes pilares: consultorias estratégicas para novos negócios com base na legislação urbanística; projetos institucionais, sobretudo na área da saúde, ensino e cultura; e projetos urbanos, em especial os de urbanização e reurbanização, com foco na habitação de interesse social e na cultura e educação a partir de experiências no espaço urbano.

A inter-relação entre esses segmentos de atuação vem permitindo ao escritório refletir a respeito de questões contemporâneas que nos afetam e buscar contribuir de maneira coerente com os valores, missão e ações que vimos desenvolvendo ao longo do tempo.

Espero que, por meio das realizações do escritório – projetos, metodologias de trabalho, dificuldades, erros e acertos – tenhamos condição de instigar o leitor, de maneira confortável, mas não muito, a refletir profunda e sinceramente, por meio de uma viagem íntima, sensorial, emocional e reflexiva, a respeito de questões complexas da atuação do profissional arquiteto urbanista.

Adriana Blay Levisky
São Paulo, 2021

Apresentação

Nos últimos 18 anos, o exercício da arquitetura, do urbanismo e da elaboração de estratégias urbanas trouxe ao escritório Levisky Arquitetos | Estratégia Urbana uma série de desafios acerca de sua atuação, de seu exercício de compreensão de cada cenário trabalhado e, acima de tudo, dos desafios diante da percepção do papel mediador que o escritório e seus profissionais assumiram nos mais diferentes projetos que desenvolveram. Esses desafios proporcionaram um acúmulo de experiências, um certo repertório frente a tantos conflitos e soluções que as cidades contemporâneas enfrentam e demandam.

No Brasil, a figura do arquiteto urbanista passou, passa e ainda deverá passar por importantes mudanças em pelo menos três grandes esferas: 1. na sua formação acadêmica; 2. na sua atuação no mercado profissional – o que também engloba a formalização e a organização de sua categoria de trabalho e de sua relação político-institucional com as instâncias públicas e privadas, bem como entre seus pares –; 3. nas relações e práticas que definem autoria de projeto e responsabilidade técnica. Esses três eixos juntos, com seus numeráveis desdobramentos, compõem um cenário complexo no qual o profissional da arquitetura e do urbanismo atua.

O contexto urbano – em sua dimensão mais completa – pode ser interpretado e pensado pelo arquiteto-urbanista para que, ao promover experiências com o espaço, haja participação e capacidade de transformação e melhora das condições de vida de uma sociedade. Deve haver abertura para a inserção da criatividade, da tecnologia e da arte na transformação das cidades, sobretudo sob a perspectiva da inclusão, da criação de vínculo entre as pessoas e seus espaços de moradia, convivência, trabalho, lazer, criação, saúde, educação, reivindicações, encontros e desencontros, construção de memória, reconstrução de histórias e estórias. Há que se refletir sobre uma verdadeira condição de polifonia urbana, repleta de vibrações e forças muitas vezes contraditórias que compõem a vida nas cidades e que podem ser mediadas e traduzidas pela ação do arquiteto urbanista.

Por esse motivo, neste livro, queremos propor um diálogo franco, direto e aberto sobre as relações que envolvem o dia a dia da profissão, partindo das experiências que o escritório tem somado no exercício da atividade de projetar, de lidar com os entraves urbanos e com o conhecimento e a interpretação da legislação – fora do glamour e dos holofotes, dos mitos e dos prêmios que tanto circundam o universo da arquitetura.

Os pressupostos da atuação do arquiteto urbanista demandam trabalho árduo e, antes de qualquer movimento, exigem uma decisão de se colocar como protagonista na esfera política que conduz a proposição, a mediação, a inter-relação, a elaboração e a implantação de projetos. E essa é uma questão elementar a ser discutida, pois determina não só a formação do profissional e sua posição no mercado de trabalho, como interfere diretamente na dinâmica de planejamento e construção, em micro e macroescalas, nas mais variadas vertentes de soluções que podem ser atribuídas à arquitetura e ao urbanismo.

Não é de hoje que arquitetos urbanistas brasileiros debatem sobre suas condições de trabalho, capacitação técnica, desvalorização/valorização profissional e sobre as espinhosas questões que envolvem autoria, plágio, parceria, custo do projeto, postura ética, segurança jurídica e responsabilidade técnica sobre os projetos. A constituição do Conselho de Arquitetura e Urbanismo (CAU), em 2010, representou uma conquista histórica para a categoria, que há décadas buscava maior autonomia e representatividade[1].

De fato, a criação de um Conselho próprio atribuiu e atribuirá mais força à categoria, mas por si só não garante que tal representatividade saia da teoria e se torne prática consistente. Para isso, é preciso trabalho e empenho de todos os profissionais, que devem se dispor e se expor a uma análise clara e desmistificada da própria carreira, que possibilite discutir as forças e fragilidades do cenário profissional.

Este livro propõe-se – a partir de um exercício desprovido de maquiagens, acompanhado de pensamentos, reflexões, erros e acertos, fragilidades e expectativas, e de depoimentos referentes ao dia a dia das atividades e dos processos projetuais desenvolvidos pelo escritório Levisky Arquitetos | Estratégia Urbana, e ainda

1. O Conselho de Arquitetura e Urbanismo do Brasil (CAU/BR) e os Conselhos de Arquitetura e Urbanismo dos estados e do Distrito Federal (CAU/UF) foram criados com a Lei nº 12.378 de 31 de dezembro de 2010, que regulamenta o exercício da arquitetura e urbanismo no país. Essa foi uma conquista histórica para a categoria, que trouxe maior autonomia e representatividade para a profissão. Autarquia federal dotada de personalidade jurídica de direito público, o CAU possui a função de "orientar, disciplinar e fiscalizar o exercício da profissão de arquitetura e urbanismo, zelar pela fiel observância dos princípios de ética e disciplina da classe em todo o território nacional, bem como pugnar pelo aperfeiçoamento do exercício da arquitetura e urbanismo" (Parágrafo 1º do art. 24 da Lei nº 12.378/10). Portal CAU/BR. Disponível em: https://transparencia.caubr.gov.br/apresentacao/. Acesso em: 25 set. 2019.

de sua atuação institucional, acadêmica, comercial, social e política – a contribuir para esse debate profissional da arquitetura e do urbanismo. Pode-se dizer que se trata de uma meta-reflexão, em que a exposição da intimidade de um escritório de arquitetura e urbanismo manifesta pontos sensíveis de discussão sobre a atividade profissional e, assim, espera provocar no leitor uma reflexão crítica da profissão e uma oportunidade de diálogos mais francos a respeito do tema.

Parte

O arquiteto

urbanista

e a esfera

política

DESCONTAMINAÇÃO DO INCINERADOR
RECUPERAÇÃO DO TERRENO

Capítulo 1

A postura estratégica do arquiteto urbanista

Honestamente, acredito que falar sobre a figura do arquiteto urbanista é frequentemente discutir sua atuação enquanto estrategista e mediador entre as esferas política, cultural e social.

Garantir tal posição perpassaria o horizonte desse profissional desde sua formação acadêmica até a percepção que a própria sociedade tem da categoria, cuja organização e representação institucional demonstra fragilidade. A quantidade de grupos, entidades de classe e instituições de representação da categoria profissional já revela a pouca efetividade de cada um deles diante de tantas questões que envolvem o contexto da profissão.

Entre causas e consequências dessa situação, temos uma história de planejamento e desenho urbano, enquanto país, minúscula – para não dizer quase inexistente. A quantidade de projetos públicos, de intervenções em escala urbana desenvolvidos em nossas cidades, é mínima. Os concursos, que poderiam ser instrumento estratégico de grande potencial transformador e qualificador, nesse sentido também são poucos e, em geral, faltam parâmetros e índices para orientá-los, o que muitas vezes acaba por comprometer os resultados, fazendo com que os projetos não sejam construídos ou sejam descontinuados e modificados; os profissionais, mal remunerados e surjam casos de plágios, cessões de direitos indevidas, entre outros problemas. Logo, é natural que as perspectivas dos profissionais frente às oportunidades de trabalho na esfera urbana sejam dissipadas diante dessas deficiências.

Vale dizer que quando falamos sobre a postura estratégica do profissional arquiteto urbanista na esfera política, referimo-nos à política em seu sentido mais amplo e primordial: a arte de dirigir, organizar e interagir com os negócios e os interesses públicos, comuns a todos os cidadãos.

Com isso, a esfera política é a dimensão na qual os assuntos públicos são ou devem ser discutidos por atores públicos e privados, em diálogo constante com a sociedade, e, nesse contexto, o papel do arquiteto urbanista é o de mediar a interação entre todos esses agentes, contribuindo com soluções para cidades mais coesas, acolhedoras, inteligentes e humanizadas.

Infelizmente, essa não é uma prática recorrente da categoria profissional no país. Os arquitetos urbanistas brasileiros atuam muito mais como prestadores de serviços, a partir de uma posição passiva diante da demanda proveniente do mercado, do que como empreendedores, agentes propositivos de mudanças e articuladores de ideias no contexto urbano. São poucos os profissionais – autônomos, funcionários ou empresários – que adotam uma postura proativa diante da carreira e das oportunidades de negócios.

Ao se afastar de uma postura mais pragmática e empresarial, a categoria acabou por relegar a produção a outros *players* da indústria da construção civil, que foram capazes de se aparelharem e se tornarem mais competitivos e inseridos no mercado. Nesse sentido, para além dos projetos de edificações, os poucos projetos urbanos realizados no país tradicionalmente passaram a ser contratados e desenvolvidos no âmbito da obra licitada, tornando diminuído o papel do arquiteto, que teria muito mais oportunidades se atuasse de forma mais proativa e empresarial, buscando viabilizar intervenções públicas e privadas com mais competência no campo da complexidade urbana.

Refiro-me, por exemplo, à infinidade de obras de infraestrutura pública – estradas, transporte de massa, portos, urbanizações e reurbanizações – que têm suas contratações estruturadas, em sua grande maioria, nos processos licitatórios que se satisfazem com a apresentação de planilhas de preço e custo de obra, elaboradas a partir de projetos básicos que geralmente são alterados pelo licitante vencedor, relegando o autor e/ou responsável técnico original à etapa de detalhamento do Projeto Executivo – que muitas vezes, lamentavelmente, ocorre concomitantemente ao período de execução de obras e, na maioria das vezes, por profissionais não autores do projeto até sua etapa de Projeto Básico, desvirtuando na grande maioria das vezes os projetos concebidos que estruturaram os objetos de contratação das obras.

Ou seja, os projetos incompletos (Projetos Básicos) são tratados como item de oportunidade para cumprimento de etapa estratégica de contratação de obras, a partir da Lei nº 8.666/93, podendo ser simples e facilmente substituídos sem representar aos olhos do contratante nenhum prejuízo comercial, de responsabilidade técnica e ético, pelo simples fato de serem tratados quase como item supérfluo, de baixo custo e baixo detalhamento técnico. É difícil desvendar, neste momento, o que vem antes: o fato gerador do baixo custo gera projetos pouco qualificados ou a baixa qualificação dos projetos complexos leva à sua consequente má remuneração. De todas as formas, é possível afirmar que se trata de um infeliz ciclo vicioso que precisa ser quebrado por uma atitude mais proativa e profissional da categoria.

Sem dúvida, seria de grande valia os arquitetos urbanistas se capacitarem para empreenderem no sentido de criar e/ou promover oportunidades de negócios. Isso deveria estar no seu DNA: empreender, ter voz, ser capaz de mediar soluções e mitigar conflitos. Não se empreende, no sentido aqui descrito, quando não se tem voz. De nada adianta reclamar das condições de trabalho, do pouco conhecimento da sociedade sobre o papel do arquiteto e da arquitetura se os próprios profissionais não se colocam nesse debate de modo estratégico, técnico e organizado.

O problema começa na formação. Nossas escolas de arquitetura são pouco aparelhadas para instruir os estudantes a pensar a própria carreira de forma empreendedora, ao contrário, ainda permanece na tradição acadêmica uma formação endógena, de si para si, como se a função estivesse restrita ao pensamento, ao desenho inovador e ao destaque pessoal. Arriscaria dizer que justamente por essa tradição ser tão presente e enraizada no país é que a categoria tem dificuldades de estabelecer diálogos com o mercado de trabalho, com a indústria, com o poder público e com a sociedade de forma sistêmica.

Praça Victor Civita

São Paulo

À esquerda, imagem aérea mostrando a implantação da praça Victor Civita. Em primeiro plano, placas solares na cobertura do palco de eventos e domus para garantir iluminação natural zenital no espaço dedicado à educação ambiental.
Abaixo, a proposta de intervenção na praça Victor Civita: Museu Aberto da Sustentabilidade.

Certamente o arquiteto urbanista deve ser um profissional crítico, capaz de pensar o contexto urbano de forma independente, livre e criativa, mas, ao mesmo tempo, após refletir sobre suas questões, ele deve entrar no debate, colocar sua voz e atuar como mediador desse diálogo. Esse é seu papel por excelência.

Ao longo da trajetória do escritório Levisky Arquitetos | Estratégia Urbana, uma série de situações nos colocaram diante do "bívio" da carreira[2]: agir de forma proativa ou esperar as designações da demanda. Optamos por seguir o primeiro caminho. O respeito aos nossos clientes, à sociedade e às cidades nos levaram a perceber o contexto urbano e seus potenciais em cada desafio apresentado, o que nos trouxe algum repertório prático que queremos compartilhar. Como exemplos ilustrativos dessas ações vamos abordar os projetos da praça Victor Civita e do Plano Urbanístico de Expansão do Hospital Albert Einstein, apresentados a seguir.

1.1

Praça Victor Civita: o processo constrói a longevidade das relações empresariais

A experiência vivenciada a partir do projeto da praça Victor Civita ilustra bem o contexto de atuação estratégica que o Levisky Arquitetos | Estratégia Urbana assumiu como norte. Todo o exercício de concepção desse projeto, bem como as soluções apresentadas para intervenção no espaço foram construídas a partir de uma metodologia de trabalho criada para detectar, fazer interagir e mediar conflitos e demandas entre todos os atores envolvidos no processo.

2. Utilizamos o termo "bívio" aqui em referência ou deferência bem-humorada à arquiteta Lina Bo Bardi, "A mão do povo nordestino". Arte Vogue. São Paulo, n. 2, nov. 1977, p. 52-54.

Primeiramente, fomos convidados pela instituição responsável pelo empreendimento responsável por sermos reconhecidos como um escritório capacitado para a elaboração de estratégias legais e metodológicas que poderiam ser adotadas em algum tipo de intervenção naquele espaço. Já havia um Protocolo de Intenções assinado entre a instituição responsável e a Prefeitura de São Paulo, no qual ambos se manifestavam interessados em encontrar soluções conjuntas para a recuperação do local. Nossa demanda inicial era desenhar as possibilidades dessa cooperação, avaliando os instrumentos legais que poderiam ser aplicados. A partir daí, a postura metodológica foi a de identificar os agentes previamente envolvidos e aqueles potencialmente passíveis de envolvimento com o processo, buscando compreender seus interesses e demandas.

A interlocução inicial era com duas figuras sólidas e predispostas a intervir no espaço, a Prefeitura, que verdadeiramente não se representava por uma voz uníssona, mas sim por diversas representações administrativas com demandas, posicionamentos e regramentos distintos; além, é claro, da própria instituição responsável.

Tratava-se de formatar uma ação público-privada num momento em que não havia modelos ou muitas experiências realizadas voltadas para o espaço urbano, tampouco outras modalidades de concessão de espaços públicos a entes privados aplicados a situações de requalificação urbana.

Na ocasião, em vez de apresentar um documento escrito para a formalização da modelagem jurídica dessa parceria, optamos estrategicamente por integrar ao modelo jurídico demandado a proposta de ordenamento urbanístico e ambiental. Estávamos criando um embrião de parceria público-privada ainda sem precedentes formais estruturados neste contexto. Foi de extrema importância consolidarmos o documento referente ao termo de cooperação entre a Prefeitura e a instituição responsável, composto por sua parte jurídica – na qual constavam os direitos e deveres de cada uma das partes, bem como a validade e as condições de renovação dessa cooperação – e pelo projeto urbano arquitetônico, que estabeleceu as condições de uso e de ocupação, de instalação e de funcionamento da então denominada praça Victor Civita.

Este encaminhamento se fez possível a partir de um cuidadoso processo de reconhecimento dos *players* envolvidos, o que possibilitou a compreensão das divergências, demandas e conflitos intrínsecos ao processo de criação, representado por cada um de seus agentes. Dentre eles: Secretaria de Governo, Subprefeitura de Pinheiros, Emurb (atual SPUrbanismo), Secretaria Municipal do Verde e do Meio Ambiente, por meio do Decont e do Depave, Secretaria de Estado do Meio Ambiente (atual Secretaria de Infraestrutura e Meio Ambiente do Estado de São Paulo), por meio da Cetesb, e ainda, Embrapa, vizinhança, a entidade responsável e a equipe de consultores projetistas.

Evidentemente, tratou-se de um processo novo, carregado de expectativas. Ao identificar os interesses de cada uma das partes, partimos para um verdadeiro processo de mediação, em que o projeto urbano assumiu a função de tradução das diferentes demandas, servindo de balão de ensaio, transformando-se e adequando-se a cada reunião interdisciplinar.

A prefeitura não tinha um projeto específico para o local e a instituição responsável não sabia quais soluções jurídicas, ambientais e urbanísticas eram ou não

O Museu da Sustentaibilidade, requalificação do antigo Incinerador de Lixo e Medicamentos. Nota-se sua localização estratégica junto ao rio Pinheiros com acesso por modais públicos de média e alta capacidade (trem, metrô, ônibus, bem como por modais ativos) e ciclovia ao longo do rio Pinheiros.

viáveis, especialmente diante dos laudos apresentados pela Cetesb e pela Embrapa, que informavam sobre a contaminação do solo. A complexidade do espaço exigia que trouxéssemos para a conversa técnicos da Cetesb, da Secretaria Municipal do Verde e do Meio Ambiente, por meio de seus departamentos – Depave e Decont, Secretaria de Planejamento – por meio da Emurb, Secretaria de Governo, Subprefeitura de Pinheiros, dentre outras.

Com a participação de todos esses agentes e órgãos públicos, foi papel do escritório articular o diálogo. Era o início da nossa atuação ativa neste processo como mediador das demandas, funções e responsabilidades no âmbito do espaço urbano.

Infelizmente, é bastante comum nas estruturas e organizações administrativas do Brasil que cada departamento público cuide apenas de suas atribuições, não havendo uma figura ou instância que congregue ações partilhadas e conjuntas, visando intervenções em áreas públicas, em especial urbanas, nas esferas municipal, estadual ou federal. Isso exige que, em qualquer projeto, o escritório de arquitetura ou o profissional coordenador de projetos percorra cada uma dessas instâncias para conseguir apresentar uma solução aderente.

Esse passo a passo é necessariamente trabalhoso e complexo, colocando, enfim, o arquiteto urbanista sensível e predisposto à integração com as competências do psicólogo social, detetive, despachante, advogado do direito público e do direito urbanístico para conseguir reunir informações para o desenvolvimento das intervenções necessárias, traduzindo-as e transformando-as em modelagem jurídica e urbanística, considerando os aspectos sociais, ambientais e financeiros. E é exatamente essa função do arquiteto urbanista a que estamos chamando de mediação.

1º pavimento do incinerador durante (acima) e após (direita) as obras de requalificação.

À esquerda, o Incinerador Pinheiros, remanescente do conjunto de construções responsável pelo tratamento do lixo urbano. Em atividade dos anos 1950 até final da década de 1980, incinerou-se no local lixo hospitalar e residencial. Importante debate relativo ao passivo ambiental nas cidades decorre desse modelo de gestão de resíduos sólidos.

Ampliando a perspectiva desse contexto, vemos que o arquiteto urbanista é um profissional bastante qualificado para reunir essas instâncias e interfaces, colocá-las em contato e fazê-las interagir para que as soluções não fiquem restritas aos protocolos sistemáticos, correndo muitas vezes o risco de se deparar com posicionamentos antagônicos, que, pela ausência de gerenciamento das negociações entre as partes, poderão pôr em risco a efetivação de um projeto de intervenção, sobretudo em se tratando de espaços públicos ou de estreita relação com a complexidade urbana.

No caso da praça Victor Civita, houve, de início, uma exigência dos órgãos ambientais para que fosse feita uma cobertura única, espessa e homogênea de solo limpo sobre a totalidade dos aproximadamente 14.000 m² de terreno, em virtude das prospecções realizadas nas águas e no solo subterrâneos. A orientação justificava que era preciso isolar completamente o solo porque não havia padrões de referência nem legislação ambiental para espaços abertos no Brasil que garantissem fatores mínimos de segurança regulamentados para devolver o espaço ao uso da população. O antigo Incinerador Pinheiros, que durante décadas exerceu a atividade da incineração de lixo e de medicamentos no local, teve suas atividades encerradas, dando lugar a uma cooperativa de catadores de lixo que ocupava o espaço armazenando pilhas e pilhas de lixo por todo o terreno. Decorrente deste processo, a área integrou a lista de imóveis contaminados no município e no Estado. Tendo como premissa a intervenção urbana desejada, o resgate do imóvel para uso da população, não existiam índices para lidar com aquele tipo de contaminação em espaço público, aberto e com finalidade de lazer. Por segurança, então, a orientação inicial apresentada preliminarmente pela Cetesb foi cobrir totalmente a área com espessa camada de terra e remover todas as árvores frutíferas existentes, por exigência da Embrapa, para posteriormente receber um projeto de intervenção isolado do passivo ambiental.

2º pavimento do incinerador, após obras de requalificação (esquerda), destinado ao Núcleo de capacitação na área de jornalismo e editoração, 2010.

Programa.

1. Exposição de arte temporária (curadoria Masp)
2. Oficina das crianças: atividades e workshops educativos (Ong Verdescola)
3. Arena coberta para shows e apresentações culturais
4. Playground
5. Jardim vertical: proposta de tratamento para muros urbanos
6. Camarins
7. Arquibancada para 240 pessoas e banheiros
8. Antigo incinerador: Centro de exposições e cursos (Museu da Reabilitação)
9. Jardineiras: Laboratório de plantas
10. Sistema de filtragem e reciclagem de águas servidas
11. Deque suspenso de madeira certificada
12. Ginástica
13. Centro da Terceira Idade
14. Praça dos paralelepípedos: xadrez, blocos interativos, etc
15. Irrigação por gravidade: uso de água reciclada in loco
16. Alargamentos do deque de madeira: "Salas urbanas"
17. Deque permeável de concreto leve
18. Jardins existentes
19. Núcleo de investigação do solo e águas subterrâneas (Cetesb)
20. Entrada principal

Essa solução, porém, não nos parecia viável nem sustentável, dado que exigiria o desmonte de verdadeiras montanhas de solo limpo (cerca de 12.000 m^3), assim como o deslocamento de inúmeros caminhões pelo sistema viário municipal e intermunicipal, além da retirada de praticamente a totalidade de árvores existentes – que, por conta da camada de solo limpo a ser acrescida, teriam seus colos praticamente sufocados, sem condições de sobrevivência.

Diante dessa perspectiva, assumindo nosso papel estratégico na conciliação das soluções, apresentamos uma nova proposta que dialogava com a demanda inicial estabelecida pelo órgão ambiental. Carregado de amplo contexto político, histórico e social, entendemos que o passivo ambiental gerado historicamente pela sociedade – incluindo inclusive a responsabilidade do ente público, proprietário do imóvel – assumia o verdadeiro protagonismo deste novo lugar. De forma interativa, o futuro usuário da praça não poderia sair incólume, desconhecedor de sua responsabilidade ambiental, social e cívica sobre os espaços públicos, sobre os seus "lugares" públicos.

A praça se transformaria em um museu aberto, um museu vivo da sustentabilidade. Toda solução construtiva e museológica surgiu a partir desse momento e desse conceito. Daí estabeleceu-se o deque distante do solo, propondo um percurso dirigido e contido, onde a população não tivesse e não pudesse ter contato dermal com o solo original, mas tivesse a oportunidade de "experimentar" sensorialmente o espaço por meio dessa restrição. Com essa solução, reduziu-se substancialmente a quantidade de terra que seria utilizada no recobrimento da área e, ao mesmo tempo, foi possível criar um espaço para reflexão e conscientização a respeito de questões referentes à responsabilidade social, ambiental e urbana que cada cidadão e cada administração pública deve ter com sua cidade. Ou seja, a experiência sensorial de um percurso perceptivelmente contido, acompanhada de uma curadoria capaz de oferecer informações temáticas estrategicamente localizadas, acabava por permitir a conscientização do usuário frente às questões propostas.

A partir de uma pesquisa aplicada à população do bairro, organizamos ideias e sugestões para o espaço, como áreas de lazer, convivência, atividade física, cultura, reciclagem, reúso. Com isso, entendemos que teríamos toda condição de propor algo que ultrapassasse um documento escrito, um termo de cooperação, e pudesse,

genuinamente, transformar não só aquele espaço, mas todo o contexto do bairro a partir de sua relação com a vizinhança.

Observamos que, para isso, seria fundamental contar a história daquele lugar, especialmente por aquele ser um processo de cooperação público-privado pouco praticado no Brasil em espaços urbanos. Seria, portanto, um privilégio poder mostrar como um antigo lixão poderia se tornar um espaço de lazer e convivência sustentável, acomodando também uma programação didática. Assim, surgiu a proposta do Museu da Sustentabilidade, um meta-museu onde o próprio processo de intervenção e a própria obra fossem parte do projeto de interação com o público.

O Museu Aberto da Sustentabilidade localizado na praça Victor Civita foi inaugurado em setembro de 2009, contando com investimentos privados para a realização das obras, manutenção e gestão do espaço.

UMA PRAÇA
COMO VOCÊ
NUNCA VIU
JARDINS
DECK
madeira legalizada
água de chuva
esgoto
sistema de alagados
água filtrada
cascalho
ESPELHO D'ÁGUA
A água da chuva e o esgoto do
prédio do Museu - previamente
tratado - são transportados por
canaletas até o sistema de alagados.
Depois de passar por filtros
de cascalho e plantas aquáticas,
a água cai, por gravidade, no
espelho d'água para ser reutilizada

O tema da contaminação e o trabalho realizado de recuperação ambiental também mereciam destaque. Esse projeto seria uma oportunidade de alerta às inúmeras áreas contaminadas no país, remanescentes sobretudo de áreas industriais ora abandonadas, com possibilidade de serem reconvertidas em outros usos, considerando-se o êxodo industrial ocorrido em diversas cidades ou ainda remanescentes de bota-foras usualmente praticados pelo poder público, quando da retificação dos rios urbanos. Essas áreas contabilizam imóveis com dimensões inimagináveis, carregados fatalmente de um passivo ambiental significativo que, ao longo da história e dos avanços legais e tecnológicos, vieram a se traduzir mais recentemente na regulamentação de novas práticas ambientais.

"Janelas" enquadram e restringem o acesso do visitante ao bosque, promovendo reflexão a respeito da responsabilidade ambiental do cidadão.

Outra oportunidade trazida por este projeto estava no fato de agregar interesses distintos entre pastas da mesma administração pública. Por mais incoerente que isto possa parecer, as intenções das diversas pastas apresentam contradições em seus princípios e condutas. Criar uma forma de interagir e negociar abertamente entre todas essas representações na busca de um resultado comum constituiu a estrutura central desse processo. Entendemos que, apesar da grande complexidade, é totalmente necessário orquestrar tais ações enquanto arquitetos urbanistas.

A praça Victor Civita foi a primeira área urbana em território nacional, a partir deste processo, a receber a qualificação de "espaço reabilitado". Todo o desenho, que contou com a coautoria da arquiteta Anna Julia Dietzsch, foi surgindo do diagnóstico da situação, permitindo propor soluções que fossem pensadas sob a avaliação de cada órgão público envolvido no processo e a partir das respostas e dos anseios dos moradores.

Com isso, o trabalho apresentou como solução uma metodologia para estruturação de parcerias e pactos entre as esferas pública e privada, e o projeto de intervenção resultou não simplesmente em um documento anexo a um certo termo de cooperação, mas sim no próprio Termo de Cooperação, em que o projeto arquitetônico e urbano compunha o documento legal.

Deque de madeira de alta dureza, composto por diversas espécies arbóreas de origem legalizada, sobre estrutura metálica calandrada, suspensa, de aço reciclado. Percurso temático com acessibilidade universal.

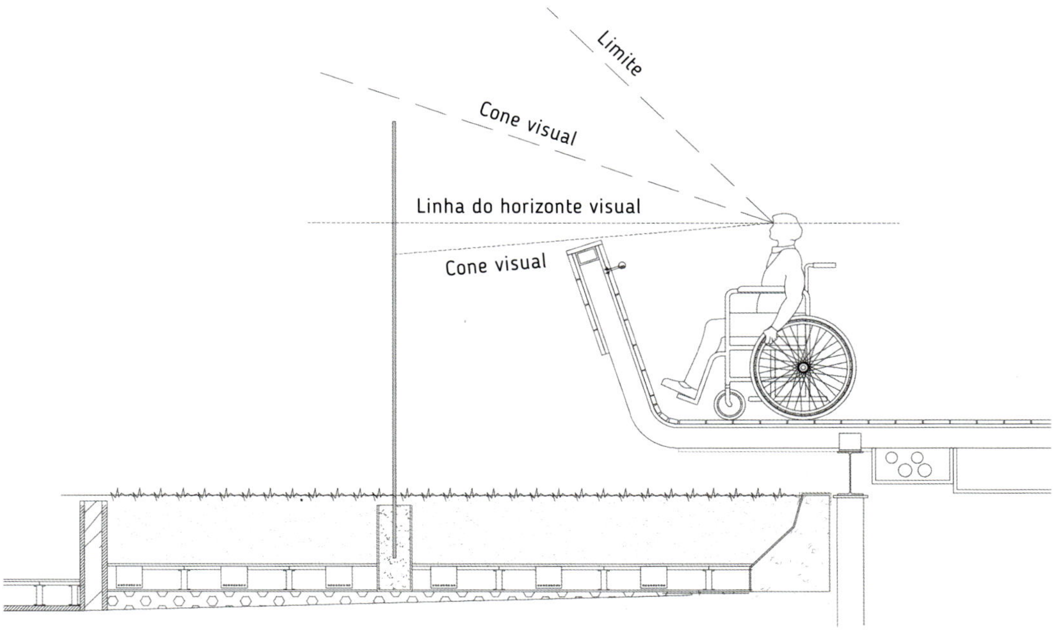

Notas sobre o projeto – praça Victor Civita (2006-2015)

O projeto optou pela adoção de sistemas construtivos pré-fabricados, de origem reciclada, legal ou certificada, visando discutir a responsabilidade ambiental da cadeia construtiva por meio dos sistemas de montagem, levando todos os envolvidos – desde os organizadores ao público visitante – a se preocupar com práticas legais, produção limpa, minimização de produção de resíduos e racionalização da utilização de recursos naturais.

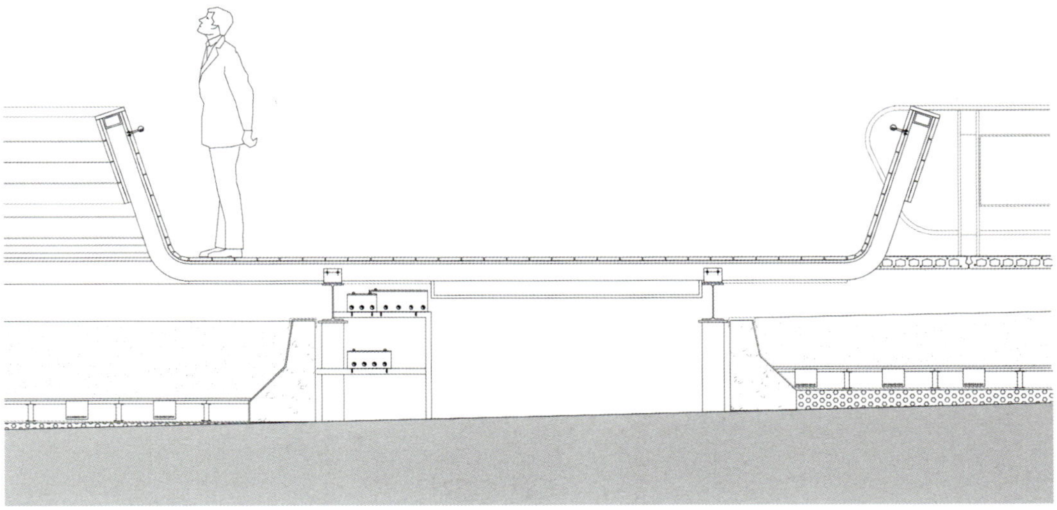

Corte do deque elevado sobre a estrutura metálica. Estão instaladas as redes hidráulica, elétrica e a bandeja de captação de águas pluviais para biotratamento para reúso.

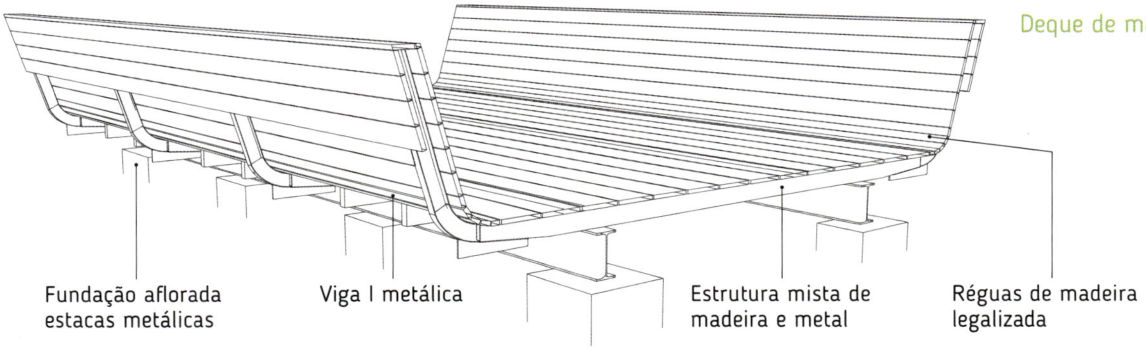

Deque de madeira.

Ipê, garapa e sucupira são as madeiras brasileiras que compõem o piso do deque suspenso da praça.

Diagrama de águas.

1. Energia alternativa (etanol)
2. Jardineiras com sistema de autoirrigação (tec-garden)
3. Espécies com melhoria genética e para recuperação do solo
4. Coleta de águas pluviais sob o deque de madeira
5. Jardim vertical (grafite e muro verde)
6. Horta orgânica
7. Jardim vertical (horta hidropônica).
8. Alagados construídos (filtragem e reciclagem natural de águas servidas)
9. Jardim vertical (trepadeiras floríferas)
10. Jardim interno (espécies para minimização e tratamentos químicos)
11. Espécies alternativas para minimização de tratamentos químicos
12. Canaleta para irrigação por gravidade
13. Energia alternativa (biodiesel)
14. Centro da Terceira Idade
15. Jardins existentes
16. Deque suspenso de madeira
17. Deque permeável de concreto leve
18. Praça dos paralelepípedos (mobiliário ecológico)
19. Jardim vertical (unhas-de-gato e hera-de-inverno)
20. Núcleo de investigação do solo e águas subterrâneas (Cetesb)
21. Entrada principal

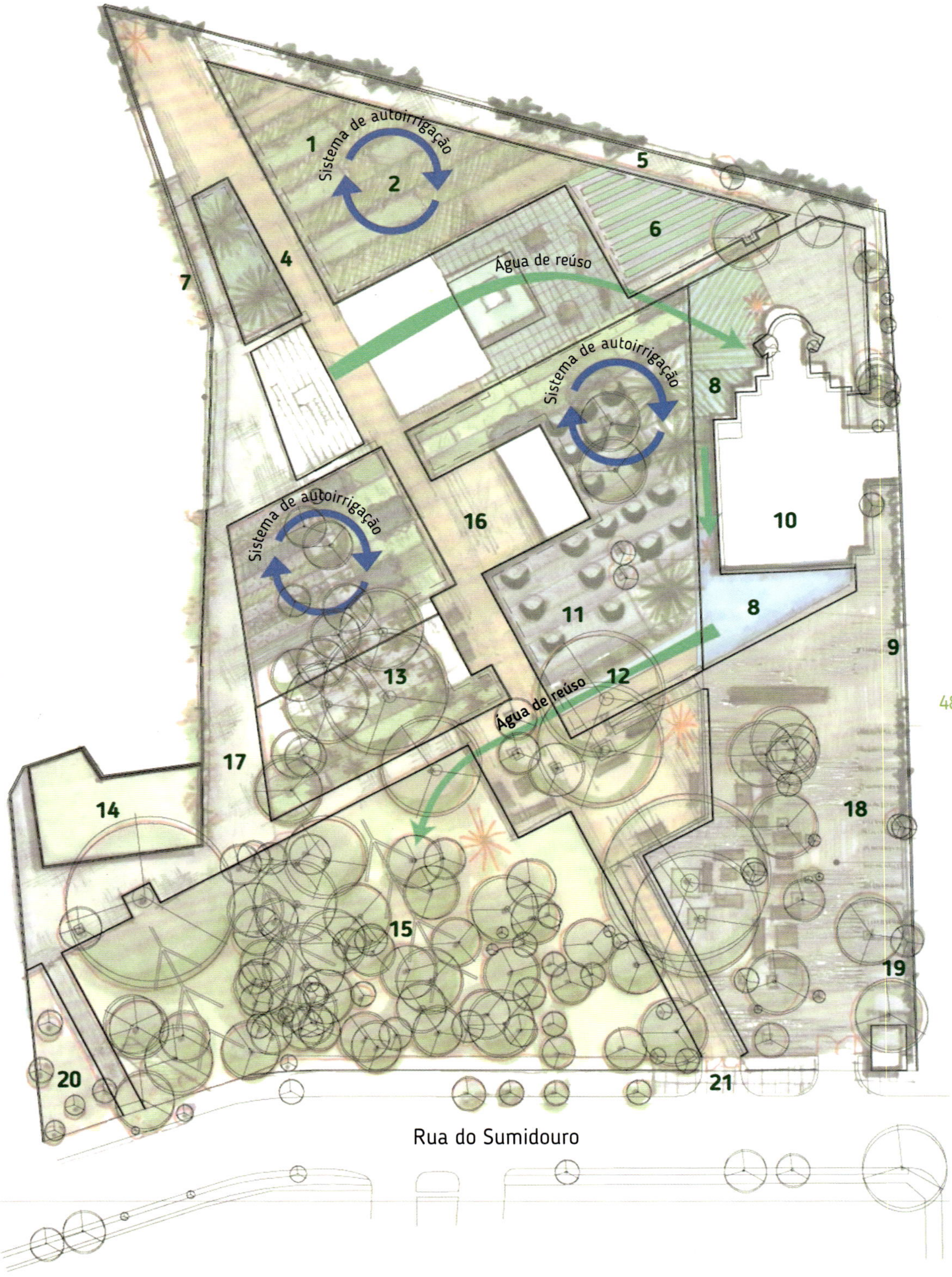

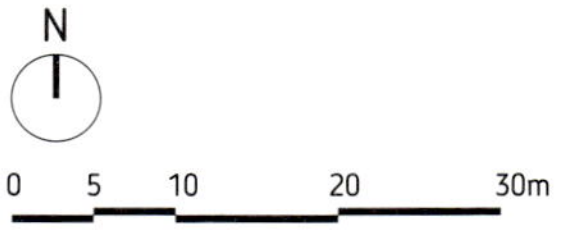

Sistema de autoirrigação (tec-garden).

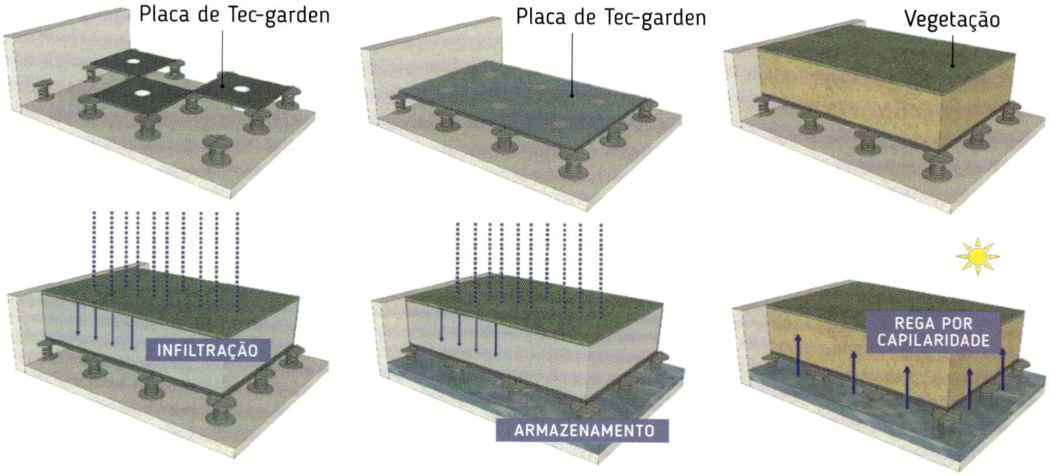

Os percursos temáticos propõem, por meio de displays informativos, tratar de assuntos ligados à produção de energia limpa, a partir do projeto e curadoria de arborização de autoria do paisagista Benedito Abbud, aos processos de descontaminação, remediação e reabilitação – temas bastante discutidos junto à Cetesb, contando com a colaboração de uma consultoria ambiental alemã na busca da criação de novo repertório de oportunidades para lidar com o extenso passivo ambiental da cidade e demais centros, em geral remanescente das áreas industriais em constante processo de desativação e êxodo dos núcleos urbanos –, bem como à produção de energia limpa, biotratamento de águas servidas, reúso, hidroponia, energia solar, sistemas de iluminação econômica, etc.

As soluções adotadas preocuparam-se em explicitar o passivo ambiental existente no local e as intervenções que estavam em curso. Isso significa que pela própria experiência em transitar sobre um piso elevado, descolando o passado do presente, o transeunte tem a oportunidade de experimentar este passeio, construído de forma responsável e provocativa, segregado e contido, que se soma a diversas informações construtivas sobre boas práticas ambientais, sociais e urbanas.

Jardineira com sistema de autoirrigação (tec-garden).

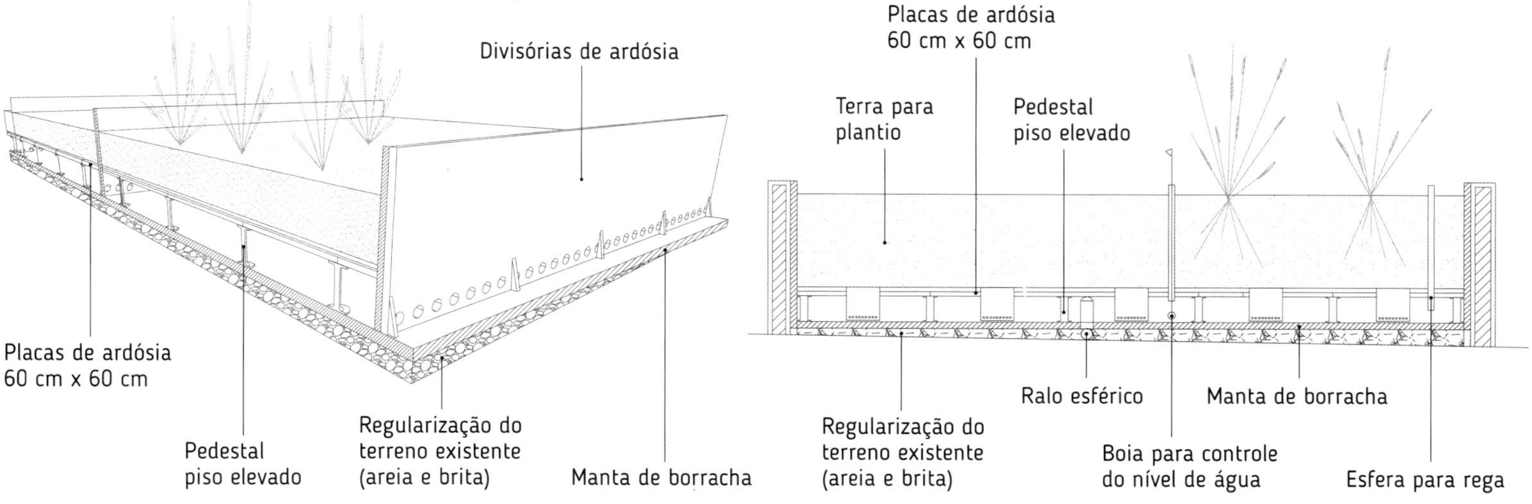

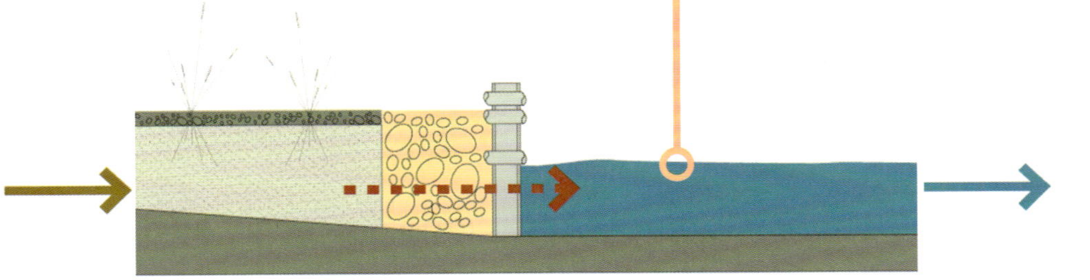

Sistema de biotratamento das águas servidas e águas pluviais para reúso aplicado à irrigação da praça.

Próximo ao incinerador, o piso original da praça construído em paralelepípedo foi recuperado.

Sistema de autoirrigação: reservação de água de chuva no subleito.

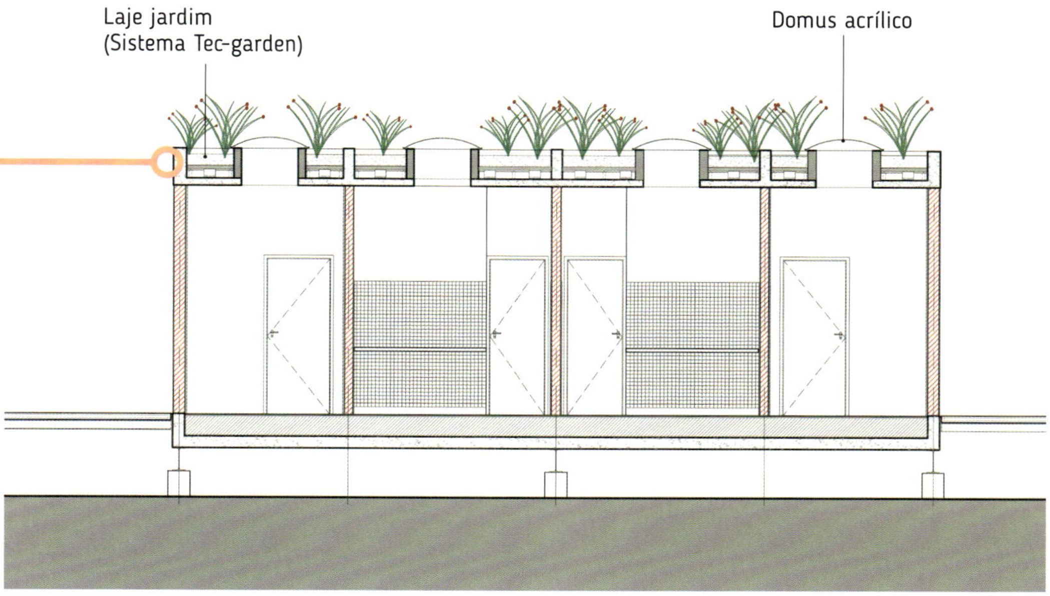

Do ponto de vista da gestão do espaço, após a conclusão das obras, o modelo estruturado representou perspectivas bastante promissoras diante de tantos espaços públicos abandonados ou mal geridos na cidade. Tratou-se de inicialmente deixar a cargo da entidade responsável a gestão e administração da praça que, posteriormente, transferiu-se para a Associação – organização não governamental que agregou diversas empresas, dentre elas o nosso escritório, compartilhando honrosamente assento junto ao Conselho Administrativo, que se ocupou da programação cultural, da comunicação, da manutenção e da segurança do lugar. O modelo financeiro apoiava-se basicamente em verbas patrocinadas pelas empresas colaboradoras em troca de contrapartidas sociais, culturais, de marketing e fiscais.

O passo seguinte foi buscar detalhar junto à municipalidade outro modelo que permitisse que equipamentos como esse pudessem ser geridos pela iniciativa privada organizada em entidades sem fins lucrativos, utilizando-se de meios legais de gerar renda para a sustentabilidade financeira do local. Mas esse avanço não atingiu ainda seu objetivo, certamente por não ter sido compreendido como deveria pelo poder público, à época. Naquele momento, a proposta era simplesmente considerar a gestão de espaços públicos pela iniciativa privada, estabelecendo-se

Vista do antigo Incinerador Pinheiros, dedicado por quatro décadas à incineração de resíduos sólidos, requalificado e reconvertido no Museu da Susutentabilidade.
À esquerda, vista do deque suspenso a partir da rua do Sumidouro.
O percurso temático com curadoria voltada à responsabilidade ambiental trata da produção de energia limpa, manejo e certificação na produção madeireira, construções limpas, materiais reciclados e consumo racional de energia e de recursos hídricos.

modelos de parceria público-privada de cunho urbanístico. Um processo administrativo específico foi elaborado e protocolado para apreciação técnica e jurídica da municipalidade, mas sem desdobramentos positivos, certamente pela falta de maturidade necessária para avançarmos em ações colaborativas de "ganha-ganha" tão benéficas para as cidades. Sem fôlego para se manter, em tempos de crise, quando verbas de patrocínio deixam de ser prioritárias, a Associação lamentavelmente se dissolveu ao final de 2015 e a incógnita por modelos mais perenes e garantidores da manutenção do vínculo entre sociedade e lugar público permanece.

Há de se avançar muito ainda em modelos de concessão urbanística que permitam aos concessionários, por períodos longevos, a sustentabilidade financeira do bem público concedido, a partir da possibilidade de gerar recursos provenientes desse bem.

A proposta de concessão de áreas verdes do município de São Paulo (2018) sinalizava uma real oportunidade de construção daquele almejado modelo de gestão. Há, porém, de se ter vontade política, boa comunicação e empenho para que propostas novas saiam do desconhecimento, da zona de conforto ou do preconceito. Temos que acompanhar a evolução dos fatos...

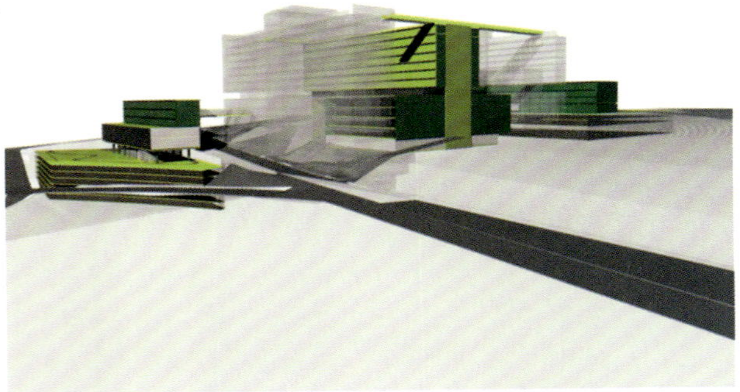

1.2

Plano Diretor Urbanístico de Expansão do Hospital Albert Einstein – Unidade Morumbi

Outro trabalho desenvolvido pelo nosso escritório, que exemplifica a atuação estratégica e mediadora do arquiteto urbanista a partir de uma demanda específica, é o Plano Diretor Urbanístico de Expansão do Hospital Albert Einstein, que teve seu início em 2002.

Este projeto consistiu na elaboração de um plano urbanístico que permitiu a expansão das instalações do Hospital Albert Einstein, na oportunidade da revisão da lei de parcelamento, uso e ocupação do solo, mediante oferta de contrapartidas à vizinhança residencial.

A expansão se viabilizou com a possibilidade do Hospital expandir-se para a quadra lindeira ao complexo hospitalar existente, onde pode instalar um novo edifício e interligá-lo por meio de passarelas aéreas sobre o logradouro público, disponibilizando novos consultórios, centro cirúrgico, leitos e unidades para exames laboratoriais a seus pacientes, bem como áreas de restaurante utilizadas pelos seus usuários e pela vizinhança local.

Diante da demanda, iniciou-se uma avaliação detalhada das possibilidades e potencialidades de execução de tal ampliação, partindo de uma análise diagnóstica do bairro sob a óptica do uso e da ocupação do solo, da mobilidade e das incomodidades. Vale citar que o zoneamento até então incidente sobre essa quadra lindeira não permitia a expansão do hospital.

O Hospital Albert Einstein nasceu num bairro de zoneamento classificado como "Z1", zona exclusivamente residencial, que à época de sua aprovação inicial obteve anuência para instalação do equipamento hospitalar na mesma quadra onde se instalava o Palácio dos Bandeirantes, a partir de um Pronunciamento exarado pela Cogep. Ao observar a necessidade de qualificação e ampliação das instalações, a equipe do hospital procurou a Subprefeitura do Butantã na ocasião da revisão da Lei de Parcelamento, Uso e Ocupação do Solo, no ano de 2003, que indicou o nosso escritório para estudar as possibilidades técnicas e legais, bem como as estratégias necessárias, visando a possibilidade de expansão do equipamento de saúde.

Implantação do Plano Diretor Urbanístico do Complexo Albert Einstein (Morumbi), realizado no início dos anos 2000. As edificações existentes à época estão sinalizadas em cinza. Na cor verde, previsão de potenciais expansões.

Naquele momento, estava de fato criada a oportunidade para tal avaliação, pois o município de São Paulo acabara de aprovar seu Plano Diretor de 2002, Lei nº 13.430/02, que estabelecia novos instrumentos jurídicos e urbanísticos, dentre eles, os Planos de Bairro e os Acordos de Vizinhança, derivados da aprovação da Lei Federal nº 10.257/01, que estabelecia diretrizes gerais para o planejamento urbano das cidades: o Estatuto da Cidade.

Na ocasião, transcorria no município o processo de revisão da Lei de Parcelamento, Uso e Ocupação do Solo, o que traria conjuntura técnica, jurídica e participativa para se discutir a vocação das macro e microrregiões da cidade, estudar e debater a respeito das possibilidades de alteração das condições de uso e ocupação do solo preexistentes, de forma condizente com as diretrizes recém-lançadas pelo novo Plano Diretor Estratégico. Vale lembrar que foi em 2002 que o Plano Diretor criou a Zona Mista para o território e a instalação de usos mistos como diretriz de política urbana, admitindo que as grandes extensões de território ocupadas por monousuários acabaram por gerar danos significativos para a vida urbana.

Diante desse cenário, o escritório iniciou o trabalho com uma avaliação dos possíveis conflitos que haveria para a expansão do hospital – legais ou de interação com a população do entorno, sobretudo nos quesitos de mobilidade e incomodidades. Foram mapeadas as questões relacionadas às demandas do hospital e às de sua vizinhança do ponto de vista das incomodidades, da mobilidade, da qualificação da convivência e das efetivas condições de mediação e negociação. Fruto de ações específicas de vizinhança e de intensa interlocução com a municipalidade por meio da participação em oficinas e audiências públicas, metodologia inaugurada pelo Plano Diretor Estratégico recém-aprovado, chegou-se a uma proposta de readequação do uso e de ocupação do solo combinada a melhorias no espaço público.

A quadra em questão estava totalmente construída, mas não se encontrava totalmente ocupada, afinal o bairro já sofria com a dinâmica de circulação estruturada pelas demandas do próprio hospital, do Palácio do Governo e do Estádio do Morumbi, alterando, há tempos, as características inicialmente previstas para o bairro exclusivamente residencial, quando da aprovação do loteamento Jardim Leonor, da Imobiliária e Construtora Aricanduva S.A., registrado em cartório em 1952.

O processo de negociação iniciou-se no âmbito das discussões formais para a revisão do zoneamento da cidade, por meio de oficinas e plenárias propostas, em um primeiro momento, pela Subprefeitura do Butantã e, em seguida, por interlocuções realizadas com a Secretaria de Planejamento – Sempla, atual Secretaria Municipal de Desenvolvimento Urbano, responsável à época pela coordenação dos trabalhos de revisão da lei no âmbito do Poder Executivo.

Para que a negociação ocorresse, fazia-se necessário esclarecer como essa intervenção atenderia à demanda hospitalar e, concomitantemente, como iria estabelecer uma boa convivência do hospital com o bairro. Desse levantamento surgiu a proposta de minimizar o tráfego de veículos na avenida Albert Einstein, via de caráter residencial local, deslocando o fluxo de circulação do hospital para a avenida Padre Lebret – uma avenida coletora que conecta as avenidas Morumbi e Jules Rimet, interligando o Palácio dos Bandeirantes ao Estádio do Morumbi, cuja vocação e calha viária traziam condições mais adequadas de circulação.

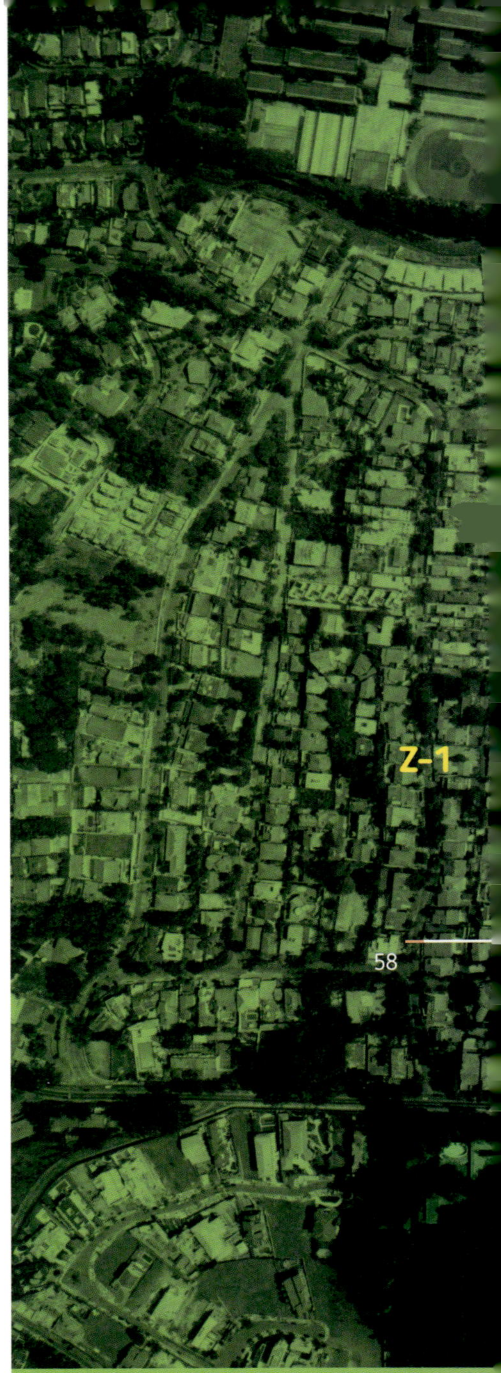

Situação original.

- Palácio dos Bandeirantes
- São Paulo Futebol Clube
- Fundação Maria Luiza e Oscar Americano
- Área de estudo do Hospital Israelita Albert Einstein
- ← Sentido de trânsito

ÁREA DE CONFLITO
- Estacionamento irregular de ônibus
- Estacionamento irregular de automóveis
- Via local utilizada como acesso principal ao hospital
- Conflito de uso

Z1 – Zona estritamente residencial de densidade demográfica baixa. Lei nº 7.805/72 (Zoneamento, década de 1970).

Z18 – Zona predominantemente residencial.

Com isso, o hospital precisaria reestruturar toda a sua dinâmica e controle de acessos, criando vias internas e acessos distintos daqueles que já existiam. Toda essa alteração foi proposta e aceita como contrapartida oferecida pelo hospital à prefeitura para a vizinhança, fazendo com que a ampliação ocorresse gradativamente, preservando, por sua vez, as residências do bairro. Com a aprovação de lei específica, foram estabelecidas precisamente as contrapartidas, relacionando doação e acesso de uso público de áreas privadas com a concessão de uso e cessão de espaço subterrâneo e aéreo de área pública.

Vale ressaltar que esse não era um plano de bairro, mas sim um plano urbanístico de uma instituição privada de grande interesse público, que considerava o entorno imediato, residencial, propondo-se a mitigar conflitos com a vizinhança a partir de contrapartidas efetivas, que levassem à viabilização das alterações. Assim, dizemos que, do ponto de vista do hospital, o plano urbanístico buscava garantir a sua expansão, a requalificação de seus fluxos, a segurança do paciente e a eficiência operacional do equipamento de saúde; do ponto de vista da vizinhança, a qualidade residencial do bairro, especialmente no quesito mobilidade e incomodidades, visando à melhor preservação do viário de caráter local e a redução do impacto causado pelo estacionamento de veículos nas ruas. Do ponto de vista das relações, a melhor convivência entre usos diversos em um mesmo território urbano.

O processo todo foi marcado por algumas etapas. A primeira foi a elaboração de análise diagnóstica do equipamento de saúde e da área envoltória de influência, seguida de uma proposta urbanística embasada na compreensão dos conflitos e na busca de sua mitigação, que veio a ocorrer durante o processo de mudança do zoneamento. A mudança de zona de uso da área em estudo exigiu uma série de interlocuções, protocolamento de defesas formais e justificativas técnicas junto ao poder público, atendendo ao rito administrativo proposto pela municipalidade, até culminar no encaminhamento do Projeto de Lei do Executivo para o Legislativo e, enfim, na aprovação da Lei nº 13.885/04, que estabelecia o novo Parcelamento, Uso e Ocupação do Solo do Município de São Paulo.

Para além da alteração do zoneamento, chancelada pelo processo democrático legitimado pela aprovação da Lei nº 13.885/04, outras ações demandaram estratégias que exigiram interlocução continuada, disseminação de informações, tramitação técnica e legislativa. O pleito de transposição do espaço público, por meio de túneis e passarelas, não usual para edificações privadas na cidade, não visava instalar uma passarela ligando um lado da calçada ao outro, mas sim conectar exclusivamente um conjunto edificado privado a outro. Portanto, era preciso buscar os procedimentos administrativos necessários, bem como as condições urbanísticas e jurídicas adequadas à concessão de uso e de passagem sobre o espaço público. O município aceitou efetuar essa concessão na medida em que o hospital oferecesse como contrapartida a doação de uma parte de seu terreno ao município para o alargamento de rua Monsenhor Henrique de Magalhães, dentre outras exigências de desenho urbano, como a já mencionada alteração do fluxo de acesso principal ao hospital da avenida Albert Einstein para a avenida Padre Lebret. Com isso, ambas as partes cederam um direito em troca de contrapartidas, mantendo-se preservado o interesse público: doou-se uma propriedade privada para a municipalidade e rece-

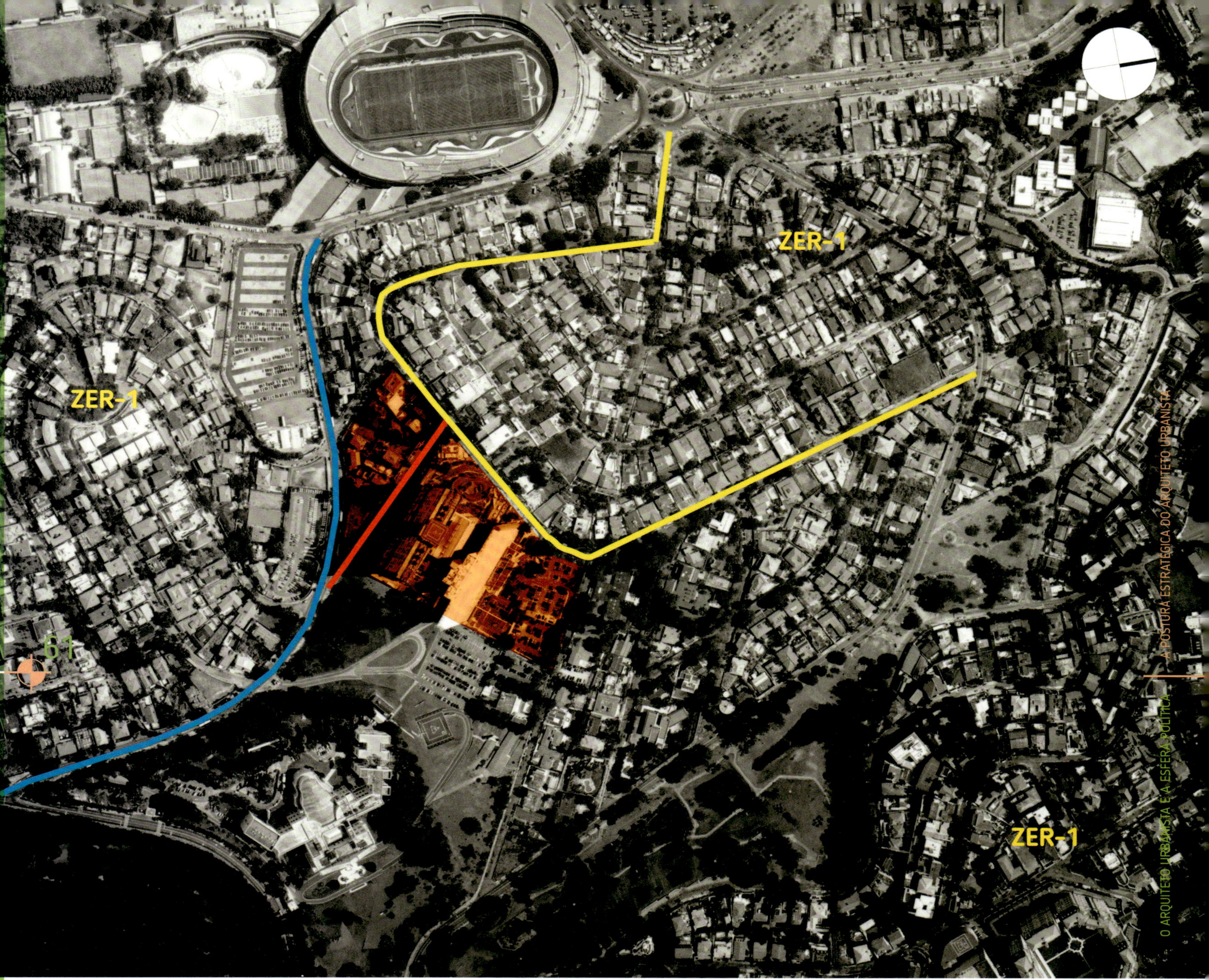

N

Proposta de projeto.

— Via coletora
— Via local
— Via desafetada/concessão de uso

ZER-1 – denominação dada pela Lei nº 13.885/2004 para a zona exclusivamente residencial de densidade demográfica baixa.

beu-se uma concessão de uso do espaço público da rua Ruggero Fasano, permitindo assim as necessárias interligações aéreas e subterrâneas entre quadras distintas.

Todo este processo, desde a revisão do zoneamento até a aprovação da lei de desafetação e concessão de uso, durou aproximadamente cinco anos. O passo seguinte foi a elaboração do projeto legal para sua aprovação junto à Secretaria da Habitação (atual Secretaria Municipal de Licenciamento) e demais secretarias municipais. Em cada uma dessas instâncias, houve intensa interlocução, contando com a apresentação do projeto e de diversas explanações técnicas que o escritório realizou, em conjunto com o hospital, por mais outros aproximadamente doze anos. Fazendo as contas, não é difícil concluir que, pela atipicidade do processo, tal interlocução ainda persiste demandando questionamentos. Realmente, criar novos modelos não é missão simples, e menos ainda em estruturas administrativas complexas como a da cidade de São Paulo!

O domínio da legislação, associado a estratégias claras de interlocução com os órgãos públicos, bem como de tramitação dos processos administrativos, foi fundamental para o sucesso da operação.

Esse percurso extenso, de quase duas décadas, demonstra o quanto é preciso amadurecer as negociações entre as esferas pública e privada para que se viabilizem soluções urbanísticas em nossas cidades a partir de processos sólidos e pactuados que consagrem a preservação do interesse público, bem como o atendimento de melhorias no âmbito dos cidadãos e usuários da cidade. O exemplo deste plano diretor urbanístico é valioso por ter tido um percurso rico em negociações e de busca de metodologias específicas para que as transformações necessárias ocorressem. Mas, evidentemente, há de se aprimorar sua eficiência com relação ao tempo decorrido, as ferramentas urbanísticas e jurídicas e os instrumentos de gestão.

Precisamos de soluções mais ágeis, de instituições menos burocráticas e de instâncias deliberativas mais autônomas e transparentes em seus procedimentos, compondo-se, talvez, um Fórum da Administração Pública que tenha representação das entidades de classe, da academia e das instâncias de governo, com a participação de pessoas notáveis da sociedade e com tal agenda que possa discutir e deliberar de forma técnica e transparente sobre as questões urbanas como um todo. Uma estrutura de negociação legítima, lícita e que entenda e trate a cidade de maneira sinérgica, considerando todas as suas complexidades e interfaces.

Quanto à aprovação do processo de pedido de reforma com acréscimo de área e obra nova junto à Secretaria de Habitação, pode-se dizer que o projeto inaugurou uma discussão essencial para a cidade, mas que, todavia, até o momento não colheu frutos sólidos, com ampla necessidade de regulamentação. Trata-se da abordagem concomitante de um conjunto de quadras, enquanto a lei de uso e de ocupação do solo tradicionalmente estabelecia e regia parâmetros urbanísticos e condições de instalação específicos ao lote. O que o projeto apresentava era uma relação espacial entre quadras distintas separadas por um viário público.

Abrindo parênteses, vale salientar que a legislação de uso do solo de 1973 foi a grande responsável pela intensificação da abordagem do lote como célula modular da estruturação da cidade. A partir dessa visão torpe e nefasta, a cidade perdeu referências espaciais, como o bloco da quadra e a malha viária, e essencialmente padrões legislativos capazes de se apoiar na integração dos espaços públicos com os privados, para reconstruir, configurar e reconfigurar ambientes urbanos interconectados. É importante citar que o zoneamento de 2004, apesar de trazer à discussão a importância dos usos mistos no espaço urbano, fê-lo de forma frágil, sem regulamentação consistente, o que em nada alterou a relação com a cidade, restringindo o alcance da legislação e suas transformações potenciais à figura do lote.

Foi, portanto, nesse contexto, em que por mais de trinta anos vinha se utilizando um repertório legal e experiencial com vistas ao lote, que foi necessário buscar ambiente jurídico e urbanístico favorável ao reconhecimento da possibilidade de se instalar complexos de saúde compostos por quadras separadas por logradouros públicos e interligadas por seus espaços aéreos ou subterrâneos. Evidentemente, instrumentos jurídicos inovadores, se comparados ao *status quo*, fizeram-se necessários para avaliar a pertinência de tal ocupação e criar condições jurídico-urbanísticas favoráveis a essa outra maneira de lidar com a cidade, também inovadora em sua forma. Em algumas edificações institucionais na cidade pôde-se localizar, no passado, a utilização dos espaços públicos, aéreo ou subterrâneo, interligando quadras. Os instrumentos mais comuns para essa apropriação de logradouro público por uma propriedade dominial foram a cessão de uso e a permissão de passagem, ou ainda as Operações Interligadas e algumas das Operações Urbanas Consorciadas. A principal inovação, neste caso, refere-se essencialmente em viabilizar a conexão de quadras e do próprio bairro, de forma integrada e sistêmica, envolvendo, para tanto, diversas pastas e órgãos públicos nessa discussão em virtude de suas competências específicas.

Enfim, propusemos uma estratégia de diálogo e interlocução visando a aprovação dessa expansão atípica na cidade em geral, no entanto típica em se tratando de equipamentos de saúde em núcleos urbanos consolidados, por meio de uma abordagem da legislação vigente e da interação entre seus agentes.

É a partir do trabalho acurado com esse repertório arquitetônico, jurídico e urbanístico que o profissional deixa de ser um solucionador de demandas para colocar-se em uma posição de estrategista. Ou seja, admitir a condição de domínio técnico e disposição profissional, buscando trabalhar com a legislação de forma ampla, observando-a como um grande e rico cardápio de soluções diferenciado, capaz de ampliar a atuação profissional do arquiteto urbanista como mediador entre os interesses privados e públicos.

Esse tipo de atuação exige que o arquiteto urbanista tenha um olhar crítico sobre os temas em que atua e, à medida que consegue mediar os interesses, potencializam-se as soluções econômicas, ambientais, legais, políticas, tecnológicas e sociais, pois estrutura-se uma matriz de possibilidades que poderá subsidiar as decisões e as oportunidades futuras.

No caso do Plano Diretor Urbanístico de Expansão do Hospital Albert Einstein, a partir da construção desse diálogo e de todas essas soluções, foi iniciada uma re-

Hospital Municipal Vila Santa Catarina
Termo de Cooperação com o Hospital Israelita Albert Einstein

lação de parceria do escritório com o hospital, abrindo a oportunidade de participar na estruturação de ações, de plano de metas e de planos diretores da instituição. Com isso, um trabalho que se iniciou em 2002 tem até hoje desdobramentos que exigem um aprimoramento constante das estratégias de expansão e de qualificação para um cliente com quem construímos história com afeto, dedicação e parceria.

Recentemente, fizemos o projeto arquitetônico e colaboramos na redação de um termo de cooperação para a expansão do Hospital Vila Santa Catarina – um equipamento público gerido pelo Hospital Albert Einstein.

Esse tipo de processo exige que o arquiteto urbanista, enquanto estrategista, avalie questões de segurança legal sob o ponto de vista urbanístico. É importante olhar para as condições possíveis, identificando e mensurando os riscos para a instituição e para o Poder Público. Essa postura não é geralmente demandada por nenhum cliente. Muitas vezes, quando o cliente deseja iniciar um projeto, ele desconhece os riscos que podem estar relacionados ao terreno ou à edificação, como a regularização do imóvel, as restrições impostas pela contaminação do solo, pelo patrimônio histórico, dentre outros. Quando o arquiteto urbanista se coloca de forma ativa na avaliação das possibilidades, ele se torna capaz de oferecer soluções mais completas e complexas tanto para o cliente quanto para a cidade.

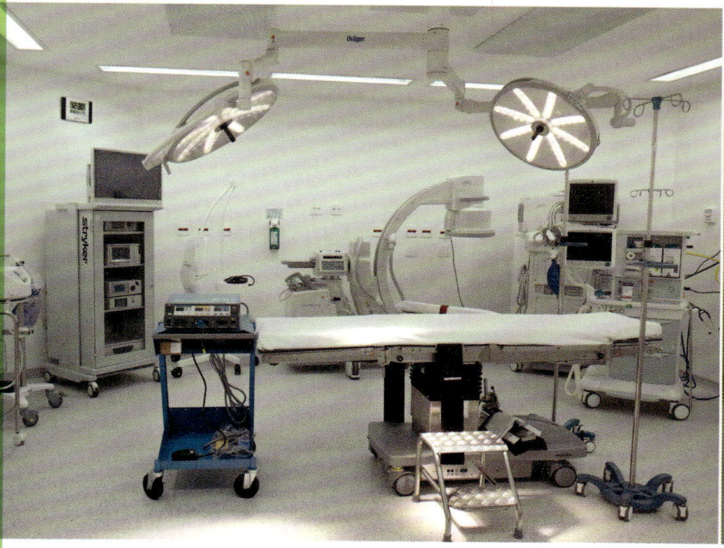

Pontos de pronto atendimento do Hospital Vila Santa Catarina com atendimento 100% SUS.
Sala cirúrgica (à esquerda).

Ocupação.

- Bloco E (UPA – Unidade de Pronto Atendimento)
- Bloco F (Banco de Sangue, Ambulatório e Laboratório
- Bloco A (PA Obstétrico, Maternidade e Internação)
- Blocos B/C (Acesso Principal, Internação Cirúrgica, Centro Cirúrgico, Diagnóstico)
- Bloco D (Internação, Oncologia, Apoio Administrativo e Operacional)
- Circulação Vertical

Parte

Projetos,

possi

bilidades e

interlo

cuções

Capítulo 2

A cultura e o desvendar de valores: o espaço como tradução de cultura

2.1 Onde estão os projetos urbanos?

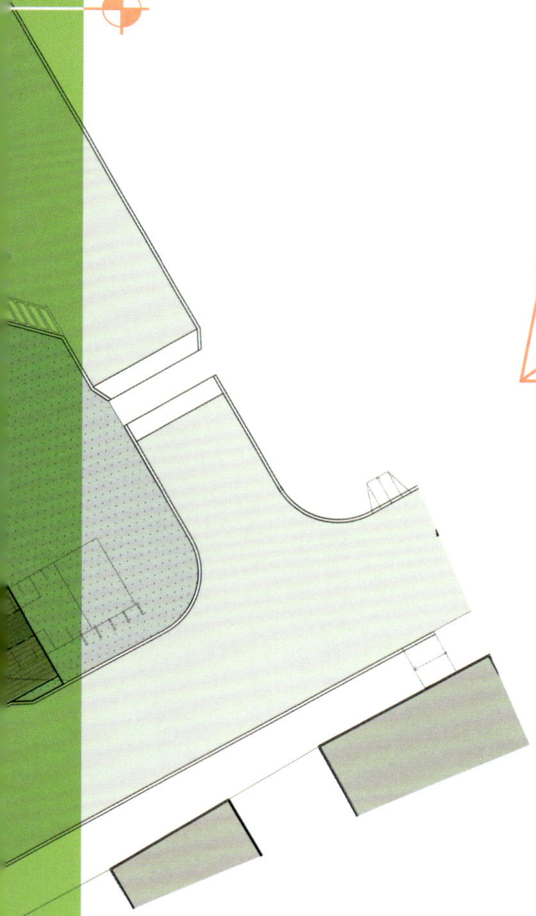

Cultura *s.f.* **1.** Cultivo. **2.** Criação de certos animais. **3.** Conjunto de crenças, costumes, atividades etc. de um grupo social. **4.** Conhecimento; instrução. **5.** Civilização (HOUAISS: 2001, p. 117).

A palavra *cultura* traz acepções que levam a diferentes significados e abordagens sobre aquilo que se pode dizer e interpretar. Do cultivo à civilização, *cultura* abarca aspectos das relações do homem com seu meio e das relações dos homens entre si. Quando se fala em cultura para designar um conjunto de crenças, costumes e atividades de determinado grupo social ou civilizatório, existem dois elementos que são fundamentais para compreender esses aspectos: o tempo e o espaço. Cultura não é algo único, definido e definitivo; é algo maleável que pode ser definido por diferentes pontos de vista e por distintas mentalidades, dependendo de onde e quando se esteja vivendo.

No caso da arquitetura, há dois outros desdobramentos que vale enaltecer e que podem ser extraídos como significado decorrente do emprego da palavra *cultura*. O primeiro deles, que talvez se apresente de forma mais imediata, é a ideia de cultura como consumo – consumo de informação, consumo de produção, consumo de conhecimento, dentre outros. O segundo, mais abstrato, é a construção de um olhar crítico sobre a compreensão da cultura de uma sociedade, a partir da leitura de suas vozes, de suas mentalidades, para que essa condição traduza-se em projeto ou manifestação urbana e seja reconhecida e acolhida pela sociedade que dela usufruirá.

Partindo da ideia de que por meio da arquitetura é possível se consumir cultura, temos, então, a possibilidade de consumir arquitetura enquanto objeto de consumo, isto é, a sociedade consumindo o projeto de arquitetura em si, com suas soluções para espaços específicos e edificações que se tornam verdadeiros ícones, além de objetos de design, mobiliários, dentre outros – todos ligados fundamentalmente a um valor estético apreciado e que tem implicações nas crenças e costumes de cada sociedade. Por outro lado, há também o consumo de conhecimento em espaços especificamente construídos para essa finalidade, como museus, teatros, cinemas, escolas, etc. Nesses casos, a arquitetura ocupa o papel de instrumento, de ponte na organização e proposição de uma experiência cultural oferecida ao usuário que desfruta desses espaços construídos.

O raciocínio é o mesmo ao relacionar cultura com o espaço urbano construído. Porém, nesse contexto, tanto a experiência de consumo quanto a produção de espaços urbanos no Brasil tem sido historicamente acanhada.

2.2

A arquitetura como valor de consumo cultural e como tradução dos aspectos culturais: olhares e proposições de "museus vivos"

Assim como cultura, a palavra *museu* carrega em si significados que distinguem interpretações, relações e visões de mundo. Por todo o século XIX e início do XX, o museu moderno – da Era Moderna – foi considerado um espaço sagrado de guarda e exposição de objetos raros e obras de arte. Um lugar para o qual as pessoas deveriam se dirigir com certa austeridade e deferência para estar diante de preciosidades, onde se deveria andar devagar, sussurrar e se pôr em estado de veneração diante do que se veria. A aura sagrada dos museus era semelhante à dos templos religiosos, com arquitetura imponente e pouco aconchego. Esse ambiente transferia o culto dos símbolos religiosos para os símbolos do conhecimento, da primazia e da cultura.

Os museus tornaram-se um ambiente importante de coleção, concentração, exibição e preservação da cultura material dos povos e de determinados grupos sociais do passado, considerados importantes para a memória coletiva de uma época, buscando também perpetuar suas lembranças e histórias.

Porém, do mesmo modo que a história passou a ser vista por perspectivas diferentes ao longo do tempo, o museu e suas funções também passaram por mudanças significativas, fazendo com que surgisse na segunda metade do século XX o conceito da "nova museologia".

Com o desenvolvimento dos meios de produção e do consumo, as obras de arte passaram a ser reproduzidas em livros, pôsteres, painéis e outras mídias. O advento da internet possibilitou que os museus disponibilizassem seus acervos em seus sites, permitindo que pessoas de qualquer parte do mundo pudessem visualizar essas obras. A partir do final do século XX, as novas tecnologias de informação possibilitaram adquirir conhecimento, ter contato com produções e obras por meios mais ágeis e baratos – salvaguardando, é claro, as diferenças e limitações existentes entre a experiência digital e a presencial. E é justamente nessa diferença que está a chave da Nova Museologia.

A Nova Museologia trouxe o conceito de museu vivo e seus conceitos surgiram para redefinir, de certo modo, o papel social do museu como comunicador e difusor de conhecimento. O movimento se intensificou a partir dos anos 1950 e 1960, na Europa e nos Estados Unidos, chegando ao Brasil por correntes que se propuseram a fazer uma releitura da história e das experiências museológicas tidas no país até então.

Ao ressignificar os espaços por meio da cultura, há uma ressignificação da informação e, sobretudo, da relação de vínculos, da aproximação das pessoas com aquele espaço – o que, de acordo com Yi-Fu Tuan (1983), passa a ser designado como lugar.

Assim, entendemos que todos os espaços da cidade poderiam ser tratados a partir desse conceito de museu vivo, em que há uma relação de observação, enfrentamento, intercomunicação, assertividade e ritualização que fazem parte das interações cotidianas.

E é dessa forma que o escritório acredita ser primoroso atuar na escala urbana.

Parque Sabesp Mooca: um dos três reservatórios da Sabesp transformados em parques-museus, voltados à temática da educação para a sustentabilidade, tendo como protagonista a água, 2014.

2.3

Investigações a partir de projetos urbanos: aproximando cultura e cidade

Foi a partir da leitura da cidade como um espaço de criação de vínculos que se desenvolveu o projeto do Museu Aberto Cratera de Colônia, na região de Parelheiros, no extremo sul da cidade de São Paulo.

A história desta ocupação irregular data do início da década de 1980. Em pouco mais de trinta anos, a população moradora chegou a atingir a marca de aproximadamente 40 mil pessoas. Do ponto de vista fundiário, a área está estruturada dentro de uma malha reticulada, bem regrada, originária de uma proposta de aprovação de um loteamento que não se consolidou. Apesar da irregularidade fundiária, a ocupação caracteriza-se por ruas largas, quarteirões e lotes com uma geometria regular bem definida e respeitada. Trata-se evidentemente de uma ocupação irregular com configurações extremamente diferentes das que comumente encontramos no território nacional.

No museu vivo, as noções de história e memória passaram a fazer parte não só da apreciação, mas da experiência. Nesse sentido, o museu busca aproximar pessoas e obras, proporcionando interação e experiências espaciais, socioculturais e afetivas. Com isso, no caso desses novos museus, a cultura passa a ser instrumento de aproximação dos usuários com o espaço, de ressignificação ampla, modificando inclusive o espaço chamado museu – que não precisa mais ser um espaço fechado apartado da cidade, mas sim uma extensão dela, onde seja possível prolongar a experiência urbana.

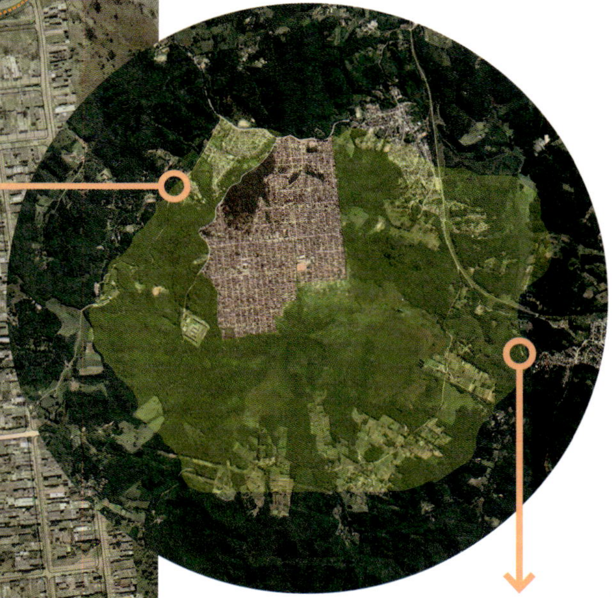

A Cratera de Colônia é um provável astroblema situado na cidade de São Paulo, no interior da APA – Área de Preservação Ambiental Municipal Capivari-Monos, na região de Parelheiros. Trata-se de importante patrimônio ambiental e cultural, tombado nas instâncias municipal e estadual. A Cratera tem diâmetro aproximado de 3,6 km e comporta em parte de sua área um núcleo residencial com mais de 40 mil habitantes.

Projeto de intervenção – Parque-Museu: percursos temáticos com curadoria ambiental e cultural dedicados prioritariamente ao pedestre.

Legenda
Passeio peatonal
Ciclovia/ciclofaixa
Rotas de acesso ao museu
Vegetação existente
Áreas de recuperação ambiental (enriquecimento arbóreo com espécies nativas)
Portal Norte
Mirante Jasmin
Parque Linear
Praça Bem-te-vi
Portal Oeste
Praça Cívica
Parque do Canal
Parque Verde Asa Leste
Parque Diagonal
Parque Verde Asa Oeste
N
0 50 100 150m

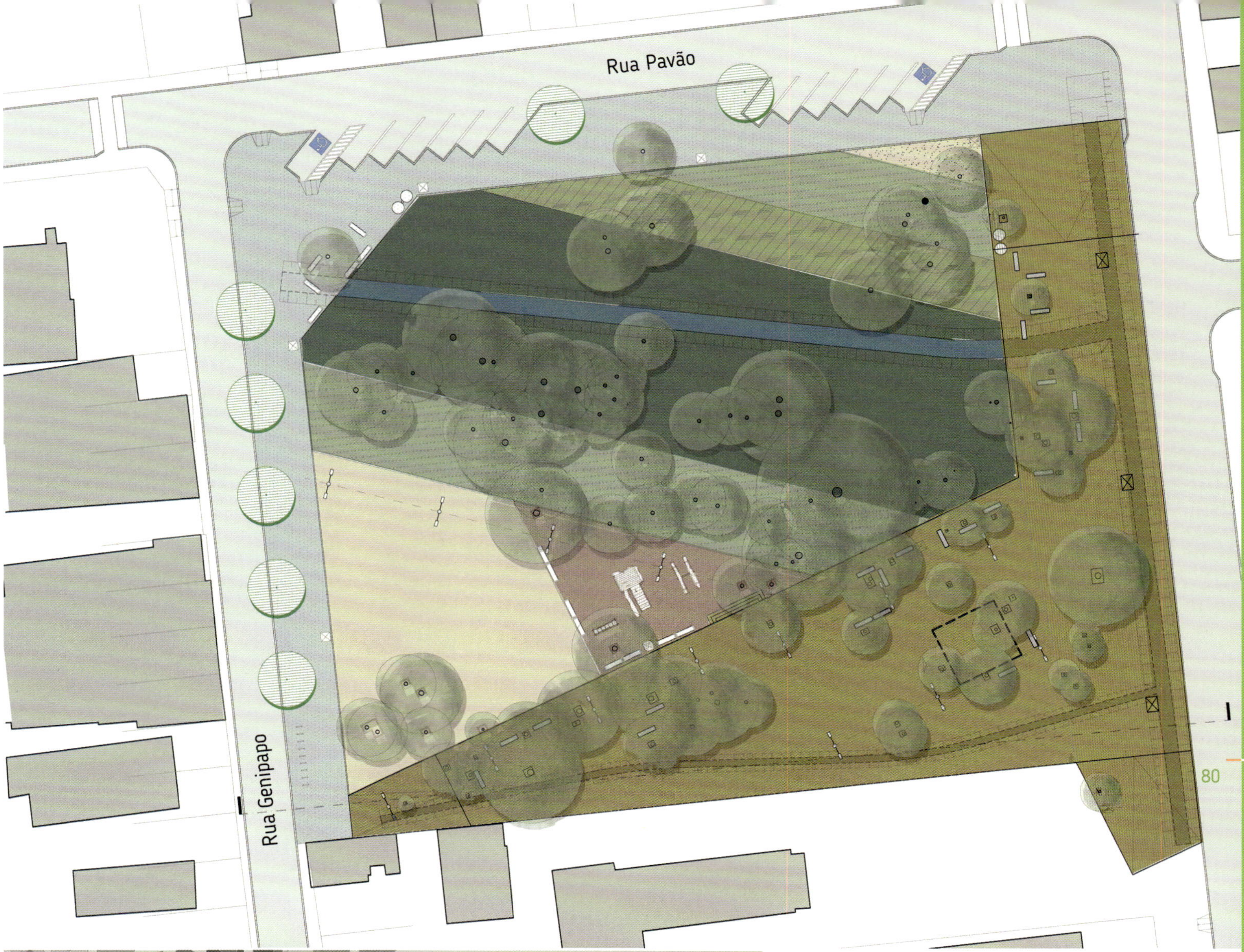

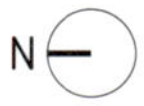

Projeto da praça cívica, localizado no interior do bairro. Pisos suspensos preservam os eixos hídricos e a vegetação nativa existente promove lazer e convivência, associados à responsabilidade ambiental.

Criação de áreas de convivência junto as áreas verdes preservadas.

Por viver há mais de três décadas na região, a comunidade local, bastante organizada socialmente, caracteriza-se por manter forte vínculo com o lugar. Tal vínculo pode ser facilmente reconhecido na preservação de sua estrutura fundiária, fruto de cuidado e de zeladoria capazes de garantir a manutenção e a não desconfiguração do território. O senso de espaço comum é bastante presente na comunidade, o que é muito peculiar. Apenas nas áreas em que não havia uma configuração reticular é que a ocupação desordenada ocorreu, como nas áreas de preservação permanente, próximas aos córregos.

Essa comunidade vive numa área inserida na APA – Área de Preservação Ambiental Capivari-Monos, protegida ambientalmente e tombada pelo patrimônio histórico por conta da cratera existente no local, a Cratera de Colônia. A comunidade ocupa o talude, num fragmento que compõe a deformação geológica, ultrapassa a crista e pega uma fatia dessa Cratera. Em virtude disso, a ocupação se dá em um território de geologia sensível e que ainda se encontra próximo à borda da Represa Billings, o que ambientalmente requer condições adequadas de saneamento e proteção. A área apresenta fauna e flora de uma riqueza extraordinária e ainda mantém, em outras localidades desta APA, a presença de comunidades indígenas.

A demanda inicial feita ao nosso escritório foi a de realizar um projeto de requalificação urbana compatível com as necessárias intervenções de infraestrutura, garantindo saneamento básico, pavimentação adequada, iluminação e arborização das ruas, além de espaços institucionais e de lazer, viabilizando concomitantemente

Remoção sobre APP.

As áreas marcadas em vermelho identificam os locais de remoção para realocação das unidades habitacionais e recuperação da área alagada por meio de projeto de enriquecimento arbóreo e criação de parque de lazer, pesquisa e turismo.

a preservação ambiental e cultural, e ainda a regularização fundiária. No entanto, diante de um território com tamanho potencial, a proposta foi ampliar o campo de atuação, extrapolando as necessidades imediatas, buscando pensar no bairro, não somente através de suas demandas de infraestrutura básica, mas como uma extensão da cidade do ponto de vista do fortalecimento dos vínculos espaciais e socioculturais, fazendo com que o projeto trouxesse uma nova ressignificação para o espaço.

Depois de mapear as potencialidades dessa área de intervenção, que possui aproximadamente 2,5 milhões de metros quadrados, sobretudo ambientais e culturais, tornou-se evidente abordá-la para além da escala do bairro, como uma área de intervenção de escala metropolitana. Com as dimensões e potencialidades de um parque-museu, era necessário que o valor do espaço pudesse ser conhecido e reconhecido pelas pessoas, abrindo oportunidades para o turismo, a pesquisa científica, o entretenimento, o conhecimento sobre aspectos da biologia, da fauna, da flora, da geologia, da geografia e da história locais, além de propiciar reflexão sobre aspectos relativos à responsabilidade social, ambiental e cultural da sociedade perante seus lugares. Tudo isso somado à preservação dos valores afetivos da própria população moradora.

É importante citar que a ocupação irregular e sem infraestrutura de saneamento, motivo original da intervenção, ocupou propriedade privada composta por grandes glebas que foram à época parceladas informalmente, não tendo sido levadas a registro e que acabaram por consolidar um verdadeiro bairro que hoje contém mais de 40 mil pessoas, sendo a grande maioria moradores desde a origem da ocupação.

Essa área ocupada de aproximadamente 2,5 milhões de metros quadrados corresponde à parte da encosta da Cratera de Colônia, bem tombado pelo patrimônio histórico estadual por meio da Resolução Condephaat SC-60/2003 e da Resolução Conpresp 27/2018.

O início do projeto se desenvolveu sob a batuta da Secretária-adjunta da Secretaria Municipal de Habitação – SEHAB, Elisabete França, e as primeiras interlocuções se deram com as equipes de HABI e da Secretaria Municipal do Verde e do Meio Ambiente, bem como com o Conselho Gestor da APA-Capivari Monos. Naquele momento, era fundamental criar diretrizes de ocupação, regularização e preservação a partir das demandas e dos critérios habitacionais e ambientais ditados, sobretudo, pelas duas secretarias.

A partir de detalhado levantamento da região e da observação de possíveis cenários de intervenção, chegou-se ao entendimento de que um importante número de famílias, que ocupavam as APPs nas margens dos córregos e nas áreas da várzea do córrego Ribeirão Vermelho, afluente da Billings, deveriam ser reassentadas. Tais áreas seriam reflorestadas com mata nativa a partir de um minucioso projeto de paisagismo e enriquecimento arbóreo da paisagista Fany Galender, e as famílias teriam suas novas unidades habitacionais nas proximidades, porém não mais internamente à Cratera de Colônia. As demais unidades residenciais, fora das APPs, permaneceriam no futuro bairro.

O próximo passo de interlocução foi com o Departamento de Patrimônio Histórico do Município (DPH). Visando criar um entendimento sinérgico com o órgão público, que ainda não tinha a Resolução de preservação da Cratera de Colônia aprovada na instância municipal, apresentamos nossa proposta de preservação cultural e ambiental associada ao plano de regularização fundiária. A proposta concentrava-se na ênfase das riquezas culturais e ambientais existentes, evidenciadas a partir do reconhecimento dessa área como um testemunho do patrimônio ambiental da APA Capivari Monos e do patrimônio cultural da Cratera de Colônia, transformando os espaços e as áreas livres do futuro bairro regular em um verdadeiro museu aberto, um parque metropolitano. Uma cuidadosa curadoria seria necessária, possibilitando que a população – moradores, visitantes e turistas – percorresse os espaços do bairro-parque-museu e absorvesse informações sobre a fauna, a flora, a depressão geológica e sua história, a represa Billings, a APA Capivari Monos, a regularização fundiária, dentre outros.

Vista da área de recuperação ambiental nas franjas da Represa Billings. Um boulevard integrante ao parque-museu faz a limitação física entre as áreas de urbanização controlada e a de recuperação ambiental.

Quando o projeto do Museu Aberto Cratera de Colônia foi inicialmente apresentado à população em uma reunião realizada na Subprefeitura de Parelheiros, houve surpresa. Os moradores desconheciam muitas das informações que estavam sendo apresentadas, inclusive sobre os aspectos legais relacionados à preservação ambiental e de tombamento histórico da Cratera. A tensão e a desconfiança natural desse tipo de processo de intervenção, especialmente em virtude dos reassentamentos necessários e da ameaça de perda da moradia, somaram-se a um novo olhar sobre o lugar a partir das interlocuções. As famílias passaram a discutir entre si o senso de valor, de requalificação e de ressignificação do espaço, levando a um debate muito interessante sobre pertencer ao lugar. Esse processo de diálogo foi bastante favorecido à época em virtude da qualificada estruturação de vizinhança do local. Os moradores, em sua grande maioria, moradores de longa data, estavam organizados por meio da associação de vizinhança, muito unida e vinculada afetivamente ao seu local de moradia.

Do ponto de vista conceitual, o projeto buscou utilizar-se da requalificação urbanística para criar essa ressignificação sobre a área de intervenção em si e sobre sua relação com a cidade. Assim, foram enaltecidas no projeto as potencialidades de conteúdo do ponto de vista visual e de apreensão das informações, criando percursos, com foco no pedestre, física e esteticamente identificados, dedicados prioritariamente às temáticas ambientais e culturais associadas ao lugar. Totens informativos seriam instalados nas áreas de lazer, praças, mirantes e locais de convivência desse bairro proposto, oferecendo informação e intercomunicação com os moradores e os visitantes do novo parque-museu.

Esse conteúdo temático não estaria guardado, sacralizado num espaço fechado com portas e paredes, mas evidenciado nos caminhos da população, nos trajetos do cotidiano, sinalizados na própria pavimentação das ruas. Desse modo, os caminhos por onde as pessoas passariam para irem ao parquinho, à escola, à creche, à igreja, ao mercado, estariam gravados por uma pavimentação especial, colorida, como se fosse um extenso tapete vermelho, dedicado com deferência, prioritariamente aos pedestres, para usufruir de um passeio temático e ritualístico sobre diversas áreas do conhecimento. Ao longo desses percursos, uma série de informações falam desse lugar, de seus fatores históricos e ambientais, resultando na valorização desse espaço e das pessoas que nele vivem.

Foi um trabalho em movimento. O projeto, desde sua origem, apostou no processo de ressignificação, que deve ocorrer primeiramente na própria comunidade moradora frente a esse novo lugar, preparando-se para assumir um importante e estratégico papel de zeladoria do parque, e contando conjuntamente com o apoio de instituições que garantam o fomento à pesquisa no local.

Nessa proposta, institutos poderão manter bases de pesquisa na região, relativas às questões ambientais sobre as áreas da represa, de mangue, de fauna e de flora, monitorando o enriquecimento arbóreo proposto para o lugar, ampliando o conhecimento e o reconhecimento desse espaço que é, sobretudo, memória da cidade em todos os seus aspectos. Tais pesquisas, considerando os aspectos geomorfológicos da região, deflagram a área protegida pelo patrimônio histórico, em seus aspectos históricos e geológicos. Com relação aos aspectos socioantropológicos, concentram ênfase sobretudo nas comunidades indígenas, habitantes na região.

Vale citar que projetos dessa envergadura, por sua escala e complexidade, requerem a garantia do tempo para que as ações de implementação sejam continuadas independentemente da administração pública que esteja ocupando a cadeira da vez. Este é o aspecto mais difícil na garantia da continuidade de projetos de governo. Os recursos, as ações prioritárias, os interesses políticos põem em xeque projetos dessa envergadura.

Trata-se, para além da percepção e acolhida da comunidade local para a proposta de intervenção, do necessário reconhecimento pelo poder público. Essa

Praça-Mirante: proposta de intervenção em área com visualização do perímetro da Cratera de Colônia. Em formato de arena, a praça permite eventos culturais e contemplação do patrimônio histórico.

é peça fundamental para não somente acolher, mas poder amplificar e permitir a implementação dos projetos. Este é um aspecto de extrema importância e que merecerá ser debatido mais adiante, dado que, na medida em que tais projetos urbanos demandam tempo para sua implementação, naturalmente percorrerão mais de uma administração pública para sua viabilização, e nem sempre um trabalho iniciado em uma gestão administrativa logra ter sua continuidade na gestão subsequente. Em geral, infelizmente, não! O reconhecimento da importância e pertinência de um projeto perpassa caminhos obscuros que vão muito além dos aspectos técnicos – do ponto de vista social, habitacional e urbano – e financeiros. A persistência e a energia para dar continuidade à realização desses projetos é fundamental e, infelizmente, nem sempre suficiente para garantir o sucesso de sua implementação completa. Alguma coisa fica faltando, registrada na impotência declarada dos profissionais de urbanismo, sobretudo quando o cliente é o poder público.

Daí vem a pergunta:

Como os arquitetos poderiam por meio de sua atuação profissional política e institucional contribuir ativamente na continuidade de projetos como esses?

Considerando essa abordagem, nosso escritório vem colecionando alguns projetos urbanos que desvendam espaços da cidade por meio de seus aspectos culturais e com o intuito de proporcionar à população experiências interativas, educativas e vinculantes.

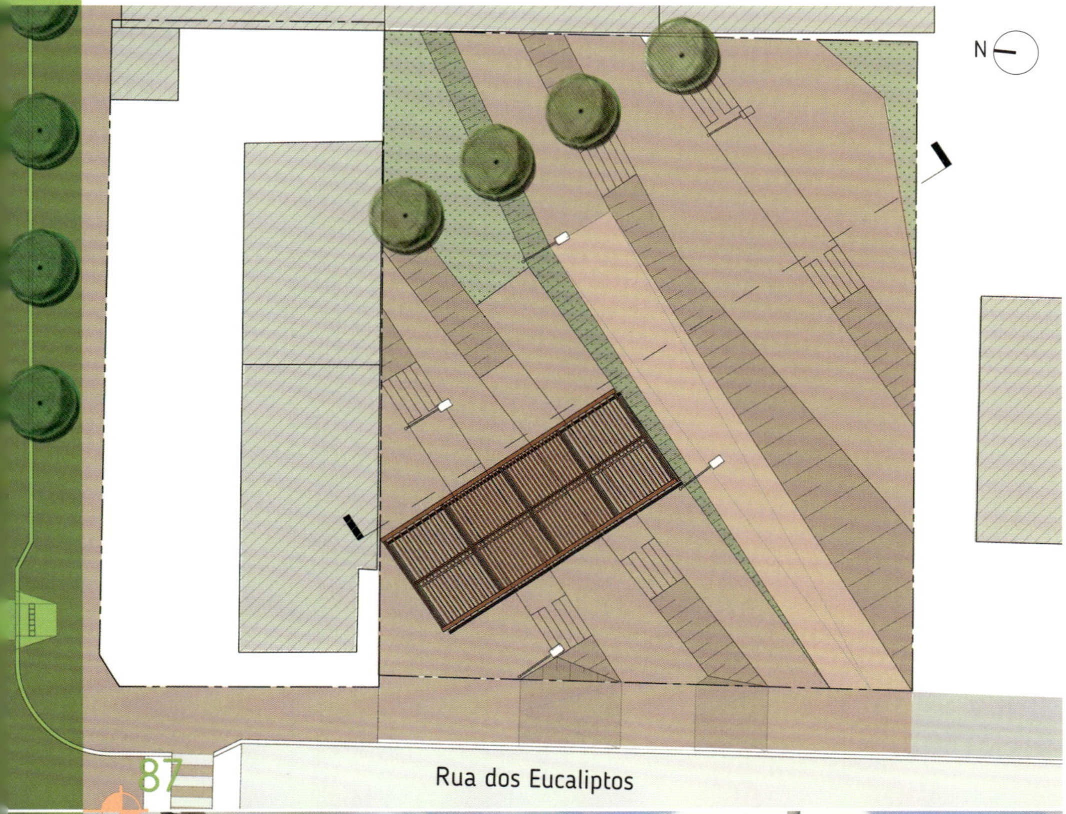

A partir das potencialidades elencadas e associadas a cada uma dessas áreas de intervenção, faz-se possível a construção de uma curadoria particular a cada situação que, em comum, terá como meta, em cada um desses projetos de intervenção na escala urbana, o estabelecimento de vínculo entre a população e o lugar, a partir da construção de experiências e vivências interativas e integradoras, relacionadas aos mais variados temas. O resultado desse processo interativo: produção de conhecimento, reflexão, convivência, lazer, esporte, entretenimento, experiência afetiva.

Parques-museus Sabesp
Cangaíba, Butantã e Mooca

Soluções construtivas, comunicação visual e curadoria temática garantem identidade às três unidades dos parques-museus Sabesp.

Parque-Museu Sabesp Cangaíba

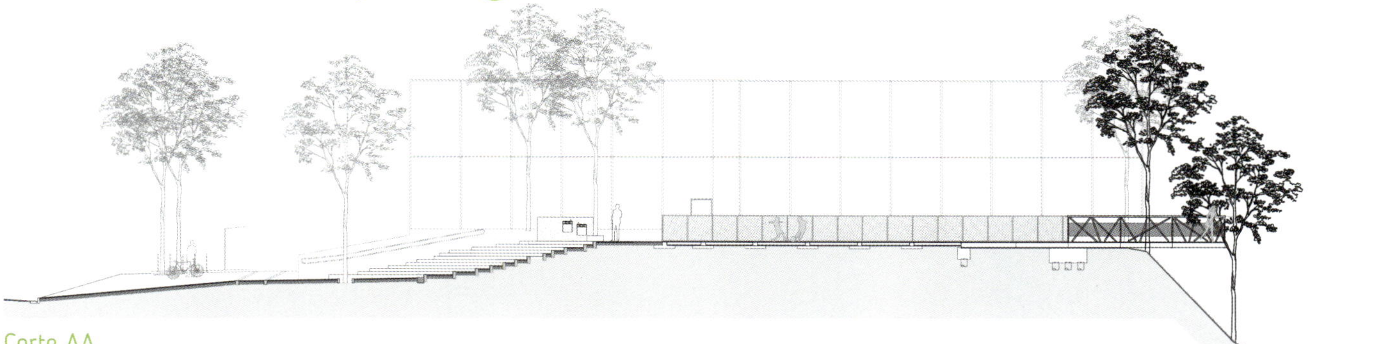

Corte AA.

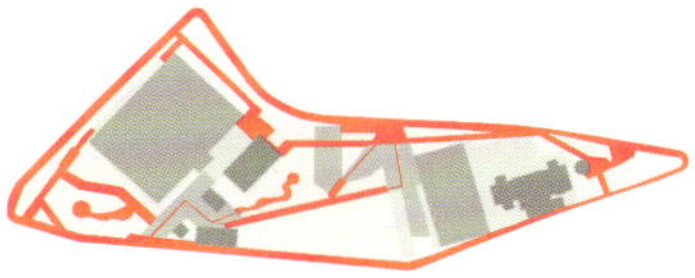

Circuito temático peatonal
Passeio/acessibilidade.

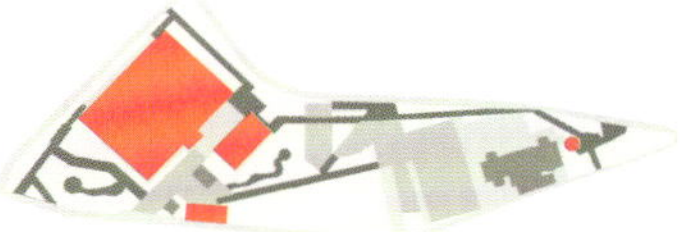

Reservação e distribuição de águas
Sabesp em funcionamento.

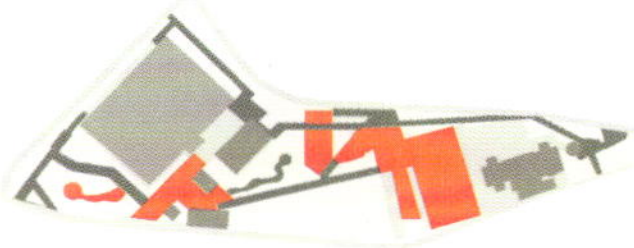

Lazer descoberto.

Áreas verdes e permeáveis.

À esquerda, vista aérea do bairro de Cangaíba. O pulmão verde com a caixa-d'água da Sabesp sinalizam o Parque Sabesp Cangaíba, localizado em ponto alto estratégico, lindeiro à comunidade de Cangaíba.
Acima e à direita, acesso por escadas e rampas ao Parque Sabesp Cangaíba, ambientes de estar, mirante e entretenimento infantil.

Implantação.

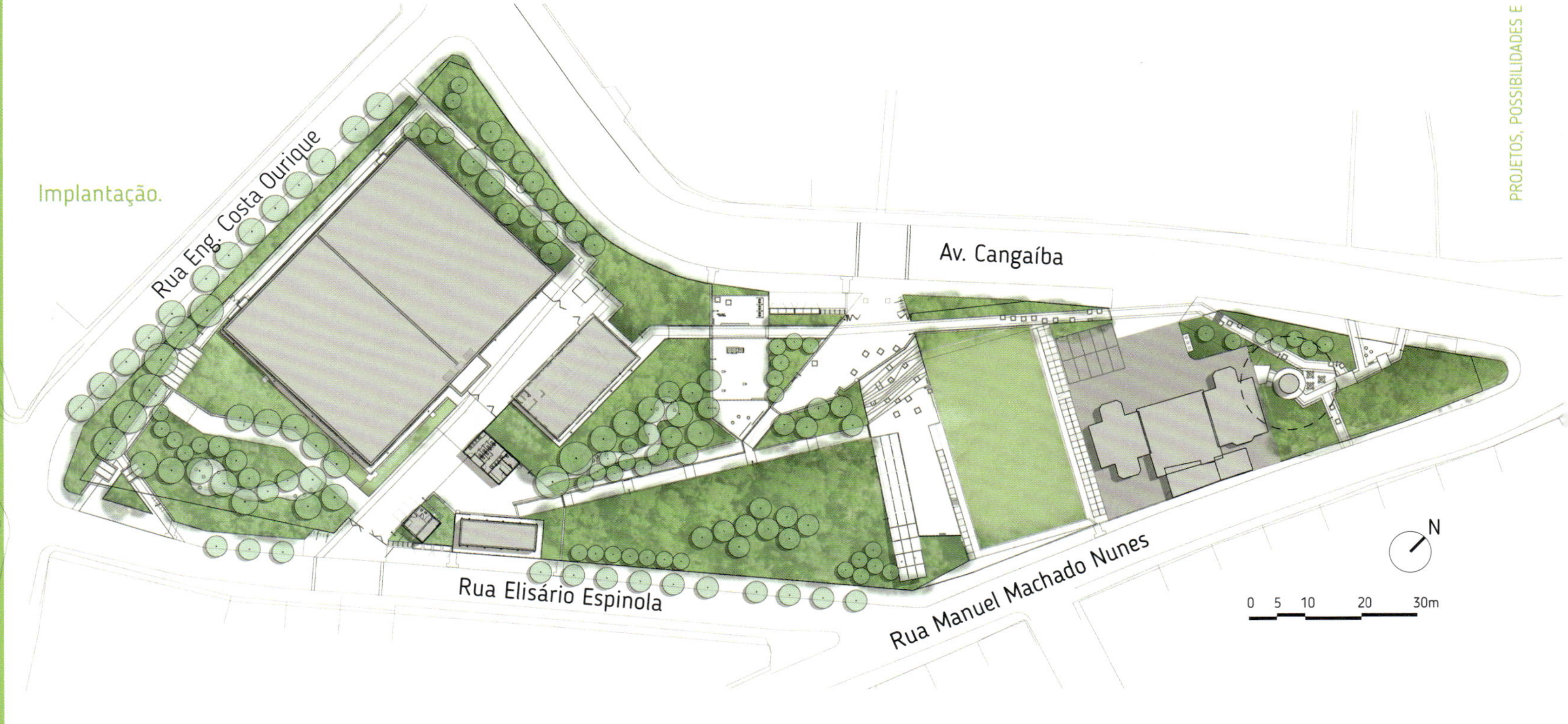

Parque-Museu Sabesp Butantã

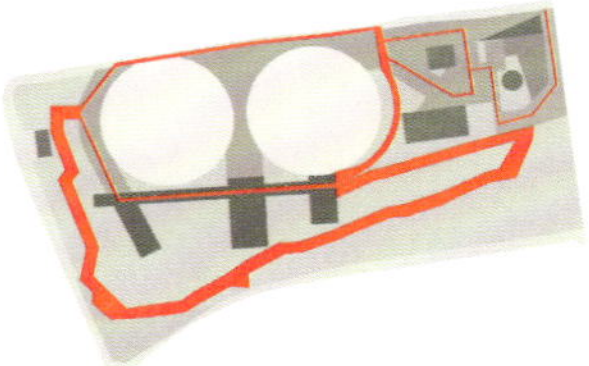

Circuito temático peatonal
Passeio/acessibilidade.

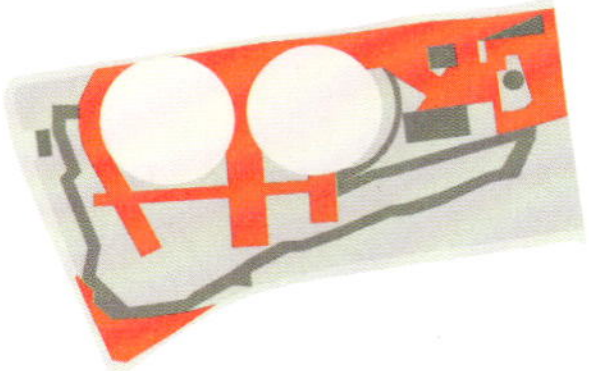

Lazer descoberto.

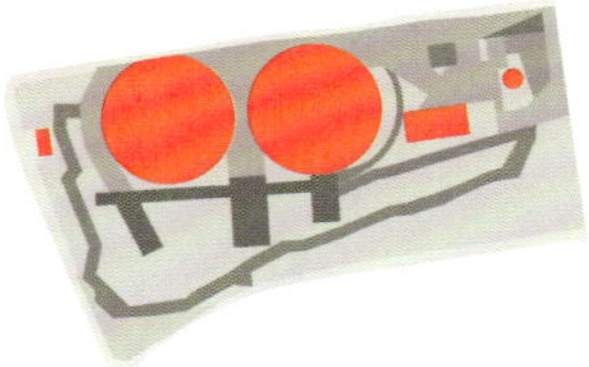

Reservação e distribuição de águas Sabesp em funcionamento.

Áreas verdes e permeáveis.
Piso permeável
Áreas verdes

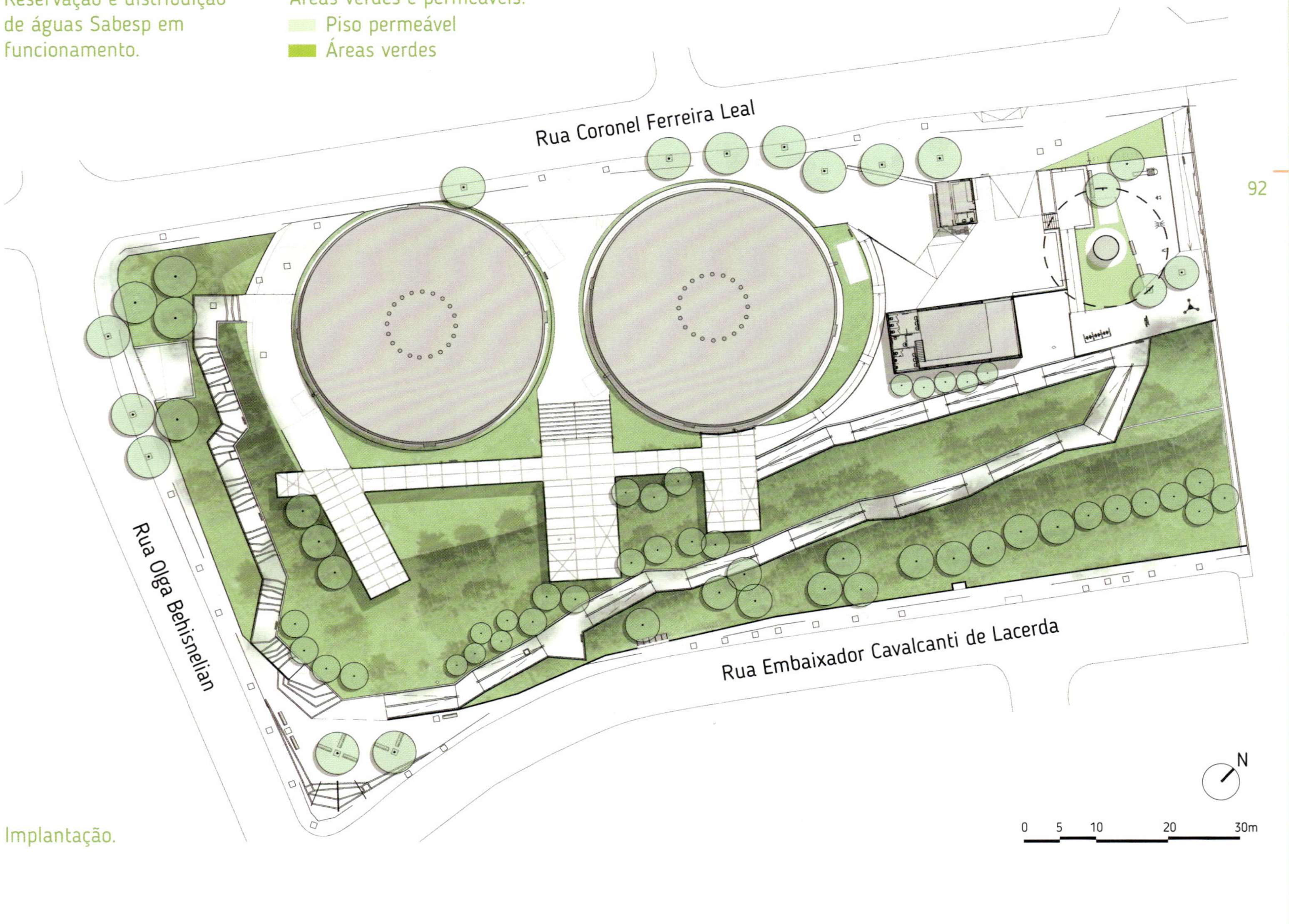

Implantação.

Ampliação da praça aberta.

Na página ao lado, a escada de um dos acessos ao ponto alto do Parque-Museu Sabesp Butantã, pela rua Embaixador Cavalcanti de Lacerda. E deque metálico garante circuitos acessíveis e mirantes para contemplação da paisagem.

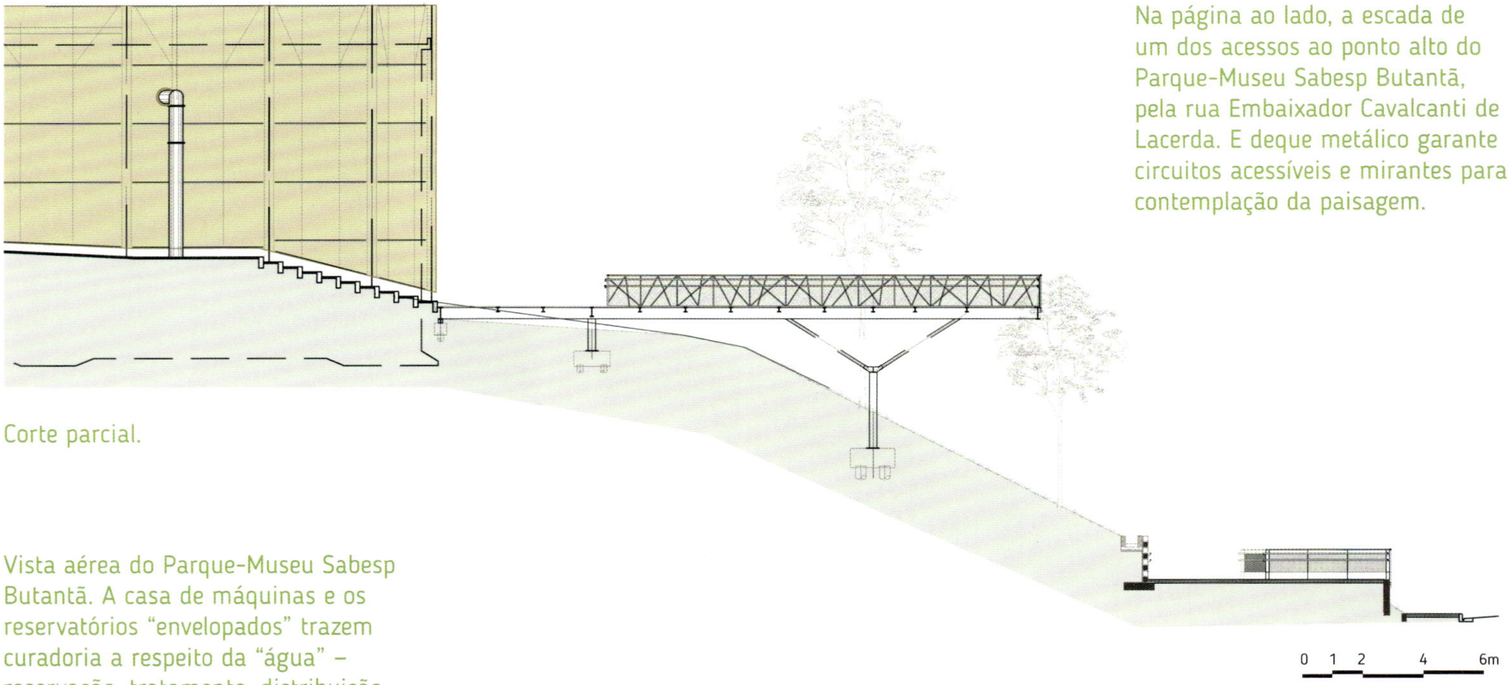

Corte parcial.

Vista aérea do Parque-Museu Sabesp Butantã. A casa de máquinas e os reservatórios "envelopados" trazem curadoria a respeito da "água" – reservação, tratamento, distribuição, uso responsável e reúso. A caixa-d'água, à esquerda na imagem, é referência visual na região do Butantã.

Parque SABESP BUTANTÃ
DICAS DE ECONOMIA DE ÁGUA
No banheiro
Para mais informações acesse: www.sabesp.com.br
ou ligue para: 195 ou 0800 011 9911
sabesp

30

O maior
ambie
Sabesp

Parque-Museu Sabesp Mooca

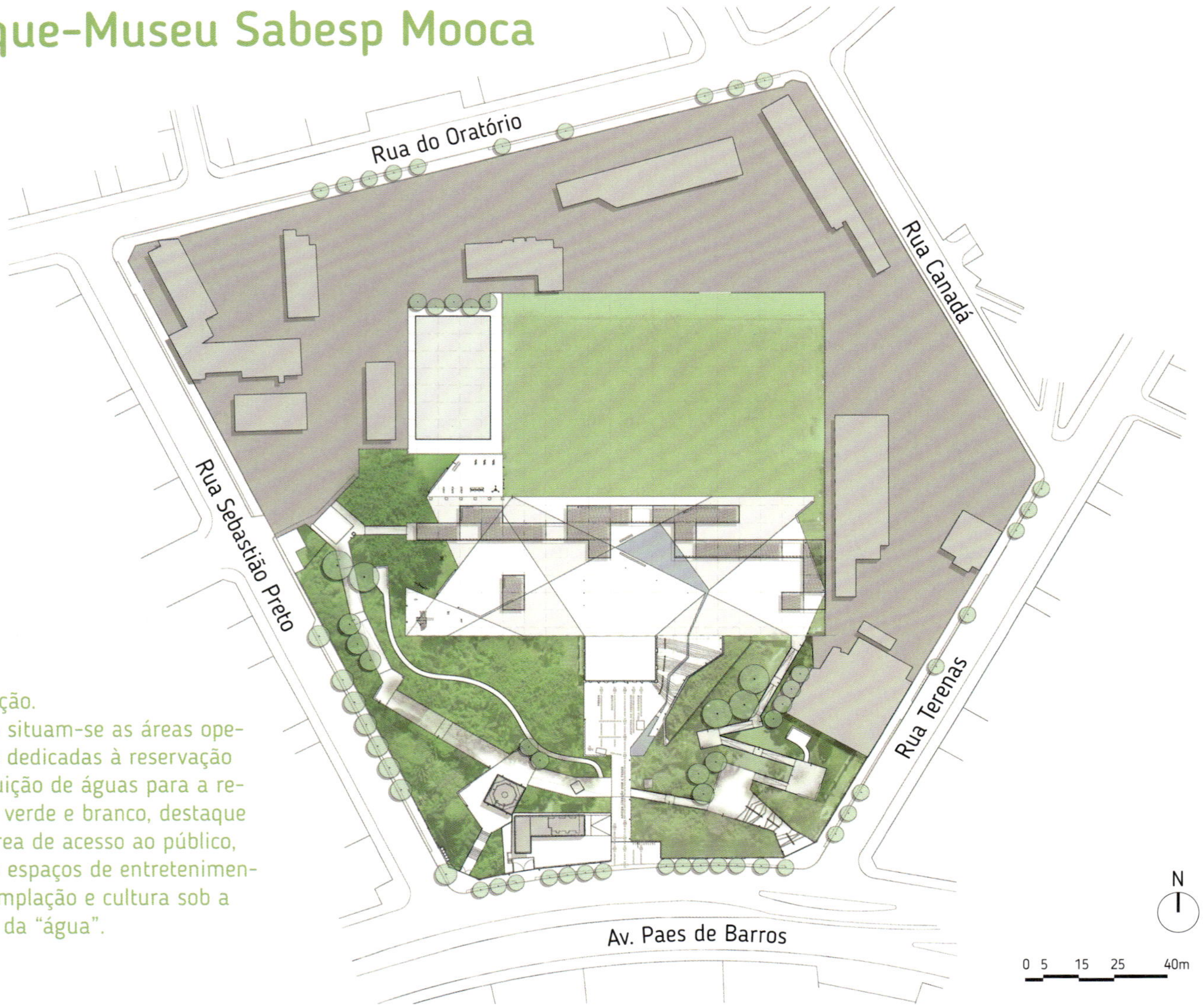

Implantação.
Em cinza situam-se as áreas operacionais dedicadas à reservação e distribuição de águas para a região. Em verde e branco, destaque para a área de acesso ao público, contendo espaços de entretenimento, contemplação e cultura sob a temática da "água".

Circuito temático peatonal
Passeio/acessibilidade.

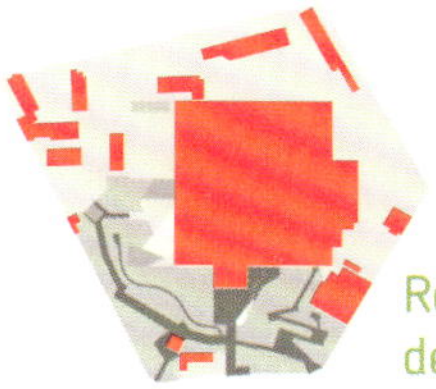

Reservação e distribuição de águas Sabesp em funcionamento.

Pergolados
Lazer coberto e apoio.

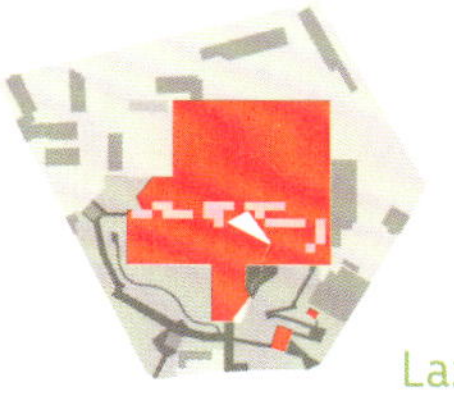

Lazer descoberto.

Áreas verdes e permeáveis.
Piso permeável
Áreas verdes

Corte.

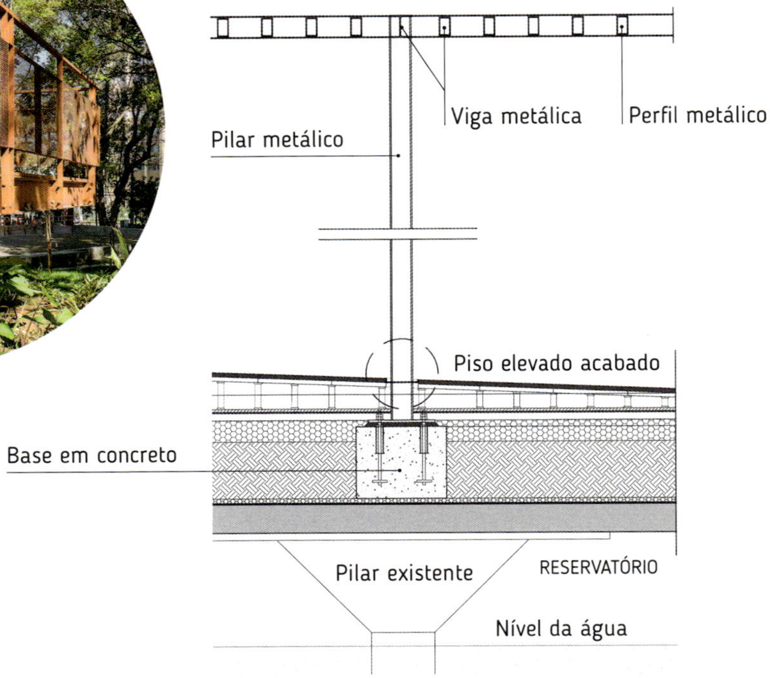

Piso elevado e detalhe da estrutura em pergolado

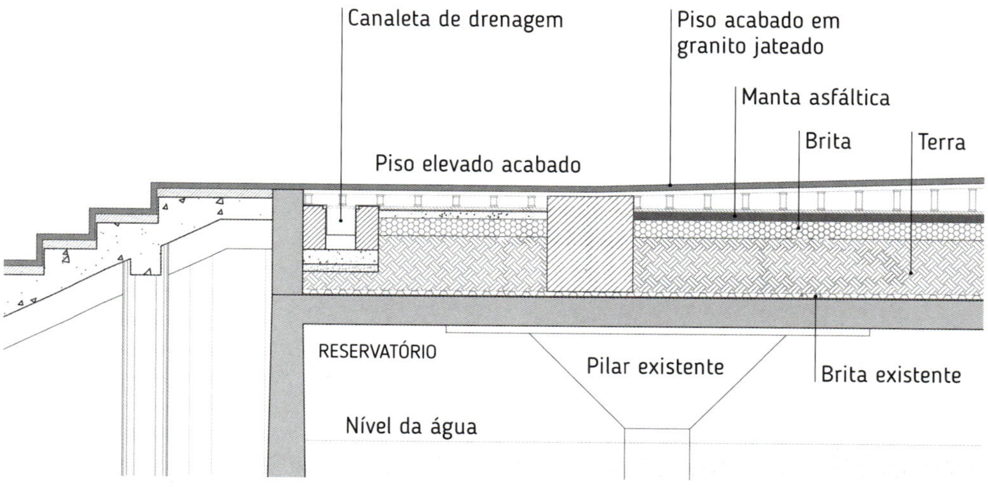

Piso elevado sobre o reservatório.

Dentre os projetos de museus abertos, museus vivos, realizados pelo escritório estão: a praça Victor Civita, os parques-museus Sabesp, em Cangaíba, no Butantã e na Mooca, além do Museu Aberto Cratera de Colônia e do Museu Aberto Morro dos Macacos (Núcleo Mata Virgem). Os primeiros foram integralmente implantados. O Museu Aberto Cratera de Colônia foi parcialmente construído, aguardando a vontade política de quem couber para seguir adiante com os 50% de obras pendentes. O Museu Aberto Morro dos Macacos teve seu projeto completo finalizado, tendo sido, porém, abortado por motivação desconhecida – melhor palavra a dizer a respeito...

Núcleo Mata Virgem

Requalificação urbana, São Paulo

N
0 15 30 60 100m
Setor 1A
Setor 1B
Setor 2

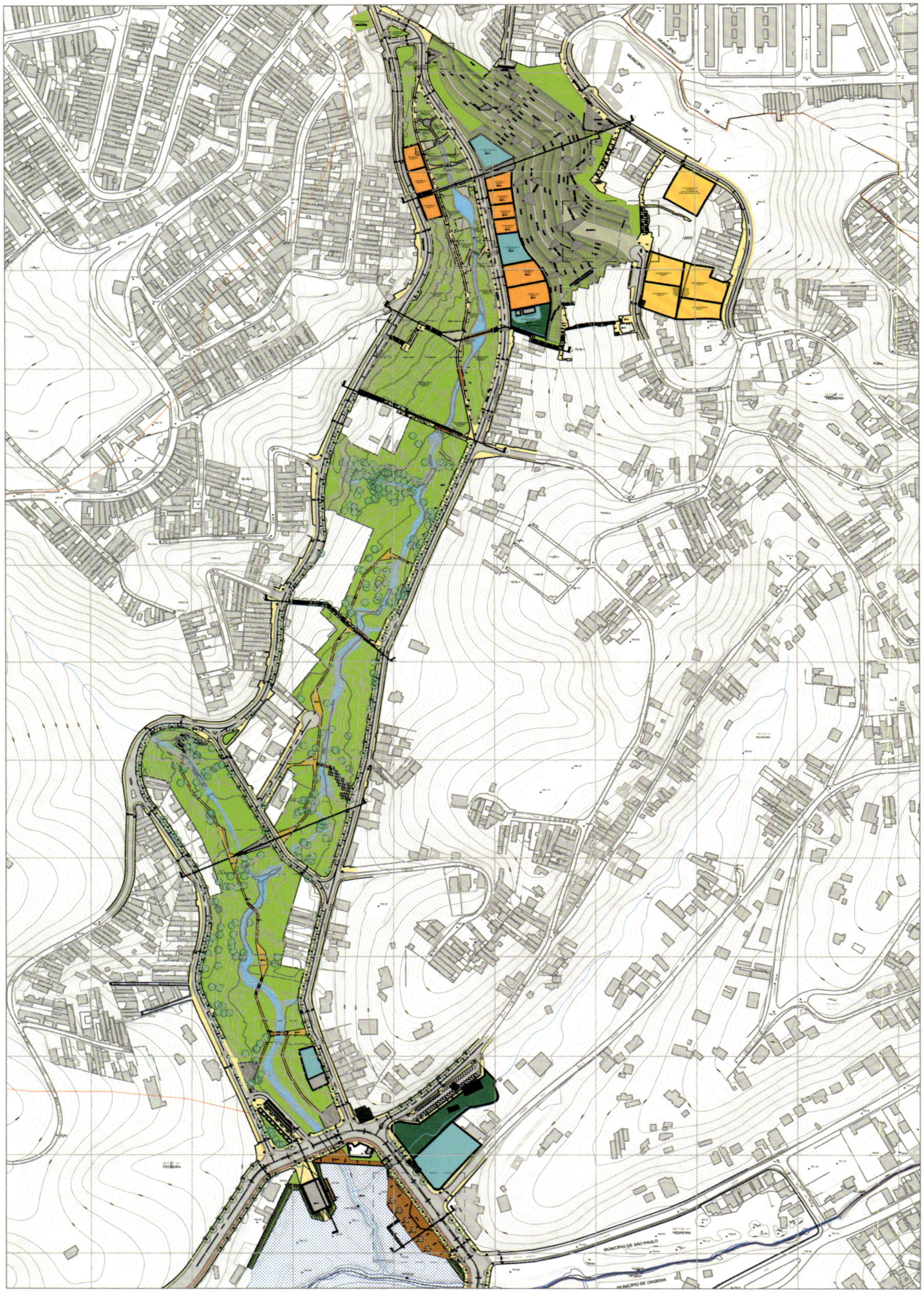

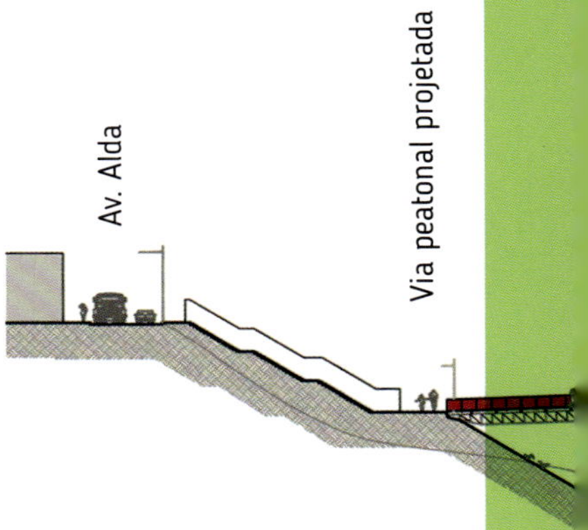

Implantação: Reabilitação do Córrego da Saúde, desde sua nascente à Represa de Guarapiranga.

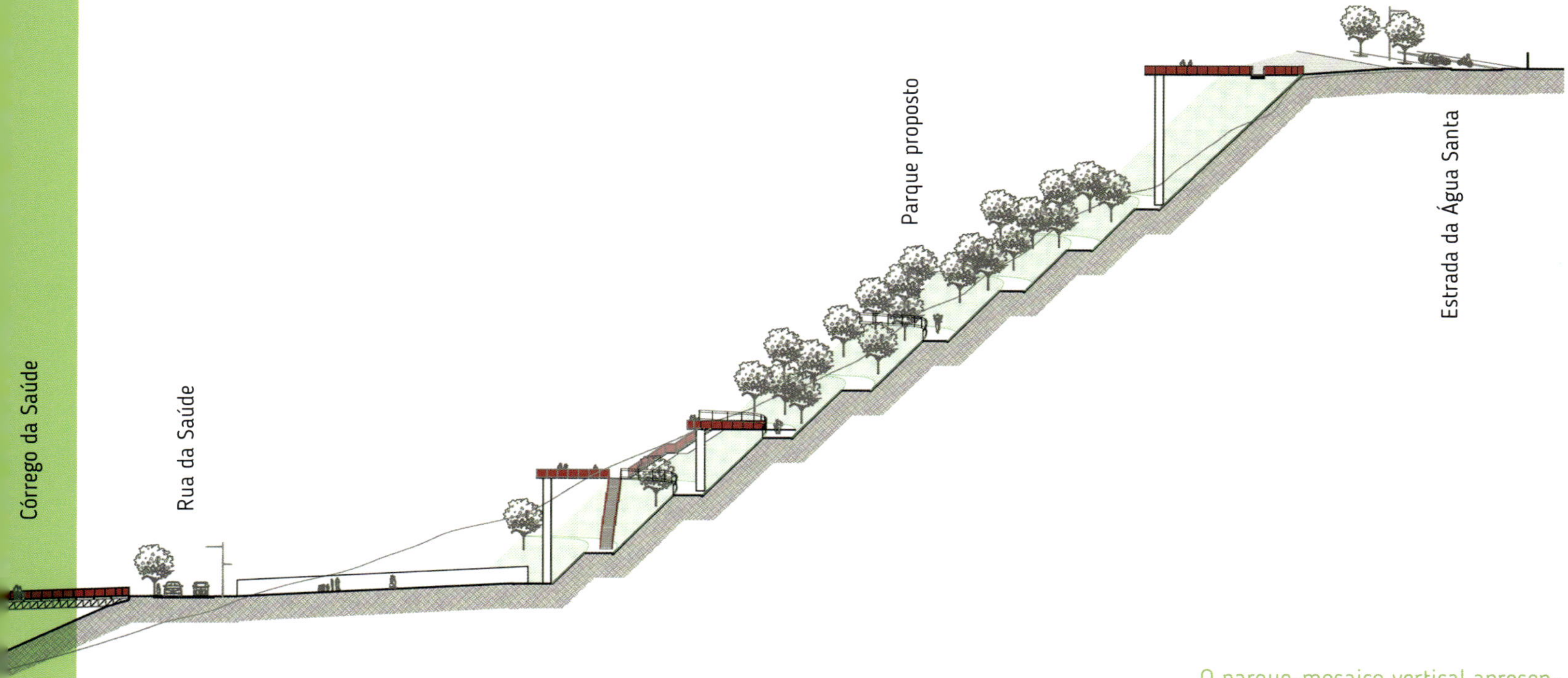

O parque-mosaico vertical apresenta solução de contenção, recuperação ambiental e mitigação de risco.

Fruto de inúmeros deslizamentos e vidas perdidas, o projeto propõe solução de mitigação de risco associada à oferta de área de lazer junto à ampla proposta de compensação ambiental, bem como solução de assentamento das famílias removidas com a construção de novas edificações residenciais e mistas de interesse social.

Início das obras de contenção do Morro dos Macacos.

O Córrego da Saúde com proposta de reabilitação, desde a sua nascente até a represa Guarapiranga, com deque de convivência proposto.

Capítulo 3

Sustentabilidade urbana: construção de vínculo e percepção de cidadania

A construção de vínculo no espaço urbano passa pela percepção que cada pessoa tem sobre o local onde vive e pela oferta de experiência que cada lugar lhe propicia. Está diretamente ligada à leitura e à tradução da cultura do ir e vir, da satisfação das necessidades básicas de consumo, dos aspectos de permanência, de diversão, do ato de surpreender e de interação com o outro, além da conquista de bens e histórias afetivas que possibilitem o reconhecimento como parte desse conjunto complexo e dinâmico. Tais ações e situações são compartilhadas por diversos sujeitos – tanto em pequenos espaços, como condomínios, vilas e bairros, quanto na extensão de uma grande cidade ou ainda de um país.

Nas transformações constantes do território urbano, o arquiteto urbanista tem o papel de mediar as relações de vínculo entre pessoas e espaços, identificando possibilidades de tradução dessas relações por meio de projetos sustentáveis – inclusive quando são observadas as discrepâncias entre lugares formais e informais nas grandes metrópoles.

Núcleo Jardim Colombo

Requalificação urbana, São Paulo

O projeto desenvolvido no Jardim Colombo, bairro pertencente ao Complexo de Paraisópolis, situado na zona sul de São Paulo, permite observar como a questão de vínculo está diretamente ligada à percepção que as pessoas têm do espaço, tanto sob a óptica individual quanto coletiva. Compreender isso requer uma aproximação de questões que vão além dos problemas de infraestrutura urbana e de arquitetura.

3.1 Reconhecendo o Jardim Colombo

O escritório foi contratado para desenvolver um projeto no Jardim Colombo a partir de um edital de obra licitado pela Secretaria Municipal de Habitação, em um período em que a gestão exerceu relevante atuação na elaboração de projetos de reurbanização de favelas sobretudo em áreas de risco e fragilidade ambiental sob a condução da arquiteta urbanista Elisabete França. A demanda estabelecida do poder público era, prioritariamente, buscar solução adequada de saneamento básico e de mitigação de risco para a região. A ocupação por aproximadamente 8.000 famílias que vivem em situação de irregularidade fundiária e em condições de alta vulnerabilidade social corresponde a 180.000 metros quadrados de área com acentuada declividade, em cujo vale nasce o córrego Colombo. São muitas as famílias e os comércios que ocupam o leito desse córrego, que, por ausência de saneamento, resume-se a um verdadeiro esgoto a céu aberto, trazendo graves condições de insalubridade e risco.

Na época, o trabalho de selagem dos domicílios e cadastramento das famílias já tinha sido executado pela Secretaria de Habitação do município, e a comunidade estava envolvida no processo de requalificação urbana do bairro, com expectativas e indagações típicas desse tipo de projeto de intervenção.

Mesmo fazendo parte do Complexo Paraisópolis, o Jardim Colombo tem características de ocupação distintas. Em primeiro lugar, a comunidade está localizada do outro lado da avenida Giovanni Gronchi, e está organizada por lideranças diferentes das que atuam em Paraisópolis. As questões ligadas à precariedade são similares: desconexão entre a malha viária do bairro e o transporte público na região, vulnerabilidade social, ocupação de áreas de risco, ausência de espaços de lazer e de serviços públicos primordiais, insalubridade, inexistência de senso de cidadania, etc. Mas a dinâmica de cada comunidade revela vínculos próprios e um modo de vivência no e com o espaço que tem consequências particulares.

O córrego Colombo estava completamente poluído e ocupado. Praticamente não era possível enxergá-lo diante de tantas construções – desde barracos de madeira, até sólidas construções de alvenaria. Era possível identificá-lo somente através de pequenas insinuações da passagem de água poluída por debaixo das casas ou ainda por seu movimento sonoro. O córrego marca o eixo central do bairro, em sua cota mais baixa. A partir do vale, as duas encostas, completamente ocupadas, configuram o bairro do Jardim Colombo. A situação de precariedade é tremenda,

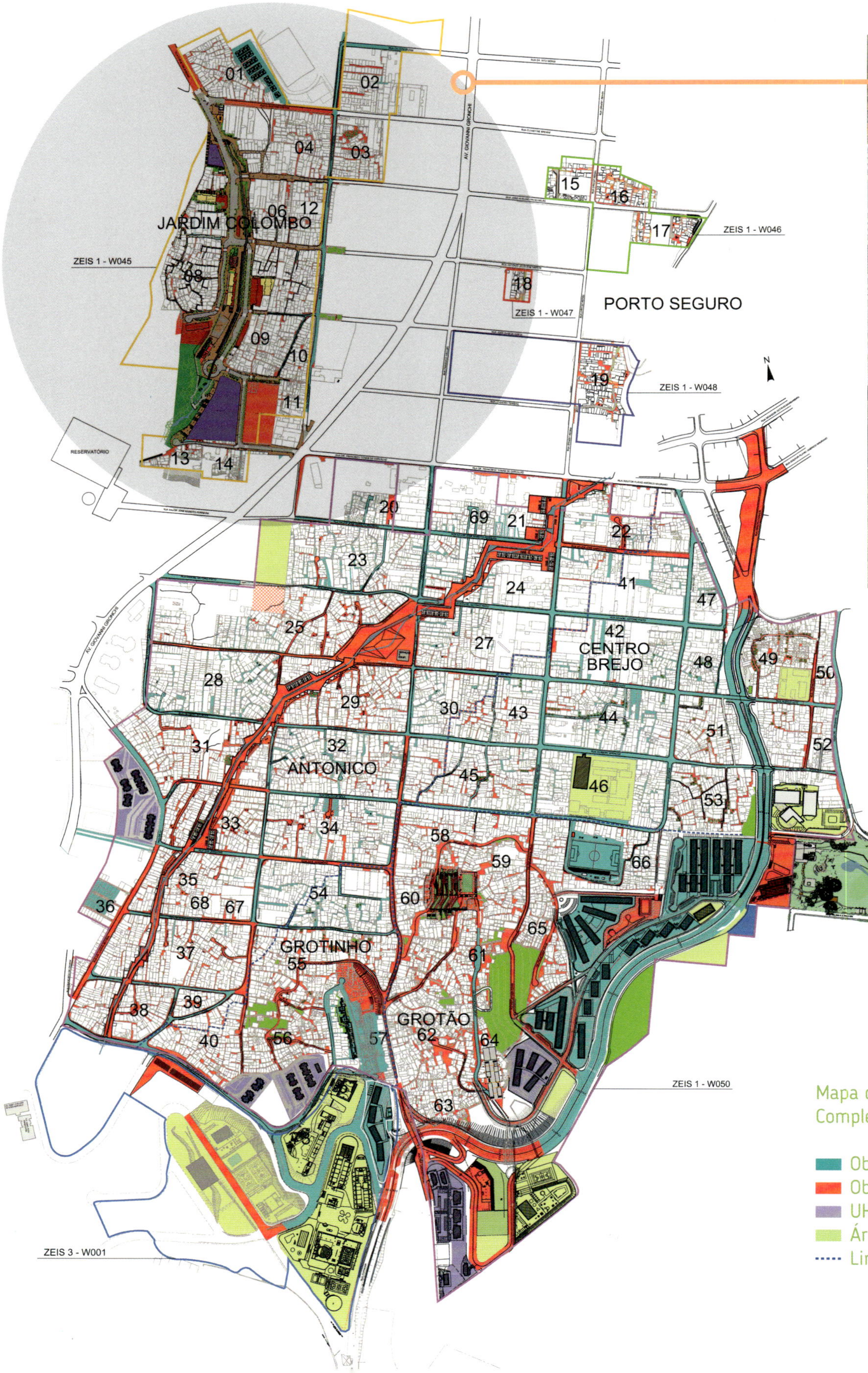

Mapa de Intervenções no Complexo Paraisópolis – arquivo PMSP.

- Obras executadas
- Obras a executar (Licitação 2010)
- UHS a serem construídas (CDHU)
- Áreas Institucionais
- Limite dos Setores

Imagens das construções irregulares construídas sobre o Córrego do Colombo, deflagrando graves condições de higiene, salubridade e estabilidade.
À direita, o início das obras de canalização do córrego, conforme projeto de reurbanização aprovado pela comunidade e pela Prefeitura de São Paulo.

sobretudo na Lagoa do Sapo, onde os barracos justapostos na encosta garantem sua sustentação por meio de um equilíbrio dinâmico, quase inexplicável.

A insalubridade tem suas proporções ainda aumentadas à medida que, ao desvendar o local, tornam visíveis os relógios de medição da concessionária de energia, precariamente pendurados nas paredes de madeira dos barracos flutuantes do córrego de águas negras.

Inicialmente, era preciso ouvir as pessoas e entender a relação de valor e vínculo que tinham com o espaço. Era preciso saber se essa conexão tinha ou não um caráter afetivo, longevo ou efêmero. Com isso, seria possível saber o que esses moradores pensavam sobre a requalificação, sobre a ideia de remoção, reconstrução, desmontagem e montagem, para então buscar traduzir esses sentimentos em uma proposta de intervenção capaz de reconhecer esses vínculos e ressignificá-los numa transformação que não descaracterizasse a identidade local.

Como a dinâmica do território habitado, em grande parte, concentrava-se ao longo ou sobre o próprio córrego – incluindo principalmente comércios e as atividades socioinstitucionais, como os templos religiosos –, havia uma certa experiência de bairro naquela localidade. As pessoas enxergavam o lugar como aquele onde certas relações de vizinhança ocorriam: ir ao mercado, à vendinha, ao bar e à missa. A ausência de oportunidades de encontro ao ar livre era persistente. A rua, a praça e o campinho não correspondiam a espaços de convivência dessa comunidade que acabou por ocupar de forma extremamente densa essa região, deixando pouca ou nenhuma condição para o desenvolvimento de outra sorte de relações coletivas e sociais.

— Limite da ZEIS (W045)
— Limite da ZEIS (W046)
— Limite da ZEIS (W047)
— Limite da ZEIS (W048)
— Limite da ZEIS (W050)
— Limite da ZEIS (W001)

A pouca relação de convivência que se demonstrou evidente na região localizava-se, portanto, em sua área de maior vulnerabilidade: sobre o córrego Colombo.

Logo, o projeto de intervenção do bairro, de requalificação do córrego e de recuperação ambiental não poderia diluir essas frágeis e sutis experiências e relações. Ao contrário, deveria amplificar a percepção com a oferta de novas oportunidades de lazer, conforto e segurança nas imediações dessa área cuja experiência comunitária basicamente se resumia a poucos metros de extensão de rua, com pouca luz e acesso a raras oportunidades de convivência nos bares, demais comércios ou nas igrejas.

Para que a intervenção fosse assimilada e para que os moradores se apropriassem das modificações, era fundamental, de certa forma, preservar e enaltecer essa dinâmica já existente no eixo do córrego e ressignificá-la.

Vale ressaltar que esse vínculo não se dava com o córrego em si, mas com a vitalidade das relações que se estabeleceram nas poucas oportunidades de convívio nesse trecho comercial de praticamente um a dois quarteirões sobre seu eixo hídrico, oculto. Os moradores não enxergavam as águas, mas tinham interesse naquilo que eles mesmos haviam construído sobre o córrego. Perder isso seria gravíssimo para as relações sociourbanas do território, exceto se a troca por outras oportunidades representasse condições melhores do que as conhecidas aos olhos dos moradores até então.

Essa se tornou uma linha estrutural norteadora das diretrizes do projeto de intervenção, pois era necessário preservar o zoneamento da dinâmica social ao mesmo tempo em que era preponderante para a qualificação do bairro tirar todas as construções de cima do córrego e, mais ainda, saneá-lo. Portanto, o desafio urbanístico que se colocava diante da lógica projetual era criar um novo lugar para essas famílias para além do córrego canalizado e requalificado, não somente mantendo, mas ampliando o caráter de convivência já conhecido e reconhecido por essa comunidade ao longo de todo o seu percurso e considerando essa lógica, implementando as infraestruturas básicas necessárias e trazendo condições mínimas de mobilidade e lazer.

Diretrizes

TERMINAL INTERMODAL VILA SÔNIA
AV. JORGE JOÃO SAAD
HOSPITAL ALBERT EINSTEIN
ESTÁDIO DO MORUMBI
AV. GIOVANNI GRONCHI
CEMITÉRIO GETHSÊMANI

3.2
O projeto de intervenção e o reconhecimento do vínculo

O projeto do Jardim Colombo se desenvolveu a partir de uma demanda clara: implementação das infraestruturas e atendimento às legislações pertinentes, associadas a um adequado desenho urbano.

A primeira fase do trabalho tratou de diagnosticar a situação existente, levantar suas deficiências e ouvir seus moradores. A partir disso, fez-se possível a configuração da extensão da área de intervenção. Foram levantadas as unidades residenciais, institucionais e comerciais que deveriam ser removidas desse perímetro. Em seu lugar, surgiu o desenho proposto em resposta às diretrizes elaboradas para o projeto: conectar o bairro do Jardim Colombo com a cidade ao seu redor e ofertar condições suficientes de mobilidade, saneamento, segurança, salubridade e lazer.

A partir daí, surge a proposta de canalização do córrego; a implantação de novo eixo viário, paralelo a ele, com dimensões mínimas suficientes para o tráfego de transporte coletivo e serviços públicos, como micro-ônibus, coleta de lixo, ambulâncias, serviço de correios, entre outros; a organização das redes de infraestrutura de saneamento a partir desse traçado inicial; a instalação de novos empreendimentos habitacionais, unidades comerciais e institucionais; previsão de áreas livres de lazer e entretenimento. Tudo isso ao redor do eixo hídrico, com o intuito de gerar, a partir da própria disposição espacial dos equipamentos e empreendimentos, uma condição favorável a uma positiva zeladoria do local, a ser realizada pelos próprios moradores e usuários do bairro.

Passariam a existir, portanto, as margens da via e as margens do córrego, os dois lados da rua e os dois lados desse córrego, que passariam a ser a frente das novas construções, das novas edificações comerciais, mistas e institucionais propostas.

Circundando todo esse eixo, o complexo hídrico-viário organizou-se para formar uma espécie de aldeia circular, onde esse comércio fosse autossuficiente e fizesse a zeladoria do espaço, minimizando, inclusive, os riscos de haver novas invasões sobre o córrego. Afinal, esse é o espaço de lazer da comunidade, cujo valor é tão essencial que o próprio coletivo reconhece justificativas mínimas para sua manutenção. Se o córrego não tiver essa importância reconhecida e esse vínculo afetivo de lugar, certamente ele será ocupado de novo e descaracterizado.

Nesse contexto, era necessário criar tipologias que traduzissem a maneira como o morador do Jardim Colombo lançava mão de um repertório próprio para ler o seu espaço social, o seu local de moradia. Então, debruçamo-nos sobre os seguintes aspectos: a rua é larga? Quantos metros quadrados de convivência são necessários ou possíveis para encontrar com meus vizinhos ou ainda para brincar na rua? Prevalece uma sensação, uma percepção espacial de alta densidade ou de baixa densidade?

Áreas de risco

Áreas verdes com APP

Áreas verdes e Intervenção

HIPSO

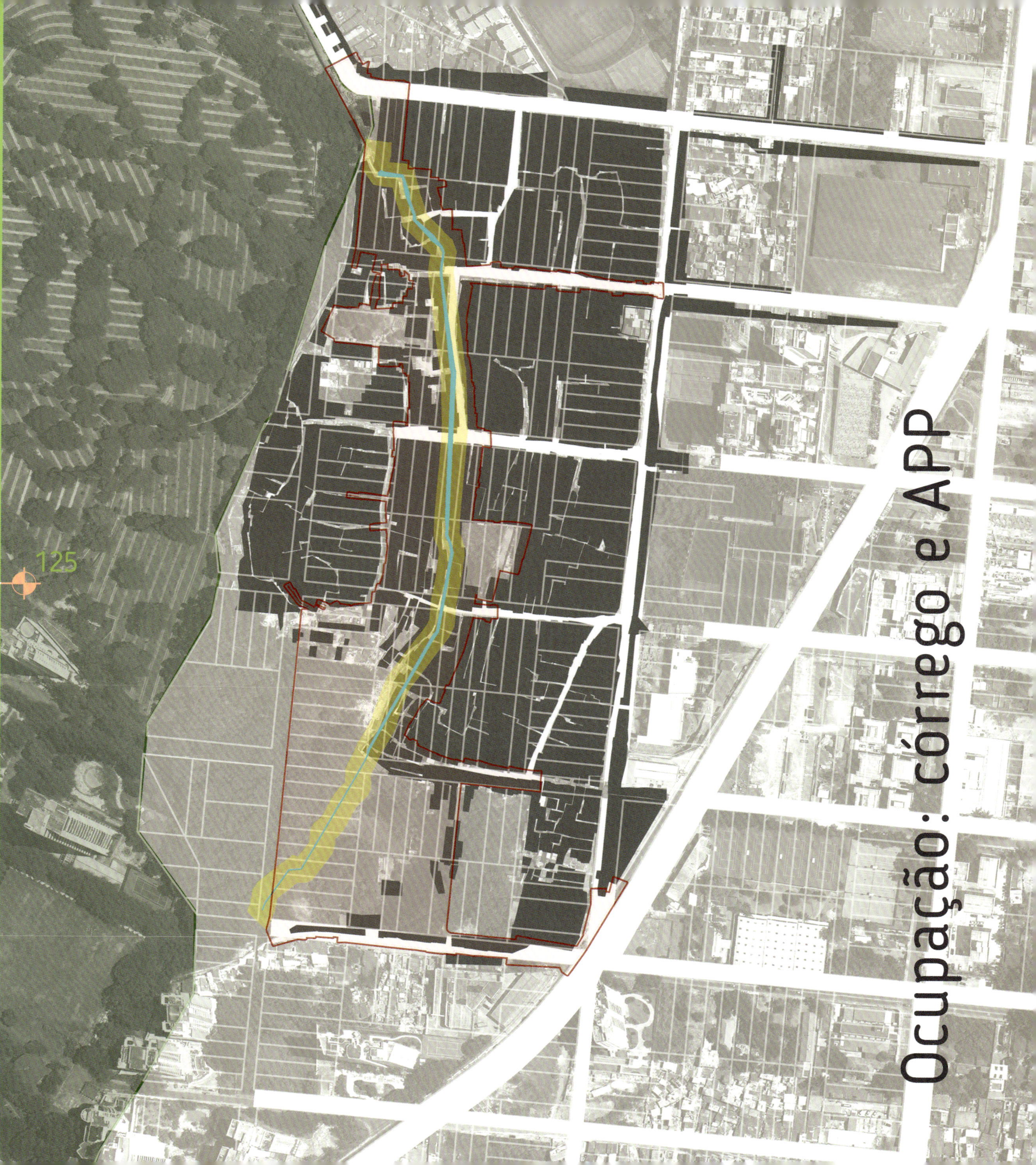

Ocupação: córrego e APP

Ocupação: córrego

Essas referências criaram um repertório da vida comunitária, uma experiência de densidade, de relações entre cheios e vazios muito característica de ocupações irregulares, ou seja, com pouquíssimos vazios. Os espaços institucionais eram totalmente construídos, fechados, protegidos, trancados. As igrejas – as construções dentre as mais sólidas do Colombo no momento de elaboração do projeto – traziam esse caráter de espaço fechado. A discussão de retirada de uma igreja, construída literalmente sobre o córrego, foi alvo de grande complexidade. O encaminhamento só se fez possível a partir do diálogo intenso, extremamente negociado com a comunidade.

Desse modo, estava claro que os espaços livres e abertos e a criação de novas áreas institucionais precisavam dar conta de gerar a mesma sensação de segurança dos espaços fechados, bem como suprir demandas desejadas. Só isso manteria o vínculo da população com o lugar e suas coisas, fazendo sentido e reconstruindo a percepção de acolhimento, de valor, de manutenção dos locais que eram caros para todas as pessoas.

Logo, esses temas foram estruturais na configuração desse projeto. A tradução dessa experiência da leitura do lugar, de suas dimensões, suas verdades, do sair de casa, ver onde tem janela e onde não tem, onde tem calçada, onde fica o carro...

Tal compreensão só foi possível a partir de uma vivência intensa do e no local, visitando o bairro, fazendo perguntas aos moradores, percebendo-se no espaço. Está no cerne dos projetos urbanísticos essa experiência que o arquiteto urbanista deve apreender do lugar. Não basta apenas estar, é preciso se transportar, querer olhar questões escondidas e acolher todas as respostas que vierem. Cada lugar tem uma história e muitas experiências. As respostas nunca são as mesmas e por esse motivo há de se interagir verdadeiramente com a comunidade – dialogando, dialogando e dialogando outra vez.

Obviamente esse diálogo é fruto de uma conversa planejada, estruturada, institucionalizada. E certamente ela deve ocorrer dessa maneira, por meio da aplicação dos instrumentos e combinação dos agentes que conduzem esses processos, participando das reuniões com o Conselho Gestor, com os órgãos públicos pertinentes, apresentando o projeto e discutindo-o diante das dimensões de intervenção que estão propostas num horizonte de tempo e espaço.

No entanto, vale lembrar que, mesmo quando o arquiteto urbanista está em uma discussão em que é visto pela comunidade como um braço do poder público – porque ele está desenvolvendo um projeto que é de responsabilidade da iniciativa pública administrar –, ele não fala somente em nome desse poder. O arquiteto urbanista responsável por um projeto de intervenção como este, tem, na verdade, um papel fundamental de articulador entre as condições e possibilidades de atuação do órgão público e as demandas da comunidade, sempre através do filtro do rigor técnico e normativo e da ética profissional.

Desse modo, a metodologia de trabalho deve buscar da melhor maneira possível atender à exigência pública e satisfazer a demanda comunitária, acolhendo os anseios socioculturais da população e seu repertório vivencial.

Existem experiências muito bem-sucedidas de abordagem social do território – como veremos o caso do programa serra do Mar a seguir. Mas, em geral, as pesquisas realizadas pelo poder público para reconhecer as áreas de intervenção nos assentamentos precários são voltadas às questões socioeconômicas, sem se debruçar efetivamente sobre os aspectos afetivos que os moradores têm sobre o próprio lugar.

Nessa articulação, o arquiteto urbanista deve associar aspectos metodológicos para combinar informações socioeconômicas – dados da selagem, grau de escolaridade, renda das famílias, densidades consolidadas, regras de parcelamento, uso e ocupação do solo e de caráter ambiental – a aspectos subjetivos, como a percepção apurada a partir da observação e do diálogo com a comunidade. Essa percepção não está no escopo (explícito) contratual do arquiteto urbanista com o poder público, mas é o balizador essencial que vai conduzir o processo de trabalho e consolidar os bons resultados, que só são possíveis a partir de uma ação conjunta e longeva entre projeto e trabalho social.

O diálogo entre o trabalho técnico e o trabalho social é fundamental sobretudo para a sustentabilidade urbana das intervenções em assentamentos precários, justamente porque é esse diálogo e esse suporte que podem garantir que os vínculos entre comunidade e espaço sejam apreendidos, norteando o processo de interação e de implementação do projeto como um todo.

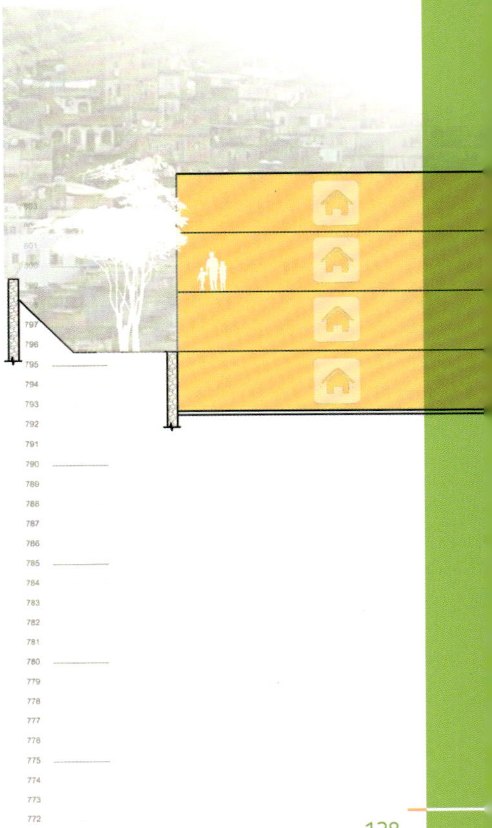

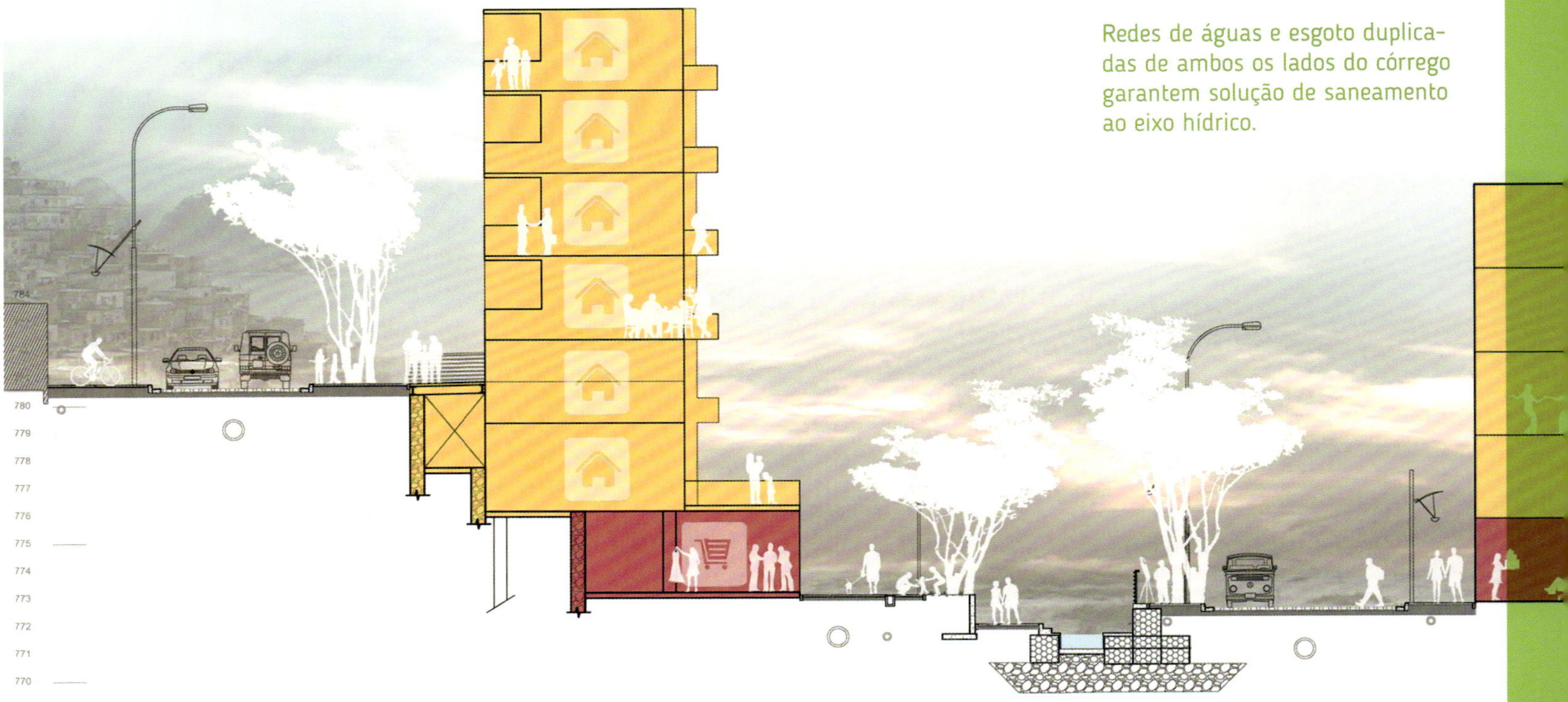

Redes de águas e esgoto duplicadas de ambos os lados do córrego garantem solução de saneamento ao eixo hídrico.

Legenda:
- Uso não residencial
- Uso residencial
- Uso institucional

Esse trabalho conjunto – embora pareça óbvio – lamentavelmente não é prática duradoura e constante no acompanhamento às intervenções em ocupações irregulares. Essa atuação social, porém, é de extrema importância. É ela que deve construir, desde o cadastramento até o pós-ocupação, condição favorável de sustentação e acomodação da vida comunitária sob a óptica das novas interferências. Há de se dedicar tempo para criar condições emocionais e sociais, na comunidade, suficientes para lidarem com as diferenças propostas por meio de processos de intervenção urbana, auxiliando na reconstrução e no fortalecimento do sentimento de vínculo das pessoas com o lugar, dando sustentação para a construção de senso de cidadania, oferecendo experiência para a convivência comunitária e condominial.

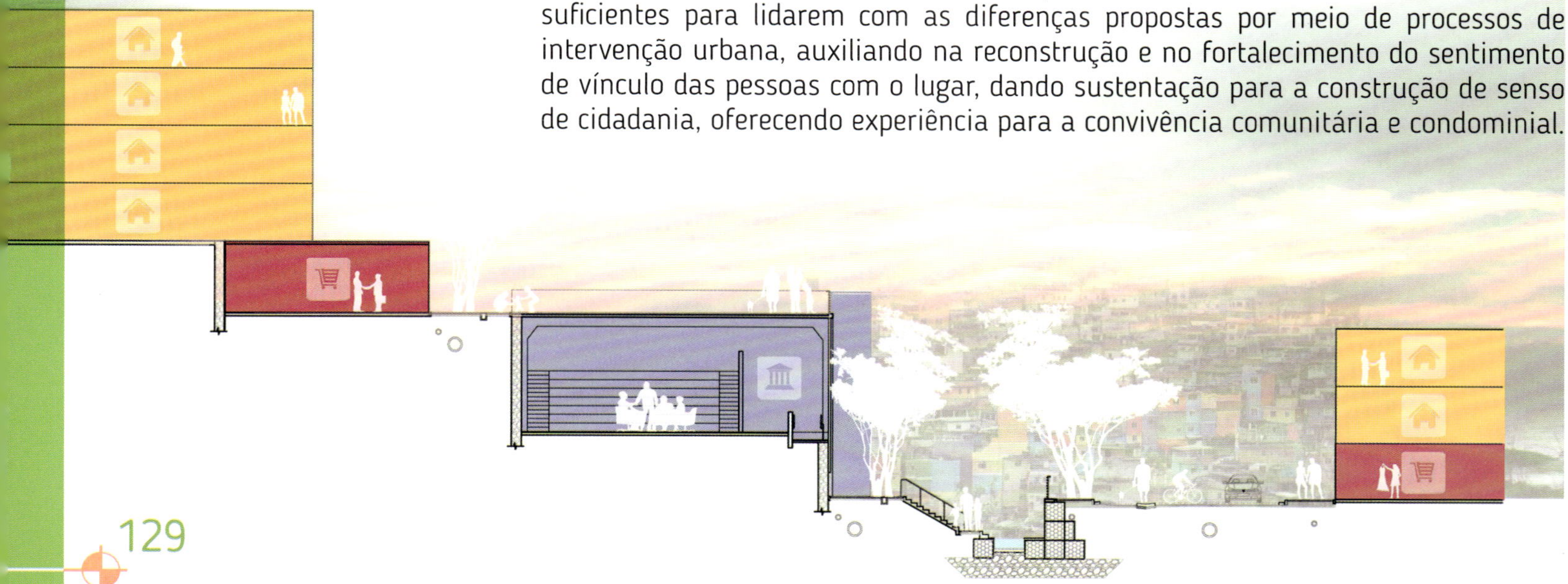

3.3 As relações entre cheios e vazios

A experiência sensorial decorrente da vivência no bairro do Jardim Colombo é gravada por muitos cheios e poucos vazios. Essa experiência espacialmente traduz-se na pouca oferta de ruas, na ausência de praças, espaços livres e recuos, e na grande ocupação do espaço por edificação predominantemente de dois a três pavimentos, no alinhamento das ruas, justapostas lateralmente.

Cortes.

0 1 2 4 7m

A jusante, área de convivência ao longo do córrego com canalização aberta.

A proposta

Tudo junto, no mesmo lugar: córrego limpo, transporte público, sistema viário, equipamentos de lazer, pontos de reunião, novos comércios e atividades institucionais. O ponto de ônibus é equipamento de transporte e local de encontro, onde os moradores interagem, conversam, batem papo antes de irem trabalhar e na volta para casa. O lugar do transporte associado ao lugar da água limpa e às oportunidades de convivência, de capacitação profissional, de ensino, de saúde, e os estabelecimentos comerciais instalados em sua volta – como o mercadinho, a loja, a lotérica – dialogam com a rotina e a dinâmica da vida já assimilada pela população.

Nesse eixo ficou concentrada a vida social da comunidade por meio de uma percepção paradoxal do espaço, que é ao mesmo tempo aberto e contido. Sobreposto a isso, a instalação de novas edificações, mistas, comerciais e residenciais que, sobretudo, respeitassem a condição e a experiência de densidade que as casas continham. Por isso, a ideia foi trabalhar com escalas e com cheios e vazios que correspondessem e fossem harmônicos com essa experiência de décadas já vivenciadas pelas famílias do lugar.

Na requalificação do córrego, tudo aquilo que estava cheio viraria vazio, mas na medida em que o projeto tornou esse vazio contido pela frente de todas as novas construções, incluindo os comércios e os edifícios institucionais, ele ressignificou o vazio de uma forma "cheia", ou seja, o projeto manteve a experiência do cheio, do "estar acolhido".

Em relação às residências, a situação inicial apresentava edificações em que havia pouquíssimas janelas, com três paredes inteiramente fechadas, sem recuos laterais e de fundos, construídas nos limites do lote. Logo, o projeto se apropriou dessa relação respeitando os vínculos e percepções que cada família tinha sobre o espaço de moradia, mantendo inclusive a escala, construindo em todos os lugares possíveis.

Com isso, da escassez de espaços livres, optou-se por dedicar a totalidade deles aos espaços públicos, o que acabou por resultar em lotes compactos que contariam com taxa de ocupação próxima a 1, resultando em edificações que preencheriam quase que a totalidade dos lotes comerciais e residenciais. Ou seja, o espaço privativo corresponde, praticamente, à totalidade do lote construído. Os vazios, as áreas livres de convivência e lazer, encontram-se no espaço público, no lugar de todos, onde não há custo condominial e a garantia ao lazer está certa e é gratuita.

Nas áreas mais amplas, junto ao córrego, a proposta foi ocupar com comércios dupla face, com frente para duas vias, com edificações em que o comércio está localizado no pavimento térreo e a unidade residencial no piso superior. A ideia era, de um lado, lidar com a pouca oferta de espaços disponíveis e, de outro, que a leitura física da intervenção não permitisse a leitura do vazio, da sobra, pois isso simplesmente não condizia com a experiência dos moradores do bairro.

Inserção de estrutura viária, garantindo acesso ao transporte público e serviços básicos de lixo, segurança, emergência, etc. A montante do Córrego do Colombo, com a previsão de instalação de equipamento institucional de esportes.

As tipologias

Não cabem condomínios com áreas de lazer condominiais nesse contexto. O espaço de lazer deve se concentrar no espaço público, garantindo a viabilidade econômica e a socialização dos moradores, condição viabilizada a partir da aprovação de um Plano de Urbanização em Zonas Especiais de Interesse Social (ZEIS).

Há de se refletir a respeito do Programa Minha Casa Minha Vida (MCMV). O exemplo do Jardim Colombo denota como as exigências desse Programa Social deixaram a desejar, neste caso e nesta época. Admitindo-se ter no Jardim Colombo um exemplar típico da grande amostragem de ocupações irregulares com necessidade de requalificação e reurbanização, há de se preocupar com o fato do MCMV II não admitir a aplicação de seus recursos em situações como a do Colombo, onde não era possível prever um certo padrão de empreendimento residencial em condomínio,

Nos níveis de acesso, atividades não residenciais garantem condição favorável de zeladoria das áreas comuns e do espaço público.

contando com recuos laterais de frente e fundos, e ainda com áreas comuns de lazer condominiais cobertas e descobertas – e desconsiderando a essencial necessidade de articulação dos espaços residenciais com o bairro ao seu redor. É necessário refletir seriamente sobre os motivos que levaram à equivocada padronização almejada por este Programa Financeiro, em verdade, e os danos causados na inviabilização da implementação deste, dentre tantos outros projetos, na medida em que, na passagem entre gestões administrativas, optou-se pela utilização dos recursos federais. Justamente porque tipologias compactas, não aceitas pelo Programa MCMV II, em casos como o do Colombo, são muito mais adequadas social e economicamente do que aquelas em que, por exemplo, são previstas diversas unidades condominiais segregadas, afastando o novo condomínio das ocupações irregulares remanescentes.

Capítulo 4

A micro e a macroescala: tudo junto e ao mesmo tempo

Nas intervenções urbanas, o arquiteto urbanista necessita comprometer-se com o desenvolvimento de um olhar abrangente e profundo, abarcando diversas escalas que dialogam entre si, justapõem-se ou se sobrepõem ao mesmo tempo. Por esse motivo, a atuação nessa esfera requer uma leitura sobre as grandes estruturas sociais, econômicas, jurídicas, culturais, geográficas e políticas, com a consciência de que não é possível restringir-se somente aos aspectos locais e às dinâmicas que acontecem nos pequenos espaços.

O trabalho do arquiteto urbanista, portanto, deve criar pontes entre as diferentes escalas, fazendo-as dialogar, interagir e reagir. Como a casa, a rua, o trabalho, o bairro, a cidade, a metrópole, as quadras, as vias, os rios, os morros, a abóboda celeste.

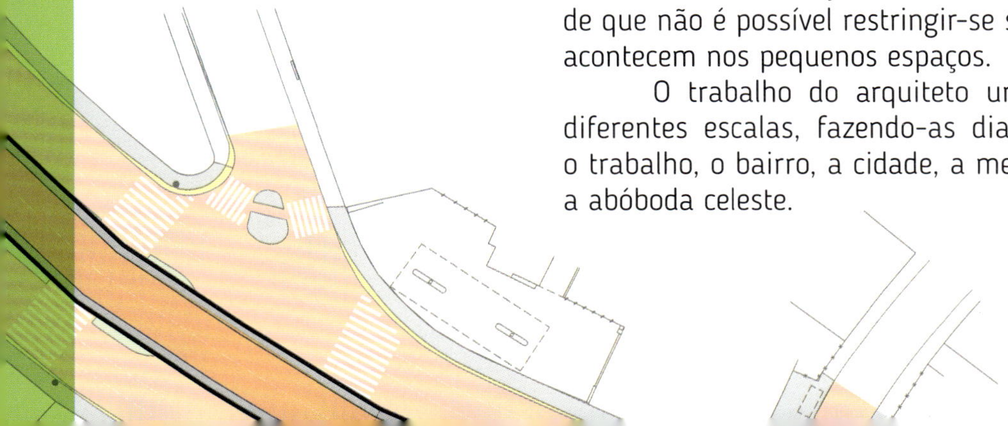

Praça 14 Bis
São Paulo

O olhar, a cabeça, o nariz, a pele e os ouvidos do arquiteto urbanista devem ser capazes de absorver sem preconceitos as mais variadas vozes da cidade, suas demandas conflituosas, suas verdades e mentiras, seus aromas preferidos, suas cores, sons e ritmos, para posteriormente poder traduzi-los, mitigar conflitos preponderantes, negociá-los com seus interlocutores e materializá-los em desenhos, planos, normas, leis pertinentes e modelos de gestão.

É possível fazer inúmeras analogias acerca das relações entre micro e macroescala, a partir dos objetos manuseados pela arquitetura e pelo urbanismo. Para explorar algumas questões sobre a atuação do profissional urbanista, apresentamos como exemplo o projeto de requalificação da avenida 9 de Julho, em São Paulo, abordando especificamente os diferentes aspectos que envolvem as intervenções urbanas.

Em 2009, a Rede Social Bela Vista – uma organização social não governamental, que congrega empresas, fundações, institutos, entidades e associações de moradores da localidade – convidou-nos para buscar uma solução de requalificação da região central da cidade, nas imediações da praça 14 Bis. O lugar é um dos mais simbólicos de São Paulo, considerado um coração paulistano, repleto de histórias e memórias que definem não só a identidade do bairro do Bixiga (Bela Vista), mas de importantes aspectos culturais de formação da cidade.

A Rede Bela Vista apresentou uma análise crítica sobre o bairro, elaborada após um longo período de trabalho, compondo demandas consistentes sobre intervenções necessárias. Era preciso, entretanto, organizá-las do ponto de vista técnico e avaliar a viabilização de uma requalificação urbana que atendesse não só aos anseios desse grupo, como também do restante da cidade; ou seja, era preciso discernir a partir das ideias apresentadas quais propostas efetivamente representariam ações de interesse público. A Federação do Comércio de Bens, Serviços e Turismo do Estado de São Paulo (FecomercioSP), enquanto coordenadora do Fórum Bela Vista

Nas imagens à esquerda observamos os estágios antes e depois da proposta de demolição do viaduto Dr. Plínio de Queiroz.

à época, foi a interlocutora inicial entre o escritório e as necessidades da Rede Bela Vista, apresentando os problemas vividos na região e indagando sobre as possibilidades de recuperar e transformar um ambiente extremamente degradado.

Evidentemente, os aspectos relacionados à escala do bairro estavam destacados dentre as demandas de seus moradores e ocupantes, especialmente nas imediações da praça 14 Bis que, sob o viaduto Dr. Plínio de Queiroz, tornou-se um espaço degradado e sem utilização qualificada. O local era fechado por gradis, composto por cantos escuros nos baixos do viaduto, no entre vias e automóveis, ocupado por moradores de ruas, usuários de entorpecentes, desmanches de carros e lixo. Os residentes queriam transformar aquela situação, trazer mais vida para o bairro, bem como condições de segurança, higiene, lazer e turismo, que atraíssem as pessoas para as ruas, para as praças e para os comércios locais.

Era preciso compreender naquele momento o que o bairro da Bela Vista representava no contexto da cidade e das intervenções em curso. Identificou-se que a prefeitura estava em processo de revisão de um edital de licitação para as obras de macrodrenagem da região, considerando os serviços para execução de piscinões sob a praça 14 Bis, bem como modernização da canalização do córrego Saracura, ao longo da avenida 9 de Julho, além das demais obras de infraestrutura de drenagem na bacia do rio Tamanduateí. Isso demonstrava que a municipalidade já estava sensível às carências do lugar e aos problemas recorrentes com enchentes.

Tais obras de captação, reserva e drenagem das águas pluviais, inevitavelmente, concentrariam esforços e recursos, além de impactos reais na dinâmica da região. Esse fato, então, configurou-se aos nossos olhos como uma grande oportunidade de associar outros serviços às obras de macrodrenagem, que sinergicamente combinados no tempo e no espaço, complementariam de forma racional, econômica e integrada, as necessidades locais nas chamadas urbanidades: requalificação da mobilidade, da paisagem, dos equipamentos e dos serviços públicos.

Foi por meio desse enfoque estratégico do escritório que, diante das condições da área e das demandas da Rede Social Bela Vista, mostrou-se pertinente a elaboração de proposta de intervenção urbana que associasse a oportunidade de contratação de obras de infraestrutura de drenagem com a realização de um projeto que pudesse atender às demais necessidades da região, visando reordenar o transporte coletivo, as áreas verdes, livres e peatonais, os espaços públicos dedicados à memória, ao lazer, ao entretenimento e ao turismo gastronômico e artístico característicos da região.

A prefeitura estava revisando o edital de licitação das obras de macrodrenagem quando propusemos, por meio da Rede Social Bela Vista, iniciar uma discussão conjunta sobre o projeto. Na época, a proposta foi inicialmente apresentada à Secretaria Municipal de Desenvolvimento Urbano (SMDU) – que acolheu as discussões iniciais e fez a ponte e a interface com as outras áreas da administração municipal que estariam diretamente envolvidas no projeto, sobretudo a Secretaria Municipal de Infraestrutura Urbana, a Secretaria Municipal de Transportes, por meio da CET e SPTrans, dentre outras.

Especificamente no caso desse projeto, as avaliações feitas pela área de Transporte e pela SPTrans eram fundamentais para a validação de uma das principais propostas do projeto: a demolição do viaduto Dr. Plínio de Queiroz, que passa por cima da praça 14 Bis, permitindo que o corredor de ônibus, em faixa exclusiva central que interliga a zona norte à zona sul, tivesse seu percurso garantido, do início ao fim, por meio de um túnel subterrâneo com aproximadamente 1,2 km de extensão, sob a praça 14 Bis.

O momento era extremamente oportuno, coincidindo com a inauguração dos estudos para a linha 6 do metrô, que contava justamente com uma estação sob a praça 14 Bis.

Vale acrescentar também que o bairro da Bela Vista é um dos mais antigos da cidade de São Paulo, onde se localiza a região do Bixiga – berço de uma boemia histórica que deu origem ao tradicional samba paulista e de uma típica gastronomia enraizada nas tradições dos imigrantes italianos, que se estabeleceram na região entre o final do século XIX e início do século XX. É também o bairro onde está a Paróquia Nossa Senhora Achiropita, que promove uma das festas mais tradicionais da cidade, onde estão localizados diversos teatros e casas de espetáculos e onde está sediada a escola de samba Vai-Vai, uma das maiores do município.

O viaduto Dr. Plínio de Queiroz, construído no início da década de 1970, dividiu o bairro e, ao longo dos anos, tornou-se uma barreira urbana. Derrubá-lo era a melhor alternativa para integrar a Bela Vista como um todo e resgatar a memória da praça 14 Bis, antiga largo São Manoel e praça Santos Dumont, que, até a implantação do viaduto, acomodou um avião Thunderbolt. Do ponto de vista técnico, essa demolição mostrou-se possível, aos olhos dos departamentos municipais à época, e impactaria positivamente na engenharia de tráfego, no transporte e na mobilidade da região como um todo.

Outras discussões foram inauguradas com as equipes da prefeitura, como a busca de tecnologia viável para associar a finalidade da mobilidade à macrodrenagem a partir da escavação do túnel, bem como a busca de soluções de pavimentação drenante nos leitos carroçáveis, para que os subleitos pudessem atuar como reservatórios de águas pluviais lineares, de forma conjugada com os demais sistemas de macrodrenagem propostos. Além disso, foi proposta uma requalificação completa da praça 14 Bis, objetivando revitalizar seu uso tanto para os moradores e comércios da região quanto para os demais frequentadores do bairro e visitantes da cidade.

A posição estratégica, neste momento, sintetiza-se na caracterização das demandas, bem como na proposição de estratégias de atuação, considerando instrumentos jurídicos e de equilíbrio político e financeiro para a elaboração de um projeto em condições de reunir soluções para a micro e a macroescala em curto, médio e longo prazo.

Neste caso em particular, a proposta materializou-se propondo ao poder público que fosse revisto o edital de licitação de obras de macrodrenagem em andamento, ampliando seu escopo para obras de urbanização, considerando a macrodrenagem como parte desse contexto, ampliando-o, portanto, a partir do incremento de escopo: iluminação pública, sinalização horizontal e vertical, mobilidade (corredor de ônibus, alargamento e qualificação dos passeios peatonais), arborização, pavimentação, mobiliário urbano, acessibilidade universal, comunicação visual e marketing e equipamentos.

Plano prevê demolição de viaduto da 14 Bis

Projeto de moradores e empresas para a Avenida 9 de Julho é entregue à Prefeitura

Nataly Costa

Um projeto requalificação urbana elaborado a partir das ideias dos moradores da Bela Vista, no centro de São Paulo, quer reconstruir o trecho que é o "coração" do bairro: a Avenida 9 de Julho e a Praça 14 Bis. A maior das intervenções propostas é a demolição do Viaduto Plínio de Queirós, em cima da praça. O plano é transferir o corredor de ônibus dali para uma via subterrânea de 800 metros passando por baixo da praça.

A restrição total das vagas de estacionamento na pista local da Avenida 9 de Julho – a Rua Doutor Plínio Barreto – é uma das soluções para alargar a via e as calçadas daquele trecho.

Ainda não há orçamento estimado para a execução da obra. A Secretaria de Desenvolvimento Urbano afirma que foi procurada para apresentação do projeto e algumas reuniões foram realizadas. Diz ainda que "uma análise preliminar indicou que a proposta merece uma avaliação mais profunda".

Um dos objetivos é deixar a parte da Avenida 9 de Julho que fica na região central da cidade no "modelo Jardins". Do outro lado da Avenida Paulista, já no bairro residencial, a via é bem mais conservada, com canteiros centrais organizados, muitas árvores e uma faixa exclusiva para ônibus que funcione. "O corredor de ônibus da 9 de Julho é central na parte Jardins. Na Bela Vista, perto do viaduto, passa a ser lateral por dois quilômetros, dividindo espaço com os carros", explica Adriana Levisky, arquiteta responsável pelo projeto.

Outro problema do corredor atualmente é a acessibilidade: só é possível chegar às paradas que ficam ao longo do viaduto por imensas escadarias. A solução para isso seria "mergulhar" o corredor de ônibus em um túnel sob a Praça 14 Bis.

Divisão. Um dos argumentos apresentados no projeto da arquiteta é que o Viaduto Plínio de Queirós é uma "barreira urbana" que divide o bairro. Derrubá-lo seria a única alternativa para integrar a Bela Vista com uma de suas regiões mais simpáticas e visitadas, o Bexiga.

"Já tivemos um retorno da Prefeitura falando que, tecnicamente, do ponto de vista da engenharia de tráfego e do transporte público, essa demolição é possível", diz Adriana.

Com a demolição do viaduto e a eliminação das vagas de estacionamento, o trecho no centro da 9 de Julho ganharia uma faixa

TIAGO QUEIROZ/AE

Revitalização. Para Adriana Levisky, a arquiteta que elaborou o projeto, o viaduto é uma 'barreira urbana'

FOTOS REPRODUÇÃO DO PROJETO

Modelo. Inspirado nas ruas dos Jardins, projeto prevê muitas árvores e canteiros centrais

Estando atento às oportunidades, o arquiteto urbanista pode fazer uso do aparato legal disponível e foi justamente isso que o escritório optou por fazer, buscando instrumentos da legislação federal de licitações para avaliar se naquele contexto seria possível ampliar o escopo de trabalho para, estrategicamente, obter uma melhor condição de viabilidade desse empreendimento. Assim, o objeto da licitação não mais seriam as obras de infraestrutura em drenagem, mas sim as obras de urbanismo, garantindo a integração de todas as disciplinas de infraestrutura urbana.

141

O ESTADO DE S. PAULO

SÁBADO, 21 DE MAIO DE 2011 | Cidades/Metrópole | C13

INTERVENÇÕES

● **Viaduto Plínio de Queirós**
Visto como um "ponto de cisão" do bairro, seria demolido

● **Corredor de ônibus**
Seria subterrâneo por 800 metros, sob a Praça 14 Bis

● **Ruas**
Com a reorganização dos ônibus, a Avenida 9 de Julho ganharia mais uma faixa em cada lado

● **Calçadas**
Teriam 3 metros de largura e árvores no canteiro central

● **Piso da praça**
Seria permeável para o escoamento da chuva

de rolamento a mais em cada lado. "É importante que não se reduza a capacidade de fruição nem dos ônibus nem dos veículos", diz Adriana. A reorganização ainda deixa espaço para alargar as calçadas em 3 metros.

Outro problema urbanístico e social da região que a comunidade quer tentar resolver é a própria 14 Bis, hoje com pouca ou nenhuma utilidade aos moradores – coberta pelo viaduto e cheia de grades, é tomada por "noias" e moradores de rua quase o dia inteiro.

"Esse projeto é um sonho para a comunidade. Queremos aproveitar que a Prefeitura tem um plano de intervenção naquela área (*a construção de um piscinão na 14 Bis*) e propor uma reforma mais completa. Por que não juntar tudo?", pergunta Jorge Silveira Duarte, presidente de Assuntos Comunitários da Federação do Comércio de Bens, Serviços e Turismo (Fecomércio), uma das entidades envolvidas na associação formada por comerciantes e moradores do bairro, a Rede Social Bela Vista.

A Praça 14 Bis é conhecida por ser vítima antiga e recorrente das enchentes do verão. A construção do piscinão e a reforma das galerias da 9 de Julho são um projeto da Prefeitura que nunca saiu do papel e continua sem data para sair. A licitação já foi suspensa duas vezes, em 2005 e 2009, uma delas por irregularidades constatadas pelo Tribunal de Contas do Município (TCM). Neste ano, foi cancelada e não há mais prazo para nova licitação. A Prefeitura afirma que "a solução para o problema de drenagem na Praça 14 Bis é objeto presente de avaliação".

Comunidade. Integrante da Rede Social Bela Vista e fundadora do Museu da Memória do Bixiga, Maria Paula Puglisi afirma que a comunidade está empenhada em fazer o projeto acontecer. "Nos reunimos há mais de seis anos para pensar e desenvolver projetos para a região. Queremos que a revitalização da Bela Vista ajude a manter o bairro unido como sempre foi", conta ela, que é filha de um dos ícones da região, o idealizador do bolo gigante das comemorações do aniversário de São Paulo, Armando Puglisi.

REVITALIZAÇÃO

● **Proposta de moradores e entidades do bairro é fazer com que a Praça 14 Bis volte a ter utilidade e deixe de ser ponto para usuários de drogas**

INFOGRÁFICO/AE

Moradora flagra crimes e consegue base da PM

Por causa de um feito que conseguiu para o bairro, Roberta (*nome fictício*), moradora de um dos prédios próximos à Praça 14 Bis, sofreu retaliações e prefere não mostrar o rosto nem dizer o nome. Mas há dois anos, em junho de 2009, ela ajudou a trazer mais segurança à Bela Vista: depois de seus pedidos, a Polícia Militar instalou uma base móvel na praça, que continua lá até hoje.

Roberta andava espantada com o aumento da violência no bairro, especialmente na praça. "As pessoas não podiam mais circular na hora em que quisessem, nem pegar ônibus na rua, que eram abordadas pelos bandidos. Tomei uma atitude. Fiz o que tinha de fazer", diz.

Durante meses, a moradora contratou os serviços de um amigo, fotógrafo profissional, para filmar e fotografar a degradação da praça. Flagrou assaltos, tráfico de drogas e "noias" usando crack em plena luz do dia. Mesmo fazendo os registros escondido em sacadas de prédios, bares e restaurantes, o amigo foi visto e sofreu agressões.

"Aqui também é uma cracolândia", denuncia Roberta.

Depois de mais de 20 registros, entre filmes e fotografias, ela compilou todo o material e levou para a Prefeitura e para a Polícia Militar. Conseguiu também 900 assinaturas de vizinhos, que fizeram um abaixo-assinado pedindo mais segurança no bairro. Em 15 dias, a base móvel foi instalada e, segundo ela, ajudou a repelir o crime, mas não totalmente. "Infelizmente agora eles (*os bandidos*) estão voltando aos poucos".

A moradora hoje sofre ameaças de pessoas que, segundo ela, atuam no comércio ilegal de drogas no bairro.

"Já me abordaram e tentaram me subornar", conta. "Queriam me dar R$ 100 para eu parar de chamar a polícia." / **N.C.**

Publicação da proposta no Caderno Metrópole, O Estado de S. Paulo (22 de maio de 2011), após realização do Fórum da Bela Vista, composto por representantes de diversas entidades locais. O projeto, aprovado pela comunidade nesta ocasião, contou com a apresentação do prefeito da cidade e do presidente da Câmara Municipal, à época.

O projeto foi oficialmente apresentado ao então prefeito da cidade de São Paulo em um fórum ocorrido na sede da FecomercioSP, contando com a presença de membros de diversas secretarias e órgãos da prefeitura, da câmara municipal, da imprensa e de um grande número de associados à Rede Social da Bela Vista. Na ocasião, o projeto foi minuciosamente apresentado. O prefeito publicamente manifestou-se favorável ao projeto e interessado em dar prosseguimento. Como era o final de sua gestão administrativa, naquele ato ele formalizava o posicionamento de que o projeto era passível de continuidade, especialmente porque já havia a avaliação das instâncias competentes de que as linhas de ônibus teriam condições de remanejamento durante as obras e que, após a conclusão dos trabalhos, o tráfego na região e na cidade seria beneficiado, bem como o ambiente seria requalificado.

A gestão seguinte não priorizou o projeto, muito pelo contrário, e ele está à espera de uma nova avaliação pelo poder municipal. Esse intervalo ou abandono, lamentavelmente, acontece em processos públicos, que são interrompidos na passagem de uma gestão administrativa para outra.

Esse modelo de gestão descontinuada, ausente de planejamento bem como de auditoria, tem sido frequente na entrada e saída de cada administração pública. Inúmeros bons planos, programas e projetos já foram desenvolvidos por equipes e profissionais extremamente competentes. No entanto, o descompromisso com os bons conteúdos produzidos, associados à falta, ou por que não dizer, à perda de memória, falta de comunicação, de transparência

e de posicionamento de uma sociedade incapaz de exercer a zeladoria de seus bairros, suas cidades, regiões, estados e país, leva ao desperdício de tempo, de recursos, de crédito, de confiança e de oportunidades.

Quanto ao projeto de Requalificação da 9 de Julho, apesar de não ter ainda saído do papel, todo o processo rendeu um profundo aprendizado acerca das relações entre micro e macroescala urbana, nas quais o papel estratégico do arquiteto urbanista está na habilidade de mediar as demandas, sejam elas locais ou regionais, visando o equilíbrio de interesses e dinâmicas na cidade.

No desenho observamos a passagem inferior dedicada exclusivamente ao transporte público, garantindo a continuidade do corredor de ônibus, atualmente inexistente.

O projeto teve ainda, pode-se dizer, frutos concretos. A obra pode não ter ocorrido até o momento, mas o fato dele ter sido acolhido pela administração pública e de ter sido realmente debatido e avaliado por diversas de suas representações, com grande visibilidade junto aos meios de comunicação, demonstra o quanto é possível realizar e avançar no diálogo entre sociedade civil e poder público.

É certo que a Rede Social Bela Vista encontrava-se muito bem estruturada e que congregava setores organizados da sociedade em diferentes áreas – comércio, saúde, artes, gastronomia, entre outras –, o que facilitava a abordagem, a legitimidade e a receptividade de uma proposta de intervenção dessa natureza.

Contudo, não faz parte da nossa cultura iniciar qualquer pleito por melhorias partindo da apresentação de um projeto estruturado. Nós brasileiros não nos caracterizamos por uma sociedade desenvolta no debate, com maturidade para ouvir e com iniciativa para propor soluções. O mais recorrente é a população, por meio de suas organizações sociais, protestar junto aos órgãos públicos o atendimento de suas demandas, ou até reclamar do *status quo* mesmo sem a existência de ideias a propor. Quase que em um movimento infinito de solicitações como de um filho para um pai, pedindo assistência e acolhida. Lamentavelmente, no geral, nós arquitetos urbanistas encontramo-nos exatamente nesta mesma condição, aguardando sermos requeridos por projetos e não ocupando o lugar de proponentes como deveria ser.

O fato, porém, é que quanto maior a escala ou quanto maior a complexidade da intervenção, quanto mais instâncias ou agentes houver, mais estratégica deverá ser a figura do arquiteto urbanista, assumindo a função de mediador das inter-relações entre todos os pleitos e envolvidos.

Inserir o projeto de urbanismo em um contexto que ele essencialmente ocupe o lugar da interlocução e da síntese a partir da radiografia e do diagnóstico, decorrente dos processos de negociação entre todas as partes envolvidas, é condição fundamental na construção de reconhecimento, cumplicidade e legitimidade, substantivos obrigatórios na construção de processos de caráter e interesse coletivo e/ou público.

O bairro da Bela Vista continua a ser um bairro importante do centro da cidade e está previsto que passe por ele a Linha 6 do Metrô. Portanto, a realização das obras de drenagem e de requalificação da praça 14 Bis ainda são potencialmente passíveis de implementação. E, certamente, do ponto de vista técnico e da congregação dos agentes interessados nas demandas, a atenção do arquiteto urbanista não deve esmorecer, pois a longevidade de uma intervenção desse porte, nas suas diferentes escalas, supera o tempo de seu processo de viabilização e implantação.

Permanecer atento às possibilidades de implantação de um projeto como esse – momentaneamente paralisado – é o que faz a diferença na postura empreendedora ou não do arquiteto urbanista, como discutimos nos capítulos anteriores. Mesmo que o propósito leve dez anos para se efetivar, o olhar sobre as mudanças da cidade e sobre as demandas locais e regionais da intervenção devem estar constantemente no radar do profissional, não interrompendo o pensamento e a capacidade de análise crítica sobre o ambiente urbano. Essa postura pode influenciar positivamente tanto o mercado quanto o poder público e a sociedade civil, reanimando o debate e prosseguindo com as discussões para a viabilização dessa e de tantas outras propostas.

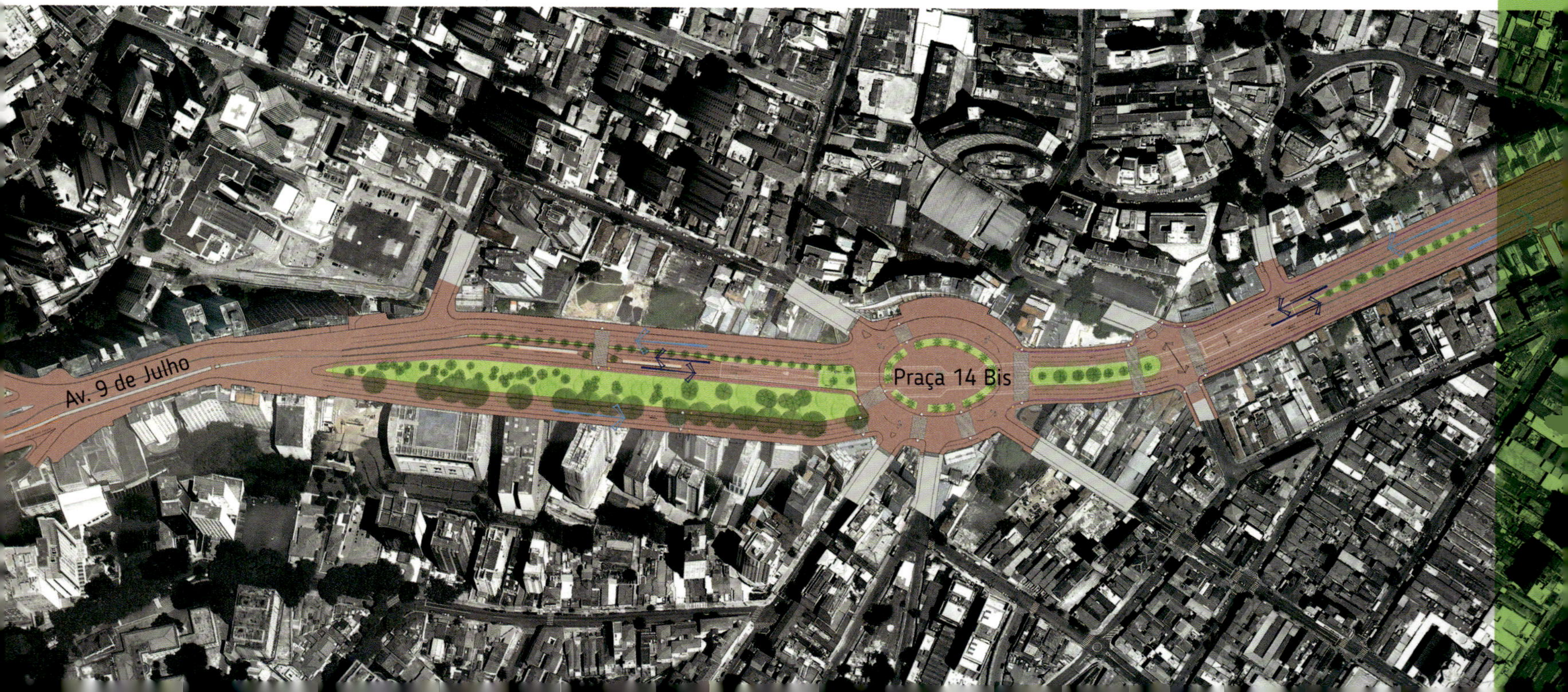

Essa atuação do arquiteto urbanista ganha, pode ou deve ganhar outro colorido, se pensarmos em um país em que as esferas de governo não interagem adequadamente e menos ainda as gestões administrativas quando ocorrem eleições. Com elas, planos, diretrizes e projetos são perdidos ou abandonados, na grande maioria das vezes. Institucional e politicamente, os profissionais da arquitetura e urbanismo deveriam ocupar um lugar de respeito e confiabilidade, com voz ativa reivindicadora de ações essenciais à qualidade de vida em nossas cidades.

4.1 O projeto e suas escalas

Concomitantemente ao diálogo com a Rede Social Bela Vista e a Prefeitura de São Paulo e com os indicativos de viabilidade técnica para a execução de intervenções desse porte na região, o escritório desenvolveu a proposta de intervenção urbana.

Para atender às demandas locais e compreender as relações entre as diferentes áreas do bairro foi feito um intenso mergulho cultural, com o objetivo de levantar pontos e momentos sensíveis da história da região e do impacto socioespacial que a intervenção urbana poderia trazer para os moradores. Foram levantadas características e costumes locais, referências, eventos, feiras e atividades de rua, encontros gastronômicos, festas e cortejos de rua, ensaios da escola de samba Vai-Vai, festivais de cinema, eventos e shows de música e muitos outros. A rua é um símbolo urbano presente no imaginário e na memória afetiva dos moradores do Bixiga, no seu dia a dia com os vizinhos e com a vizinhança, tanto nas relações pessoais, de longa data, quanto institucionais, por meio das entidades ali instaladas.

Praça Roosevelt
Teatro Cultura Artística
Restaurante
Famiglia Mancini
Museu Judaico
Hotel Ca'd'Oro
Rua Avanhandava
Teatro Frei Caneca
Teatro Maria Della Costa
Praça 14 Bis
Vai-vai
Teatro Sérgio Cardoso
Hospital Sírio-Libanês
Igreja N. Sra. da Achiropita
FecomercioSP
Museu de Memórias do Bixiga
Museu Adoniran Barbosa
Região tradicional de
restaurantes do Bixiga
Festa da Achiropita
Av. 9 de Julho
FGV-EAESP
Teatro Ruth Escobar
Praça Dom Orione
Feira do Bixiga
Escadaria do Bixiga
Rua dos Ingleses
MASP

Do mesmo modo, buscou-se realizar uma análise da região a partir do reconhecimento da identidade da avenida 9 de Julho. É interessante ressaltar que a avenida 9 de Julho – da avenida Cidade Jardim até a avenida Paulista – já tinha passado por um processo de requalificação, porém da avenida Paulista até a região central, não, o que produzia uma cisão na identidade da via, e, do ponto de vista da mobilidade, uma descontinuidade do corredor de ônibus, do passeio público, da iluminação, dentre outros aspectos.

Os estágios antes e depois da proposta de demolição do viaduto Dr. Plínio de Queiroz.

4.2

Uma importante solução de macro e microdrenagem para as cidades

Buscando caracterizar a avenida 9 de Julho em seu todo, uma série de soluções e tecnologias foram identificadas para micro e macroescala. A proposta sugeriu a captação, o retardo e a reserva de águas de chuva em sistema linear, ao longo do leito carroçável e, eventualmente, das calçadas. A percolação da água seria garantida a partir do adequado preparo do subleito e da utilização de pavimento drenante. Tal tecnologia viria, potencialmente, reduzir ou até substituir os inúmeros piscinões, opção até então largamente adotada para tratar da macrodrenagem nas cidades brasileiras. Esses piscinões, muitas vezes, vêm se demonstrando como solução paliativa no tratamento de inundações decorrentes da extensiva impermeabilidade do

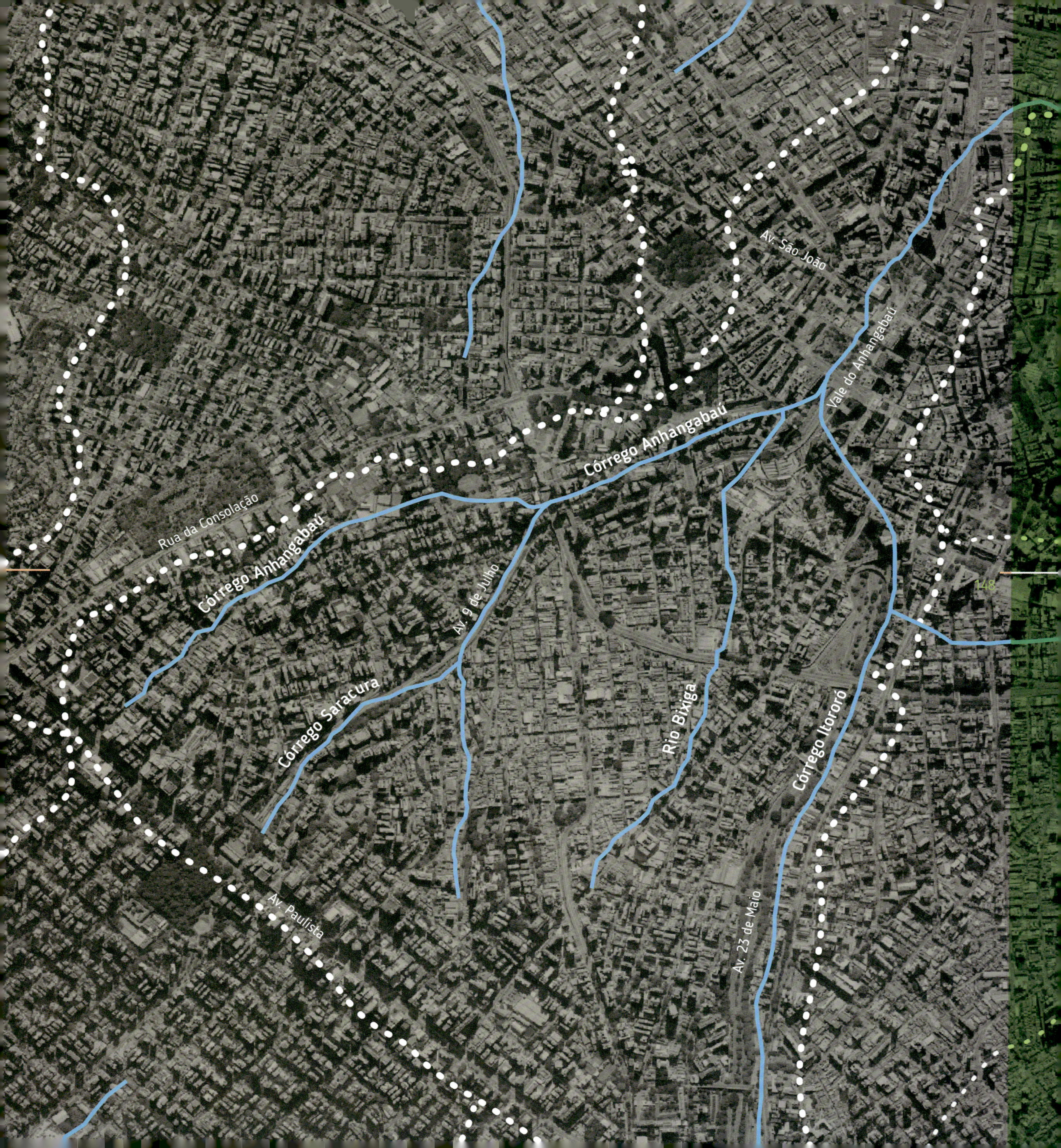

Av. São João
Vale do Anhangabaú
Córrego Anhangabaú
Rua da Consolação
Córrego Anhangabaú
Av. 9 de Julho
Córrego Saracura
Rio Bixiga
Córrego Itororó
Av. Paulista
Av. 23 de Maio

À esquerda observamos os eixos hídricos existentes na região. O córrego Saracura encontra-se no subleito da av. 9 de Julho. Abaixo, a proposta de intervenção urbana, instalando Museu Aberto do Bixiga ao longo da av. 9 de Julho nas imediações da praça 14 Bis.

solo urbano, resultando, porém, em uma série de consequências negativas relacionadas à economia, à segurança e à saúde pública. Piscinões demandam grandes áreas que, geralmente, demandam custosas desapropriações ao Estado. Uma vez construídos, esses piscinões requerem cuidadoso e complexo monitoramento e procedimentos de higienização e limpeza. Vale citar que já havia um projeto para se desenvolver dois piscinões sob a praça 14 Bis. Essa nova proposta seria uma grande oportunidade de substituí-los, já que vinham demonstrando uma série de ineficiências e complexidades em seu gerenciamento, e de, ao mesmo tempo, testar uma nova tecnologia extremamente promissora.

Além das propostas para macro e microdrenagem, também foram indicadas soluções em atendimento ao desenho universal, contando com o alargamento de calçadas, paginação dos pisos, da arborização e da iluminação pública, com o enterramento da fiação e cabeamentos relativos às infraestruturas diversas. O resgate da praça 14 Bis, enaltecendo sua memória, sua história, voltando-a para o entretenimento, cultura, esporte e lazer, corroboraria o novo ordenamento do comércio lindeiro com foco na cultura gastronômica e artística da região. A partir da requalificação da praça, valorizando-a como eixo de ligação entre a Bela Vista e o bairro Cerqueira César, o local anteriormente cindido pela presença do viaduto Dr. Plínio de Queiroz seria totalmente requalificado com a demolição.

No âmbito da macroescala, a opção pelo enterramento do túnel consolida uma visão de requalificação não só do bairro, mas de todo esse eixo de mobilidade da cidade, na medida em que transforma substancialmente a paisagem urbana da região, com impacto direto na dinâmica das relações econômicas, sociais, comerciais, culturais e ambientais do bairro e de suas ligações com outros pontos da

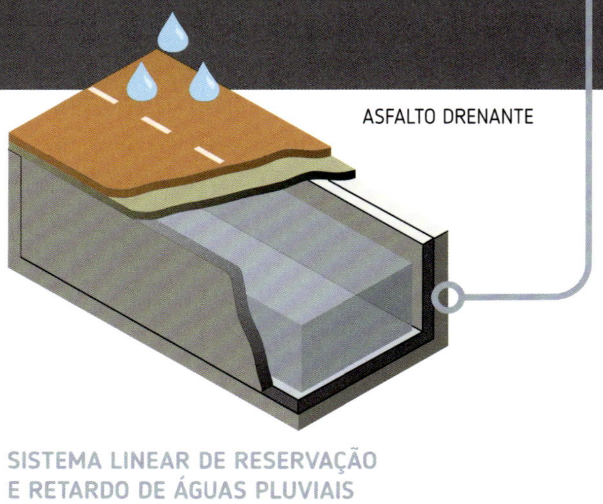

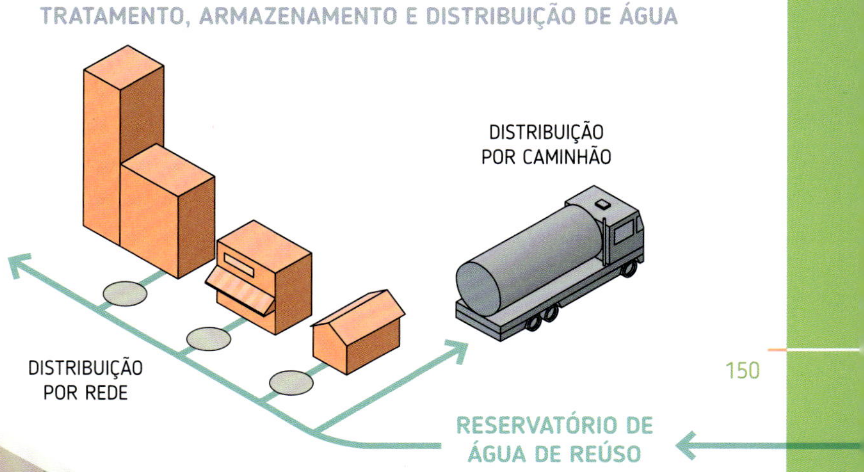

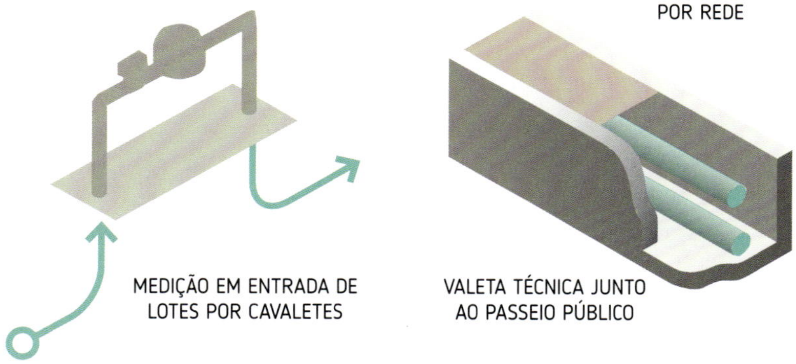

Uma reflexão a respeito de responsabilidade econômico-ambiental por meio do uso de tecnologias de reservação, retardo e tratamento de águas de chuvas nos subleitos dos logradouros públicos.

cidade, ao mesmo tempo que garante o desempenho efetivo do transporte coletivo através do corredor de ônibus, percorrendo a totalidade da extensão da avenida 9 de Julho. Além disso, permite a recuperação de uma grande área de convivência que hoje não é utilizada pelos moradores da região, tampouco por seus visitantes, que é a praça 14 Bis em si. Requalificá-la é, portanto, devolvê-la à população, admitindo o fundo de vale como elemento de integração da cidade, unindo o Bixiga à Consolação.

No âmbito da escala do bairro, a proposta de associar a recuperação da cultura da região à sua amplificação, atingindo a escala da cidade, concretizou-se com a construção do Museu Aberto do Bixiga que, assim como no caso do Museu Aberto Cratera de Colônia, cria condições de vínculo a partir de potencialidades silenciosas, sufocadas pela desordem urbana.

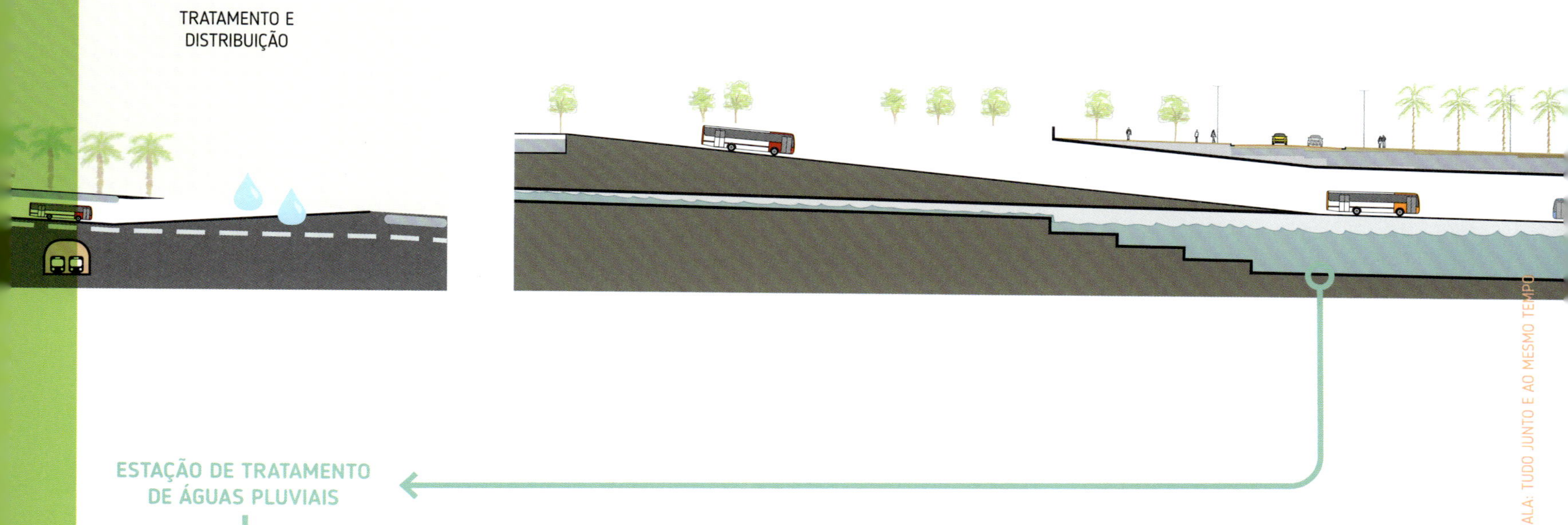

A cultura aqui também é um elemento estratégico, poderoso, para trazer conhecimento e discussão sobre responsabilidade ambiental, social e cidadã para a população, com a oferta de novas experiências advindas da requalificação do sistema viário, dos meios de mobilidade carroçável, cicloviário e peatonal, e ainda do resgate do uso das áreas públicas com ênfase no lazer, no esporte e na cultura.

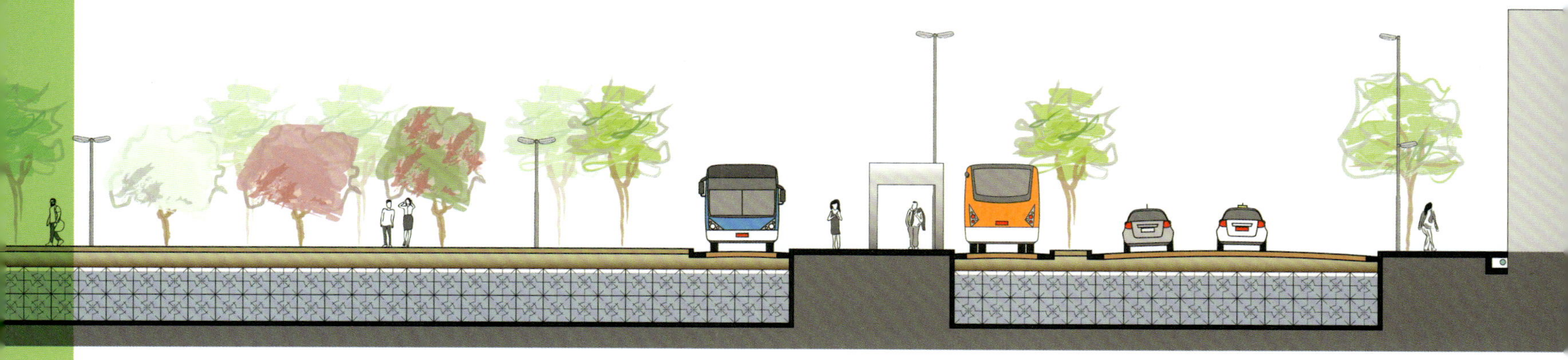

Em escala local, percursos temáticos com foco na história do bairro e também da própria cidade de São Paulo, bem como de seus moradores, suas tradições locais, sua música, sua gastronomia, suas festividades, seus jogos na praça, etc., organizam a proposta. Além disso, conceder o uso de espaço aos comerciantes da região para a realização de eventos culturais, gastronômicos e feiras dos mais variados tipos, certamente contribuiria para a criação e o fortalecimento de vínculos já existentes, estabelecendo a condição necessária de zeladoria da área, com participação obrigatória da própria comunidade.

É essa participação organizada dos moradores e usuários do local que pode legitimar e viabilizar a interlocução com o poder público e, consequentemente, a elaboração e implementação de projetos, propondo soluções por meio dos instrumentos legais previstos. Como mediador desse diálogo, o urbanista deve detectar a diversidade de demandas e conflitos e, por meio do processo projetual, construir uma relação de confiança, de cumplicidade e de pertencimento entre os habitantes, o poder público e os demais agentes envolvidos no processo em si.

É fundamental enfatizar que está nas mãos dos mediadores, dentre eles o arquiteto urbanista, a responsabilidade de colaborar ativamente na construção de tais sentimentos e percepções, utilizando-se do Projeto de Intervenção Urbana (PIU) como instrumento de diálogo capaz de aproximar sociedade, mercado e poder público, dentre outros agentes envolvidos no processo.

Como vimos no projeto do Jardim Colombo, a cultura estabelecida pelas famílias na ocupação do espaço foi um elemento primordial de leitura urbanística e de elaboração do projeto de intervenção entre a micro e a macroescala. Ao mesmo tempo, o reconhecimento do vínculo que essas famílias têm da cidade por meio da experiência do bairro motivou uma discussão e uma proposição de vivência completamente diferente do modelo condominial recorrentemente apresentado em planos de habitação social.

Em relação à microescala, no Jardim Colombo a escala presente a partir do desenho urbano permitiu chegar ao detalhamento dos pisos, das praças, dos equipamentos e mobiliários; em relação à macroescala, a conectividade entre o local e os sistemas de mobilidade veio propor a incorporação do bairro à cidade.

Já no caso do loteamento Rubens Lara, em Cubatão, foram propostos pequenos condomínios inseridos na escala do novo bairro, instituído a partir da aplicação do parcelamento do solo, resultando em um loteamento com ruas, praças e áreas públicas institucionais conectadas com a cidade ao seu redor, em vez da usual receita do grande condomínio residencial de interesse social, murado, dando as costas à cidade.

Aproximar pessoas de seus espaços – respeitando as relações culturais, ergonômicas, emocionais, geográficas, psicológicas, sociais, econômicas e ambientais – é fundamental para a interação entre o espaço público e o privado, assim como para a construção de uma consciência de espaço urbano, essencial no fortalecimento da cidadania para pessoas que passam da ilegalidade para uma oportunidade de inserção social.

Os estágios antes e depois da proposta de demolição do viaduto Dr. Plínio de Queiroz e a instalação do Museu Aberto do Bixiga.

Capítulo 5

Projeto urbano e seus interlocutores

Os projetos de intervenção urbana envolvem uma série de interlocutores em todas as suas etapas. Isso significa inevitavelmente mediar desejos, conflitos de interesse, possibilidades e impossibilidades, legislações, políticas e serviços públicos, tempos e velocidades de atuação diversas, restrições ambientais e econômicas, condições geográficas e socioculturais, e muitas outras coisas, dependendo de cada caso.

Loteamento Rubens Lara
Jardim Casqueiro, Cubatão, SP

No capítulo anterior, o projeto de requalificação da avenida 9 de Julho – uma importante oportunidade de inovação urbana para a cidade de São Paulo – foi observado sob a perspectiva de suas escalas. Porém, também seria possível analisá-lo a partir de uma leitura sobre o papel estratégico do escritório de arquitetura e urbanismo na articulação do diálogo entre as demandas, nesse caso apresentadas pela Rede Social da Bela Vista, que corresponde ao agrupamento de inúmeras organizações não governamentais sediadas no bairro, e pelo poder público.

Essa mediação coloca em primeiro plano a oportunidade de conciliação e compatibilização de uma série de propostas de intervenção no espaço urbano, sob a óptica de sua viabilidade técnica, custos, prazos de implementação e boa receptividade dos agentes envolvidos. Dessa forma, a partir da aproximação entre os diversos órgãos públicos e privados, as diferentes organizações políticas e civis, governamentais e não governamentais, é possível aproximar questões pertencentes ao patrimônio público, ou seja, aquele da propriedade de todos, relativas a uma mentalidade coletiva.

Enxergar as potencialidades de uma intervenção complexa, como a requalificação da avenida 9 de Julho, o Plano Diretor Urbanístico de Expansão do Hospital Albert Einstein – Unidade Morumbi, a praça Victor Civita e o Museu Aberto Cratera de Colônia, permitiu que o escritório aprimorasse seu repertório técnico tanto na elaboração e condução metodológica de projetos urbanos quanto na articulação e diálogo com diversos interlocutores envolvidos. Tal repertório profissional também pode ser observado no plano do loteamento Rubens Lara, localizado no Jardim Casqueiro, no município de Cubatão.

Todos os temas abordados neste livro – formação do arquiteto urbanista, atuação política, cultura, escala, sustentabilidade, vínculo, gestão, suporte social, entre outros – juntam-se e se misturam de tal forma que optamos por fazer recortes para observar e detalhar alguns desses aspectos. Por isso, vamos nos deter, neste capítulo, na articulação e no diálogo estabelecido com uma série de interlocutores, demonstrando o quanto essa relação foi fundamental para o desenvolvimento de novas tecnologias e soluções urbanas, principalmente no sucesso da efetiva realização dos projetos – não de todos, mas de alguns deles.

O projeto do loteamento Rubens Lara foi desenvolvido a partir de um amplo programa do Governo do Estado para reassentar as famílias que viviam nos bairros-cota, localizados em uma das faixas de maior risco de deslizamento da serra do Mar, ao longo da rodovia Anchieta. O Programa atendia a uma exigência do Ministério Público que, em 1999, havia iniciado uma ação civil contra o estado de São Paulo, exigindo que os milhares de domicílios que estavam localizados nessas áreas de risco fossem removidos e as famílias reassentadas em locais adequados.

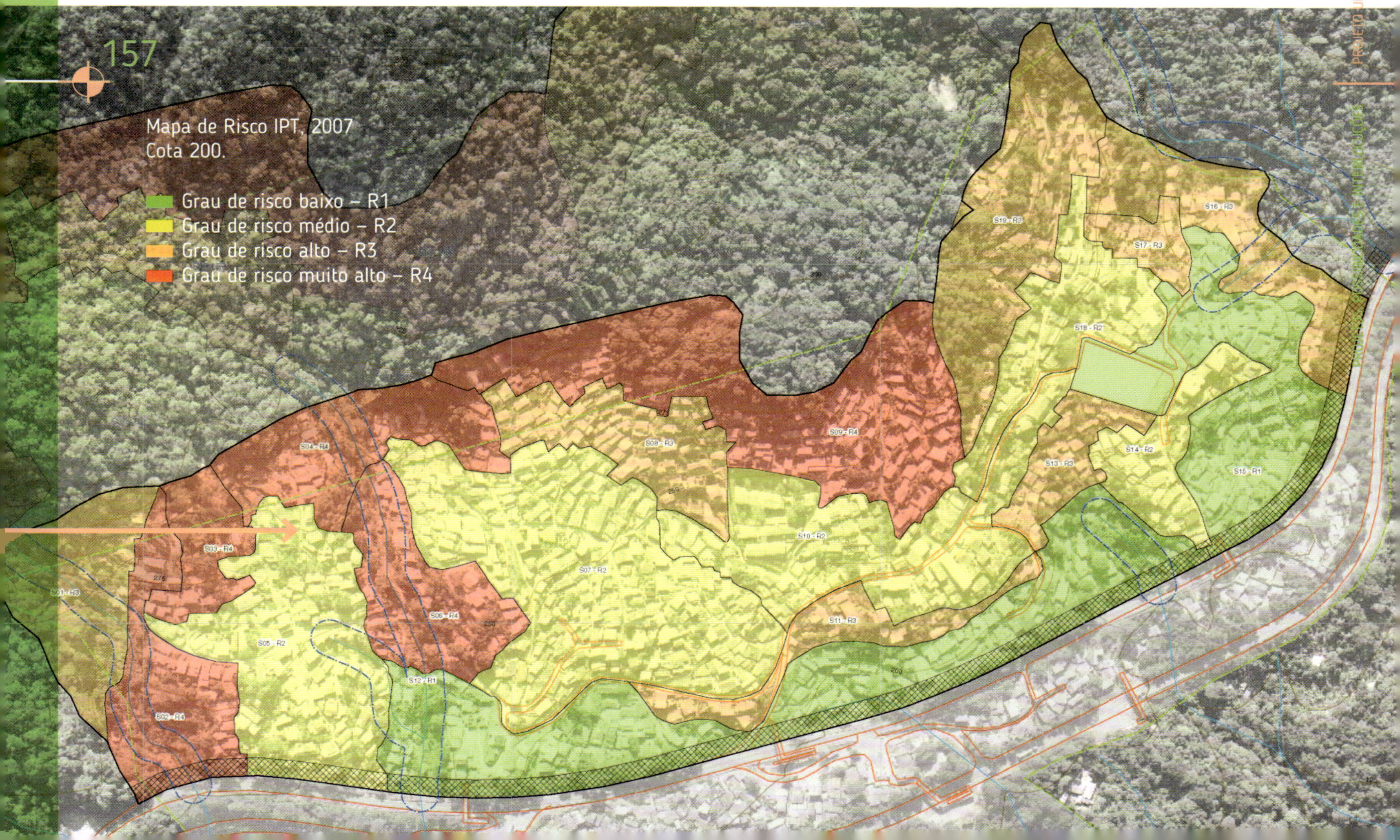

Mapa de Risco IPT, 2007
Cota 200.

Como resposta a essa ação, iniciou-se uma série de levantamentos sobre os bairros-cota, sobre as famílias que ali viviam e sobre as áreas de risco. A questão era emblemática e exigia uma análise ampla da situação, considerando, além do risco iminente, todo o contexto sociocultural e ambiental da área.

No início de 2006, o escritório iniciou um trabalho de análise da situação dos bairros-cota para atender às demandas apresentadas pela Secretaria de Estado da Habitação e da Companhia de Desenvolvimento Habitacional e Urbano do Estado (CDHU). Foi elaborada uma avaliação diagnóstica dos núcleos existentes na serra do Mar, atrelando aspectos ambientais e espaciais, suas tipologias habitacionais existentes, seus espaços de uso comum e sua infraestrutura, sobretudo de microdrenagem, o que acabou oportunamente resultando em uma proposta de intervenção dessa Secretaria, apontando possibilidades de manutenção, remoção e intervenções de infraestrutura na região.

Esse trabalho de intervenção nos bairros-cota acabou não sendo desenvolvido pelo escritório na ocasião, mas, a partir dele, permitiu que fosse construído um importante repertório para o desenvolvimento do trabalho que posteriormente executaríamos – a implantação do loteamento Rubens Lara, em Cubatão. Foi possível, por exemplo, identificar a realidade construída dos núcleos, tanto do ponto de vista ambiental e geográfico, como sob os aspectos sociais, identificando as tipologias habitacionais que acomodavam famílias de diversos tamanhos, que estruturavam a convivência dos moradores e suas relações com os espaços livres e com o comércio local.

Essa foi nossa primeira aproximação para compreender a real situação sociourbanística de todos os núcleos que compunham os bairros-cota. Com um olhar sobre esse *modus vivendi*, foi possível traçar uma estratégia de abordagem, especialmente após o recebimento de um relatório do Instituto de Pesquisas Tecnológicas do Estado de São Paulo (IPT), que apontava os graus de risco dos bairros-cota em relação às condições geotécnicas. Como o IPT apontava que a maior parte das áreas estavam em locais de risco alto (R3) e muito alto (R4), a necessidade de remoção se tornou indiscutível e as decisões tomadas a partir daí deveriam levar em conta o histórico das famílias, suas relações com o território, além da complexidade das intervenções e os custos, tanto sob os aspectos de infraestrutura, quanto das demandas sociais, para que todo o programa pudesse ser posto em prática.

O escritório acompanhou esse processo, observando, do ponto de vista cultural, como os moradores entendiam as formas de viver naquele lugar.

Com o passar do tempo, o programa e sua estrutura política tiveram inúmeras adequações com relação à gestão e à coordenação compartilhada entre a Secretaria de Estado da Habitação (SH) e a Secretaria do Meio Ambiente (SMA). Posteriormente, o Banco Interamericano de Desenvolvimento (BID) também passou a cooperar com a administração do Programa, o que levou à sua ampliação para alguns mosaicos da Mata Atlântica no Estado de São Paulo.

Iniciado em 2007 pelo Governo do Estado de São Paulo com a proposta de realocar moradores dos bairros-cota que viviam há décadas em áreas de risco geotécnico e no interior do Parque Estadual da Serra do Mar, o Programa de Recuperação Socioambiental da Serra do Mar e Mosaicos da Mata Atlântica contou com orçamento de mais de um bilhão de reais. Para os moradores remanescentes dos bairros-cota, um programa de requalificação socioambiental foi implementado com a intensa participação da população local.

Os bairros-cota surgiram na serra do Mar durante a construção da rodovia Anchieta (1939-1953) e se adensaram no período de construção da rodovia dos Imigrantes (1974-2002). Isso significa que parte das famílias que viviam ali tinham relação de pelo menos setenta anos com o lugar, com forte vínculo e com uma rede social muito bem estabelecida com vizinhos e amigos.

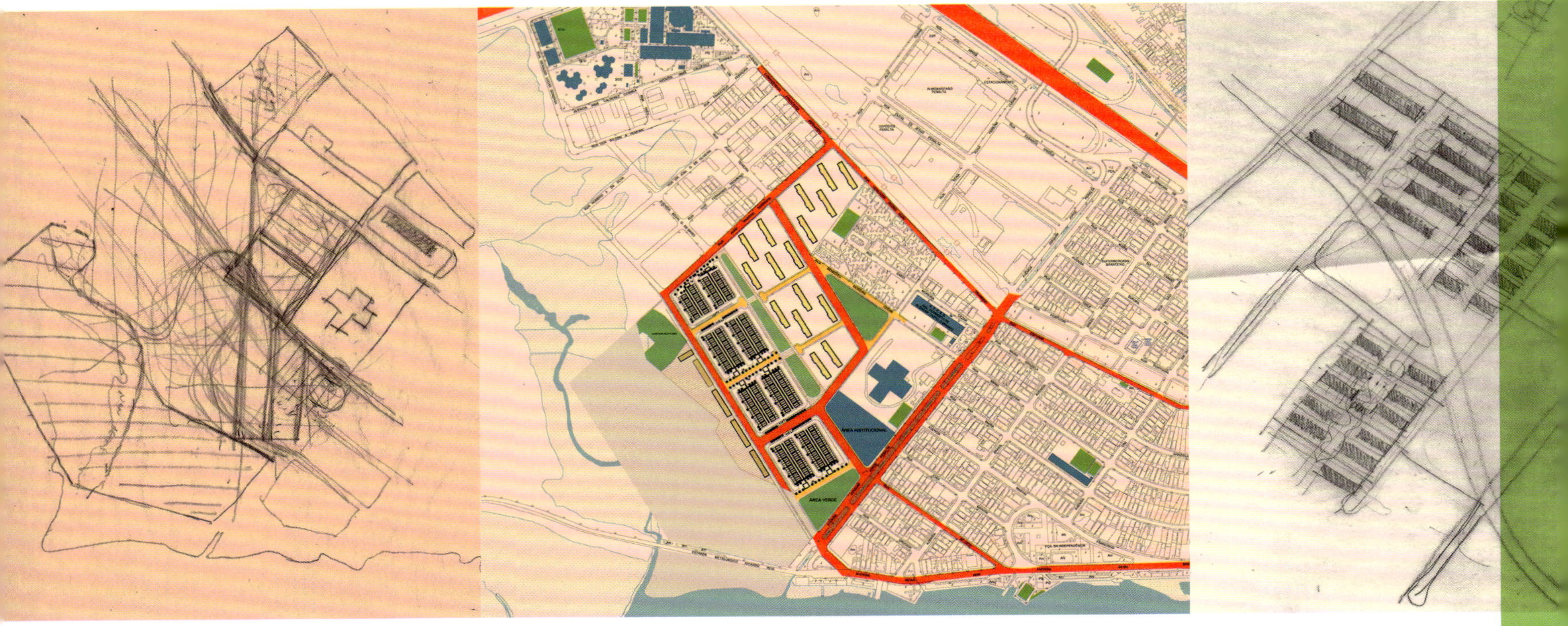

Croquis dos estudos da implantação do loteamento. O último desenho, à direita, mostra a proposta final implantada.

5.1
Leitura e construção do território

Ler, interpretar, traduzir um território do ponto de vista urbanístico, requer decodificar seus aspectos socioculturais. No projeto do loteamento Rubens Lara, a leitura do território partia dos bairros-cota e de seus moradores, ou seja, do lugar de onde as famílias sairiam para então ir morar no novo loteamento, no novo bairro. O trabalho intenso de reconhecimento das condições sociais e das estruturas familiares foi conduzido pela equipe da CDHU coordenada pela arquiteta Viviane Frost, que empreendeu uma série de ações e articulações com os moradores, que foram desde o cadastramento de cada domicílio até a organização de atividades de geração de trabalho e de renda para a população[3].

Do ponto de vista urbanístico, a atuação do escritório sempre se deu em parceira com a Secretaria de Estado da Habitação e com a CDHU.

Entre os aspectos mais relevantes estava a relação que as famílias mantinham com a ideia de legalidade e ilegalidade no modo de morar, isto é, da percepção que demonstravam ter sobre o fato de viverem por décadas em uma ocupação irregular, em um lugar aonde não deveriam estar, cujas condições de cidadania entre direitos e deveres estavam completamente desconstruídas sob os aspectos sociais comuns.

3. O trabalho realizado pela CDHU na serra do Mar está narrado em publicações editadas pela Companhia.

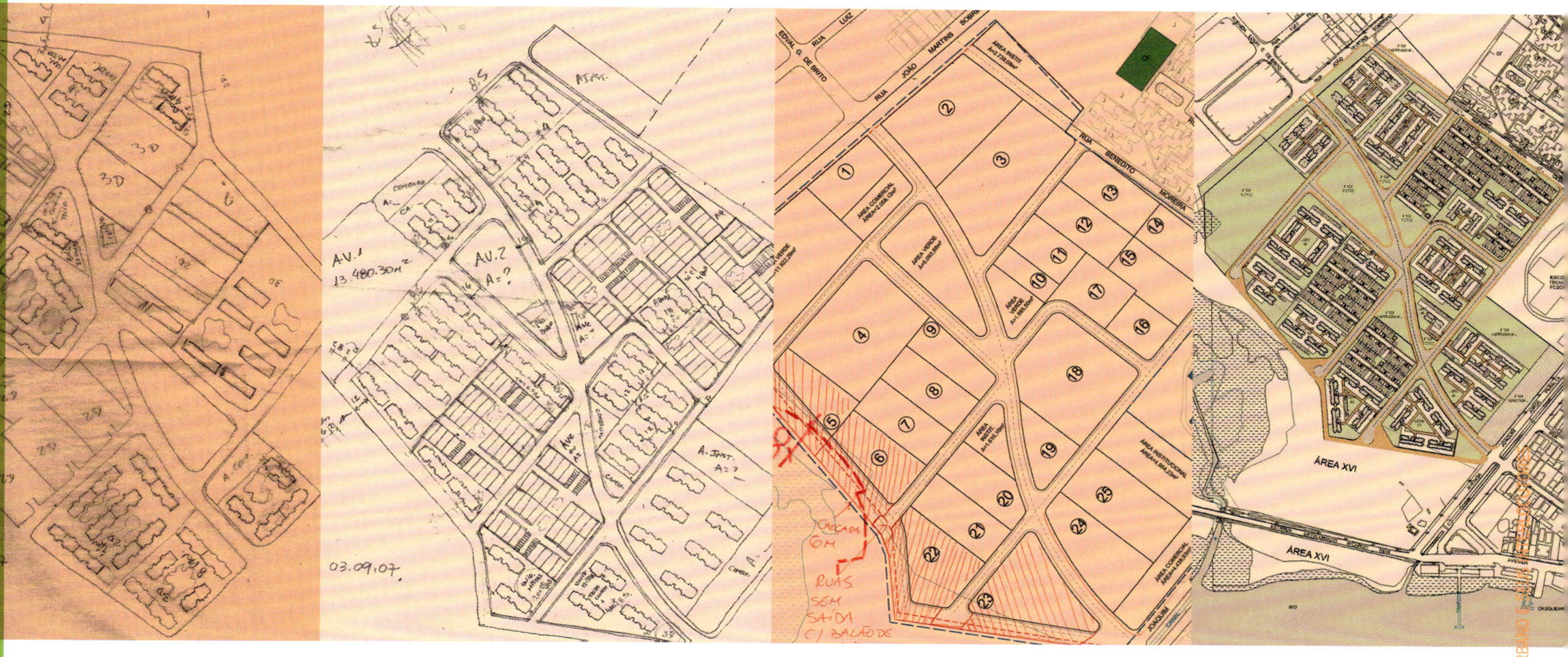

A pouca percepção que os moradores tinham sobre viverem em uma área irregular e de risco era notável. A maioria simplesmente entendia que estava ali, sem relacionar o fato com qualquer contrariedade. A memória do início da ocupação era recorrentemente alçada pelas famílias, já que os primeiros habitantes do local foram instalados ali pela Dersa durante a construção da rodovia Anchieta. Na ocasião, a própria empresa construíra as casas que abrigaram os funcionários e suas famílias. E, assim, o que era para ser uma solução de moradia temporária para facilitar o dia a dia dos trabalhadores, acabou por se tornar uma grande ocupação permanente e irregular.

Esse histórico em que a forma "legal, temporária" de morar foi transformada em "ilegalidade, permanente" ajudava a comprometer a percepção dos moradores, que pouco se indagavam sobre ter ou não a posse do lote, ter ou não o direito de morar ali. Como estavam acostumados com a rotina, com a rede social criada por décadas e com a paisagem que tinham de suas janelas, simplesmente viam com naturalidade a vida nas cotas.

Ao longo das décadas, muitos já haviam ouvido falar que o local era uma área de risco. Alguns, inclusive, vivenciaram deslizamentos nas décadas de 1980 e de 1990, mas ninguém tinha conhecimento específico da real situação, tampouco se o perigo era iminente ou se poderiam passar mais tempo ali sem que qualquer coisa acontecesse. Esse modo de observar a relação com o território corroborava visões acerca de outros temas, como cidadania, direitos e deveres.

Como estavam ali há muitos anos, alguns moradores pensavam que não existiam motivos para se mudar para outro lugar. Mesmo sem ter a posse legal, acreditavam que tinham o direito de viver nos bairros-cota e, assim como é recorrente em projetos de reassentamento, tinham dúvidas sobre a efetivação do que estava por vir, afinal não era a primeira vez que um projeto de desocupação das cotas era iniciado. Se outros ficaram pelo caminho, por que este iria realmente acontecer?

Essa desconfiança em relação ao poder público em geral era algo tão enraizado que exigia uma estratégia diferente de abordagem, que transmitisse honestidade, clareza e confiança aos moradores. Diante disso, o arquiteto urbanista, dentre outros profissionais atuantes nesse programa, precisava desvendar todo o significado de algumas perguntas que eram recorrentemente feitas pelos moradores: "Por que depois de tantos anos temos que sair daqui?", "Por que minha situação precisa ser outra?", "O que aconteceu agora para que essa mudança se faça necessária?"

Inserção do loteamento no mapa da cidade, evidenciando as conexões urbanas e a proximidade com o rio Casqueiro. Mapeamento das atividades presentes da área envoltória e nos lotes do loteamento projetado.

- Institucional
- Saúde
- Segurança
- Atendimento ao Idoso
- Desportivo
- Biblioteca municipal
- Igreja
- Creche
- Áreas verdes
- Residencial
- Comercial

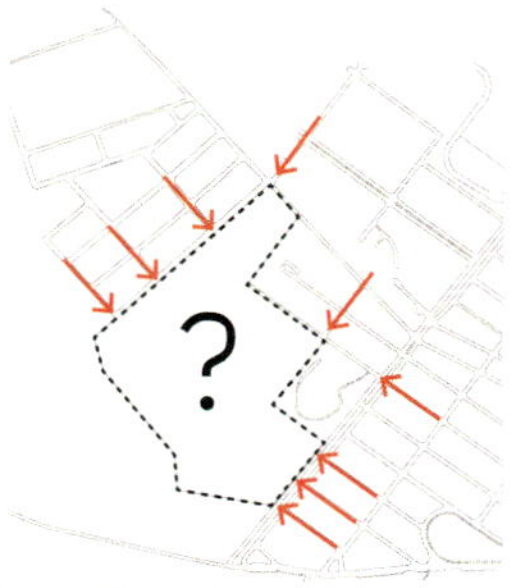

Vias adjacentes.

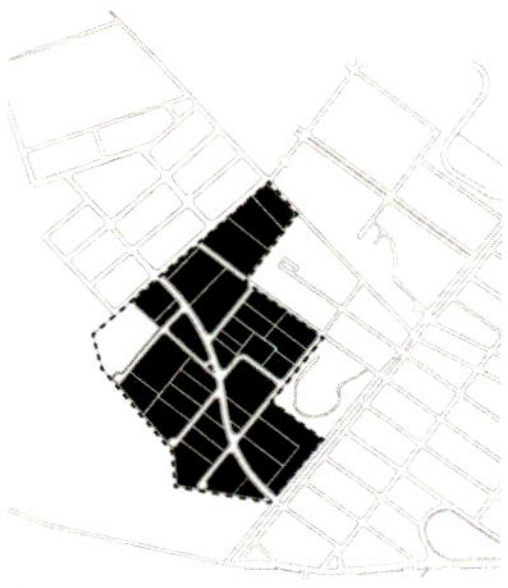

Lotes.

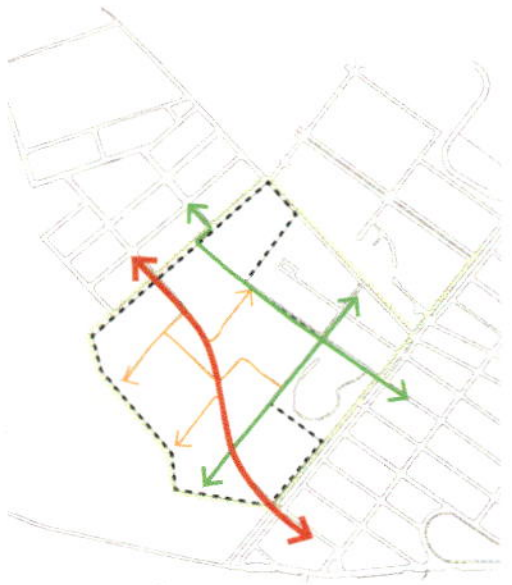

Conexões/Integração.

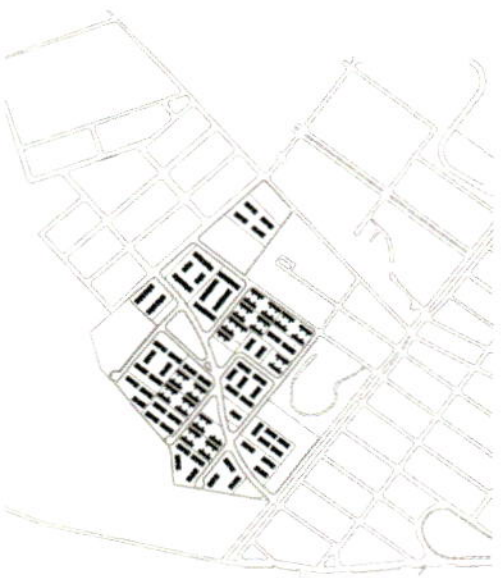

Edificações.

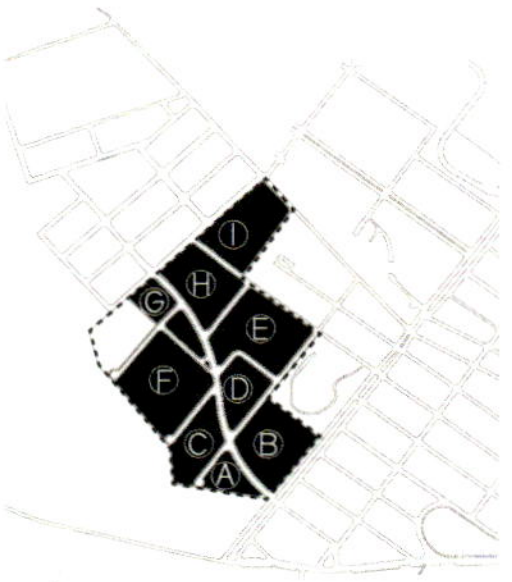

Quadras.

Gabarito.

Acima, os diagramas temáticos que contextualizam o partido do projeto de loteamento adotado do ponto de vista das conexões, da mobilidade, da configuração dos lotes, da tipologia das edificações e das estruturas condominiais.

As respostas a essas questões implicavam uma série de ações e reações das famílias diante de toda a proposta apresentada pelo Governo, incluindo o fato de precisarem ser reassentadas em virtude dos riscos geotécnicos. Para o escritório, porém, identificar o sentimento das famílias diante dessa mudança significava acrescentar mais filtros à análise do território. Esse viés complexo, em que o lugar é lido por suas histórias, sentimentos e vivências, foi o que permitiu estruturar o conceito de bairro que fazia parte do imaginário das famílias e que deveria ser reconstruído migrando da encosta para a planície, no novo loteamento onde passariam a morar.

Aliás, os conceitos de bairro e de condomínio são elementos que precisam ser traduzidos pelo urbanista. A percepção da propriedade privada e de seus limites e, portanto, a percepção das áreas comuns, públicas ou condominiais, por seus moradores, são tarefas essenciais na conjunção do trabalho do urbanista com o do agente social. A possibilidade de criação de espaços de convivência coletiva nos quais o usufruto e a manutenção estão diretamente vinculados, gerando novas experiências e reconhecimento de direitos e deveres, devem desde a origem fazer parte do projeto, almejando sua valorização pelos futuros residentes.

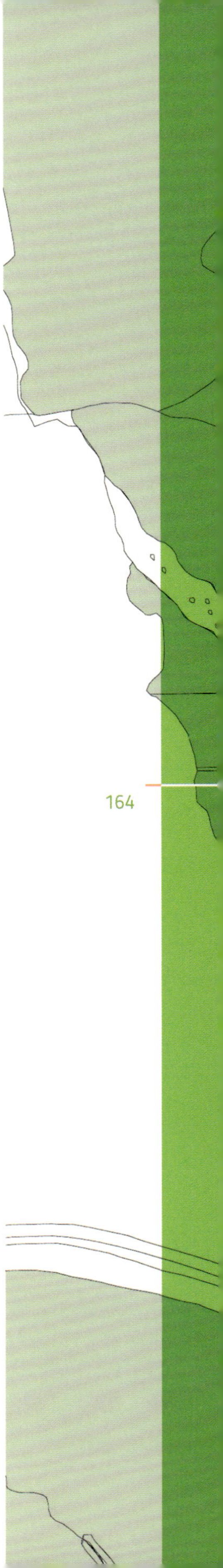

Implantação do Loteamento Rubens Lara, implantado no município de Cubatão.

Adicionalmente, a experiência em um bairro, diferentemente daquela vivida em um condomínio, essencialmente demonstra a espacialização e as inter-relações entre os espaços públicos e os privados. É desse exercício entre o urbanista e o agente social que nasce o processo de percepção de propriedade e, ao mesmo tempo, de cidadania.

As famílias dos bairros-cota queriam sentir segurança no processo de mudança, queriam ter a sensação de que não estavam passando por mais uma promessa não concretizada.

Todo o trabalho de interlocução direta com as famílias era feito pela equipe da CDHU, por meio de um programa estruturado em que os aspectos relacionados à arquitetura e ao urbanismo eram inseridos conforme o avanço do diálogo e a partir da estruturação das soluções que seriam apresentadas aos moradores. Por esse motivo, tínhamos uma interlocução direta com essa equipe, estabelecendo uma troca de informações e leituras para que a abordagem técnica e socioeconômica interagissem e se complementassem mutuamente.

Para o urbanismo, essa estratégia de relacionar os aspectos culturais e socioeconômicos às soluções espaciais era fundamental, pois, se existia uma condição de vínculo com o lugar, estruturada nos bairros-cota, era preciso garantir um valor agregado, uma oportunidade de novo vínculo com o novo bairro, que fosse evidente aos olhos das famílias ao final de todo o processo de mudança. A questão não era apenas apresentar uma solução técnica aos problemas, mas ofertar uma gama de experiências que continuassem a ser valorosas no cotidiano das pessoas daquele local. Essa possibilidade de ter um valor afetivo agregado deveria ser construída no novo bairro a partir dos elementos que reconfigurassem o vínculo das famílias com esse novo ambiente.

Obviamente, diante de necessidades tão complexas, iniciou-se uma leitura técnica do lugar da intervenção. Precisávamos estudar a inserção dessa gleba no contexto urbano da cidade, observando seu entorno e as possibilidades de interconexão. Era um terreno não construído, praticamente sem árvores, um tabuleiro plano de aproximadamente 200 mil metros quadrados, inserido no meio de bairros residenciais consolidados, de classe média e média alta, no distrito de Jardim Casqueiro, em Cubatão, com tipologias de quadras e edificações, gabaritos, arborização e índices urbanísticos característicos e uma malha viária bem-definida com a qual precisávamos dialogar.

Ao diagnosticar o contexto dessa área envoltória, o ponto inicial foi buscar soluções que conectassem plenamente o projeto com os bairros já existentes. A malha viária foi um norteador importante no estabelecimento de conexões entre o novo e as preexistências. A gleba deveria ser uma oportunidade de interligação entre os bairros que estavam ao seu redor – ao norte, ao sul, à leste e à oeste, bem como também com o próprio rio Casqueiro, com a mata – a área de preservação permanente, enfim, com todo o contexto do tecido urbano que se configurava nesses arredores.

Do ponto de vista da estruturação do loteamento em si, surgiram uma série de decisões que tiveram como ponto de partida um aprofundamento nas questões sociais que foram muito debatidas com as equipes da CDHU, como a perspectiva de que os futuros condomínios que seriam criados deveriam ter um porte que favorecesse e facilitasse o trabalho de pós-ocupação e manutenção condominial por seus futuros moradores. Eles deveriam ter escala adequada, permitindo a intercomunicação entre os condôminos e resgatando a proximidade de vizinhança que os moradores tinham nos bairros-cota. Além disso, era necessário que a complexidade da manutenção não fosse grande, visando garantir que o aprendizado de viver em condomínio – algo completamente novo para as famílias – fosse viável tanto do ponto de vista social quanto econômico.

Esse foi um tema muito importante para entender como criaríamos esse conceito dos pequenos agrupamentos, quase familiares, que já era uma característica dos bairros-cota. Os vizinhos, em suas pequenas relações de vizinhança, não tinham uma percepção de bairro em grande escala. A convivência era próxima entre poucas famílias, algo que estava na origem da relação das pessoas com o espaço e que precisava ser reproduzido ou traduzido para que a vida em condomínio tivesse sucesso. Essa questão foi extremamente debatida com a equipe do trabalho social da CDHU, liderada com delicadeza e precisão por Viviane Frost, numa iniciativa intensa de interlocução que nos ajudava a compreender a escala de bairro que estava no imaginário dos moradores.

Por conta disso e fundamentalmente pelo objetivo de facilitar o processo de adaptação dos moradores ao novo bairro, perseguimos a ideia de aprovar um loteamento, e não um único e gigantesco condomínio. Em uma área de aproximadamente 200 mil metros quadrados, se tudo fosse área privada, de uso comum e condominial, haveria gastos imensos no futuro com manutenção, segurança, iluminação e limpeza. Além disso, seus moradores, advindos de unidades residenciais unifamiliares, passariam a ter de lidar com quase 1.900 condôminos! Não havia o menor sentido em modificar completamente a visão de mundo dos moradores e inseri-los em uma escala inimaginável do ponto de vista da experiência que traziam de convivência no e com o território.

A proposta do loteamento não era exatamente o padrão de ocupação historicamente adotado pelo poder público no Brasil, sobretudo para empreendimentos residenciais verticais de interesse social, muito por conta da complexidade do processo de licenciamento, da necessária inter-relação entre as esferas de governo – em especial, estadual e municipal – e por exigir um intenso trabalho de intercomunicação entre diversos órgãos e concessionárias.

Elevação.

Casas sobrepostas em condomínios de até 20 UHs.

Elevação.

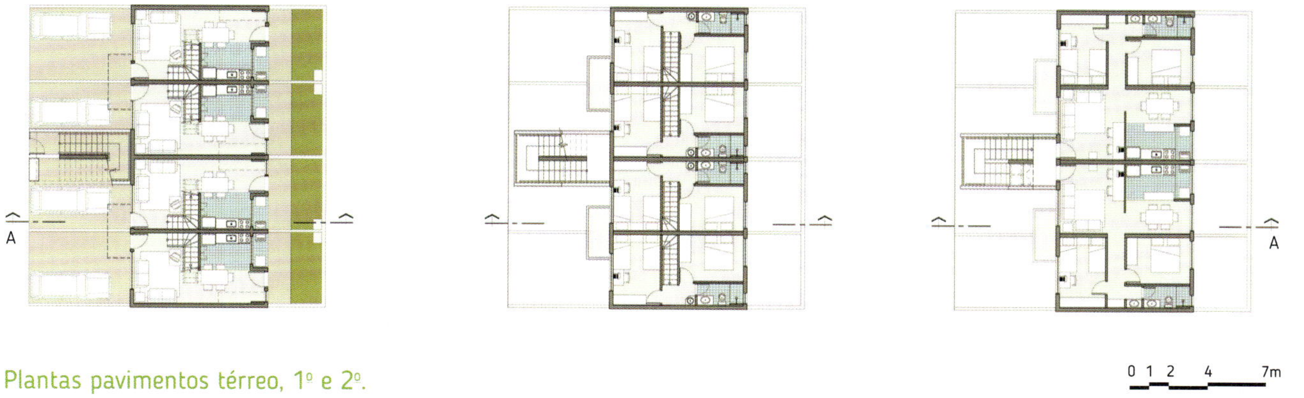

Plantas pavimentos térreo, 1º e 2º.

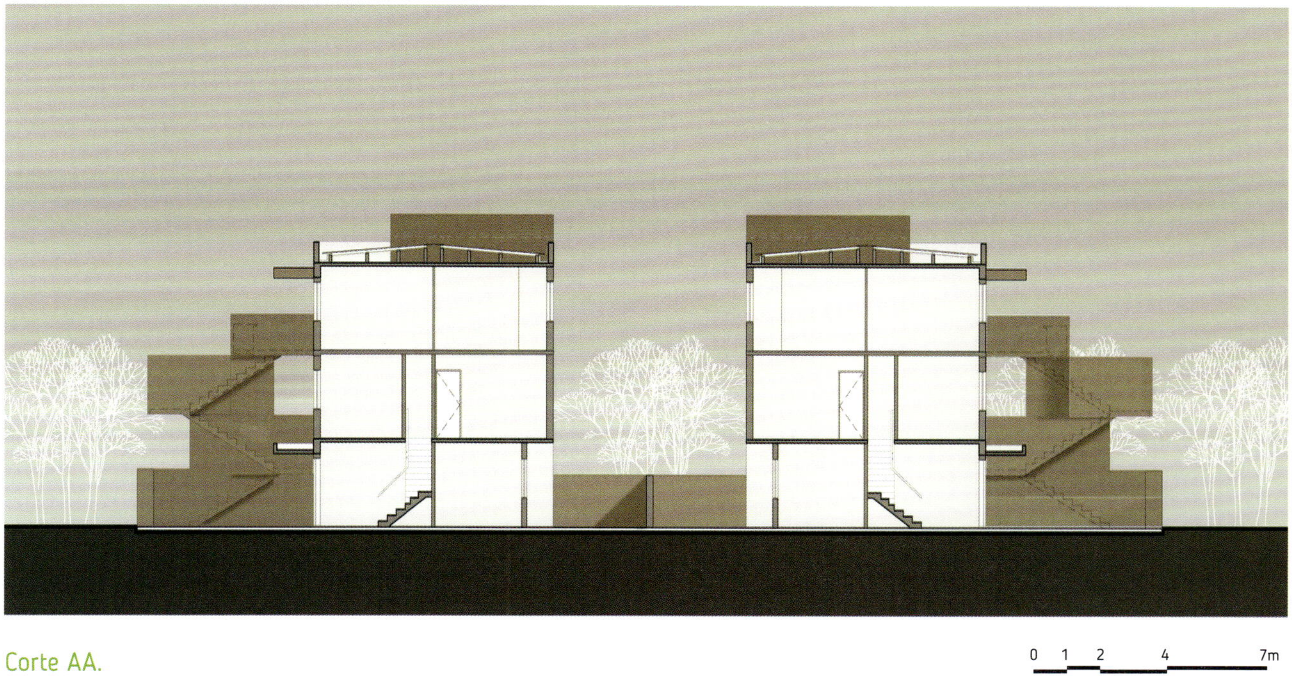

Corte AA.

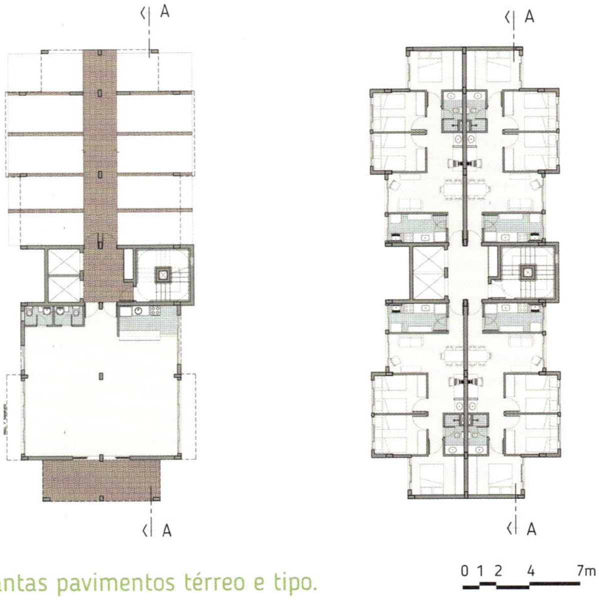

Plantas pavimentos térreo e tipo.

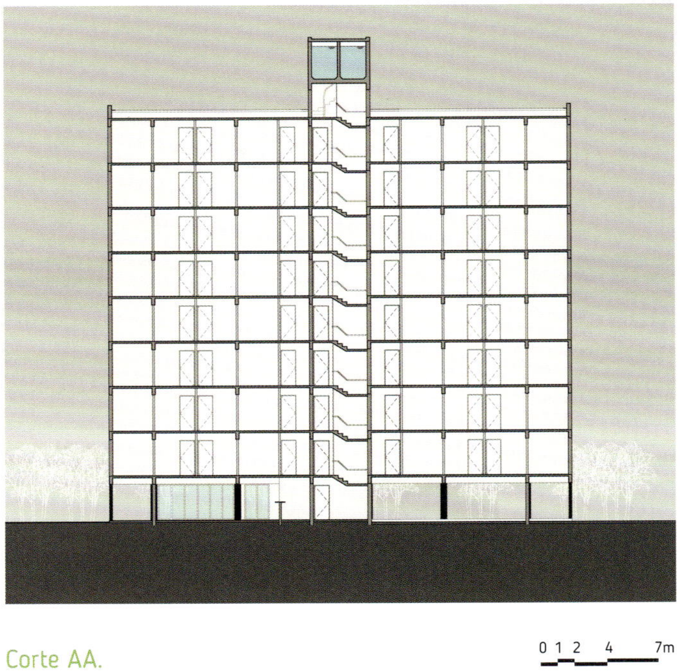

Corte AA.

Edifícios com térreo, mais 8 pavimentos e elevadores. Tipologias com UHs de 2 e 3 dormitórios.

Elevação.

0 1 2 4 7m

As questões ambientais ainda corroboram às dificuldades de aprovação de um loteamento, assim como as de infraestrutura que são executadas por diversas companhias responsáveis pela drenagem, pavimentação, serviços de água, esgoto, energia elétrica, iluminação pública, arborização pública, transporte público, coleta de lixo, sinalização, comunicação visual, mobiliário urbano, etc. Uma série de normatizações precisam ser cumpridas e, diante de tamanha complexidade, tradicionalmente a história demonstrou sua opção pela simplificação e facilitação das obras e do processo de licenciamento.

Mas, no caso do loteamento Rubens Lara, sabíamos que ir na contramão da tradição nos levaria a um resultado muito melhor para as famílias e para todo o contexto urbano, o que levou o escritório a apresentar essa proposta de parcelamento com empenho ao poder público.

Foi então adotada essa importante diretriz, que fez total diferença no desenvolvimento e na implantação do projeto: temos um loteamento composto por 140.503,80 m^2 de área construída residencial; 4.646,31 m^2 de áreas comerciais; 28.224,35 m^2 de áreas verdes públicas e 16.320,00 m^2 de áreas institucionais públicas. Em relação às unidades habitacionais, desenvolvidas em coautoria com o arquiteto Eduardo Martins Ferreira, são 1.840, divididas entre as seguintes tipologias: 11 prédios de 8 pavimentos mais pilotis, com um total de 352 unidades; 53 prédios de 4 pavimentos mais pilotis, com um total de 1.098 unidades; 65 blocos de 3 pavimentos, com 390 unidades no total (CDHU, 2014, p. 86).

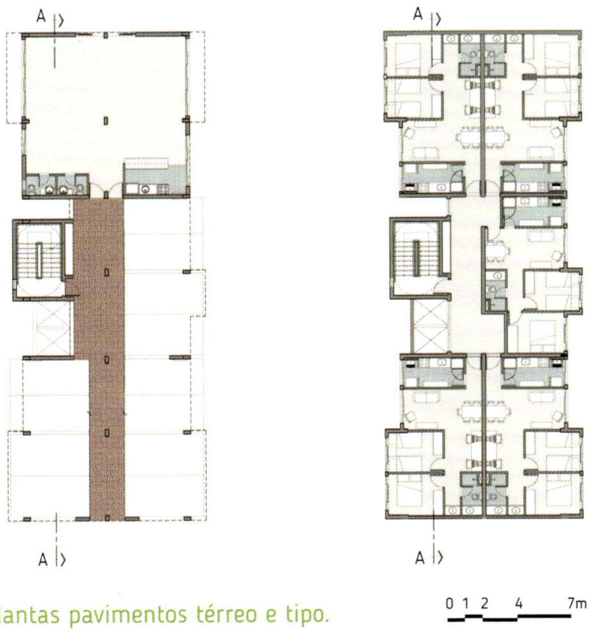

Plantas pavimentos térreo e tipo.

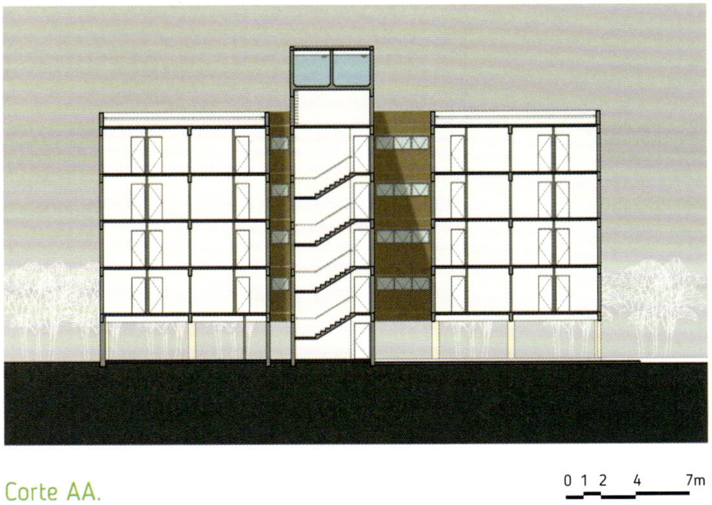

Corte AA.

Edifícios com térreo e mais 4 pavimentos. Tipologias com UHs de 2 e 3 dormitórios. Espaço previsto para instalação de elevadores

Elevação.

5.2 Relações e interlocuções na decisão pelo loteamento

Fazer do Rubens Lara um loteamento e não um condomínio não foi algo simples. Ao contrário, foi algo que suscitou resistências e que precisou de muito debate para que os aspectos positivos dessa direção superassem os obstáculos. Grande parte do receio era pautado pelas dificuldades que poderiam existir para o licenciamento, pelo tempo que isso levaria comparado à urgência que se tinha para o início e a implementação dessas obras, e pelo modo como se daria o gerenciamento de cada condomínio do loteamento no pós-ocupação.

Todos esses tabus, esses receios para aceitação dessa solução, foram vencidos, um a um, a partir de uma estratégia de diálogo e de interlocução com vários órgãos e com as possibilidades que a legislação abria para o caso. Evidente e fundamentalmente, a decisão pelo loteamento não teria sido possível se não fosse a postura visionária do secretário de Habitação, Lair Alberto Soares Krähenbühl, bem como de seus sucessores que deram continuidade ao programa.

Do ponto de vista legal da análise, das conformidades que envolvem esse empreendimento para garantir a viabilidade desse licenciamento, foi realizado um trabalho profundo e preciso que permitiu a compatibilização dos procedimentos que estavam sendo adotados com relação à retificação das matrículas e ainda ao total atendimento das regulamentações municipais de parcelamento. Com isso, foi possível estabelecer como adequar, de maneira viável e compatível, os processos de retificação da terra junto ao registro de imóveis e ainda conquistar a aprovação do loteamento previamente à sua construção. Apesar de parecer óbvio tal feito, lamentavelmente um grande número de empreendimentos públicos nem ao menos protocolam seus processos administrativos de licenciamento, imagine, então, iniciar uma obra somente após a emissão do alvará!

A atuação integrada junto ao Departamento de Terras da CDHU, contando com especial colaboração de Vinicius Camargo Barbeiro, foi ao encontro das discussões firmadas com o Qualihab – Programa da Qualidade da Construção Habitacional do Estado de São Paulo, instituído desde 1996, para garantir um trabalho de melhoria continuada na busca da qualidade e da durabilidade da moradia social. Trabalhamos muito próximos a essas competentes equipes, o que facilitou o desenvolvimento e as relações em vários movimentos estratégicos para a efetivação do projeto. Em conjunto com a CDHU, foi possível interagir para que as decisões fossem tomadas no tempo certo e as informações compartilhadas entre todos, o que agilizou a aprovação tanto do empreendimento quanto do loteamento junto às esferas estadual e municipal (Livro CDHU/50 Anos).

Isso só foi possível porque o projeto nasceu atendendo à legislação e a situação fundiária do imóvel foi trabalhada em tempo para sua regularização junto ao Registro de Imóveis. Não houve incompatibilidades, não houve retrabalho. O projeto caminhou em consonância com as diversas esferas do poder público, com a população, com a legislação e com as possibilidades que o território oferecia. Tudo mediado por uma visão estratégica, uníssona com o programa de governo previamente estabelecido, visionário em suas expectativas urbanísticas, sociais e ambientais.

À medida que as expertises interagiam – arquitetura, CDHU, SH, SMA, Prefeitura Municipal, população –, as diversas soluções foram sendo costuradas, conversadas e alinhavadas entre todos. Projeto urbano, interlocução e negociação entre as esferas envolvidas são conexões obrigatórias para o sucesso de uma intervenção.

A partir da aprovação do loteamento, e seguindo a postura inovadora que o Governo impunha, foi natural que o empreendimento adotasse uma série de práticas sustentáveis, desde a tipologia até as inter-relações com a malha urbana preexistente. Isso permitiu também, em diálogo com a equipe do Social da CDHU, traduzir as características de tipologia dos bairros-cota em novas tipologias de edifícios

Estudo cromático buscando identidade visual para cada condomínio.

FACHADAS DOS EDIFÍCOS:
- Rosa claro
- Rosa
- Azul-celeste
- Azul safira
- Super branco
- Bege argila
- Erva-doce
- Verde folha

SOBRADOS (ESCADAS E QUIOSQUES):
- Cinza prata

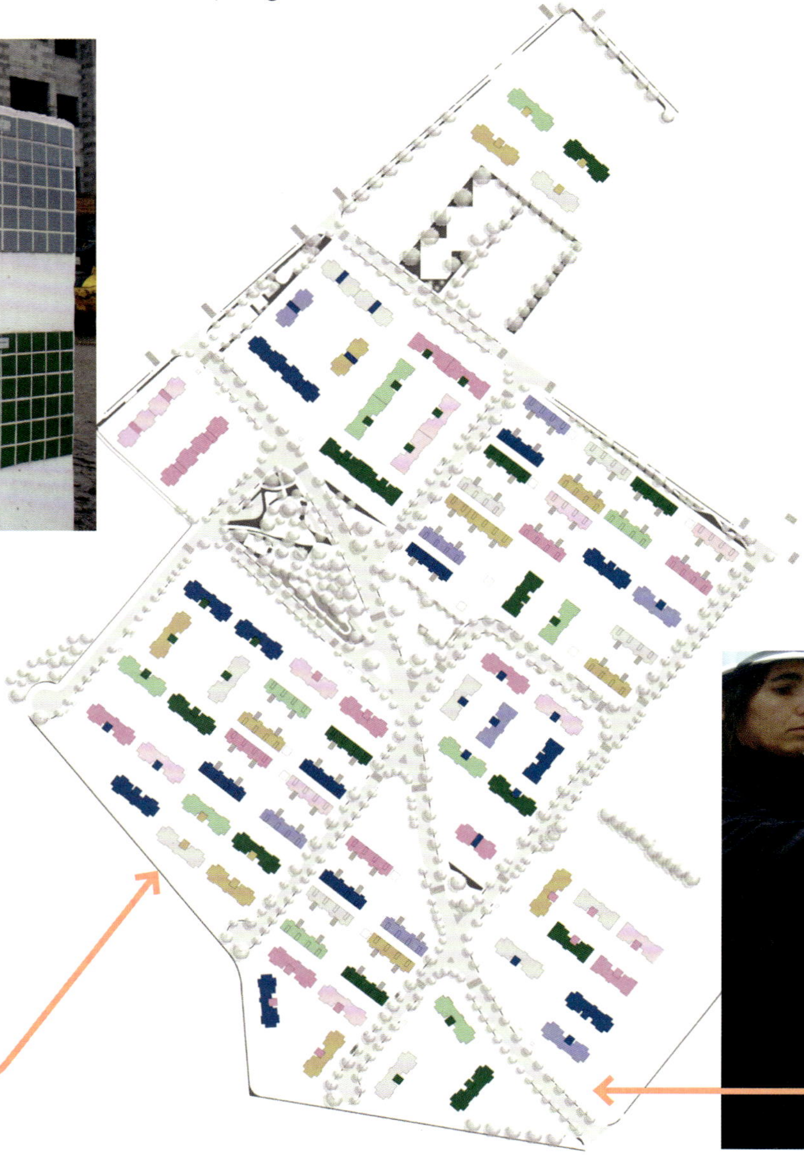

verticais, tendo o horizonte das faixas de renda que iriam habitar cada uma delas e a capacidade de investimento que as famílias poderiam ter para manutenção desses condomínios futuramente, como é o caso do elevador, por exemplo. Mesmo não tendo sido colocados inicialmente em todas as tipologias verticais, os elevadores são passíveis de instalação em qualquer um dos edifícios construídos. Isso porque foram deixados os nichos e calculadas as estruturas e fundações necessárias para sua futura instalação, se assim o condomínio e seus condôminos desejarem.

Sabíamos que para os moradores perceberem o loteamento como um bairro, era essencial que as tipologias fossem diferentes. Talvez fosse sutil, mas era justamente a ideia de que morariam de outra forma, em residências variadas, com tamanhos e estruturas específicas, que transmitiria às famílias a sensação de que estavam saindo de um bairro para morarem em um outro. Além da diversidade de tipologias propostas, a relação dos condomínios com a rua era outro fator fundamental. Foi nesse contexto que o loteamento se estruturou a partir de uma via central coletora, responsável pela concentração da maioria das áreas comerciais e institucionais, bem como das paradas de ônibus municipais. A partir desse eixo central, todas as ruas de acesso aos condomínios tinham dimensões e vocação local, muitas delas sendo sem saída, priorizando os pedestres, o que permitiria a saída para as ruas dos moradores e das crianças, que poderiam brincar assim como faziam nos bairros-cota.

O modo de vida nas cotas era completamente diferente daquele que teriam na planície. Buscou-se, portanto, preservar a individualidade de cada família oferecendo a possibilidade de escolha dentre as tipologias do loteamento – casas, sobrados, apartamentos com ou sem elevador, unidades com dois ou três dormitórios. Esse foi um grande desafio superado pela equipe do Social, coordenada por Viviane Frost, que trabalhou intensamente para a estruturação dos critérios de escolha das unidades, fundamentados pelo tempo de residência, tamanho, poder aquisitivo da família e avaliação do imóvel que cada uma tinha nos bairros-cota. Nossa interlocução aqui foi garantir que a diversidade tipológica das Cotas fosse reconhecida no loteamento, agregando ainda serviços ao bairro, como transporte, educação e lazer.

5.3

Outras interlocuções: o diálogo essencial com o trabalho social

A interlocução que o escritório teve com a equipe social da CDHU na aproximação e no reconhecimento das famílias e do território, como mencionamos, permitiu-nos acompanhar a estratégia de comunicação adotada para com as famílias. Isso se manteve ao longo de todo o processo de desenvolvimento, implantação e ocupação do projeto.

Nesse percurso, porém, algumas discussões muito pertinentes ganharam fôlego dentro da Secretaria de Estado da Habitação e da própria CDHU, das quais pudemos fazer parte, contribuindo com o debate sobre a adoção de novas perspectivas – especialmente voltadas às novas tecnologias – à medida que o projeto do loteamento Rubens Lara avançava. Era uma oportunidade de agregar mais valor e sustentabilidade à forma de fazer habitação social, o que proporcionou a criação de uma frente de trabalho extraordinária, a partir da interlocução com o Qualihab[4]. Buscaram-se novas tecnologias, considerando-se a sustentabilidade construtiva,

4. O Qualihab (Programa da Qualidade da Construção Habitacional do Estado de São Paulo) foi instituído pelo Decreto nº 41.337, de 25 de novembro de 1996, para garantir um trabalho de melhoria contínua na execução dos projetos de habitação de interesse social em todo o estado.

a flexibilização das plantas, a agilidade da construção e a redução de resíduos nas obras, dentre outros.

Era preciso pensar em outros sistemas construtivos e produtos não cadastrados na lista de materiais e preços do Qualihab. Discutiu-se a respeito de sistemas estruturais pré-fabricados, dry-walls, sistemas de drenagem, valas técnicas para infraestruturas, pisos drenantes, materiais reciclados, caixilharias de alumínio mais amplas, etc. A interação com a indústria para tentar avançar se fazia fundamental. Os resultados não foram imediatos. Muitos deles acabaram por extrapolar o tempo de planejamento do loteamento Rubens Lara, mas geraram desdobramentos em projetos futuros realizados no estado.

Esse foi um período de importantes discussões, visando eleger novas oportunidades e procedimentos na contratação dos serviços de habitação, de obras, abrindo possibilidades para que outros pré-requisitos passassem a fazer parte das exigências dos novos contratos de projetos e de obras. Muitas conquistas se consolidaram a partir das discussões que foram estabelecidas, a partir do projeto do loteamento Rubens Lara: pré-requisitos de sustentabilidade, adoção do desenho universal, garantia da futura instalação de elevador nas edificações, sistema estrutural pré-moldado, a relação da unidade habitacional com a vaga de garagem, a possibilidade de instalação de usos mistos, dentre outros.

Durante esse processo, o escritório pode encontrar seus interlocutores dentro da Secretaria de Estado da Habitação e dentro da CDHU. Isso pode parecer óbvio, mas não é. Os órgãos públicos no Brasil têm como característica possuírem uma infinidade de departamentos que não se relacionam entre si. Na SH e na CDHU, essa coesão também se mostrava comprometida com vários departamentos funcionando de forma completamente independentes. A partir da interlocução com o Qualihab, em conjunto com as diretorias de Projeto, Terras e Planejamento e o Gabinete da Secretaria, foi possível garantir uma inter-relação qualificada com outras áreas e outros órgãos públicos, compreendendo uma série de ações metodológicas que foram fundamentais para o desenvolvimento coeso do projeto.

Essa experiência de interlocução foi muito rica e positiva, pois levou todos a sentarem à mesma mesa para buscar e viabilizar a implantação de novas soluções habitacionais, somadas a uma leitura ambiental e de reconhecimento real das necessidades da população, libertando-se de um problema estrutural de organização política muito recorrente nos órgãos públicos em geral no país.

Com isso, foi possível agregar uma série de inovações no projeto, destacando-se as oportunidades de renovação tecnológica, de novas tipologias e de reflexão sobre todo o processo que vinha sendo adotado enquanto modelo de ocupação territorial para os conjuntos habitacionais. Tamanho dos condomínios, uso de aquecimento solar em todas as unidades horizontais e verticais, utilização de panos de caixilhos maiores, de quatro folhas, propiciando mais iluminação e ventilação naturais e, portanto, garantindo o menor consumo de energia, malha estrutural periférica, medidores de água individualizados... essas foram algumas das conquistas.

A questão da acessibilidade vinha sendo, paralelamente ao desenvolvimento do programa, intensamente discutida e trabalhada, o que acabou por possibilitar a adequação do projeto do loteamento aos preceitos e diretrizes do desenho universal, chancelados por meio da aprovação do Decreto Estadual 53.485/08, que estabelecia a obrigatoriedade de atendimento a essas diretrizes para toda habitação de interesse social produzida ou conveniada ao Governo do Estado de São Paulo. Plantas flexíveis, garantindo adaptabilidade às unidades residenciais ao longo do tempo e possibilitando a permanência das famílias em seu lugar de moradia, de forma longeva. Esse feito simboliza uma conquista inédita e pioneira na habitação social no Brasil e que, podemos dizer, ainda é de baixa intimidade com o mercado imobiliário em geral. Somente após a aprovação da Lei Brasileira de Inclusão, em 2015, que ainda passou por processo de regulamentação no ano de 2018, é que o tema do desenho universal começou a ser debatido em outras escalas e esferas de atuação.

Nesse sentido, o papel do Estado como formador de opinião e como propulsor de novas ideias e valores se apresentou por meio de exemplos concretos.

Esse projeto nasceu de um cenário de oportunidades favoráveis e de muitas conquistas, pois conseguiu compatibilizar e interagir com uma série de atores envolvidos de uma maneira muito idealista e sinérgica, evidenciando novas abordagens para a habitação social, sobre a qual vamos continuar refletindo no capítulo seguinte.

É um exemplo vivo de como o poder público atuante e capaz de estabelecer vínculos efetivos com a inovação, a boa técnica e a qualidade é formador de opinião e, portanto, grande responsável na transformação de valores essenciais de cidadania, de responsabilidade social, ambiental e de sustentabilidade socioeconômica e cultural.

Somos muitos gratos e tivemos muita sorte em podermos participar e aprender com este processo!

Para coroar tamanho aprendizado, a devolutiva advinda do líder comunitário, sr. Carlos Guilherme Campos Costa, a respeito do novo empreendimento e da experiência da comunidade frente a essa nova realidade, foi um presente sem palavras. Vejam a transcrição da carta que recebi em 2 de setembro de 2013:

Loteamento integralmente executado.

De: Carlos Guilherme Campos Costa
Enviada em: segunda-feira, 2 de setembro de 2013 14:34
Para: Adriana-Levisky Arquitetos
Assunto: O Poder da Transformação!!!

Como agente comunitário de urbanização dos bairros-cota do Programa de Recuperação Socioambiental da Serra do Mar – CDHU –, acompanhei passo a passo todo esse processo desde 2009. Convivi com situações de conflito devido às remoções e à urbanização.

As pessoas que moravam ali sempre se sentiram esquecidas pelo estado, a tal ponto que elas próprias se esqueceram de si mesmas, dos direitos básicos de cidadania.

As primeiras remoções foram conflitantes porque a resistência era muito forte, a desconfiança era enorme, pois para quem sempre fora esquecido, de repente, uma mudança assim tão radical... poucos acreditavam.

Os dias foram passando, as mudanças foram acontecendo e as pessoas também mudando o seu olhar e a sua opinião.

Especialmente para as famílias que se instalaram no conjunto Rubens Lara é que o poder de transformação ficou mais patente e mais emocionante.

Seus primeiros moradores se encarregaram de fazer a propaganda (inconsciente, é claro) aos moradores ainda resistentes dos bairros-cota.

A chama da esperança em dias melhores foi crescendo, crescendo a tal ponto, que o que era antes resistência passou a ser uma opção, em seguida um sonho e, por fim, obsessão.

A transformação na vida de 8.500 pessoas aconteceu de forma gradual, paulatina, em etapas.

Primeiro, no dia da mudança, percebeu-se que as pessoas, movidas por seu sonho, acreditando, enfim, em dias melhores, descartavam 50% dos seus utensílios para que, na nova moradia, recebessem um móvel novo, uma vida nova!

Mas não ficou por aí. A transformação na vida dessas pessoas continuou. Com o tempo, os outros 50% restantes dos utensílios foram também substituídos por novos. De repente, percebia-se um carrinho novo na garagem de um, depois na de outro e assim sucessivamente.

Então vem a pergunta:

Como é possível isso acontecer, se a renda familiar é a mesma?

Respondo:

Não é mais a mesma! Reflexo do poder de transformação. As pessoas que outrora subestimavam sua capacidade passaram a acreditar, e cada um, a seu modo, procurou alternativas que possibilitassem novas fontes de renda.

Sei de casos que a autoestima aumentou tanto que no trabalho alguns foram até promovidos. As famílias, de uma forma geral, foram todas mobilizadas para o crescimento. Algumas apelaram para o artesanato, outras para a alimentação... enfim, os fluidos positivos tomaram conta de todos.

Morar num bairro em que muitos sonhavam com infraestrutura, saneamento básico, comércio próximo e de nível e equipamentos públicos foram fatores importantes e significativos, porém o diferencial mesmo foi o planejamento e a execução do empreendimento. Edifícios com bons e arejados apartamentos, garagens e áreas de lazer. E as sobrepostas, então? Fruto do desejo de muitos!!!

Ruas e praças pavimentadas fizeram todos sentirem o prazer à cidadania.

No início do ano, fui entregar aos meus condôminos o carnet do IPTU e não ouvi ninguém reclamar pelo débito novo, e sim senti em todos uma satisfação enorme, porque ali, naquele carnet, estava o reconhecimento de ser, verdadeiramente, um CIDADÃO.

Estamos, ainda, respirando o ar do "NOVO" e aprendendo a viver e a conviver em condomínio.

Não apenas desejo, mas preciso agradecer a todos os envolvidos nesse projeto ímpar. Que ele sirva de exemplo e referência a todos.

Minha mais singela homenagem aos nossos arquitetos que, traçando riscos, desenharam em 1.850 famílias a palavra "FELICIDADE".

Muito obrigado, arquiteta Adriana Levisky.

Este texto merece ter como fundo a música AQUARELA, de Toquinho.

Ao longo dos anos, tivemos no escritório experiências diversas em projetos de habitação social e recuperação e requalificação urbana. Já citamos neste livro alguns exemplos como os projetos do Jardim Colombo, do loteamento Rubens Lara e do Museu Aberto Cratera de Colônia. Nos atuais modelos de desenvolvimento desses projetos, nosso papel também enquanto empresa privada é interagir da melhor forma possível com a comunidade e com o poder público em suas diversas instâncias, visando garantir a coexistência de todas as perspectivas e vozes presentes, em um diálogo aberto e transparente sobre as possibilidades de inovação que podem ser implementadas. Nesse processo é fundamental que esteja incluída a observação crítica e clara do cenário nacional, suas histórias e suas oportunidades para o futuro.

Vista do loteamento integralmente executado e ocupado pelos moradores.

Capítulo 6

O projeto como instrumento de mediação: os acordos de vizinhança, cooperação e afins

Sociedades bem-estruturadas e maduras do ponto de vista da interlocução entre poder público e população, e da negociação das demandas urbanísticas não precisam de uma legislação complexa, extensa e repleta de variáveis. São sociedades com menos desigualdades sociais, que reconhecem o valor da cidadania, do exercício do debate e da negociação legítima, o limite da liberdade individual em prol do coletivo. Já as sociedades mais desiguais, com pouca experiência prática de diálogo democrático, tendem a ter leis mais restritivas e engessadas, que acabam também por direcionar as soluções de projetos e, dentre eles, aqueles de intervenção urbana, diminuindo as possibilidades de adoção de soluções diferentes para contextos específicos, fruto de negociações legítimas.

Um dos exemplos de relevante evidência de cidade que soube flexibilizar suas leis urbanas e conseguiu realizar mudanças significativas na paisagem é Nova York, em Manhattan. Admite-se, por exemplo, a possibilidade de extrapolação de índices urbanísticos, mediante a oferta de contrapartidas justificadas e negociadas em benefício da cidade, a partir dos casos específicos.

No Brasil, as coisas não funcionam assim; muito pelo contrário. O mais recorrente, considerando os grandes centros urbanos, é que o projeto atenda a regras rígidas que muitas vezes são pensadas de forma genérica, para a cidade como um todo, afastando a possibilidade de eventual atendimento a particularidades específicas de cada região ou de cada bairro, ou de cada grupo de atividades. Tais generalidades historicamente desdobram-se em um emaranhado de legislações complementares, na tentativa de regulamentar os imprevistos ou tentar corrigir a infinidade de interpretações decorrentes da aplicação da lei. Não se trata de uma crítica à presença das leis – de forma alguma! Há de se ter essencialmente segurança jurídica para lidar com empreendimentos neste país já tão rico de incertezas nas mais variadas áreas. Porém, o fato de o Brasil possuir leis rebuscadas, cheias de bordaduras e apêndices, é retrato de uma sociedade que historicamente não desenvolveu diálogo suficiente para realizar negociações consolidadas de forma madura na relação entre o público e o privado. Nossa cultura culminou em uma vasta legislação, composta por regras rígidas e restritivas, com extensas dificuldades de aplicação em virtude das infinitas possibilidades de interpretação, que muitas vezes inibem as tentativas de algo novo ou diferente, simplesmente porque os caminhos de efetivação disso se colocam provavelmente longos, complexos, burocráticos ou até – e principalmente – incertos, fazendo com que muita gente ache que não vale a pena o risco.

Diante disso, qual o papel do arquiteto urbanista? Aceitar e seguir com o que é possível? A essa altura, não é preciso reiterar o que já afirmamos neste livro. Nossa perspectiva e nossa experiência no escritório mostra que, mesmo sendo um caminho longo, o arquiteto urbanista deve assumir o papel de mediador desse diálogo, dissecar a legislação em todos os seus pontos e verdadeiramente trabalhar com ela de forma íntima e criativa – não como uma limitadora do arquitetar, mas como um instrumento estratégico de criação, negociação e diálogo.

Se pensarmos na escala de uma cidade como São Paulo, é certo que a participação do arquiteto urbanista no planejamento e no desenho urbano é muito pequena. Esta é uma cidade construída praticamente de forma espontânea e, em grande parte, irregular, curiosa e principalmente no que se refere aos seus espaços públicos. A produção legal e restrita ao rigor das legislações concentra-se em uma pequena parcela de produção da construção civil, respeitando os limites do lote urbano e o licenciamento formal das edificações. Atravessar os diversos centros econômicos da cidade e associá-los à legislação de uso e ocupação do solo que os acolheu é exercício de uma crueza evidente. Percorrendo rapidamente a transformação do desenho e do uso do solo na cidade de São Paulo, do passado colonial, passando pela verticalização, por seu grande adensamento e pela mescla de usos, em tempos do Código Arthur Saboya – que, ao ultrapassar o espigão da avenida Paulista, já no zoneamento de 1972, pouco valorizou o espaço público e a quadra, e se voltou para o lote que acabou por compor uma extensão quase infinita, de norte a sul da cidade, de edifícios com 25% de taxa de ocupação do lote e em torno de 17 pavimentos agrupados em bairros, preservando e afastando o uso residencial dos demais usos, ao mesmo tempo que afastava qualquer relação de intimidade entre os espaços condominiais e aqueles públicos da cidade.

Leis especiais subsequentes passaram a eleger e a privilegiar novos centros, criando instrumentos jurídico-urbanísticos responsáveis pela definição de diretrizes urbanísticas próprias para um determinado perímetro de intervenção e ainda estabelecendo regras de participação da iniciativa privada com o plano de intervenção e com o escopo de obras e de melhorias urbanas propostas. Inicialmente, a Lei das Operações Interligadas (Lei nº 10.209/86), estabelecendo relação de contrapartidas entre a região central e demais áreas da cidade, e, na sequência, na região da avenida Faria Lima (Operação Urbana Faria Lima, Lei nº 11.732/95, atualizada mais tarde pela Lei nº 13.769/04 e complementares), na região da avenida Francisco Matarazzo

(Operação Urbana Água Branca, Lei nº 11.774/95, atualizada pela Lei nº 15.893/13), e, posteriormente, na região das avenidas Chucri Zaidan e Águas Espraiadas (Operação Urbana Consorciada Água Espraiada, Lei nº 13.260/01, complementada pelas Leis nº 15.416/11 e nº 16.975/18). Essas primeiras operações urbanas que efetivamente vingaram na cidade, dentre outras previstas e sem aprovação – ou, ainda, aprovadas, mas muito pouco desenvolvidas na cidade, como é o caso da Operação Urbana Centro (Lei nº 12.349/97), que até recentemente tem sido pouco utilizada –, propuseram inicialmente um modelo híbrido público-privado de conteúdo urbanístico, no entanto, pouco consistente, prioritariamente focadas em melhorias viárias, proporcionando potenciais construtivos e verticalizações maiores do que aquelas aplicadas nas últimas décadas.

Inaugurava-se assim, apesar da ausência de proposta urbanística estruturada e consistente, uma leva de intervenções marcadas por uma relação consorciada entre o privado e o público, traduzida à época por meio da compra de direitos adicionais de construção, cuja receita arrecadada reverter-se-ia em benefício da própria área de intervenção. Independentemente da qualidade dos serviços prestados, do ponto de vista do desenho urbano, a partir da arrecadação advinda dessas operações consorciadas, pode-se dizer que essas leis especiais, denominadas operações urbanas ou, posteriormente, operações urbanas consorciadas, marcaram o início de um amadurecimento necessário de aproximação entre as esferas pública e privada, visando intervenções no espaço público.

O passo seguinte, ao abandonar a legislação de 1972, foi passar por um período de poucas alterações urbanísticas trazidas pela legislação de 2004, que na prática acabou por paradoxalmente afastar ainda mais o uso residencial do não residencial, segregar as áreas residenciais e criar instrumentos urbanísticos que, apesar de vigentes, não entraram em uso efetivamente (ZEIS, Planos de Bairro, etc.). Depois disso, o estímulo ao uso misto – previsto no Plano Diretor (Lei nº 13.430/02), porém não implementado a partir da legislação de 2004 (Lei nº 13.885/04) – e o esforço pelo reconhecimento da unidade urbana na quadra, e não mais no lote, inaugurou uma nova revisão de zoneamento em 2016. Essa coreografia, que brinca com as unidades da cidade, transitando da rua para o lote, do lote para a quadra, certamente é responsável por gerar um repertório a seu tempo, longo e moroso, capaz, porém, de se fazer descortinar por meio da forma como a cidade se expande e a partir daí se reconhece. São movimentos que demonstram erros e acertos, encontros e desencontros, períodos de menor e de maior intimidade com o espaço. Estamos nesse processo. É possível afirmar, contudo, que nenhuma dessas legislações urbanísticas foi capaz de criar ambiência jurídica que consolidasse a prática da negociação legítima. Evidentemente, ainda não estamos prontos para vivenciá-la, mas visivelmente estamos avançando em certos aspectos.

Até a presente data (2020), são raras as intervenções urbanas nas cidades brasileiras em geral, principalmente aquelas que contam com a participação efetiva da sociedade e, sobretudo, da classe profissional de arquitetos urbanistas na discussão consistente e na realização de projetos urbanos de forma sistêmica.

Somando-se a esse panorama, de norte a sul, onde o projeto e o planejamento apresentam-se de maneira frágil, em pequena escala, com baixo reconhecimento social e político, em contraponto à autoconstrução e às necessidades individuais da sociedade, o resultado predominante é a configuração de uma paisagem revelada através de um mosaico espontâneo de formas e estruturas, pouco preocupada com as bases legais e fundiárias do direito comunitário e do bem público, como já mencionado.

Precisamos, então, fazer um recorte de que cidade estamos falando aqui. Falamos da cidade formal, da cidade cujos empreendimentos são aprovados junto às prefeituras ou da cidade informal que se expande de forma espontânea a passos largos e longos?

É interessante apontar o seguinte questionamento, dado o caráter da legislação que possuímos ou que podemos possuir e as condições reais de transformação da cidade – formal e informal: estaria a legislação aparelhada para atender tal diversidade de situações fáticas, admitindo-se que a cidade informal cresce em velocidade extremamente superior àquela da cidade formal? Seria a complexidade da legislação responsável por estimular a informalidade?

Proponho apoiarmo-nos nesses questionamentos como pano de fundo para introduzirmos a questão sobre os acordos de vizinhança, tema deste capítulo. Afinal, a partir de todo esse histórico, como nos prepararmos para a utilização de instrumentos jurídicos estabelecidos na teoria, desde o Plano Diretor de 2002, mas que, na prática, requerem compreensão prévia, amadurecimento quanto às metodologias a serem adotadas e aos pactos a serem firmados, para que sua utilização se faça viável?

Para exemplificar algumas das relações e acordos que podem ser feitos na esfera urbanística, partindo das possibilidades que a nossa legislação permite, vamos tratar de alguns acordos de vizinhança que foram esboçados a partir de projetos elaborados pelo escritório – seus erros, conquistas e dificuldades.

Desde a década de 1970, quando a mentalidade recorrente assumiu o lote como mote principal da construção, as cidades viveram uma grande expansão. A partir do Estatuto da Cidade, Lei nº 10.257/01, em decorrência da Constituição de 1988, novos instrumentos inauguraram um momento de transição de nossa política urbana, em que, dentre outras coisas, o arquiteto urbanista ganhou a oportunidade de buscar uma atualização do olhar para o tratamento do edifício em relação à cidade, na configuração da paisagem e na tentativa de aproximação dos espaços públicos e privados.

Nossas leis atualmente, mesmo que ainda não de forma plena, passam a trazer essa intenção crescente de aproximar os espaços públicos e privados. Isso certamente não significa que elas vão ser bem-sucedidas nesse sentido. As condições para isso são muito diversas e a aplicação de cada lei tem particularidades que variam de acordo com a região do país e em cada município.

O amadurecimento de nossa legislação e, sobretudo, daqueles que com ela lidam, tanto no exercício projetual, do licenciamento, quanto na idealização e realização do empreendimento, é fundamental para que nossas cidades sejam mais inteligentes e humanas. Infelizmente, alguns temas ainda não demonstram uma leitura consistente da cidade. A Lei de Zoneamento aprovada na cidade de São Paulo em 2016 (Lei nº 16.402/16), por exemplo, assim como legislações anteriores, não enfrenta a cidade construída, não distingue claramente as regras aplicadas à cidade nova por construir, a partir de um lote vazio, daquelas dedicadas às reformas relativas à cidade já construída, que necessita de requalificação e condições favoráveis de manutenção e renovação das construções existentes.

Assumindo, então, que a arquitetura e urbanismo são instrumentos poderosos de intervenção e de transformação das cidades, é importante enfatizar que tanto a legislação precisa alcançar amadurecimento com relação ao aspecto exposto como o próprio exercício projetual necessita amadurecer, a fim de assegurar um olhar consistente e responsável sobre as relações entre os espaços públicos e privados.

Acordos de vizinhança, planos de bairro, dentre outros, foram instrumentos jurídico-urbanísticos lançados no Plano Diretor Estratégico, Lei nº 13.430/02, abrindo um campo de ação sobretudo na escala das comunidades e dos seus bairros, possibilitando a manifestação concreta da sociedade por meio de instrumentos legais, visando a legitimação de transformações pleiteadas pela sociedade a partir das vozes da cidade e das mãos de técnicos profissionais, como arquitetos e urbanistas, dentre outros.

No caso do Hospital Albert Einstein, como vimos, o projeto elaborado foi especificamente o Plano Diretor Urbanístico, que permitiu a expansão do hospital mediante uma série de contrapartidas oferecidas à área envoltória do complexo edificado. Para que esse plano urbanístico fosse elaborado, o Plano Diretor de São Paulo de 2002 foi utilizado como instrumento estratégico.

Nos Planos de Bairro, um instrumento que depende da comunhão da comunidade de um lado e da maturidade do relacionamento público-privado de outro para que possam ser efetivados, a interlocução do propor, ouvir, absorver e ter uma verdadeira negociação passa pelo projeto que, muitas vezes, tem a função de qualificar a discussão e o relacionamento entre as esferas pública e privada.

Há uma questão muito interessante que podemos pontuar na relação do diálogo entre as esferas pública e privada: na hora em que o munícipe quer se relacionar com um espaço que é público, comum a muitas pessoas, quer propor alterações, mudanças etc., essas proposições precisam ser legitimadas entre as pessoas envolvidas, garantindo que as alterações e mudanças atendam realmente ao interesse público e social ou, em outras palavras, ao interesse da maioria, e não beneficie apenas uma pessoa ou um determinado grupo.

Isso requer uma mobilização e participação popular para interação com o poder público, seja qual for o órgão ou a instância administrativa.

Comumente, isso é feito a partir da reunião das pessoas, dos moradores, dos grupos em associações e movimentos. Faz sentido que se exija tal estruturação da sociedade, para que de uma maneira organizada se consiga previamente estabelecer um pleito, um consenso entre o que realmente se deseja. Isso pressupõe discussões e debates, e o amadurecimento de um posicionamento. Agora, uma associação não existe apenas para interagir com os órgãos públicos. Todas as reuniões comunitárias e associações podem se organizar para quaisquer questões. Com tempo, o amadurecimento leva a expandir os debates e, logicamente, o trabalho em grupo.

A experiência do City Caxingui, por exemplo, tem uma organização prévia ao desenvolvimento do plano de bairro. A associação se formou para discutir segurança, manutenção dos jardins, uma interlocução maior com a Casa do Sertanista, entre outras coisas. Os moradores já demonstravam um interesse em cuidar do próprio bairro. Quando surgiram outras questões que demandavam uma mobilização maior, já estavam organizados e tinham as ferramentas necessárias para iniciar um longo diálogo com a prefeitura.

6.1 A experiência do City Caxingui

Historicamente, o Brasil tem uma formação que criou alguns estigmas e mentalidades muito presentes em nossa sociedade, com parâmetros que agregam ou desagregam valor ao patrimônio comum. Esse desprezo pelo que é público, embora enraizado, tem sido fruto de muitas reflexões. O interesse pelo que é comum e a participação popular timidamente têm ganhado espaço no debate social e nota-se um amadurecimento paulatino da sociedade em relação a essas questões.

As perspectivas de requalificação urbanística precisam ser discutidas sob essa óptica, assim como sob um novo olhar das estruturas de poder. O plano de bairro, que está previsto no Estatuto da Cidade, existe como instrumento em São Paulo desde o Plano Diretor de 2002, que foi posto em prática a partir da Lei de Uso do Solo de 2004. No Caxingui, a Associação dos Amigos do Bairro City Caxingui conseguiu muito menos do que o previsto, mas mesmo assim podemos dizer que a experiência no esforço de elaboração do plano de bairro foi extremamente exitosa.

Na época em que o plano de bairro foi proposto, buscava-se apresentar uma reanálise daquilo que estava sendo discutido em âmbito geral na região, inclusive

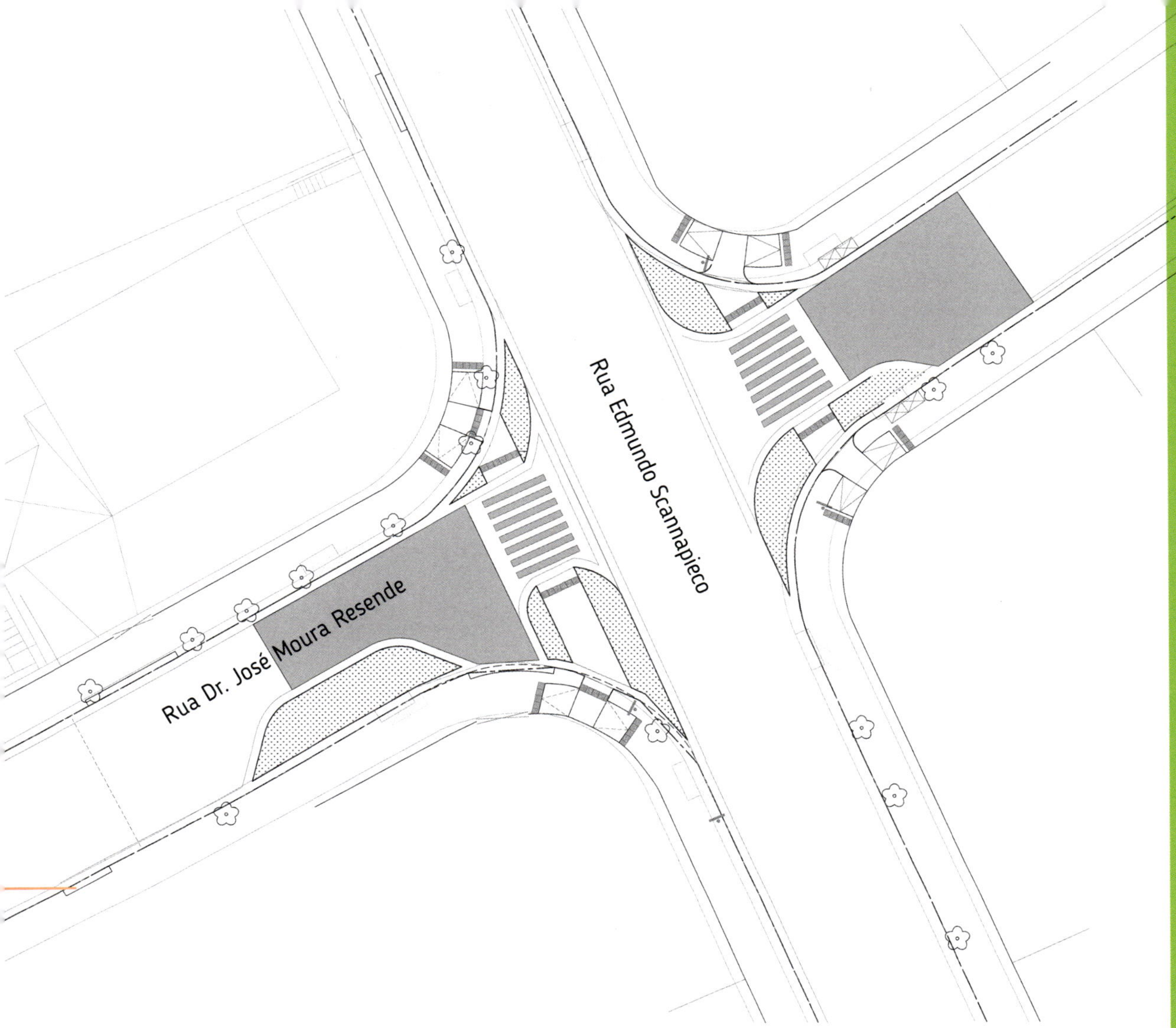

mudanças para o corredor de ônibus da avenida Professor Francisco Morato e sua interligação com a rodovia Raposo Tavares. Uma série de sugestões foram propostas, relacionadas à mudança no zoneamento, à inter-relação entre a zona residencial e não residencial, ao alargamento e ao melhoramento de vias.

O Plano contemplava todas essas questões, das quais parte se concretizou. De acordo com a legislação, a interlocução da sociedade com o poder público era feita por intermédio da subprefeitura. Infelizmente, na hierarquia municipal, a subprefeitura não tinha e não tem ainda hoje nenhuma força política, nenhum poder ou recursos humanos e financeiros estruturados para coordenar a interlocução de vários agentes necessários para discutir intervenções na região. A subprefeitura não conseguia articular as instâncias de planejamento das esferas executivas superiores, como secretarias, concessionárias e outros órgãos. Isso acabou por fazer com que as maiores transformações relacionadas ao tráfego não fossem adiante.

A Associação passou a se concentrar, então, no interior do bairro, nas questões mais pontuais que eram importantes e que poderiam gerar um resultado positivo para a comunidade. Os moradores procuraram a Secretaria de Transportes para discutir soluções de moderação de tráfego. O projeto, elaborado e discutido

Estudo de Viabilidade

- Via N1
- Via N3
- Via Coletora
- Via Melhor 2006
- Túnel projetado Sempla
- Fechamento de cruzamento proposto
- Abertura de cruzamento proposto
- M1 Estação de metrô projetada Estação Três Irmãos
- M2 Estação de metrô projetada Estação Morumbi
- Terminal projetado Terminal Três Irmãos
- Terminal de transferência SPTrans
- Terminal projetado de transferência SPTrans
- Área de preservação ambiental e paisagístico com transferência de direito a construir

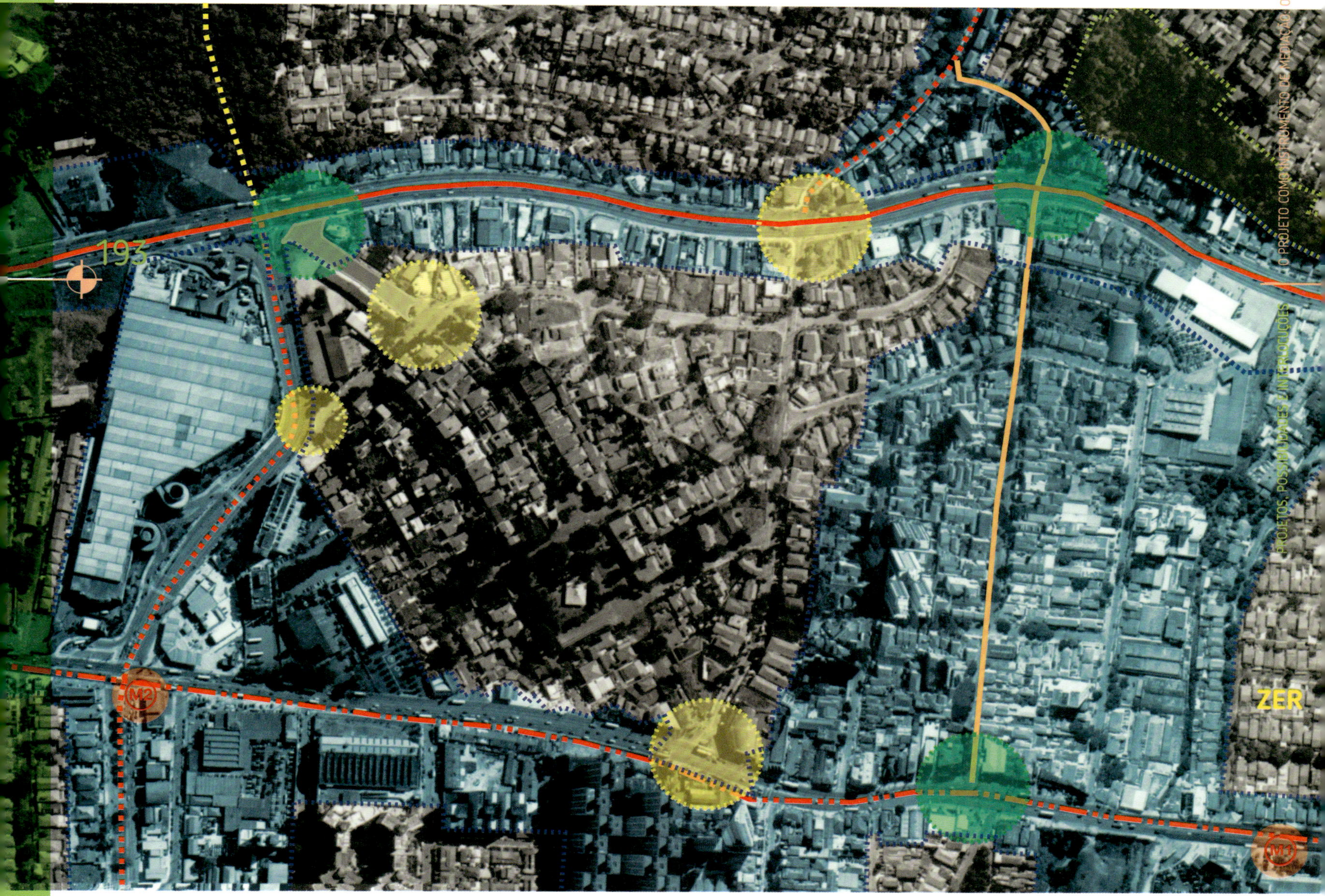

amplamente com a população, deveria fazer parte do leque de diretrizes e elementos construtivos para logradouros públicos aceitos pela Companhia de Engenharia de Tráfego (CET), para que tivesse sucesso, fosse aprovado e implementado.

Assim, o projeto avaliou todas as possibilidades de instalação de canteiros verdes, faixas elevadas de travessia e arborização relacionada à visualização nas esquinas para compor uma proposta completa de requalificação do bairro. Uma série de temas que foram debatidos acabou por colaborar na aprovação de uma Portaria específica, regulamentada pela CET e pela Secretaria de Transportes, para a implantação de soluções de moderação de tráfego que foi aplicada nas ruas do City Caxingui. Outros projetos que aconteceram na cidade se utilizaram dessa mesma Portaria.

A obra foi realizada, fruto de muita negociação, muitas apresentações e discussões com os membros da Associação. Sugestões, ideias e mediação de conflitos e interesses. Todas as questões foram debatidas também com a subprefeitura que, assim como a CET, foi trazida ao bairro para participar das reuniões da Associação. Com isso, o pedido foi oficialmente feito, estruturado na instância do bairro para a instância pública na figura da subprefeitura. Foi um esforço longo, de cerca de dez anos, que fortaleceu a Associação e as relações de cidadania entre os munícipes reunidos na Associação e o poder público.

Até esse momento, a experiência mostra que é possível realizar o processo, mas em um prazo extremamente moroso. Via de regra, os órgãos públicos não estão aparelhados para estabelecer esse diálogo de forma rápida e concreta, tudo ainda é muito novo para os próprios servidores.

Assim ocorreu com a Casa do Sertanista. O bairro do City Caxingui é a envoltória de um patrimônio tombado. Logo, precisávamos que o projeto de moderação de tráfego fosse também aprovado pelo Condephaat (Conselho de Defesa do Patrimônio Histórico, Arqueológico, Artístico e Turístico). Inicialmente, os departamentos do Condephaat não entendiam por que o órgão deveria se manifestar sobre um tema referente ao tráfego de veículos.

Projeto de Traffic Calming contemplando redutores de velocidade nas faixas carroçáveis, alargamento de percursos peatonais, intensificação de arborização, intensificação da iluminação pública, interconectividade com o bairro e sobretudo com a estação Butantã do metrô e o corredor de ônibus da av. Prof. Francisco Morato.

Proposta
Faixa de Circulação de Pedestres

- Lombada
- Travessias novas
- Faixa de circulação peatonal
- Estação de metrô
- Nova sede AABCC
- Canteiro

Foi necessário estabelecer um diálogo estreito, demonstrando onde estavam os pontos de congruência de análise e ação que o Condephaat deveria ter no projeto. Neste caso, mais uma vez se fez presente o papel estratégico de mediação do arquiteto urbanista, fornecendo aos seus interlocutores toda a informação que nem sempre está à disposição. Foi um caminho longo até que alguém do Conselho compreendesse o papel que o órgão tinha diante dessa requalificação para a conservação da Casa do Sertanista e levasse o projeto para a pauta de votação.

Nesse processo, o Condephaat indagou sobre a possibilidade de restringir a entrada de ônibus no bairro, visando proteger a casa de abalos por conta da vibração. Mas, ponderando todos os aspectos, tendo em vista a grande visitação escolar que é feita na Casa do Sertanista, essa restrição não foi adiante. Conseguimos

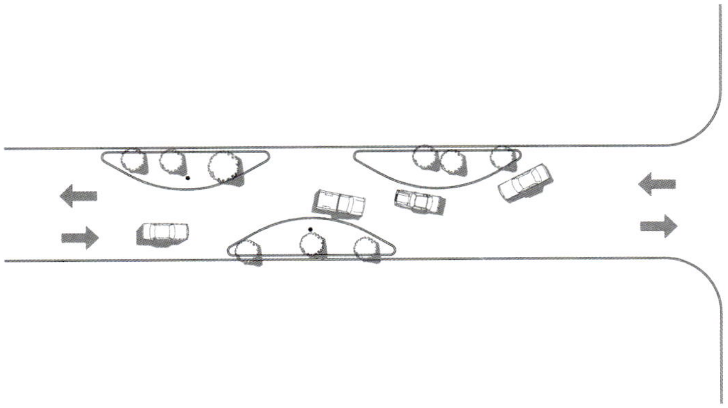

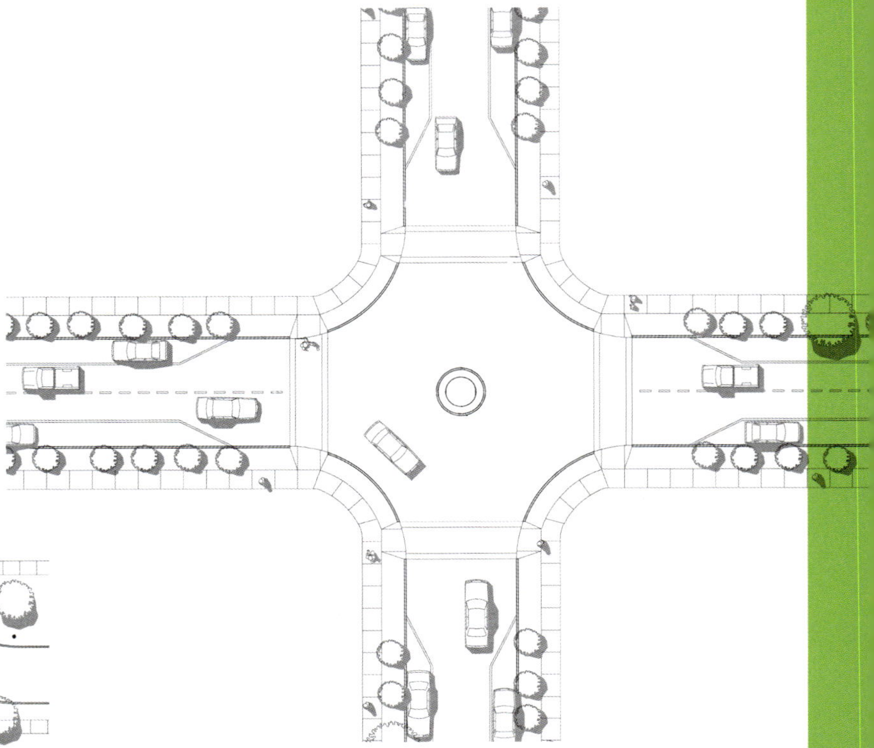

Soluções redutoras de velocidades
no leito carroçável.

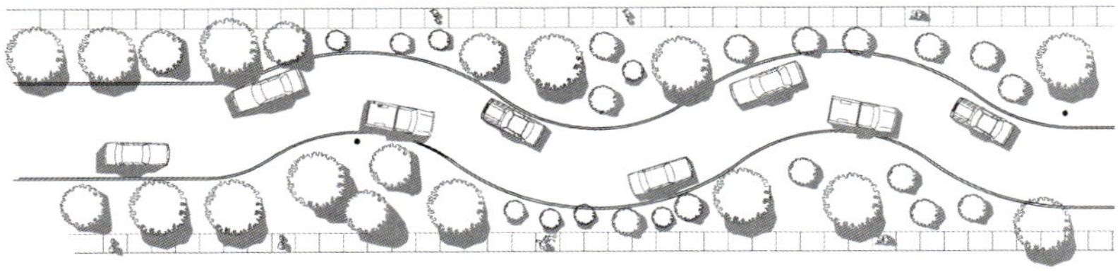

demonstrar que as alterações que já seriam feitas no bairro eram suficientes para preservar o patrimônio.

Aí entra o papel do arquiteto no contexto dessa dinâmica de acordos entre os anseios particulares (moradores do bairro e sua associação) e as perspectivas do poder público, por meio dos seus mais diversos órgãos. Auxiliar a estruturação desse diálogo e desse debate é enfatizar algo de fato relevante nessa dinâmica, que é a interlocução dos diversos atores da cidade para a busca de soluções. Não é o arquiteto urbanista quem vai realizar esse diálogo, mas sim o bairro. Nesse sentido, o arquiteto precisa da compreensão do bairro sobre os aspectos técnicos, ao mesmo tempo em que precisa entender o que os moradores desejam e necessitam. Nessa troca, porém, é responsabilidade do arquiteto urbanista apresentar a sustentação técnica para a articulação política de todas as transformações. Do contrário, nada sai do papel. O projeto é instrumento de mediação e o arquiteto urbanista, o mediador entre todas essas esferas.

Nesse contexto, tomando como exemplo o plano de bairro do City Caxingui, vemos o quanto é fundamental o papel ativo e criativo do arquiteto urbanista na viabilização dessas interfaces. No diálogo com a CET, todas as questões que precisavam ser trabalhadas para acomodar com os pleitos da comunidade – mudança da mão de direção, alteração da rua para rua sem saída etc. – tiveram início a partir da composição de soluções técnicas. Já com a subprefeitura, foram discutidas questões como o rebaixamento de guias, bocas de lobo e manutenção da arborização das calçadas. Todos esses itens precisam ser acordados previamente e constar em projeto, senão a obra acaba sendo interrompida.

As intervenções no passeio público também precisavam de aprovação da subprefeitura e, no caso das faixas elevadas de travessia, mesmo a CET não aprovando a implementação à época, houve uma importante e complexa discussão com o bairro. Para a CET, a elevação das faixas geraria uma complexidade muito grande do ponto de vista da drenagem, porque seria necessário instalar tubulação complementar por baixo do passeio público. Isso não é padrão na cidade, embora haja alguns exemplos em outras cidades do país e em diversas cidades ao redor do mundo. A justificativa da Companhia foi que a passagem da água poderia ser obstruída e, por isso, não autorizaram. Outra justificativa dada foi que as faixas elevadas não eram uma prática de trânsito.

As faixas elevadas não foram aprovadas, mas a CET aprovou a implantação da sinalização acessível e das rampas de acessibilidade nas calçadas. O plano de bairro também conseguiu organizar e realocar a arborização, melhorando a circulação livre nas calçadas.

Ao final, a experiência da comunidade foi muito positiva, pois todo o processo de intervenção, negociação, aprovação e implementação de uma intervenção com esse caráter teve uma função educativa e um efeito muito poderoso nas relações sociais. Fortaleceu os vínculos do próprio bairro e a ideia de que é possível interagir com as instâncias do poder público de forma transparente e democrática, mesmo que o pleito seja parcialmente atendido. Foi um exercício sofrido, intenso, porém, saudável da democracia, em que um cede um pouco, o outro também e assim a cidade vai sendo construída e transformada.

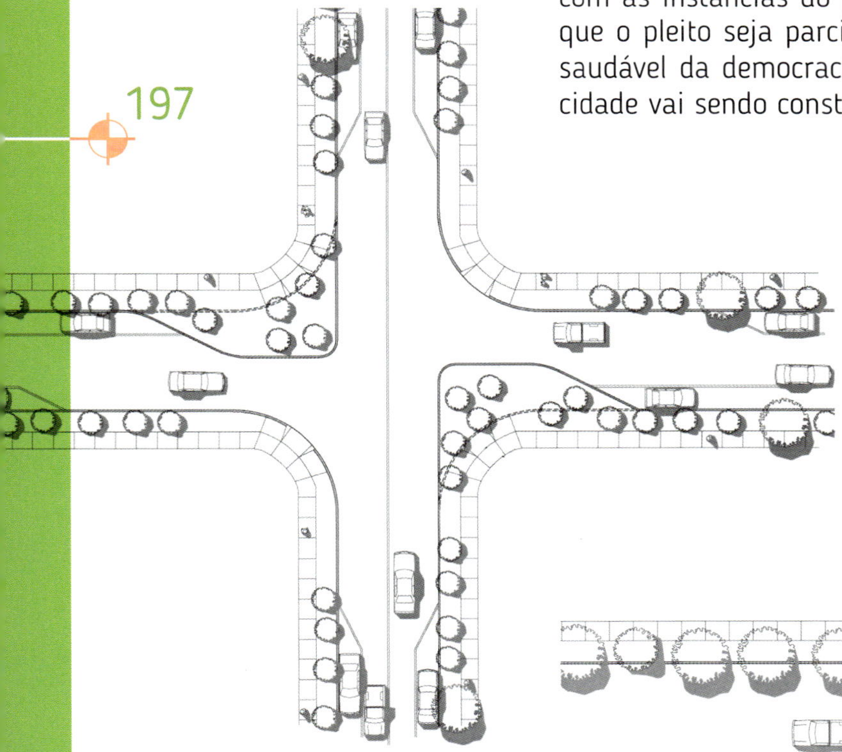

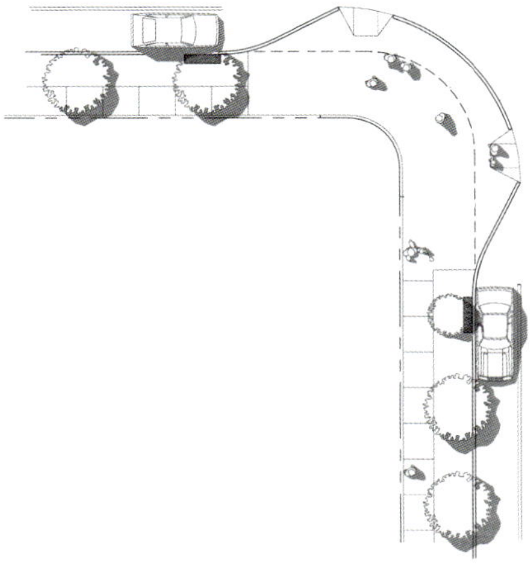

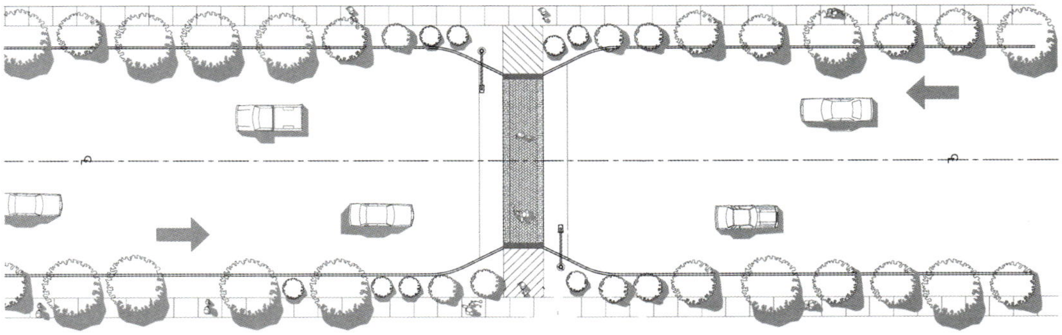

Capítulo 7

A edificação institucional na qualificação dos espaços urbanos: a escolha pela realização de projetos de equipamentos institucionais

Nos dezoito anos de atuação do Levisky Arquitetos | Estratégia Urbana, foi uma decisão importante optar pela priorização de certos segmentos de projeto ou ainda por focar em nichos de mercado específicos. Essa orientação partiu de um planejamento estratégico do escritório que pretendia estudar e desenvolver projetos de inter-relação com o espaço urbano.

Nesse sentido, parecia-nos coerente voltarmos nossa atenção, concomitantemente às consultorias estratégicas em legislação urbanística e edilícia, para a elaboração de projetos de edificações relacionadas às atividades institucionais, em virtude do interesse público e da função sociocultural que essas atividades representam. Tais caraterísticas inerentes às edificações institucionais reforçam seu papel estratégico enquanto polarizadores, estruturadores e irradiadores do desenvolvimento urbano.

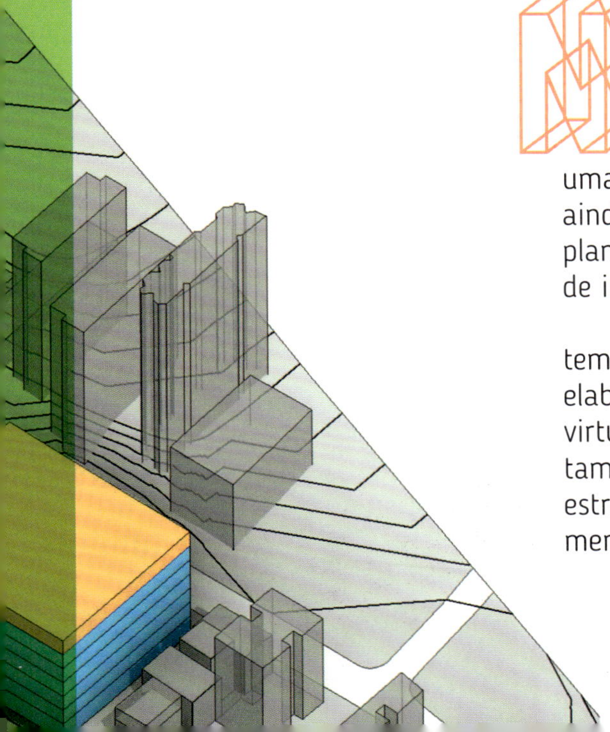

Grande Hotel São Pedro Senac

Requalificação das áreas de lazer, parque aquático e jardim contemplativo

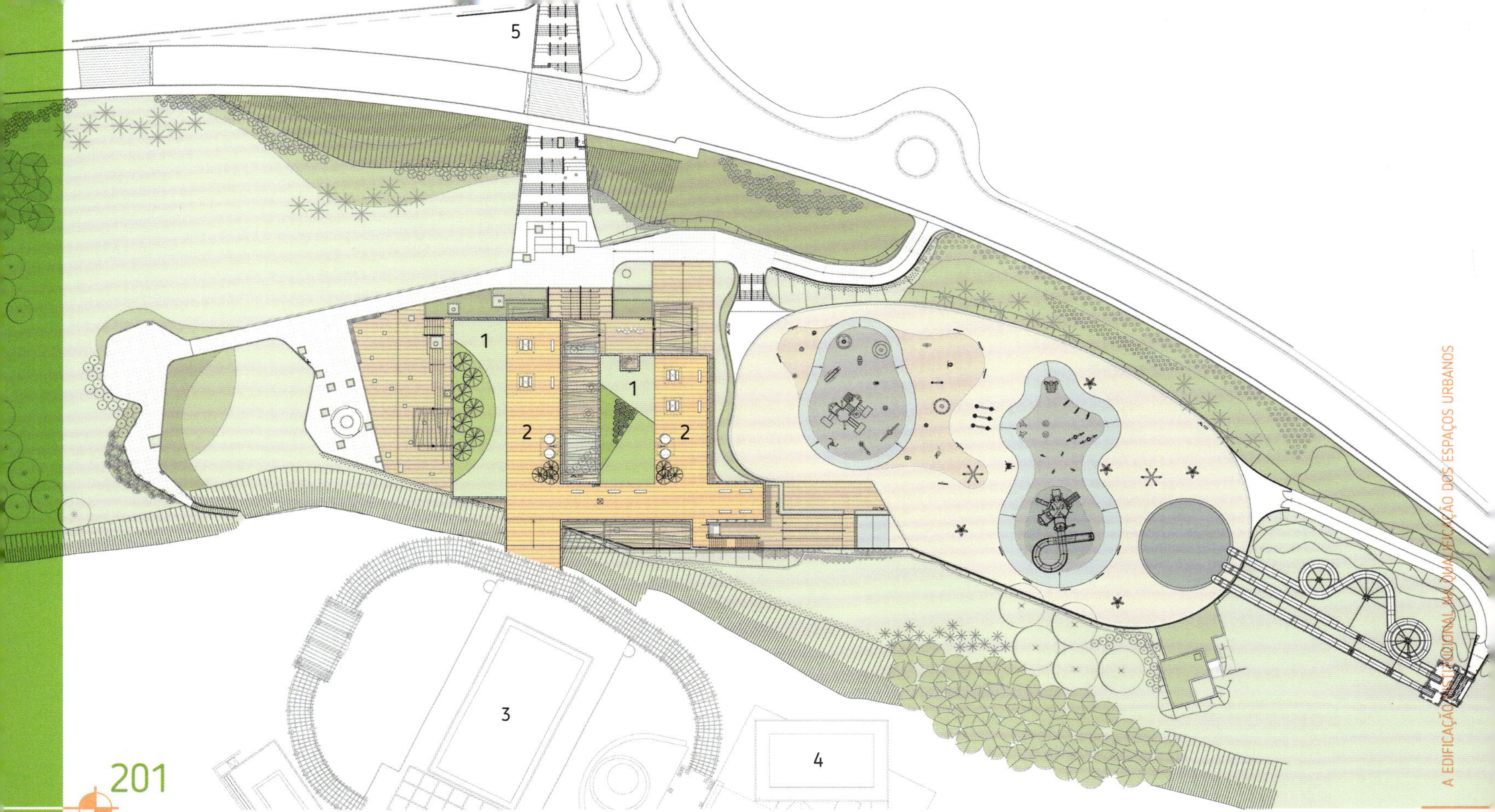

Implantação de cobertura e corte da área de lazer infantojuvenil e Parque Aquático. A solução de projeto buscou conectar, por meio do equipamento de lazer, o hotel à área de piscinas existentes no local.

1. Jardim sobre laje
2. Deque-estar
3. Piscina existente
4. Bar
5. Chegada ao hotel

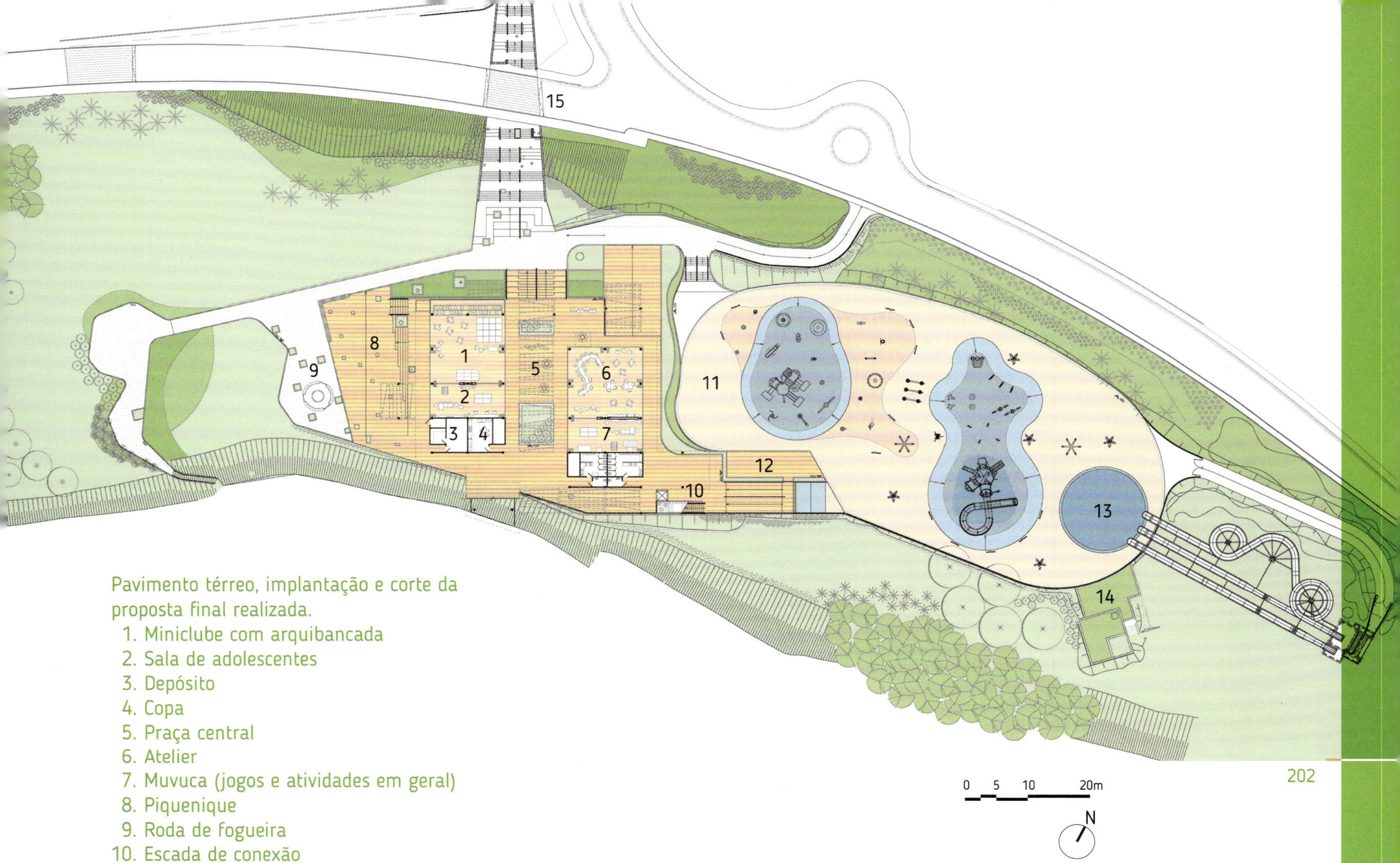

Pavimento térreo, implantação e corte da proposta final realizada.

1. Miniclube com arquibancada
2. Sala de adolescentes
3. Depósito
4. Copa
5. Praça central
6. Atelier
7. Muvuca (jogos e atividades em geral)
8. Piquenique
9. Roda de fogueira
10. Escada de conexão
11. Prainha
12. Deque-estar
13. Tanque toboágua (piscina profunda)
14. Áreas técnicas
15. Conexão com o hotel

Escolas, hospitais, museus e parques atuam como protagonistas na estruturação, organização ou qualificação de áreas urbanas na escala local, sub-regional e até mesmo regional, dependendo das características do equipamento institucional no contexto de sua região. Por seu caráter de interesse público, tais edifícios e equipamentos trazem em sua origem a condição intrínseca de aproximar a esfera pública da privada, de organizar o espaço urbano.

Um equipamento institucional, mesmo que privado, encaixa-se no espectro das atividades que cumprem funções socioculturais de interesse público. Por sua genética simbiótica e agregadora, essas categorias de uso e grupos de atividades atuam na cidade de forma bastante peculiar, representando o elo de ligação entre as pessoas e entre as esferas pública e privada. A partir do usufruto de tais equipamentos, faz-se possível a percepção e a construção de cidadania, urbanidade e socialização que uma cidade pode oferecer por meio de suas ofertas institucionais.

Assim, embrenhamo-nos no desenvolvimento de projetos de hospitais, escolas, museus, parques, praças e bairros.

A partir da condição arbórea existente, o projeto se "encaixa" na topografia original do terreno.

A laje-jardim de cobertura oferece espaço de lazer e contemplação integrado à cota do conjunto de piscinas existentes.

Estudo de vegetação

- Lago (tanque de areia)
- Vegetação rasteira fundo
- Vegetação rasteira morro
- Vegetação tipo 1
- Vegetação tipo 2
- Vegetação tipo 3
- Vegetação tipo 4
- Vegetação tipo 5

O antigo campo de golfe ganha novas funções com a instalação de um jardim contemplativo, que interliga a portaria ao hall de acesso do Grande Hotel, para atividades de ginástica e meditação ao ar livre.

Na frente do hotel, na antiga área do campo de golfe, instalou-se o jardim contemplativo composto por deques para atividades ao ar livre.

7.1
Sobre hospitais

Hospitais são compostos por sistemas e infraestruturas complexas, marcados por grande dinamismo, adequações constantes, intensa atualização tecnológica de sistemas e de equipamentos. Em virtude da escala de suas construções e da complexidade de suas operações e de serviços, as questões relacionadas à eficiência, à segurança, ao conforto, à relação com a vizinhança e à economia financeira do equipamento de saúde são fundamentais: consumo racional de energia elétrica, de gás, de água limpa e servida; fluxos eficientes de pacientes, de funcionários, de visitantes, de resíduos, de medicamentos e de equipamentos; conforto dos pacientes, das equipes médicas, de enfermagem e dos funcionários, as áreas de des-

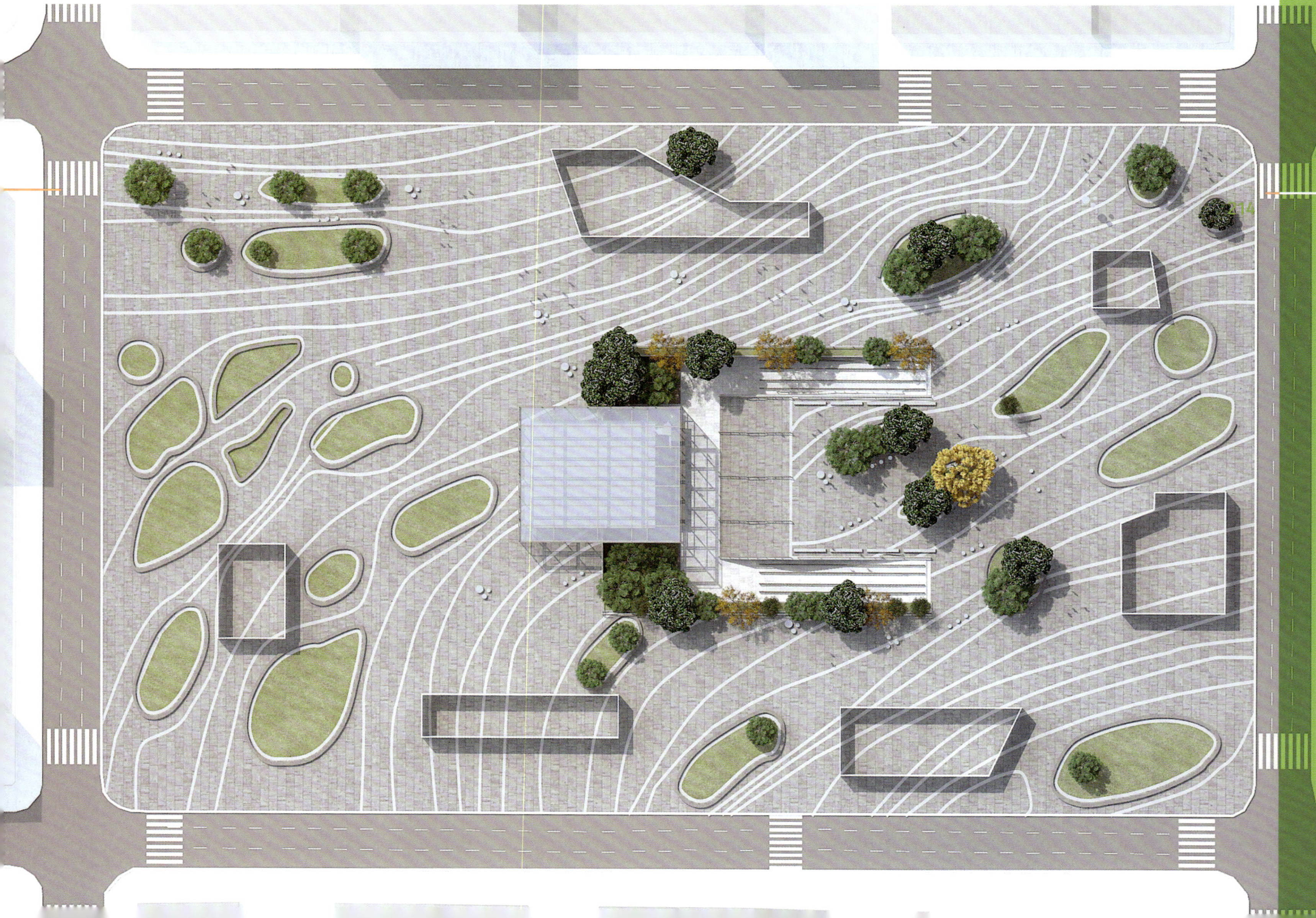

compressão, de entretenimento e de contemplação, atendendo a todos os usuários do ambiente hospitalar, considerando inclusive visitantes e acompanhantes; fluxos adequados, tendo em vista as vias estruturais e locais presentes na vizinhança, a programação dos acessos e vagas de estacionamento; etc. Em virtude dos avanços tecnológicos e sobretudo da engenharia clínica e da pesquisa avançada na área da saúde, as edificações hospitalares naturalmente tendem a ser alteradas, reformadas e replanejadas constantemente. Naturalmente, ao finalizar-se uma obra, já se dá início a um novo processo de avaliação e replanejamento. Constantemente discutimos sobre as inúmeras correlações e semelhanças que existem entre um equipamento hospitalar e um espaço urbano! Ambos comportam-se como entidades vivas, dinâmicas e com alta capacidade de transformação. Traduzir esse ritmo, esse batimento cardíaco vital, nos dá sinais essenciais para a definição da conceituação estrutural, tecnológica, ambiental e simbólica desses entes tão importantes no reconhecimento e requalificação das cidades.

Para lidar com tamanha complexidade, o segmento de saúde, dentre outros, merece atenção metodológica especial em relação ao desenvolvimento de seus projetos. Demandas emergenciais surgem a todo instante, pleiteando a expansão de uma ala, a reforma de outra ou a criação de unidades inteiras. No entanto, em virtude da complexidade envolvida, bem como do porte dos investimentos, o risco de se tomar uma medida equivocada de médio ou longo prazo é imenso. Nesse sentido, a elaboração prévia de Planos Diretores Hospitalares, associando-os ao Planejamento Financeiro Estratégico das instituições de saúde, é uma ação estratégica fundamental. Com base nesse processo de análise conjugado entre as áreas do planejamento financeiro, mercadológico, assistencial, legal, normativo, cultural e tecnológico, cria-se um campo de oportunidades pautado na segurança, combinada a dados reais, e na missão, no projeto de futuro e na identidade de cada instituição.

Pensando a cidade sob a óptica da saúde pública

Em 2013, o escritório iniciou o desenvolvimento de interessante trabalho de levantamento e avaliação urbanística dos equipamentos hospitalares existentes na cidade de São Paulo: suas características espaciais, seu porte, sua escala, suas características de crescimento e espraiamento, sua relação com a envoltória e com a infraestrutura nas imediações, sua relação de incomodidade com a vizinhança, demandas, restrições legais, zoneamento e conflitos existentes.

São Paulo, assim como as grandes metrópoles mundiais, tem um território com escassez de terrenos vazios e com regiões predominantemente consolidadas.

Nesse contexto, não é difícil detectar a potencial dificuldade de expansão para transformação e requalificação do território constituído. Trazendo para esse cenário a dinâmica do mercado imobiliário, em um país com pouca tradição em requalificação, retrofits e preservação da memória, assistimos a uma constante transformação do tecido urbano a partir da aquisição de imóveis que naturalmente sofrerão demolição, unificação de lotes e instalação de edificações novas. Trata-se de um processo dinâmico e veloz, em que cada uma das novas edificações se basta enquanto negócio, permitindo ao finalizar uma, dar início a outra, em um ritmo ágil e priorizando a baixa complexidade.

Referindo-se a equipamentos hospitalares, a realidade é completamente outra. Tratam-se de estruturas complexas, com gestão de alto custo e com ritos de renovação e expansão extremamente próprios.

A partir do estudo realizado, detectamos um procedimento absolutamente recorrente a essas estruturas hospitalares, públicas ou privadas, localizadas nas mais variadas regiões do município de São Paulo. Todas, ao longo do tempo, demandaram processos de expansão e, fatalmente, todas se guiaram pelo mesmo fenômeno de extrapolarem o lote e buscarem oportunidades de expansão na envoltória de suas unidades originais do equipamento hospitalar. Tal comportamento nos pareceu digno de estudo e reflexão. Distintas condições territoriais, geográficas, de uso, de ocupação e de parcelamento do solo, ambientais e de mobilidade sinalizaram restrições e oportunidades totalmente heterogêneas a cada um desses equipamentos hospitalares, visando seus processos de qualificação e expansão.

Nesse contexto, pareceu-nos extremamente oportuno propor à municipalidade, por meio do Poder Executivo e do Poder Legislativo, para além do conhecimento do tema, uma necessária regulamentação que criasse ambiente regulatório favorável à qualificação dessas estruturas.

A análise comparativa de todos os equipamentos hospitalares do município foi compilada em um largo estudo, apresentado à Câmara Municipal de São Paulo. Propusemos que tais equipamentos hospitalares, respondendo evidentemente a determinadas características, pudessem ser agrupados em uma família de equipamentos de saúde cujas demandas de expansão e requalificação fossem historicamente notórias e recorrentes. Foi assim que propusemos a regulamentação dos complexos de saúde, educação e pesquisa em saúde, que foi, enfim, estabelecida por meio do artigo 371 do Plano Diretor, Lei nº 16.050/14, e regulamentada pelo artigo 115 da Lei de Parcelamento, Uso e Ocupação do Solo, Lei nº 16.402/16:

L. 16.050/14, Art. 371. A revisão da LPUOS, ou lei específica, deverá definir condições especiais de uso e ocupação do solo que permitam aos complexos de saúde, educação e pesquisa em saúde existentes ocuparem áreas ou quadras no seu entorno imediato com o objetivo de regularizar, reformar ou construir novas unidades ou unidades complementares nessas áreas.
Parágrafo único. Para a aplicação do disposto no "caput", o entorno imediato deverá ser definido tendo como limite uma faixa envoltória de 150 m (cento e cinquenta metros) às divisas do lote onde se localizam as unidades de saúde, educação e pesquisa existentes.
L.16.402/16, Art. 115. Nas novas construções, regularizações ou reformas com ampliação de área construída, ficam permitidos todos os usos relativos a serviços de saúde e educação em saúde, bem como os incentivos previstos no art. 114 desta lei, nos imóveis contidos numa faixa envoltória de 150 m (cento e cinquenta metros) às divisas do lote onde se localizam complexos de saúde, educação em saúde e pesquisa em saúde existentes, independentemente da zona de uso onde estejam localizados, com exceção de imóveis localizados nas áreas integrantes do SAPAVEL.
Parágrafo 1º Nos casos previstos no "caput" a taxa de ocupação máxima poderá ser majorada em 50% (cinquenta por cento) em relação à definida no Quadro 3 desta lei.
Parágrafo 2º Para fins de aplicação do disposto no "caput", são considerados complexos de saúde os lotes inseridos dentro de uma área de, no mínimo, 20.000 m² (vinte mil metros quadrados) com predominância de usos relacionados à saúde, educação em saúde e pesquisa em saúde em pelo menos 60% (sessenta por cento) da área construída edificada existente na referida área, reconhecido pelo órgão municipal de planejamento urbano.

Os frutos dessa regulamentação, positivamente, começam a ser colhidos com a confirmação do uso de tal instrumento ofertado pela legislação urbanística em diversas expansões que participamos ou assistimos ocorrer na cidade.

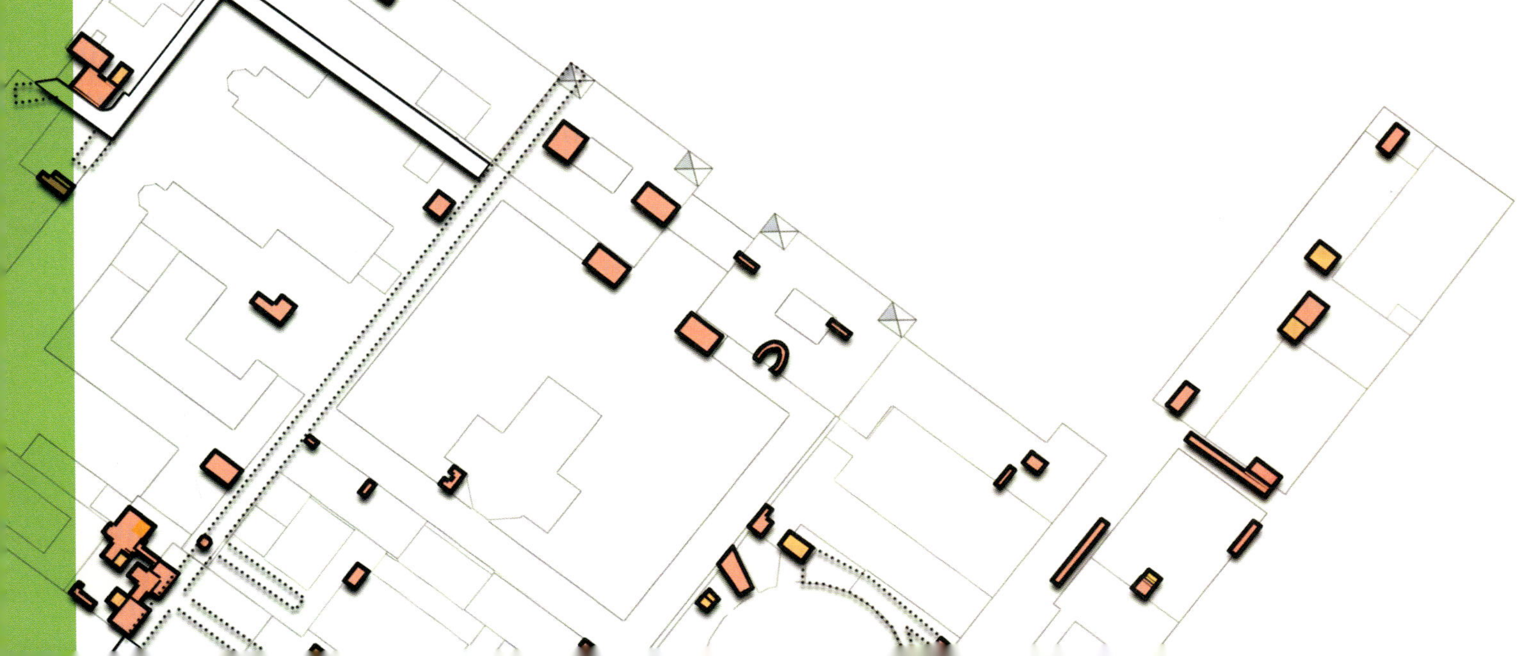

O mais bonito desse instrumento ainda está por vir. Trata-se da oportunidade de efetiva requalificação urbana, para além das áreas edificadas destinadas a equipamentos de saúde, pertencentes no entanto à área envoltória de 150 metros dos complexos de saúde, ensino e pesquisa em saúde. A renovação desses espaços públicos criará potencialmente um verdadeiro laboratório de experiências urbanas aplicadas nos espaços públicos com foco em saúde: mobilidade acessível, desenho universal aplicado ao mobiliário urbano e à comunicação visual, oferta de serviços voltados para a saúde da população, criação de ambientes de encontro, convivência de contemplação nos miolos de quadra. Enfim, a real e urgente possibilidade de se criar bairros saudáveis, com atenção ao cuidado e à assistência, não somente no espaço edificado mas também nos espaços livres e públicos, dedicados sobretudo a uma realidade demográfica que apresenta uma população ascendente de idosos e, claramente, sobretudo após a experiência com a pandemia pela Covid-19, com alarmante carência por ações em prol de salubridade, higiene e práticas de prevenção e cuidados com a saúde em geral.

Tal situação é preocupante. Constatar que a pirâmide etária no Brasil em 2050 terá sua base invertida, requer cuidados com o desenho da cidade, com o desenvolvimento de novos serviços, com a regulamentação de processos e benefícios. O Brasil está pouco atento à velocidade dessas transformações e a complexidade de lidar com o tema.

O escritório muito tem pesquisado nesse sentido, criando modelos de ocupação por meio da renovação do desenho urbano, utilizando-se do instrumento das áreas envoltórias a complexos de saúde, ensino e pesquisa em saúde. Casos concretos já comprovam a assertividade da ferramenta em virtude das oportunidades de requalificação dos complexos de saúde, ampliando inclusive o modelo de atuação das estruturas de saúde.

Referimo-nos aqui à oportunidade das instituições de saúde, grandes conhecedoras dos mais qualificados processos de assistência e cuidado ao paciente, poderem aplicar tal *know-how* em escala urbana, a partir da área envoltória de seus complexos de saúde. Trata-se de uma mudança efetiva de paradigma: as instituições de saúde produzindo atividade assistida para além dos muros dos edifícios hospitalares!

A seguir, pautados na busca da qualificação de sistemas de saúde, seguem alguns Planos Diretores Urbanísticos Hospitalares, projetos de hospitais e projetos de bairros de saúde nas envoltórias de complexos de saúde, ensino e pesquisa em saúde que realizamos.

2013

Submissão de estudo à Prefeitura.

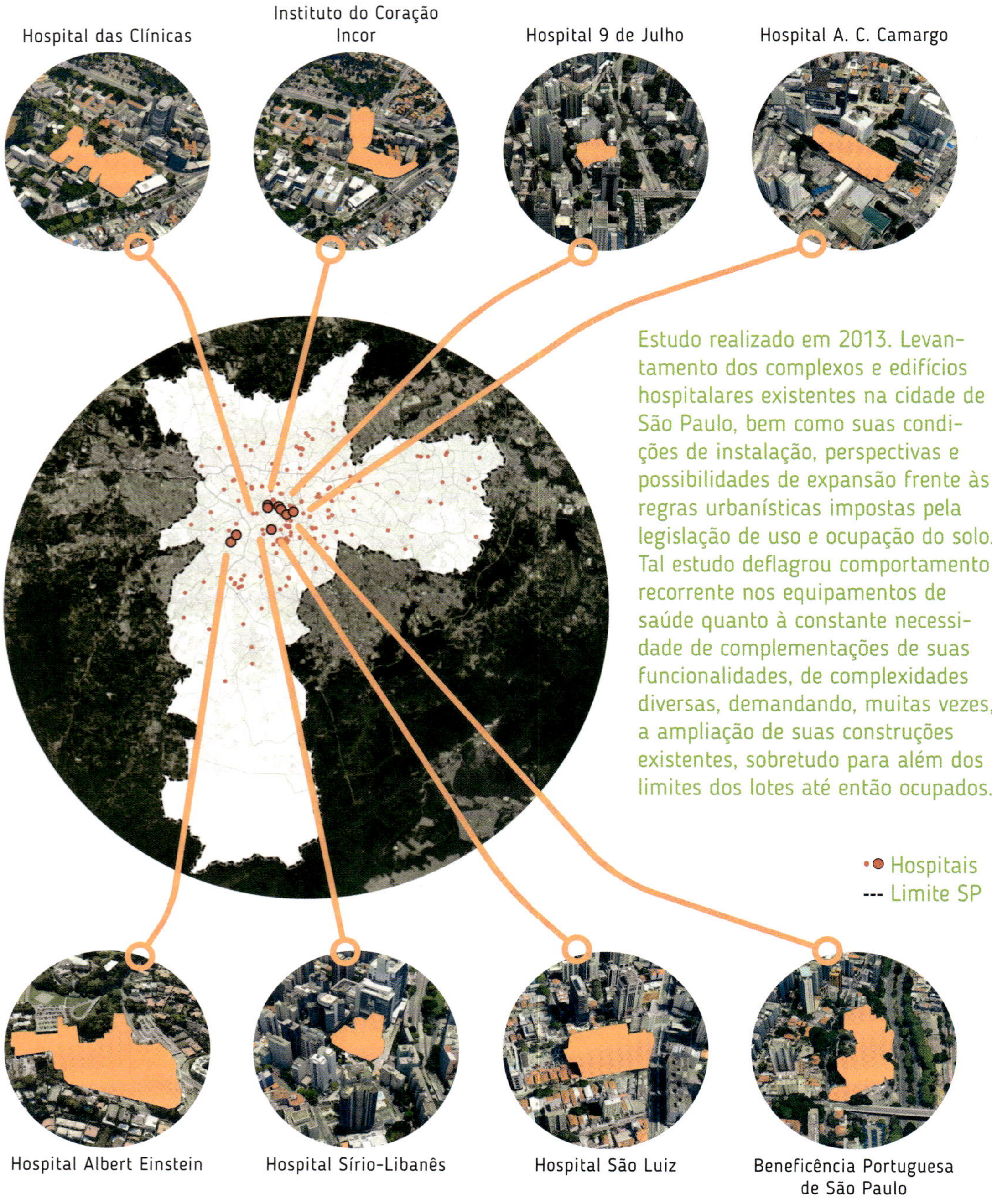

Estudo realizado em 2013. Levantamento dos complexos e edifícios hospitalares existentes na cidade de São Paulo, bem como suas condições de instalação, perspectivas e possibilidades de expansão frente às regras urbanísticas impostas pela legislação de uso e ocupação do solo. Tal estudo deflagrou comportamento recorrente nos equipamentos de saúde quanto à constante necessidade de complementações de suas funcionalidades, de complexidades diversas, demandando, muitas vezes, a ampliação de suas construções existentes, sobretudo para além dos limites dos lotes até então ocupados.

2014

Aprovação do Plano Diretor Municipal – criação de instrumento legal de incentivo à expansão de equipamentos de saúde. "Complexos de Saúde", art. 371 da Lei Municipal 16.050/14.

2015

Aprovação do Zoneamento e regulamentação do instrumento urbanístico de incentivo à expansão de hospitais e equipamentos de saúde no município de São Paulo. Art. 115 da Lei Municipal 16.402/16.

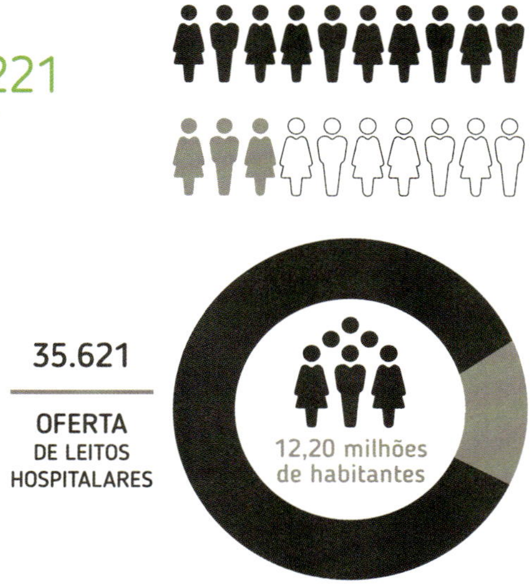

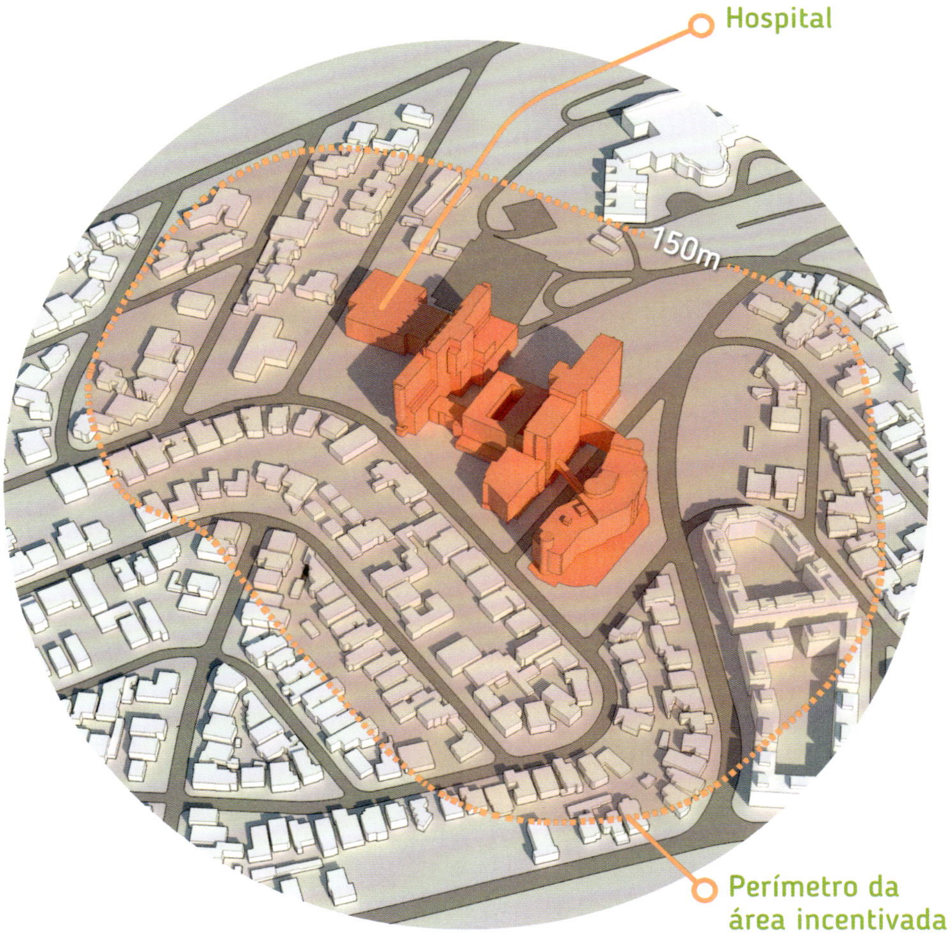

Em virtude da necessidade de expansão e adequação das funcionalidades de saúde, deflagrada a partir dos equipamentos existentes, a Lei de Parcelamento, Uso e Ocupação do Solo veio regulamentar para os casos específicos de equipamentos de saúde existentes, enquadrados como "Complexos de Saúde", a faixa de 150 metros ao seu redor, onde se faz permitida a instalação de atividades vinculadas à finalidade de saúde, ensino e pesquisa, complementares à unidade de saúde existente.

2018

Estudo de caso.

A oportunidade de qualificação dos serviços de saúde, combinados por distintos níveis de complexidade, ao ser vislumbrada dentro de uma perspectiva urbana, ganha potência. Isto quer dizer que, para além das diversas edificações, desde a baixa até a alta complexidade, que naturalmente compõem um complexo de saúde, ocupando, normalmente, diversos lotes e quadras de um bairro, as vezes de forma conglomerada e em outras de forma mais espraiada, evidencia-se a oportunidade de conectá-los a partir de uma relação sinérgica com o espaço público. É a vocação nata pela consolidação de verdadeiros BAIRROS DE SAÚDE. Desta vocação, a renovação da paisagem urbana passa a ser uma possibilidade projetual: pavimentos acessíveis, iluminação pública adequada, mobiliário urbano universal, comunicação visual e sinalização de fácil compreensão à população, práticas de promoção à saúde da população em espaços públicos. Enfim, o equipamento de saúde colaborando com um desenho de cidade saudável e, ao mesmo tempo, a cidade colaborando na qualificação e na ampliação do alcance dos serviços de saúde de um equipamento hospitalar à sociedade.

Em outras palavras, a retroalimentação entre as funcionalidades do equipamento de saúde e aquelas afetas ao espaço público, vocacionam, respaldadas por instrumentos jurídico-urbanísticos adequados, à qualificação dos espaços urbanos através da prática não somente do Projeto Arquitetônico, como também do Desenho Urbano.

Deste modo, desenvolvemos algumas importantes reflexões a partir do desenvolvimento de Planos Diretores Urbanísticos Hospitalares.

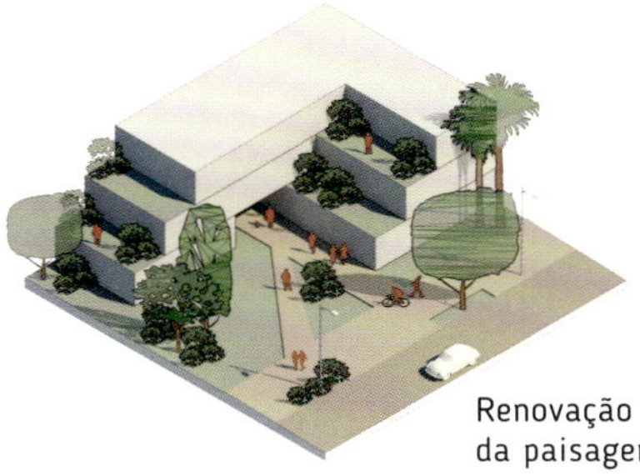

Renovação física da paisagem

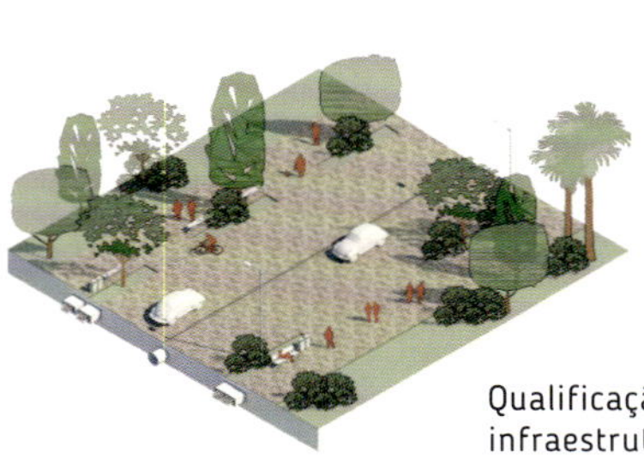

Qualificação da infraestrutura urbana

2019

Perspectiva de ampliação da utilização do instrumento legal.

Proposições Futuras

A partir da perspectiva de qualificação da atividade de saúde, o espaço urbano ao redor dos complexos de saúde existentes ganha forte oportunidade de requalificação a partir de intervenções relacionadas à mobilidade ativa, a serviços de prevenção e às boas práticas saudáveis aplicadas ao espaço público e ao bom desenho urbano.

A partir do complexo de saúde existente, delimitado em vermelho na imagem acima, a área envoltória acomoda atividades de menor complexidade complementares à atividade principal existente, agregando atividades operacionais, administrativas, de ensino e pesquisa.

Desenvolvimento urbano ambiental

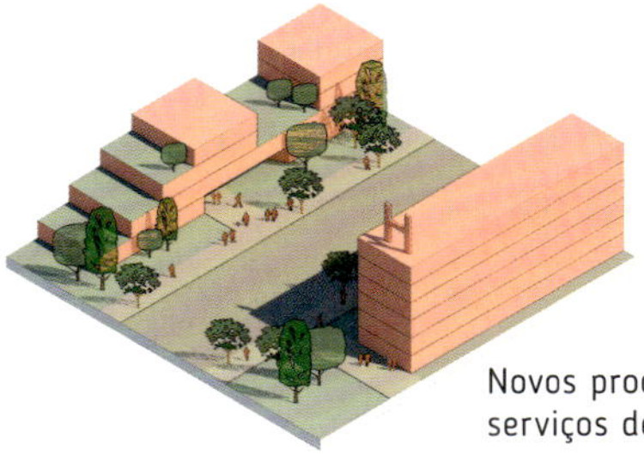

Novos produtos e serviços de saúde

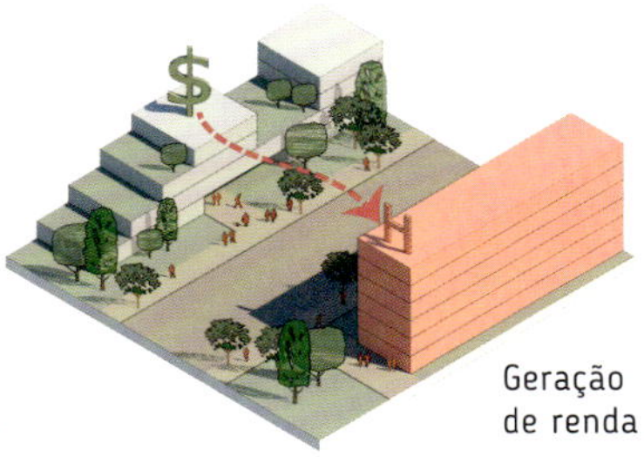

Geração de renda

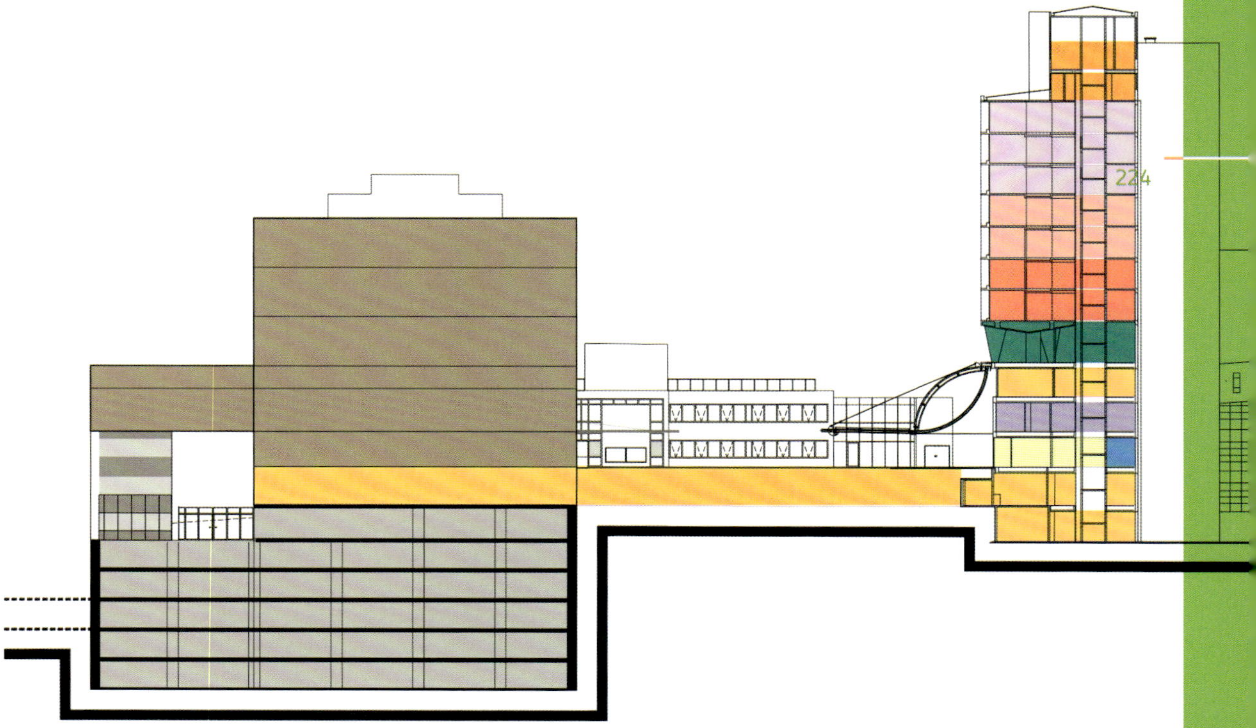

Setorização proposta.

0 2,5 5 10 20m

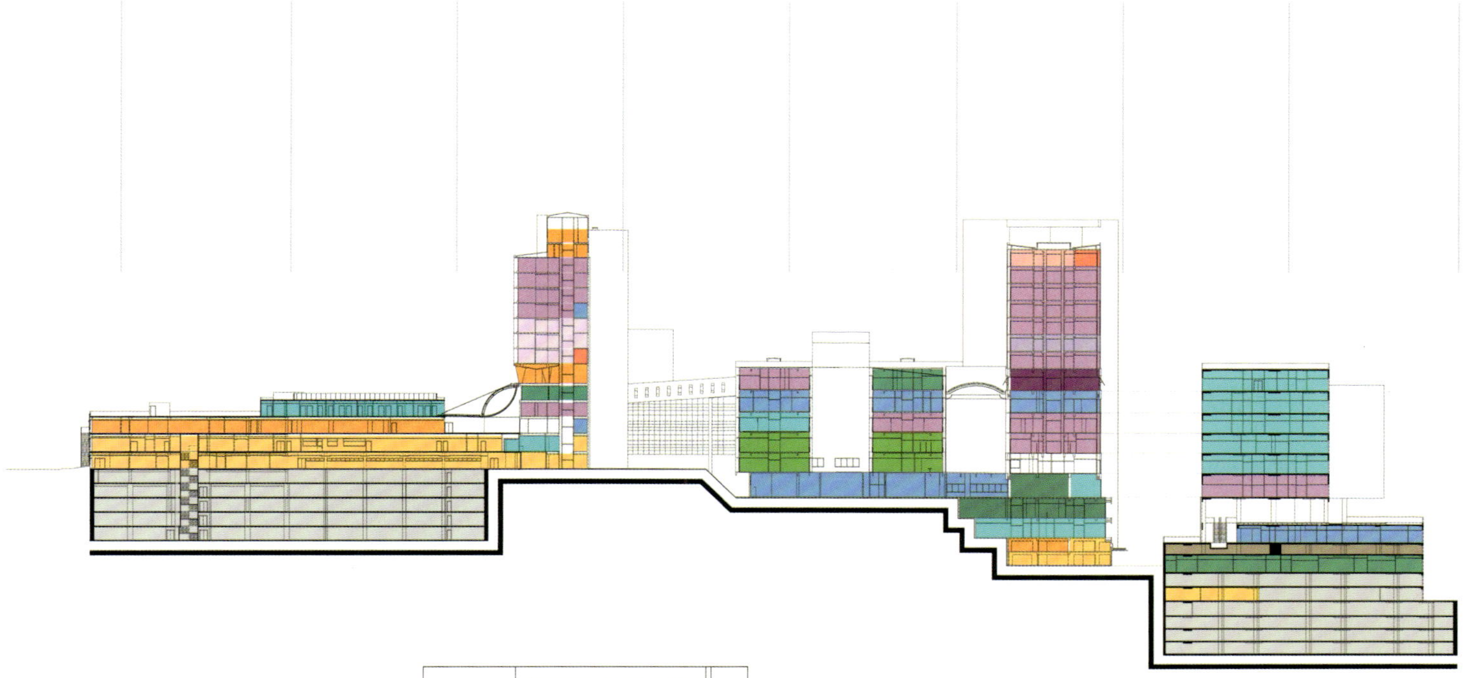

Setorização original.

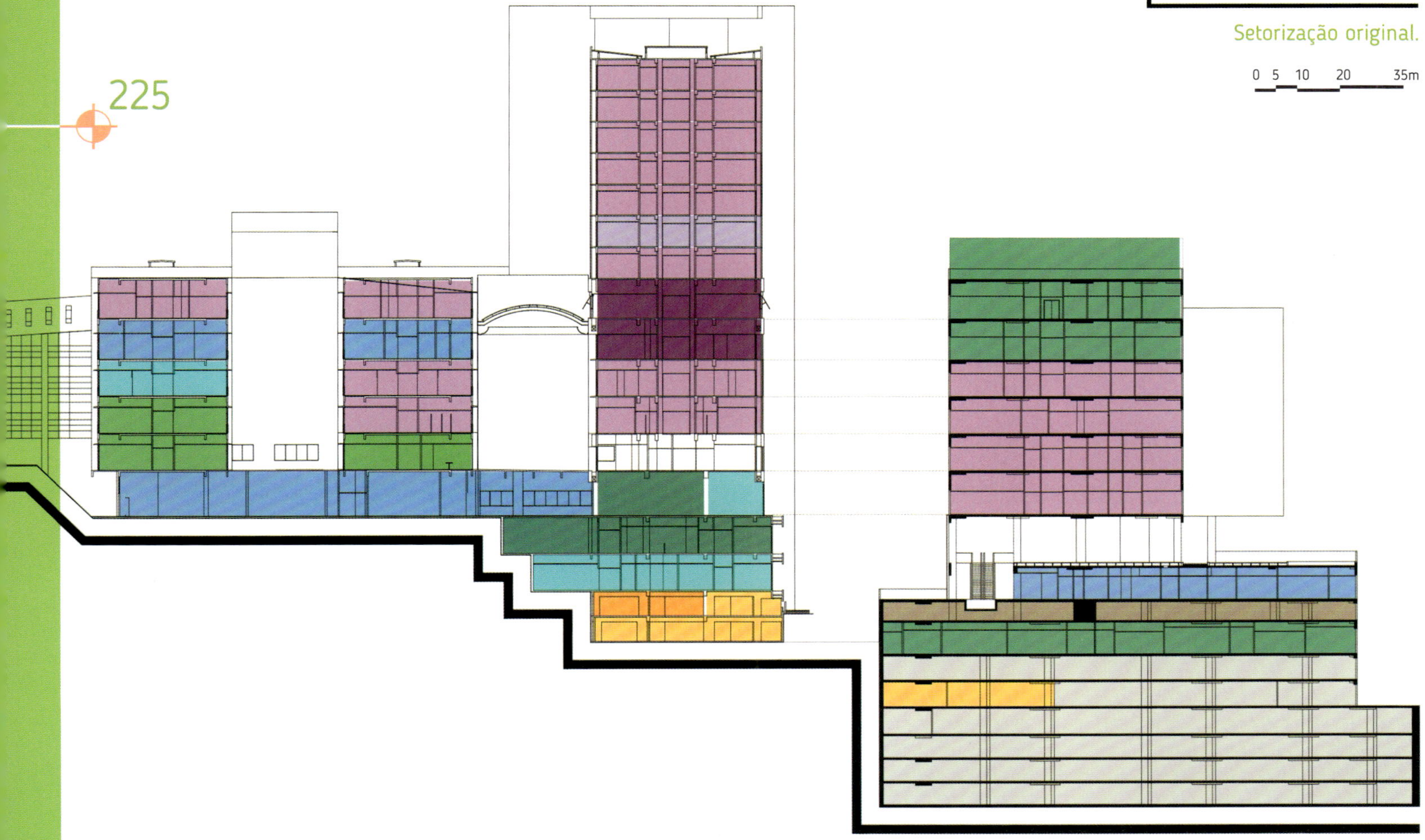

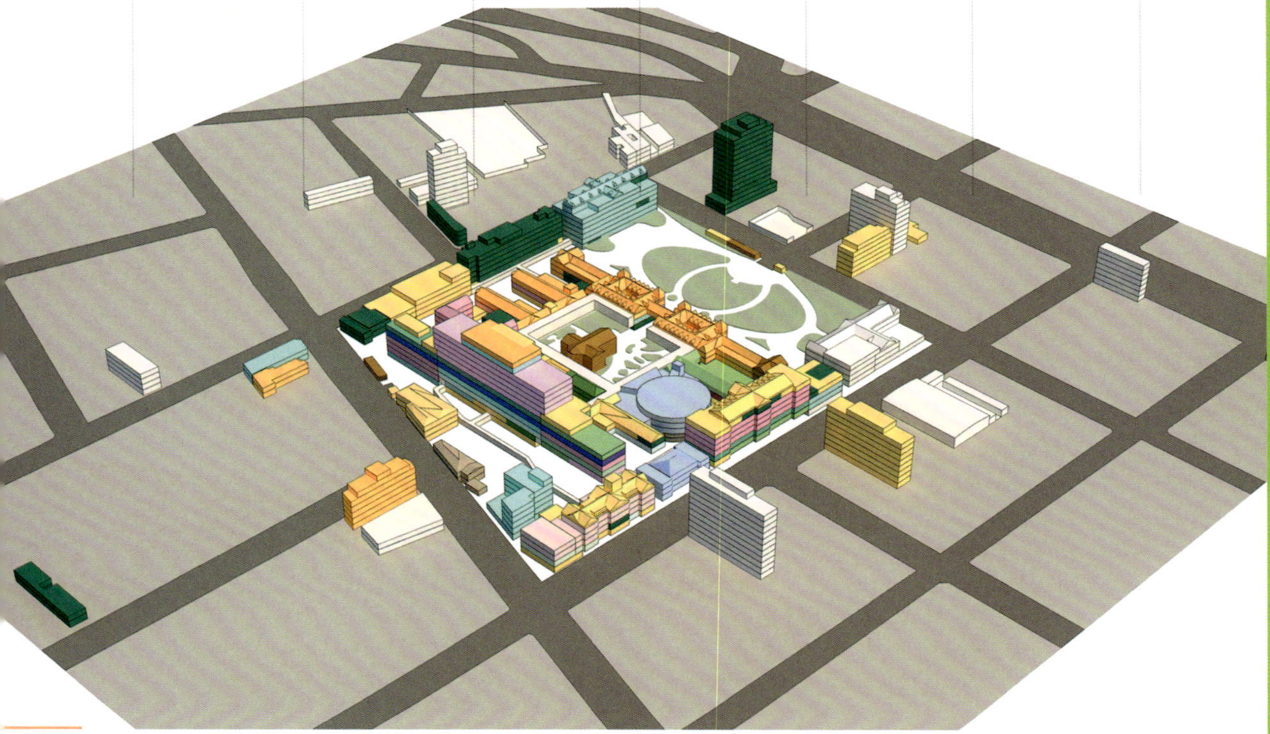

Setorização original.

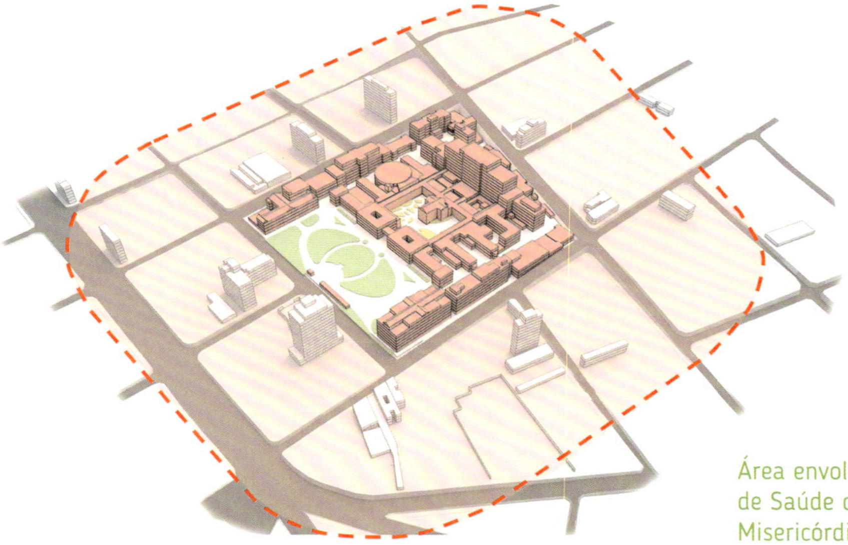

Área envoltória do Complexo de Saúde da Santa Casa de Misericórdia de São Paulo.

Setorização proposta: Plano Diretor Urbanístico Hospitalar, considerando a requalificação do complexo existente, estabelecendo condições de expansão e conexão qualificada na área envoltória ao complexo.

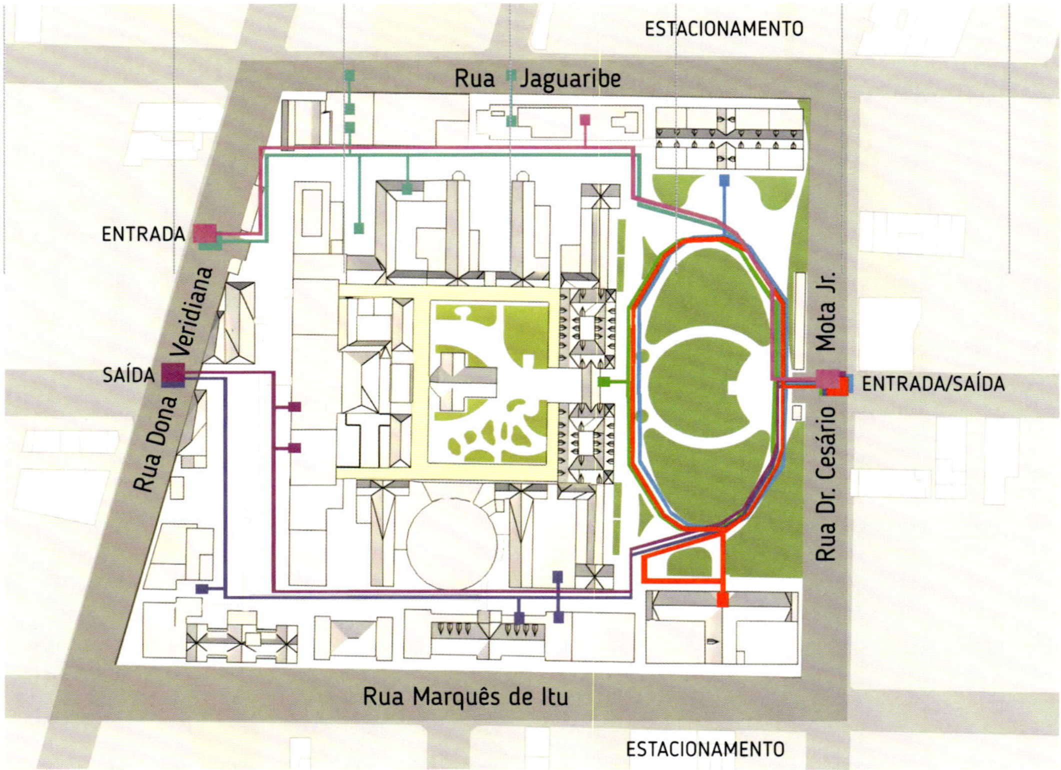

Fluxo de veículos proposto.

- Operacional
- Administrativo
- Ambulatorial HC
- Emergência HC
- Emergência HSI
- IAVC
- Faculdade

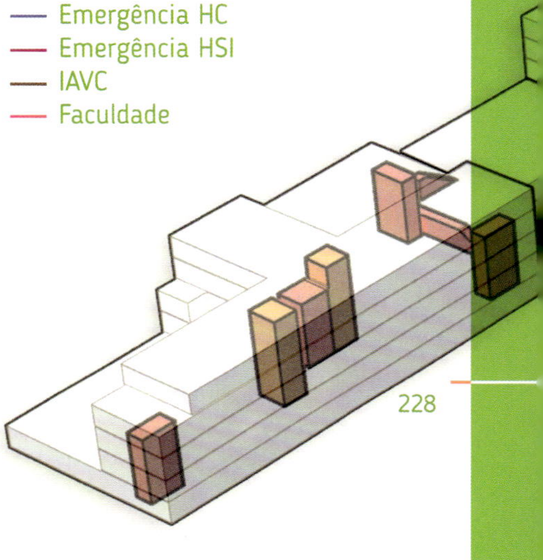

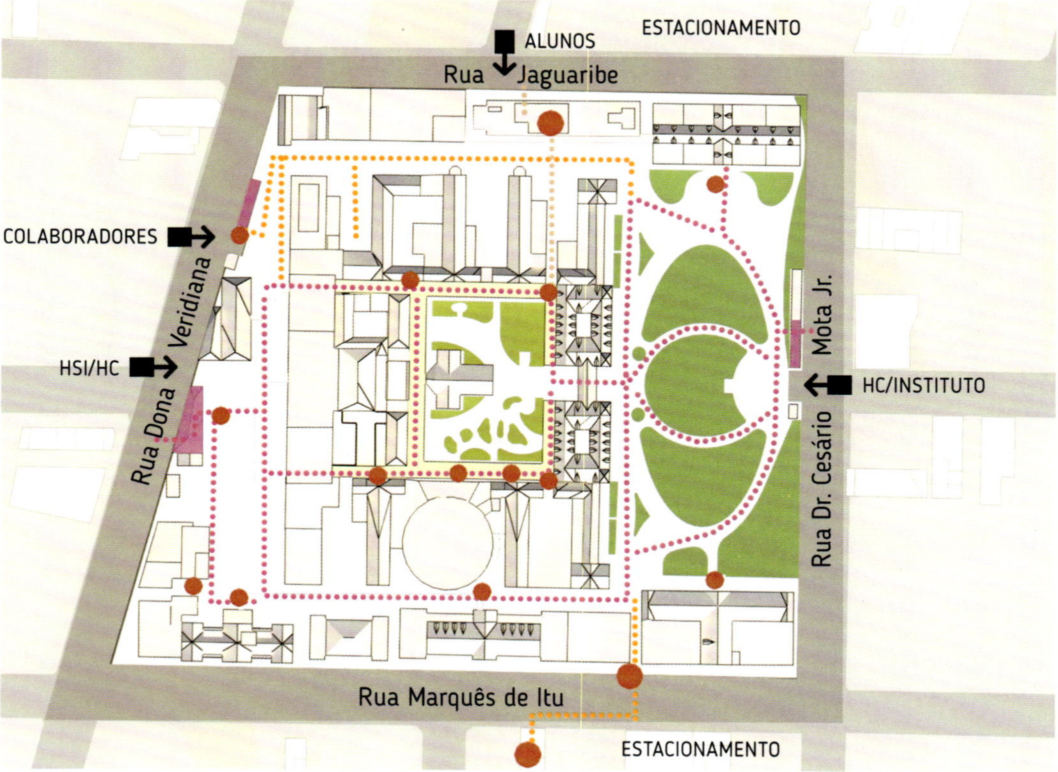

Fluxo de pedestres
e controle de acesso.

- Colaboradores
- Pacientes/Pedestres geral
- Alunos
- Portarias/controle de identificação e cadastro
- Controle de acesso interno

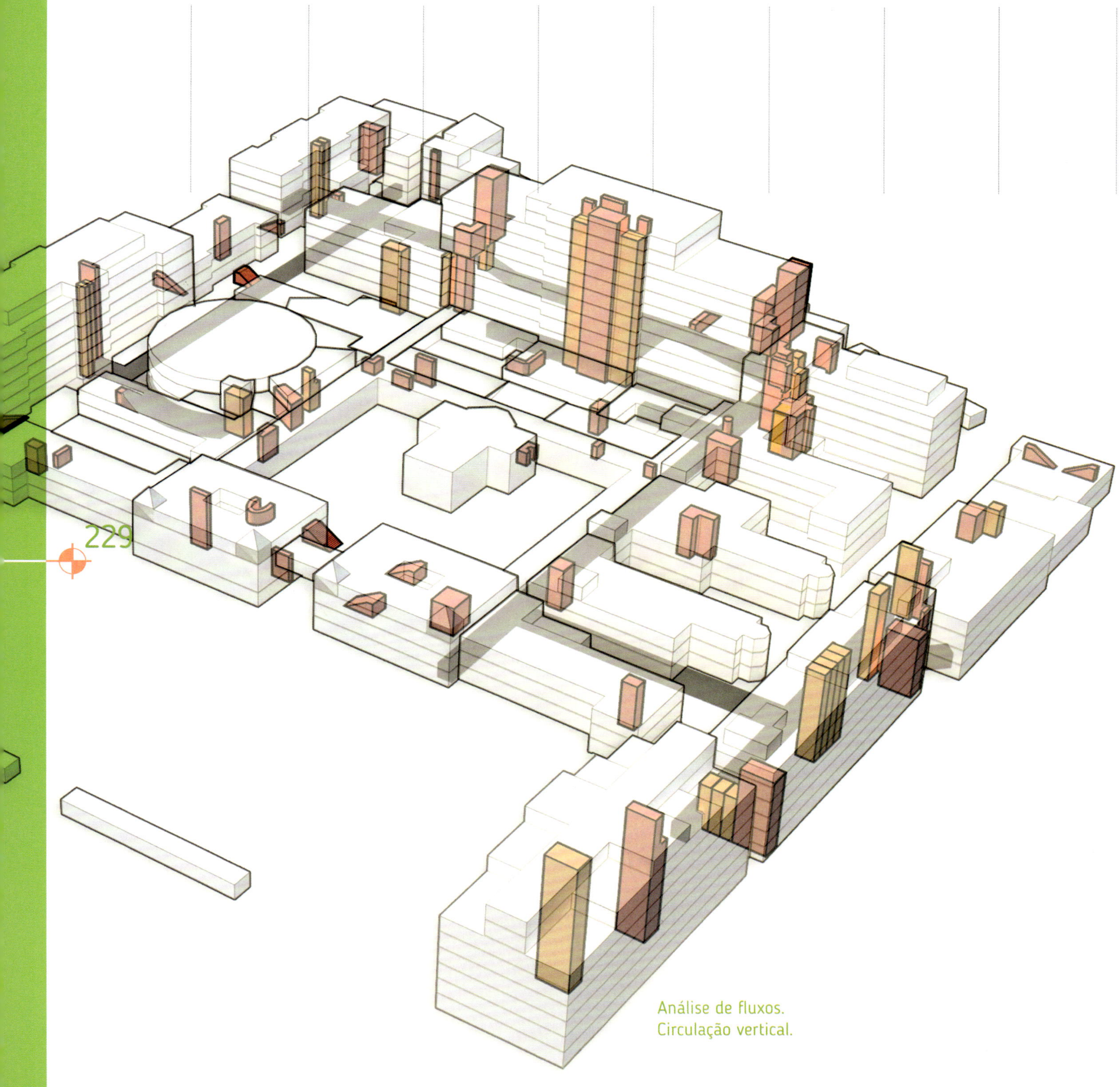

Análise de fluxos.
Circulação vertical.

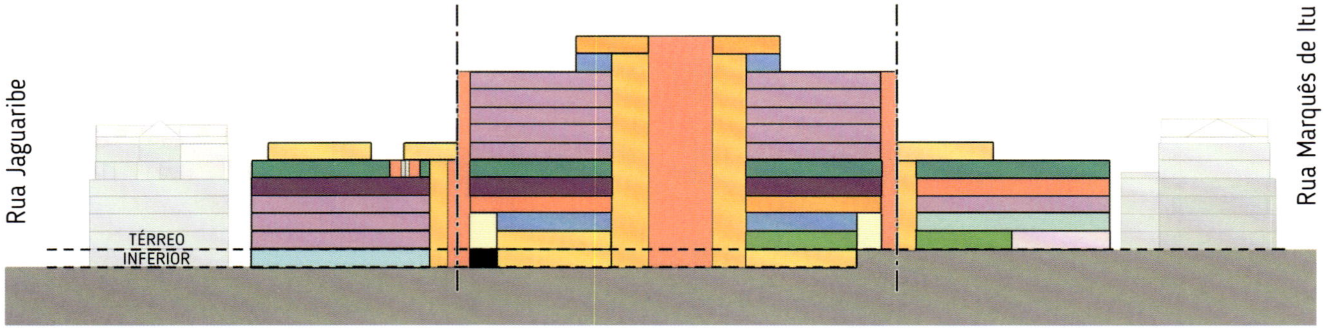

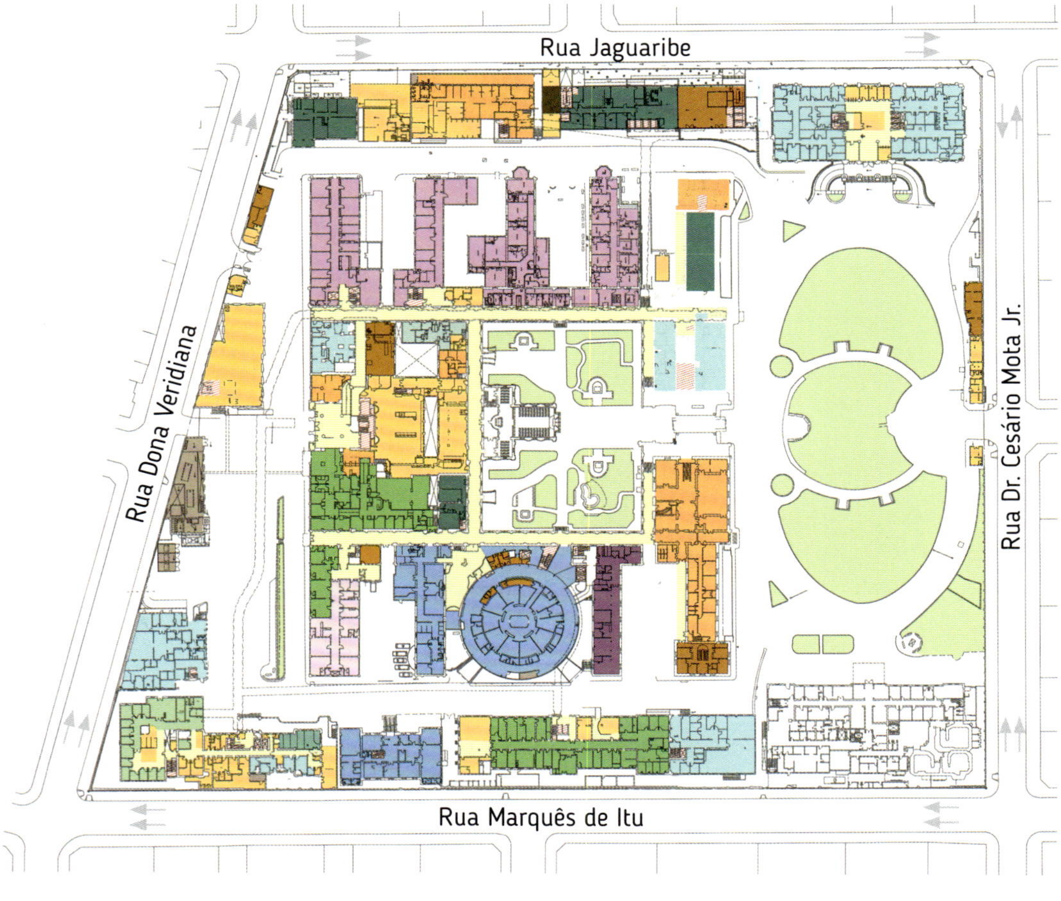

Situação original.

Setores de Saúde

- Pronto Atendimento
- Pronto Atendimento Pediátrico
- Internação Adulto
- Internação Maternidade
- Internação Pediátrica
- UTI Adulto
- UTI Pediátrica
- Semi-intensiva
- Ambulatório/Consultórios
- Centro de Diagnóstico
- Centro Cirúrgico
- Centro Obstétrico

Apoio

- Serviço Operacional e Apoio
- Administração
- Áreas Sociais
- Ensino
- Área Técnica
- Estacionamento

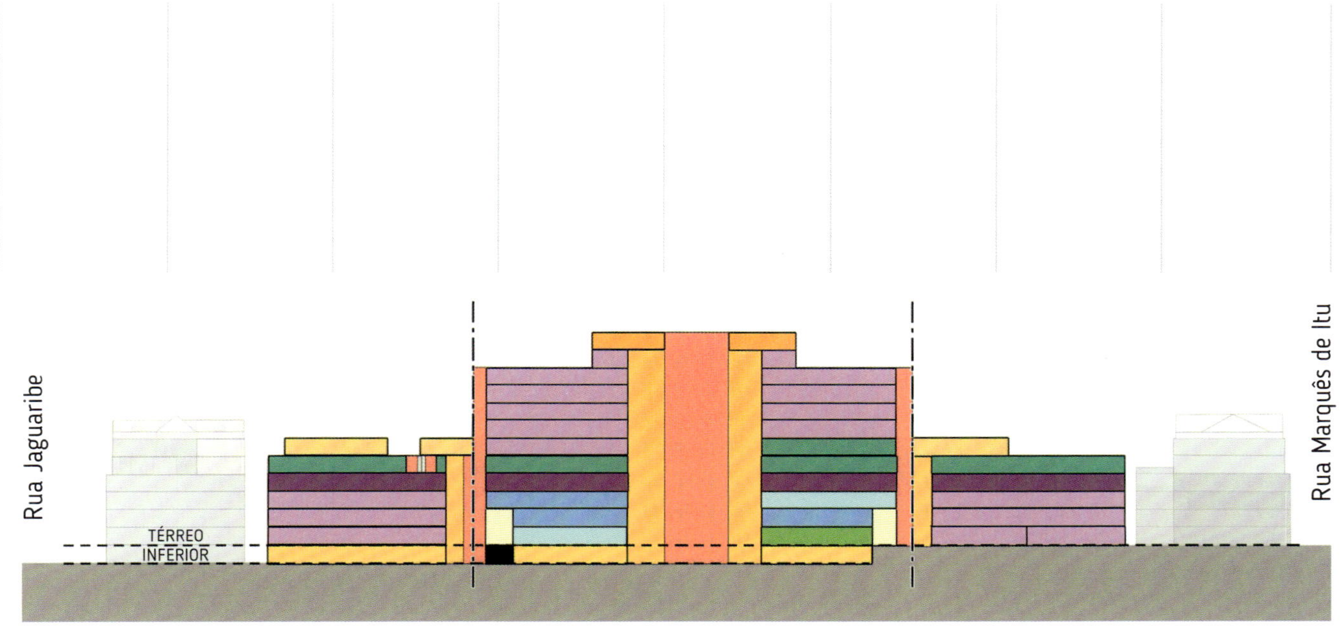

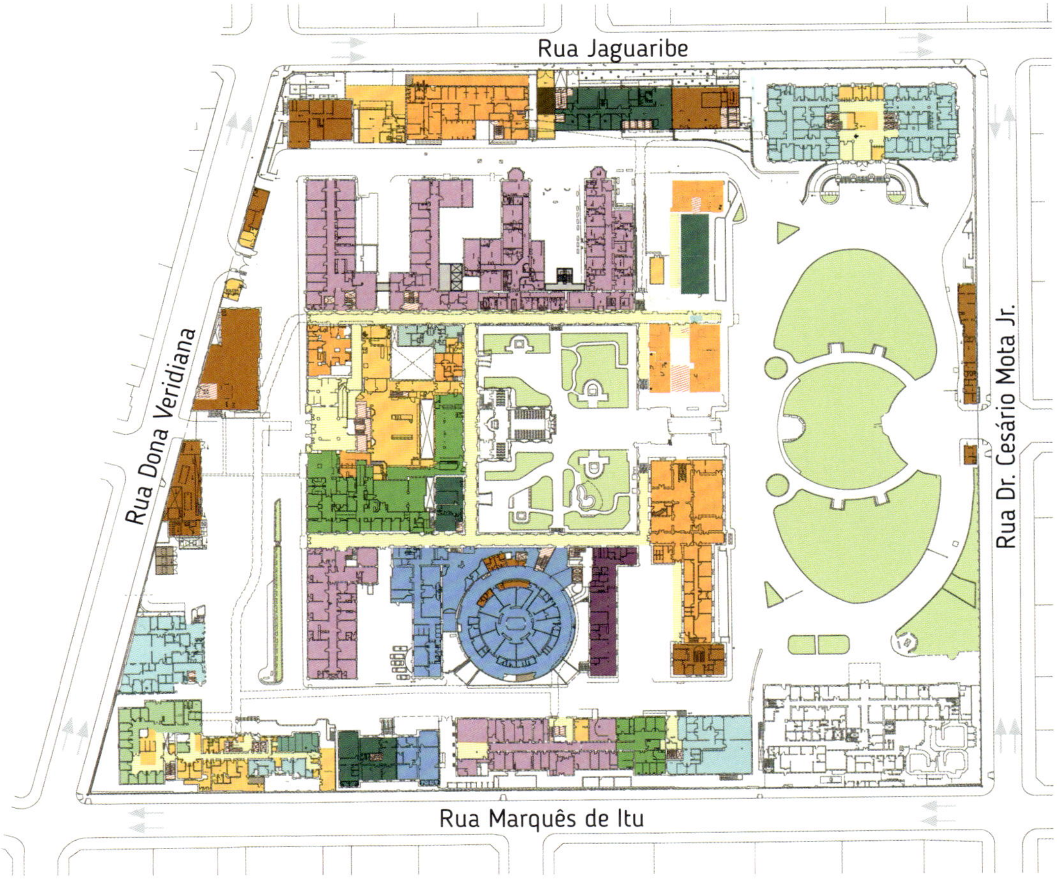

Situação proposta: considerando adequações do ponto de vista dos fluxos assistenciais e operacionais, bem como em atendimento às exigências de segurança, acessibilidade, patrimônio histórico, meio ambiente e demais itens urbanísticos e edilícios.

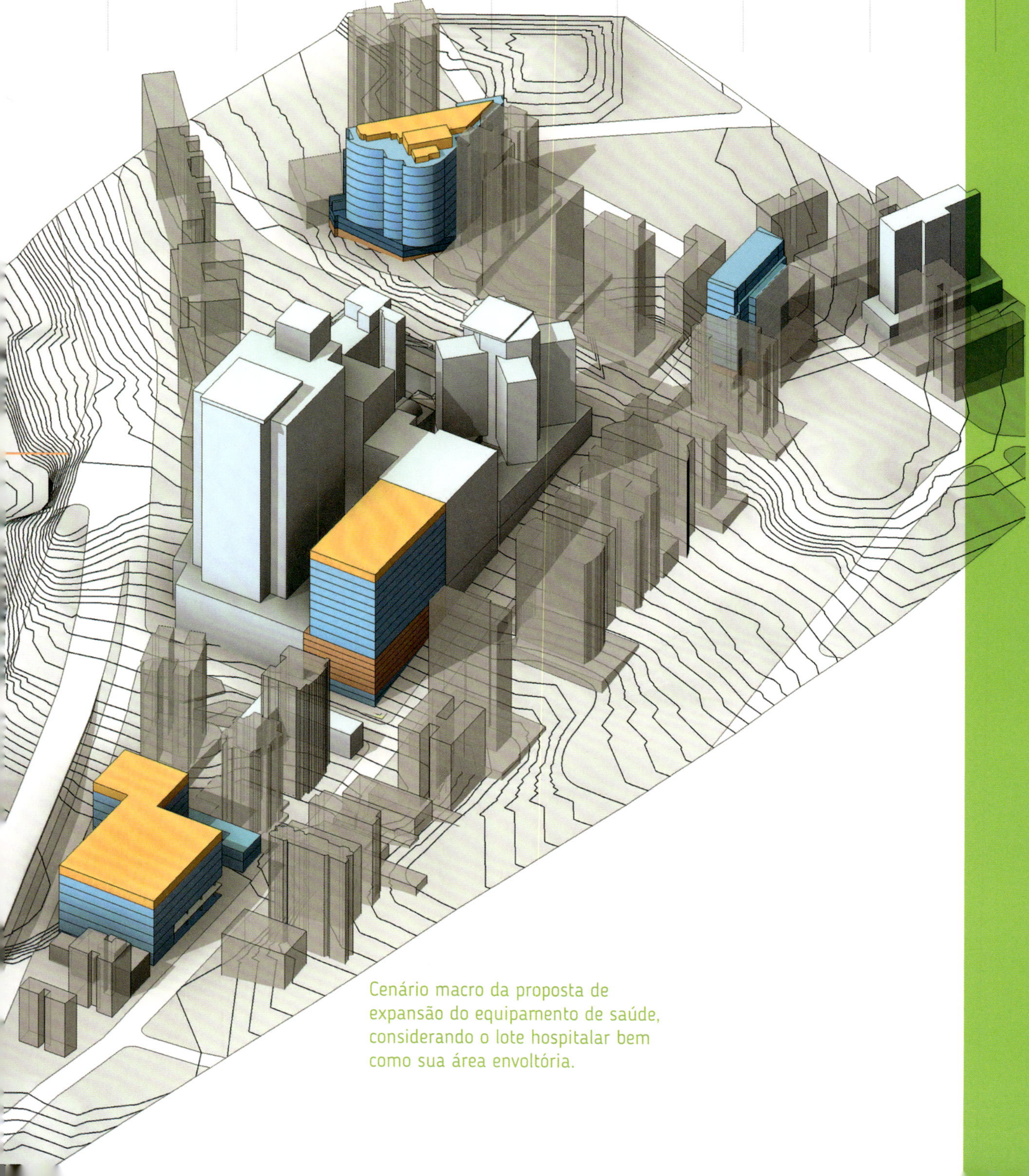

Cenário macro da proposta de expansão do equipamento de saúde, considerando o lote hospitalar bem como sua área envoltória.

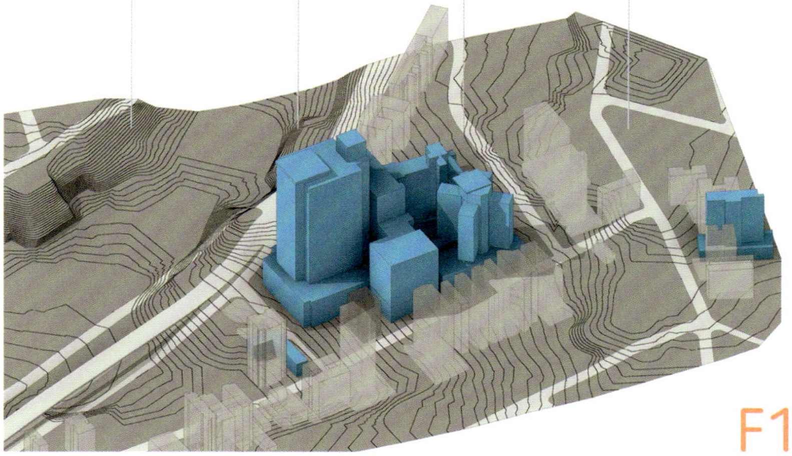

F1

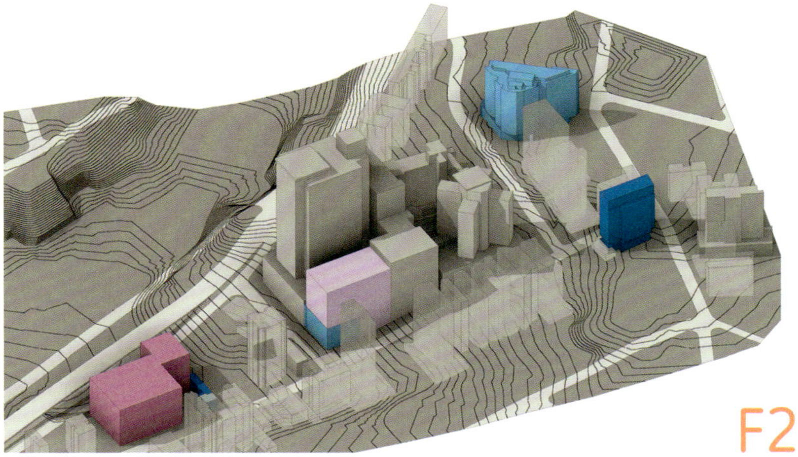

F2

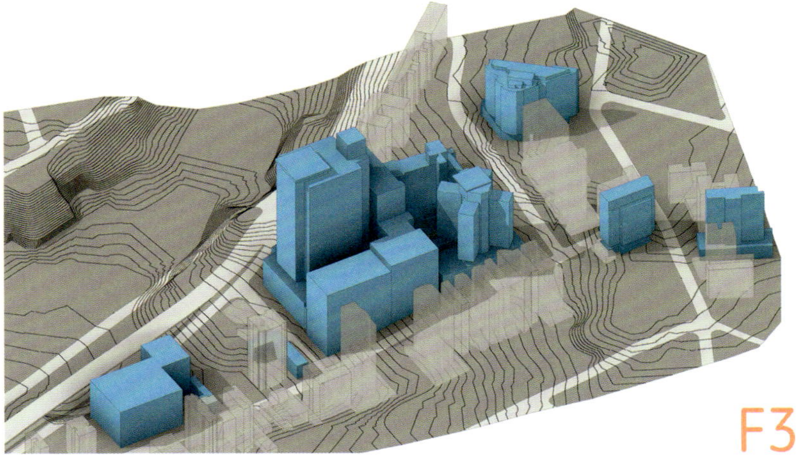

F3

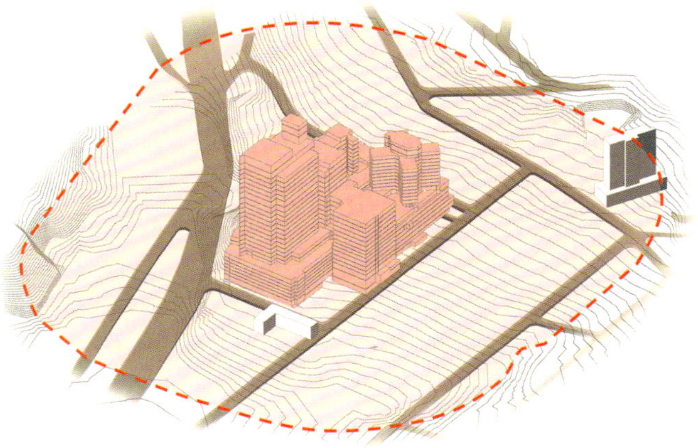

Área envoltória do Complexo de Saúde Hospital Sírio-Libanês.

Proposta faseamento de execução e consolidação do Plano Diretor.

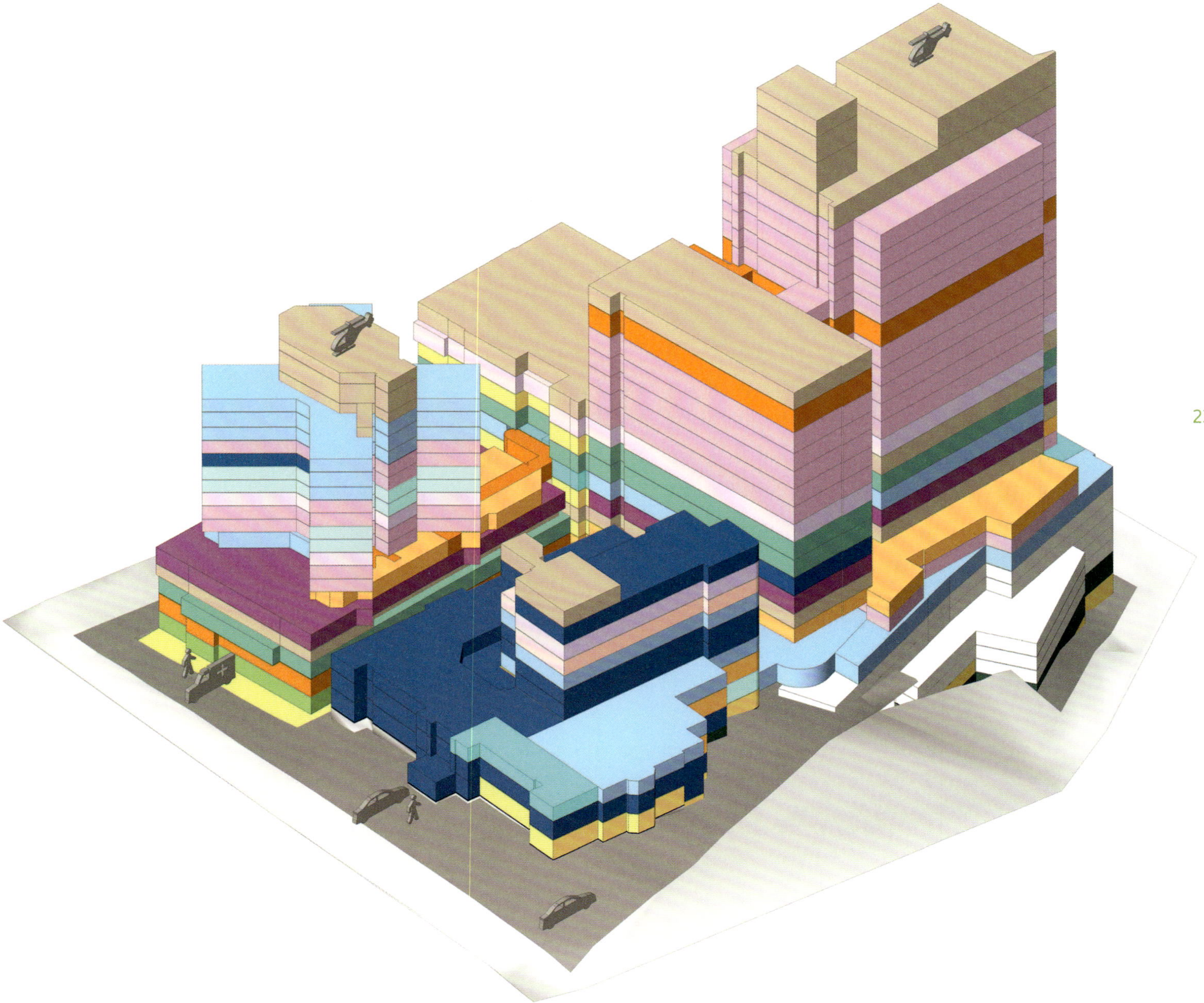

Setorização do hospital original.

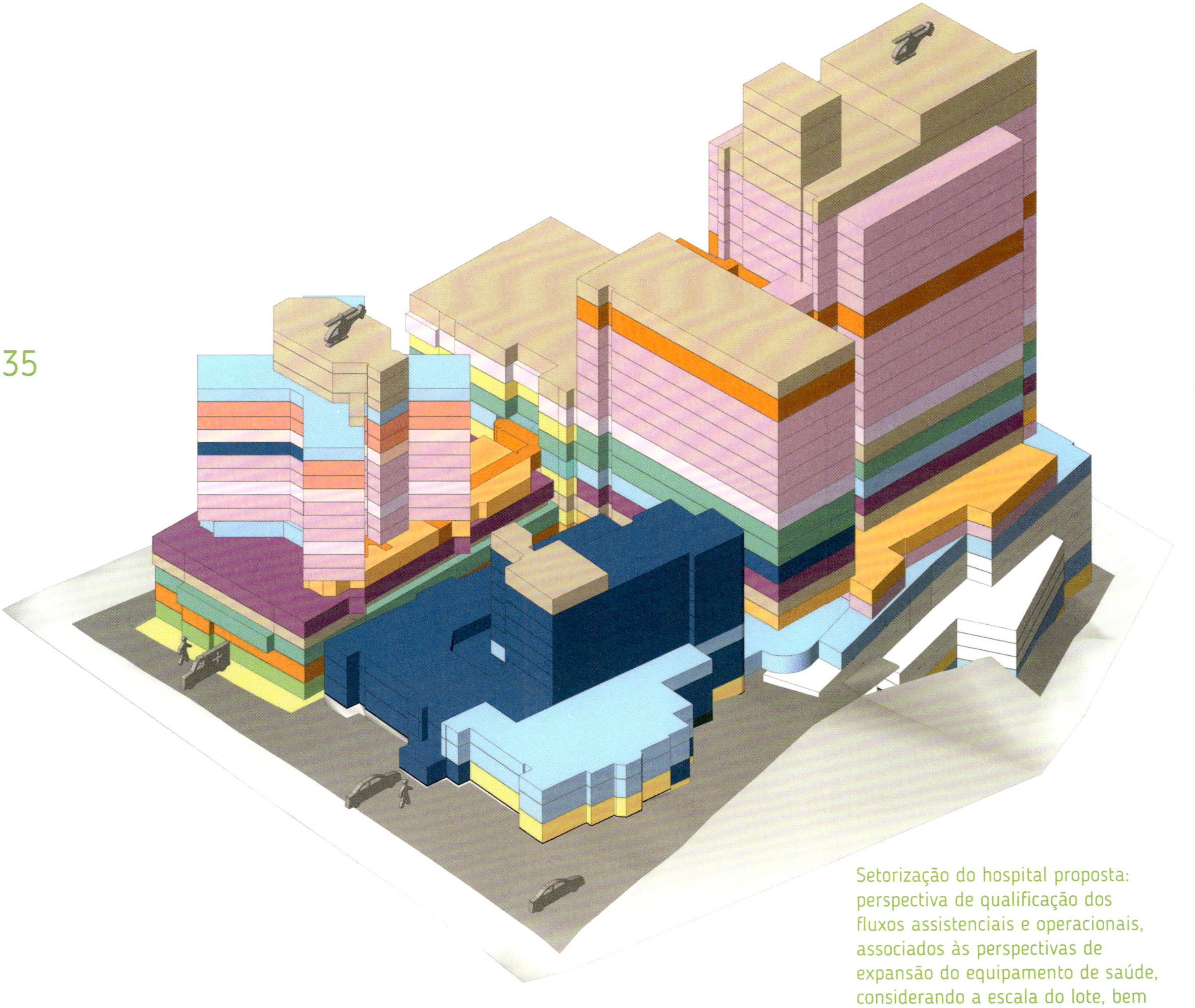

Setorização do hospital proposta: perspectiva de qualificação dos fluxos assistenciais e operacionais, associados às perspectivas de expansão do equipamento de saúde, considerando a escala do lote, bem como de sua área envoltória.

Independentemente das particularidades relativas às demandas assitenciais, políticas empresariais, perfil gerencial e planejamento estratégico de cada uma dessas instituições, com relação ao aspecto da sinergia positiva potencialmente estabelecida entre o desenvolvimento do equipamento de saúde em consonância com a requalificação planejada da cidade ao seu redor é recorrente em todos os casos. É com essa força que se justifica a importância da elaboração de Planos Diretores Urbanísticos Hospitalares para os equipamentos de saúde, permitindo dessa forma o extravazamento do planejamento das funções de saúde pertinentes à instituição hospitalar para além do lote dominial.

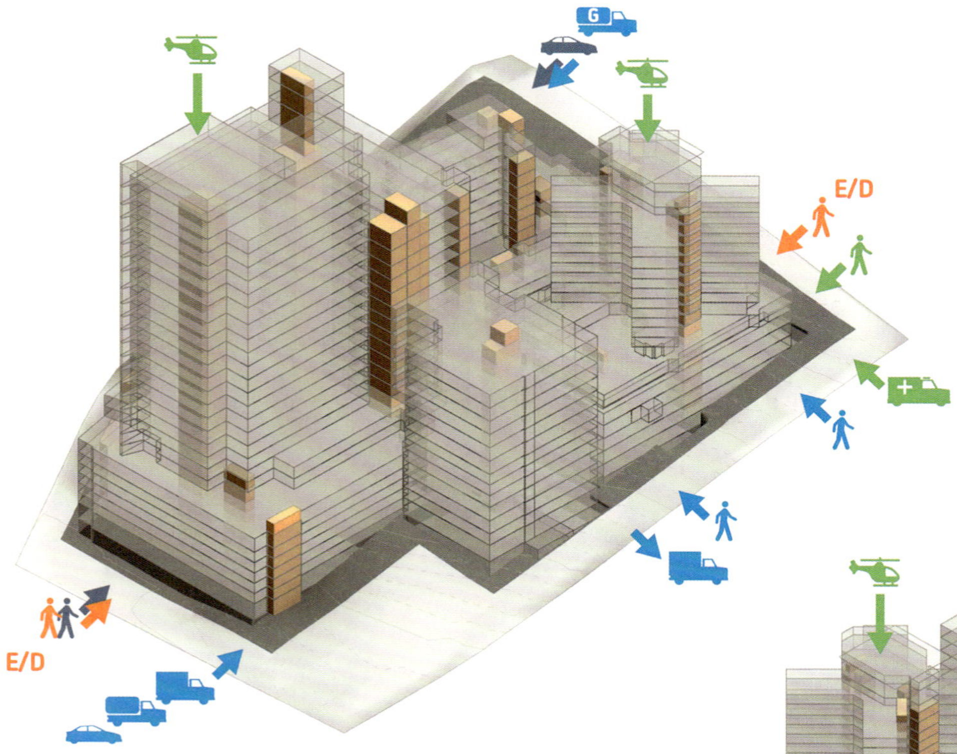

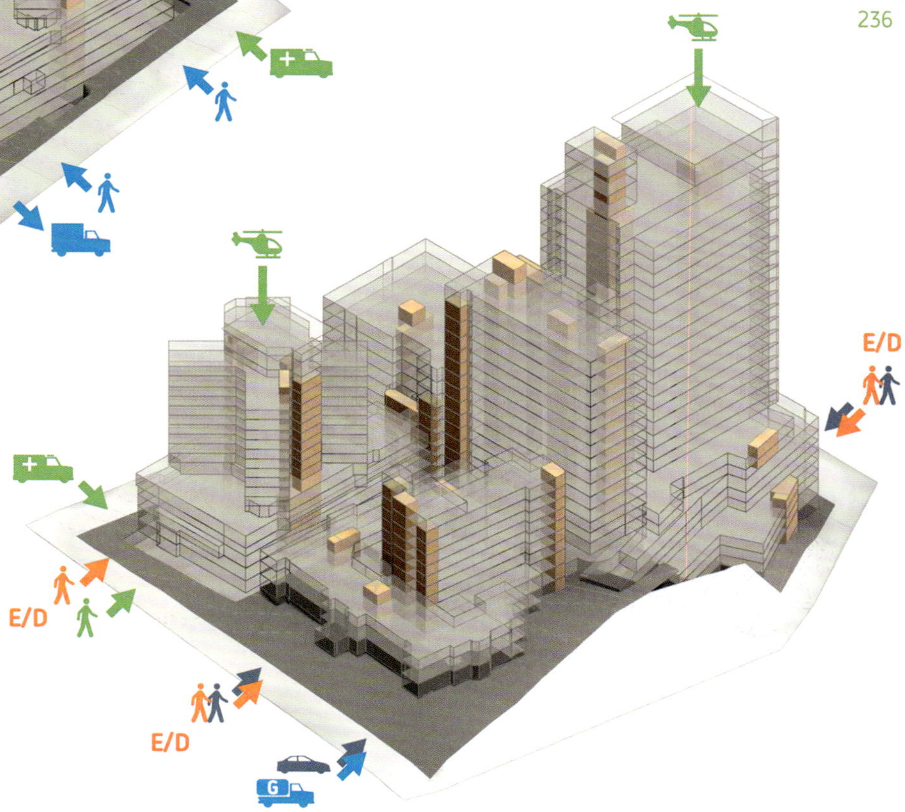

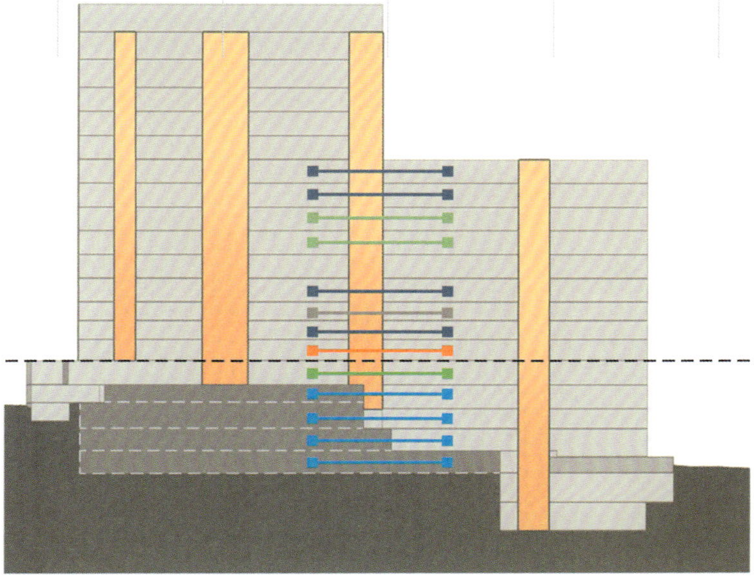

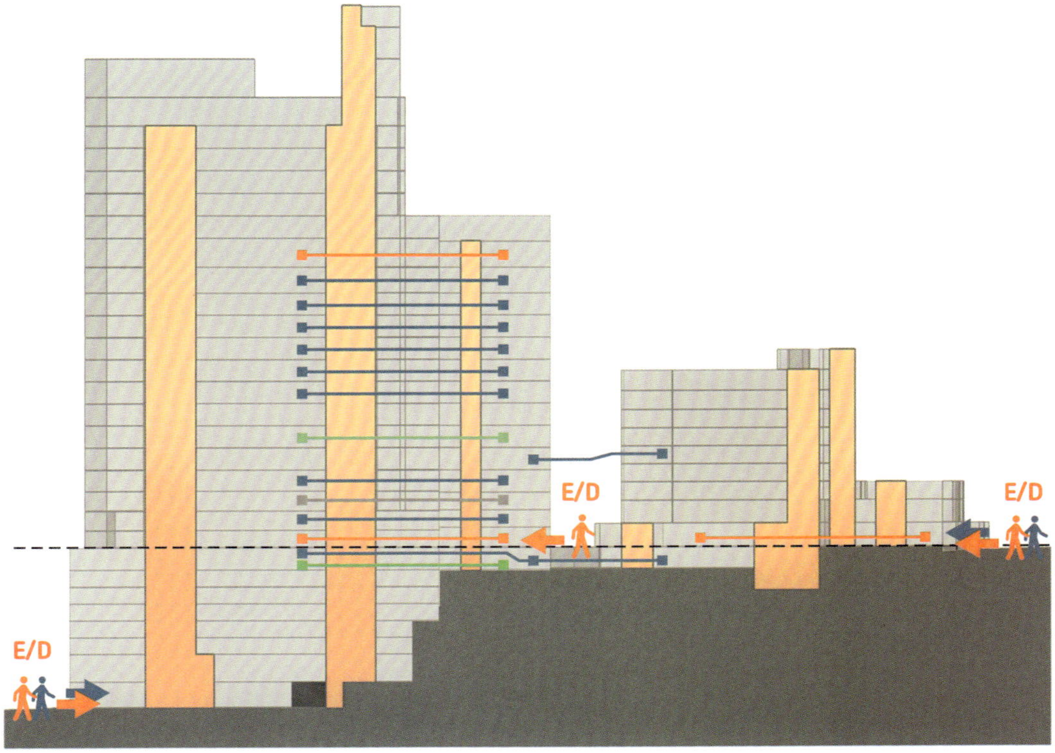

Diagramas da etapa de diagnóstico para análise de fluxos do hospital.

Maquete volumétrica consideran-do estudo de fachadas e proteção solar e conforto térmico, visando minimizar o consumo de energia a partir do condicionamento do ar.

Estudo original do acesso principal à unidade de saúde.

Setorização.

- Pronto Atendimento
- UTI Adulto
- Ambulatório/Consultórios
- Centro de Diagnóstico
- Centro Cirúrgico
- Serviço Operacional e Apoio
- Administração
- Áreas Sociais

Abaixo e à direita, vemos as áreas de espera com iluminação natural e vista para áreas ajardinadas. Importante recurso espacial para qualificar a experiência sensorial e emocional do paciente.

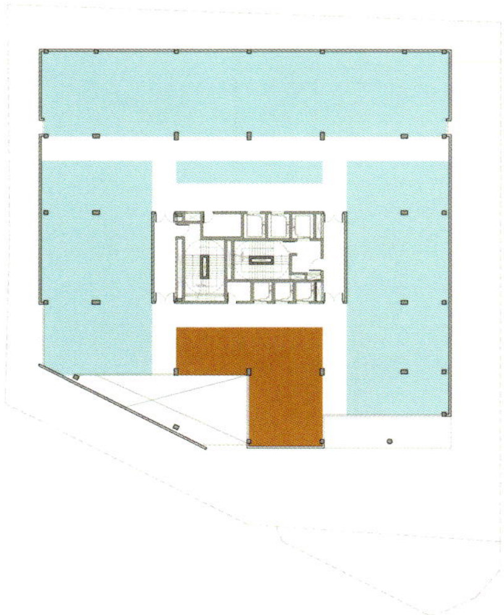

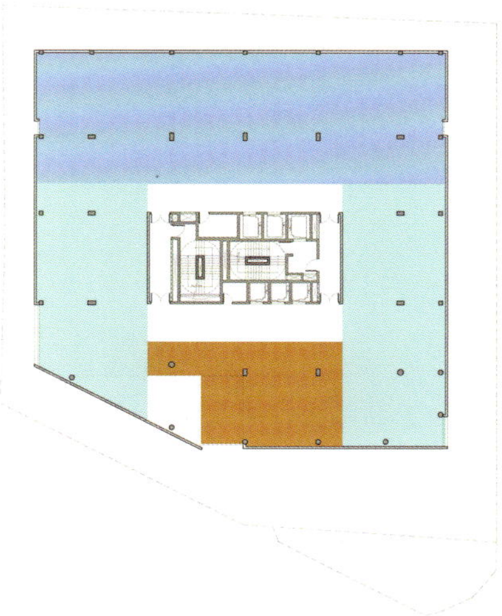

Boxes de medicação também contam com iluminação natural, favorencendo o conforto do paciente, dos médicos, enfermeiros e demais usuários e frequentadores da unidade de saúde.

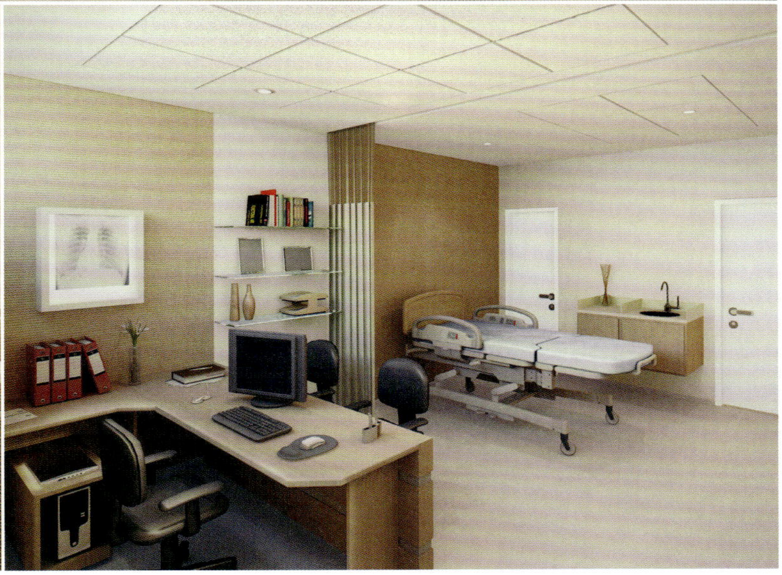

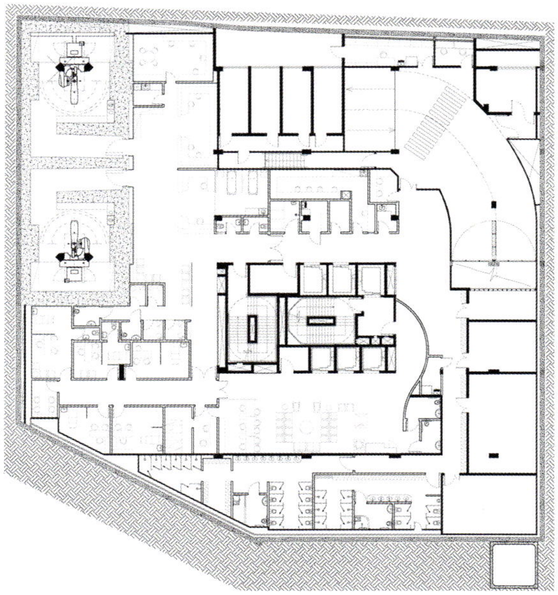

Pavimento subsolo

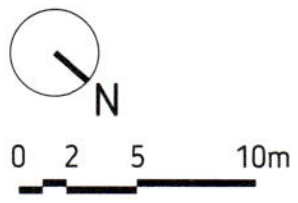

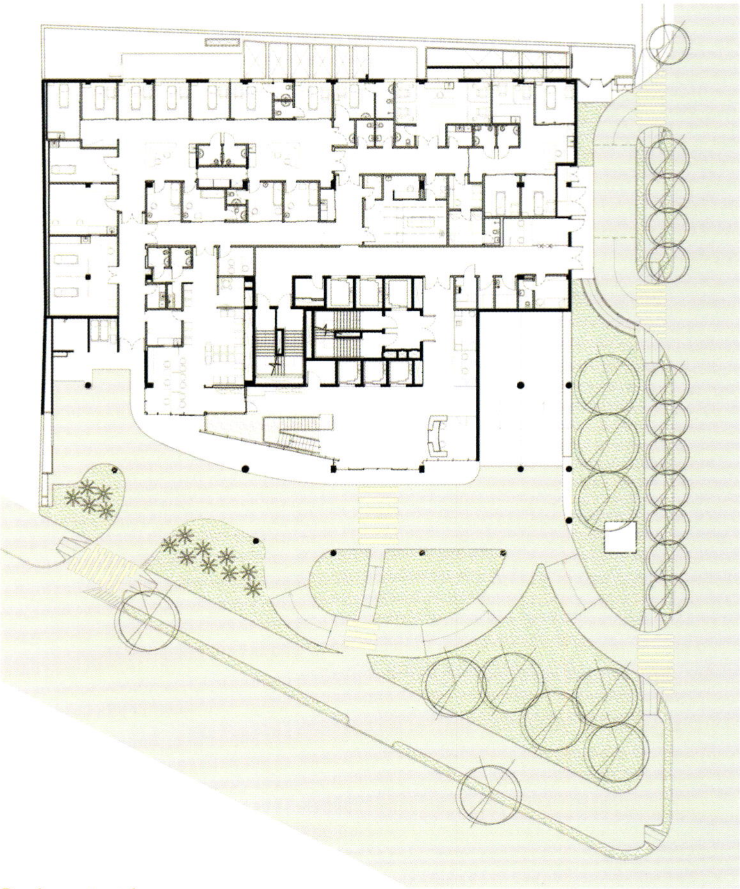

Pavimento térreo

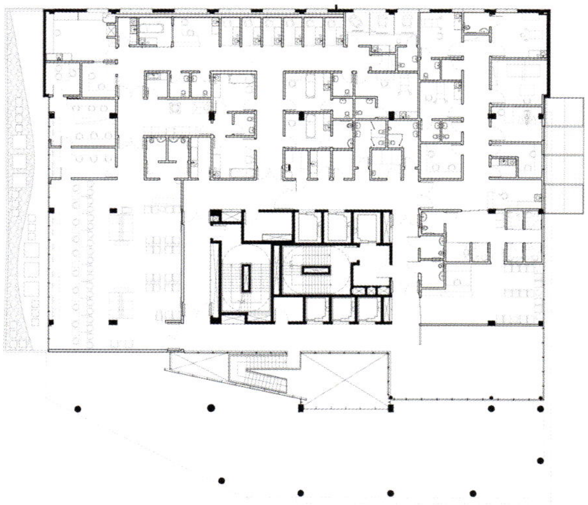

1º Pavimento

2º Pavimento

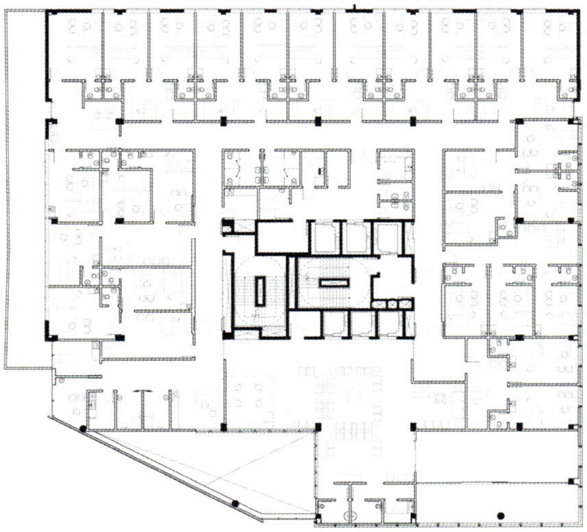

3º Pavimento

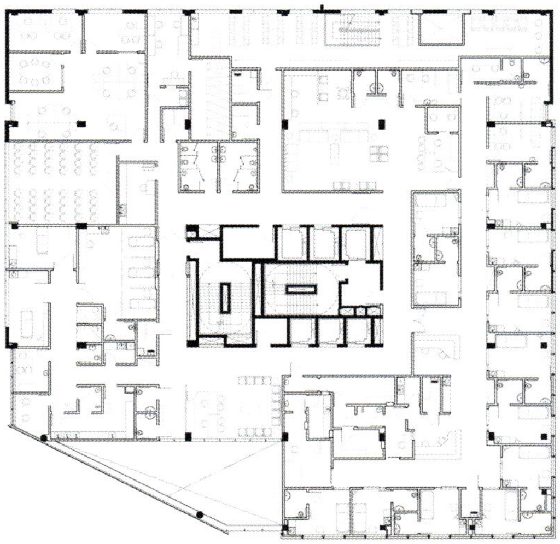

4º Pavimento

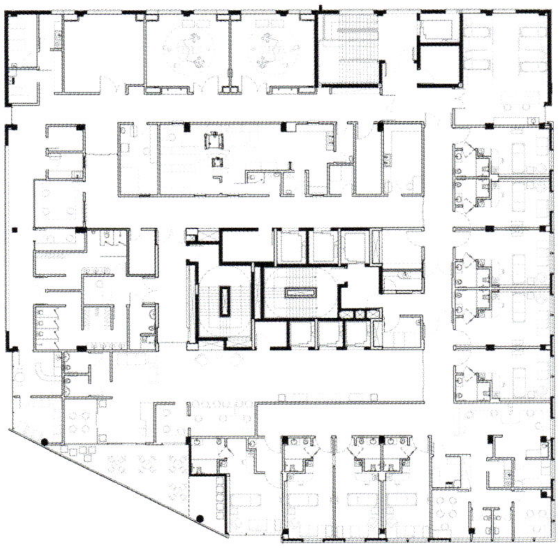

5º Pavimento

Corte

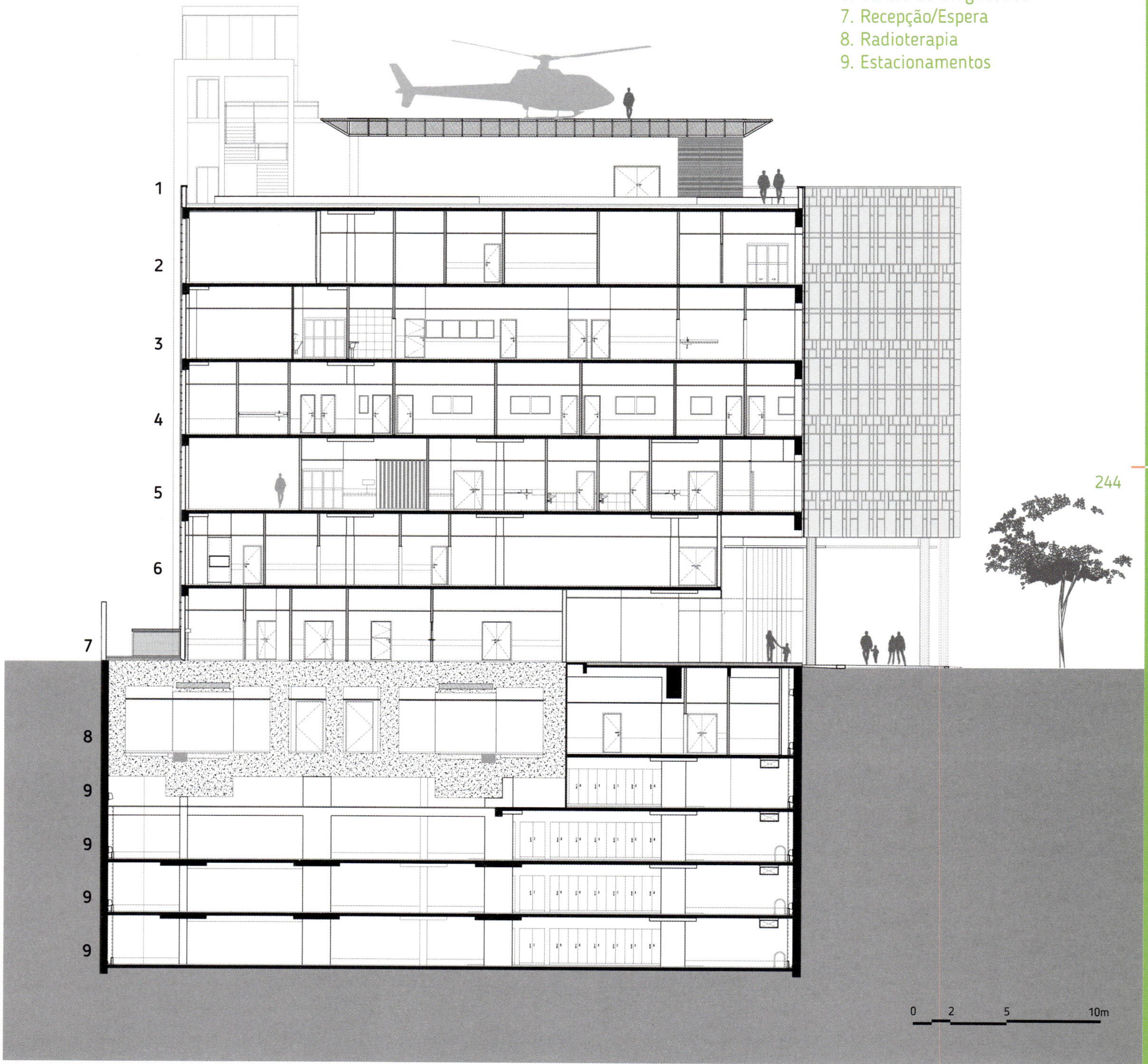

1. Heliponto
2. Quimioterapia
3. Internação/Centro Cirúrgico
4. Consultórios
5. Cárdio/Imagens
6. Centro de Diagnóstico
7. Recepção/Espera
8. Radioterapia
9. Estacionamentos

Vistas das fachadas

Acesso à emergência, à esquerda, e acesso eletivo à direita, a partir da avenida Sumaré.

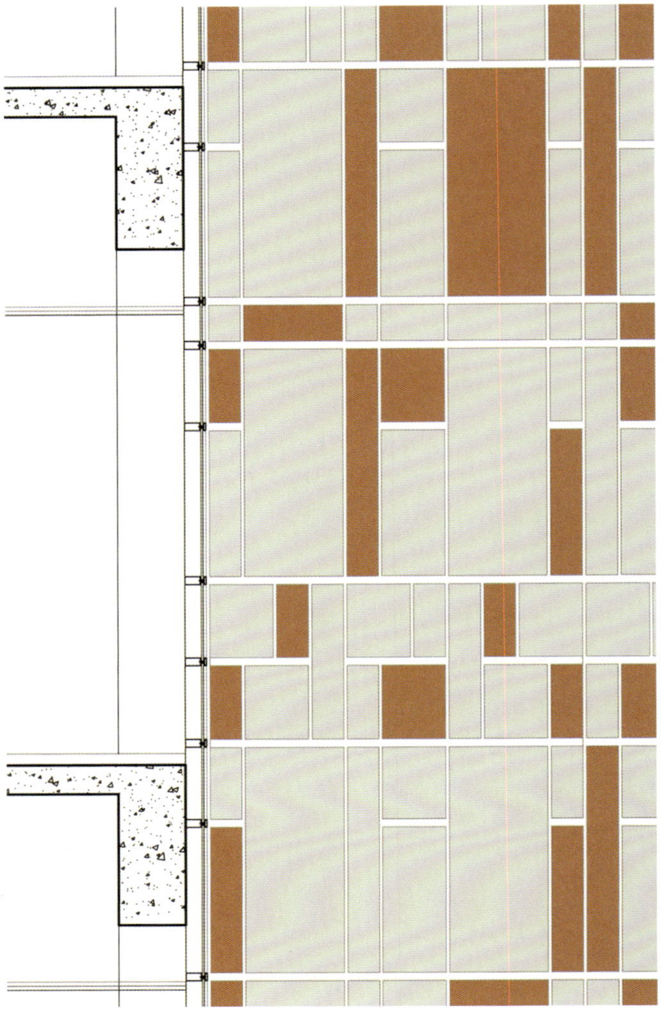

Detalhe do caixilho

Áreas de espera, priorizando iluminação natural e acolhimento.

Área de conforto de funcionários, priorizando iluminação e ventilação natural.

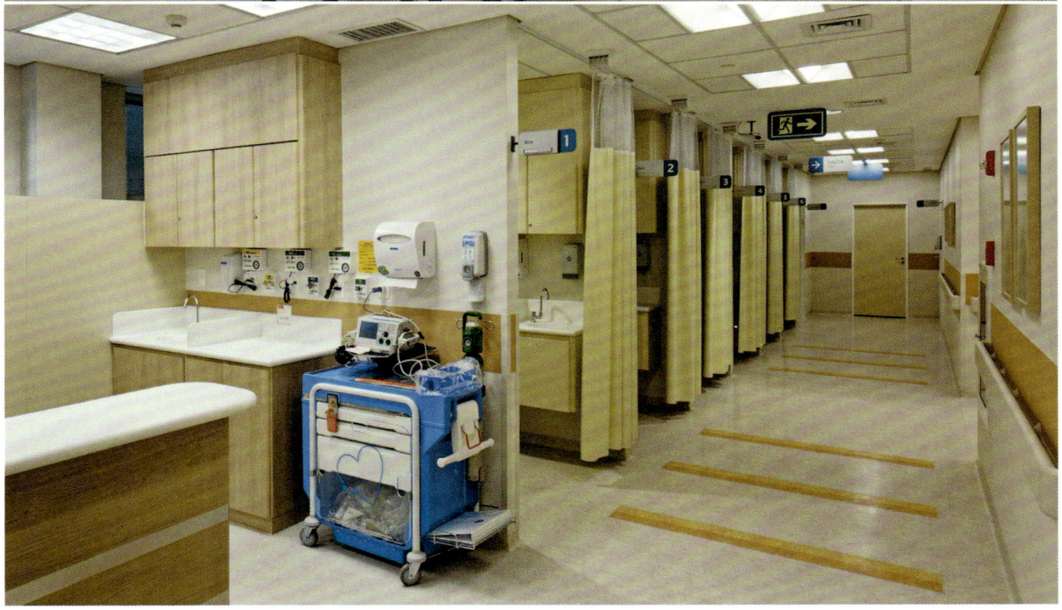

Hospital Sírio-Libanês
Velório e Centro de Inovação
252

Proposta original para unidade de inovação e velório em lote situado na área envoltória do complexo existente.

A fachada em pele de vidro, "pendurada" à edificação, garante iluminação natural às areas de circulação, estar e convivência da unidade em todos os seus pavimentos.

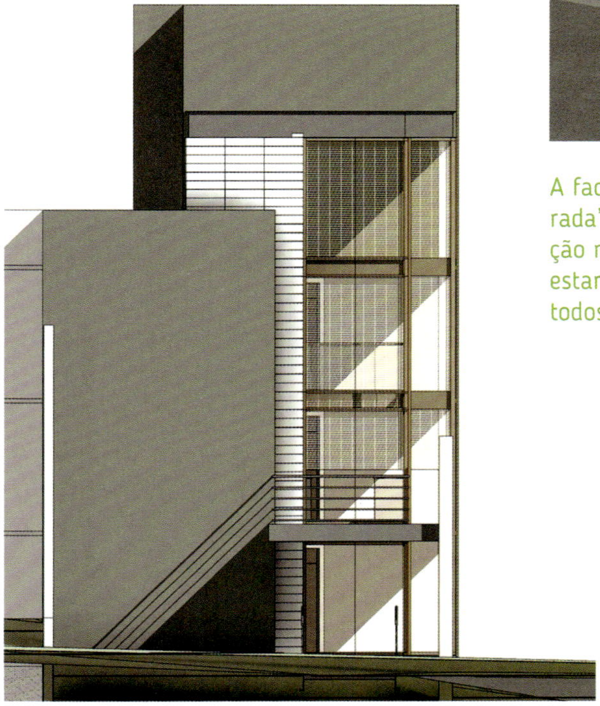

Situado em lote de esquina, o projeto organiza-se a partir de eixos longitudinais de circulação ao longo da fachada de maior extensão em seus cinco pavimentos.

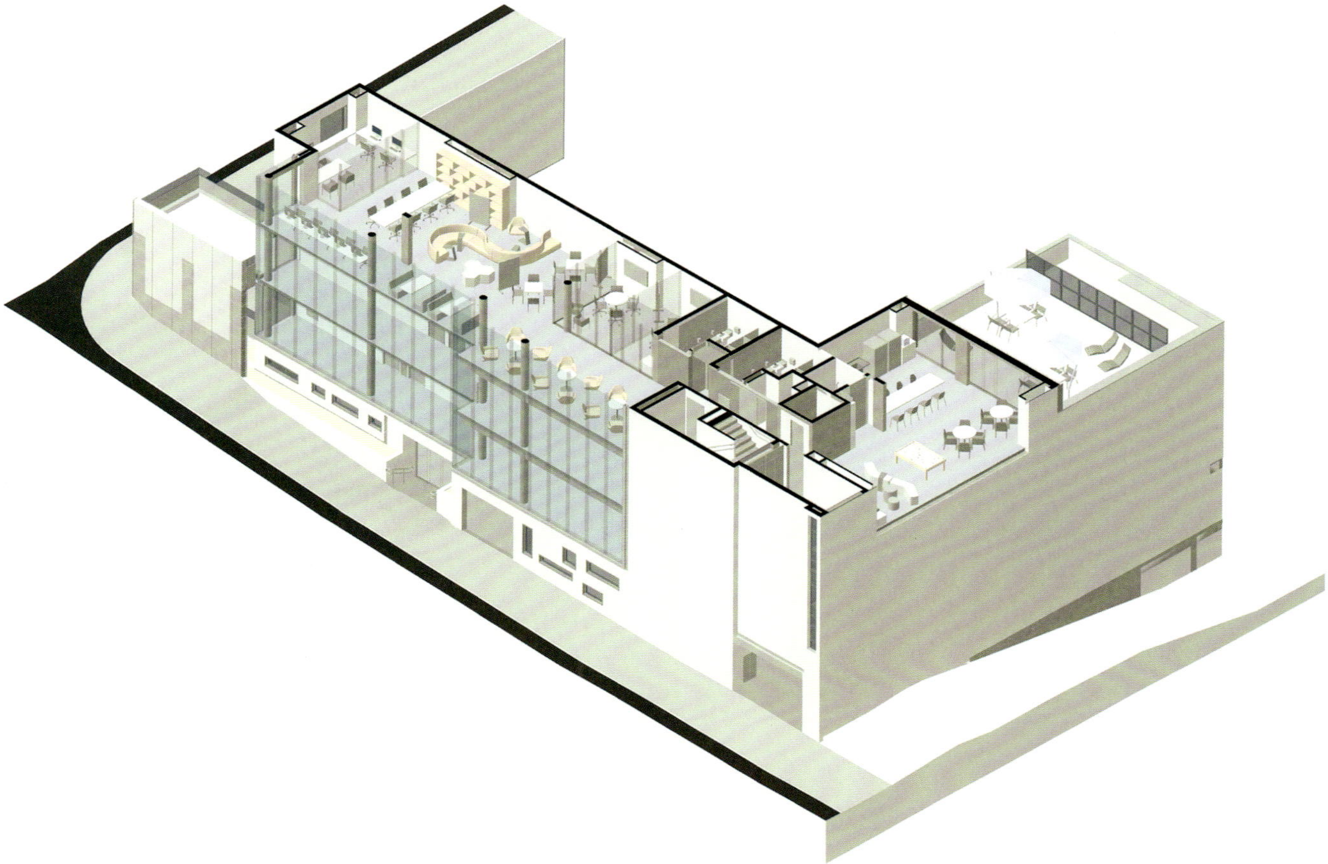

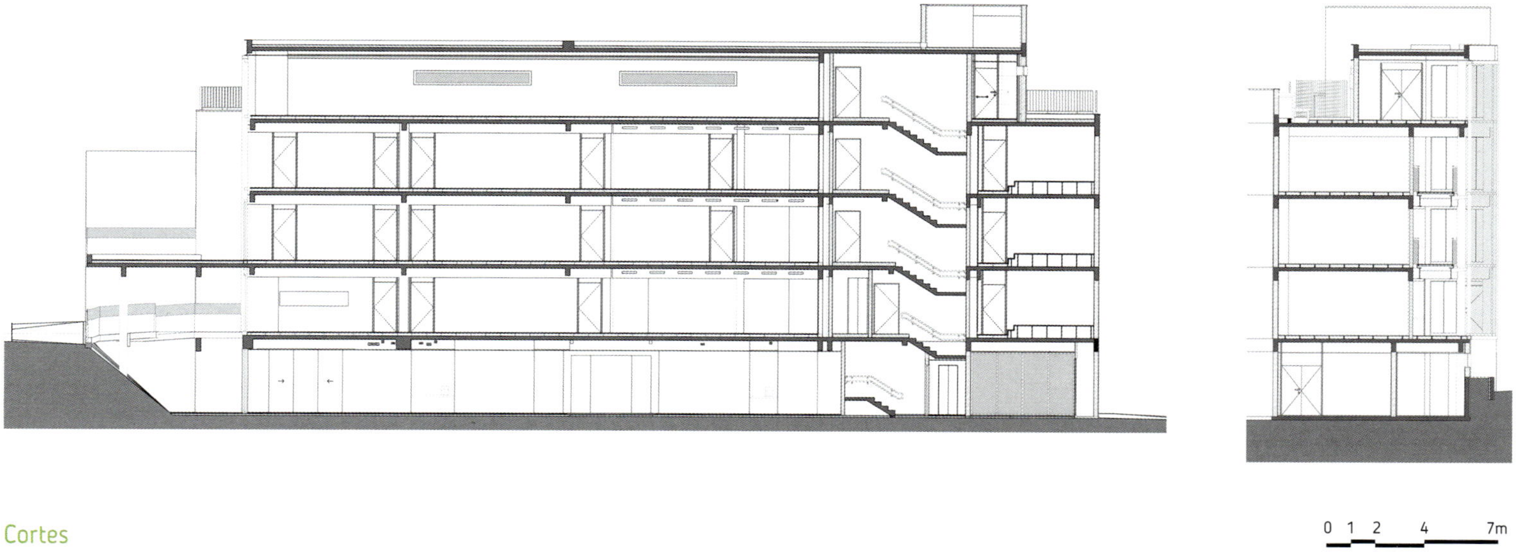

Cortes

Passarela de acesso à unidade,
garantindo mobilidade universal.

Hospital Municipal Vila Santa Catarina

Termo de Cooperação com o Hospital Israelita Albert Einstein

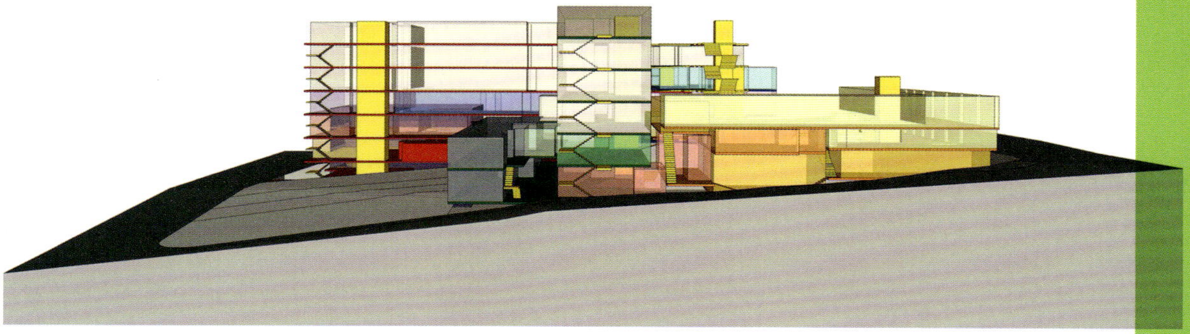

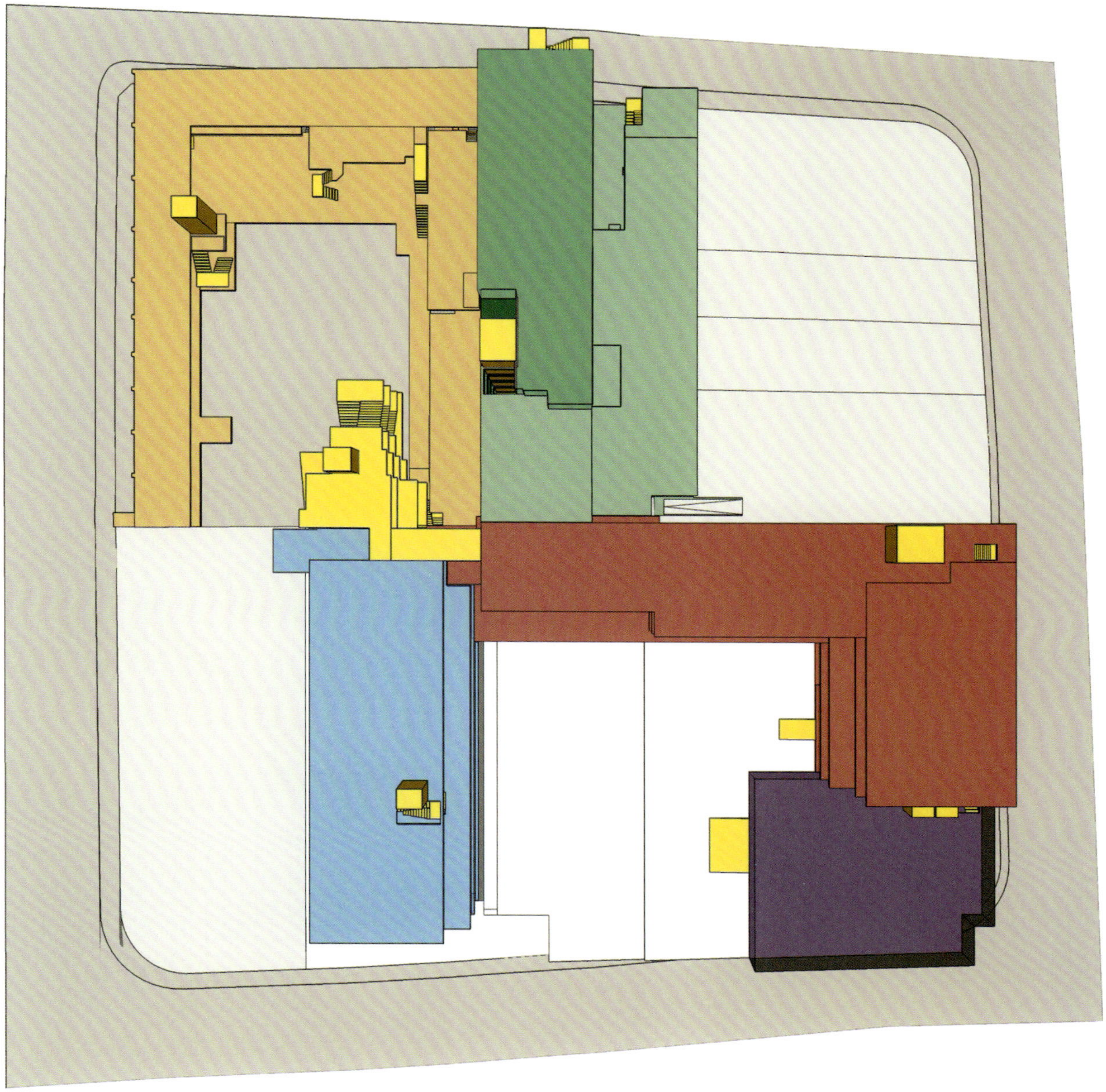

O projeto de reforma com ampliação de área, fruto de uma parceria entre a Prefeitura de São Paulo e o Hospital Albert Einstein, propõe uma unidade de saúde completamente reformulada para atendimento 100% SUS.

Ocupação.

- Bloco E (UPA – Unidade de Pronto Atendimento)
- Bloco F (Banco de Sangue, Ambulatório e Laboratório
- Bloco A (PA Obstétrico, Maternidade e Internação)
- Blocos B/C (Acesso Principal, Internação Cirúrgica, Centro Cirúrgico, Diagnóstico)
- Bloco D (Internação, Oncologia, Apoio Administrativo e Operacional)
- Circulação vertical

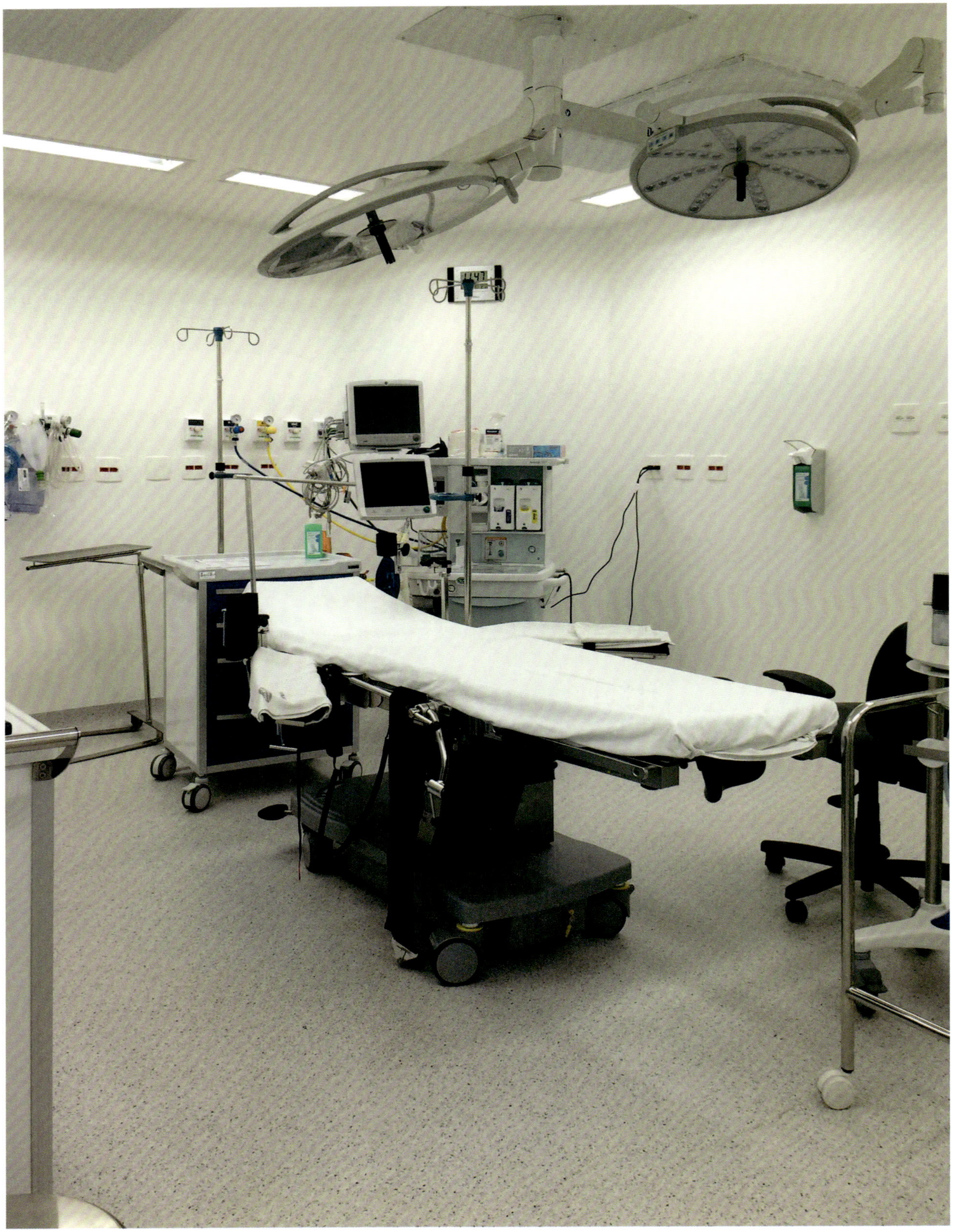

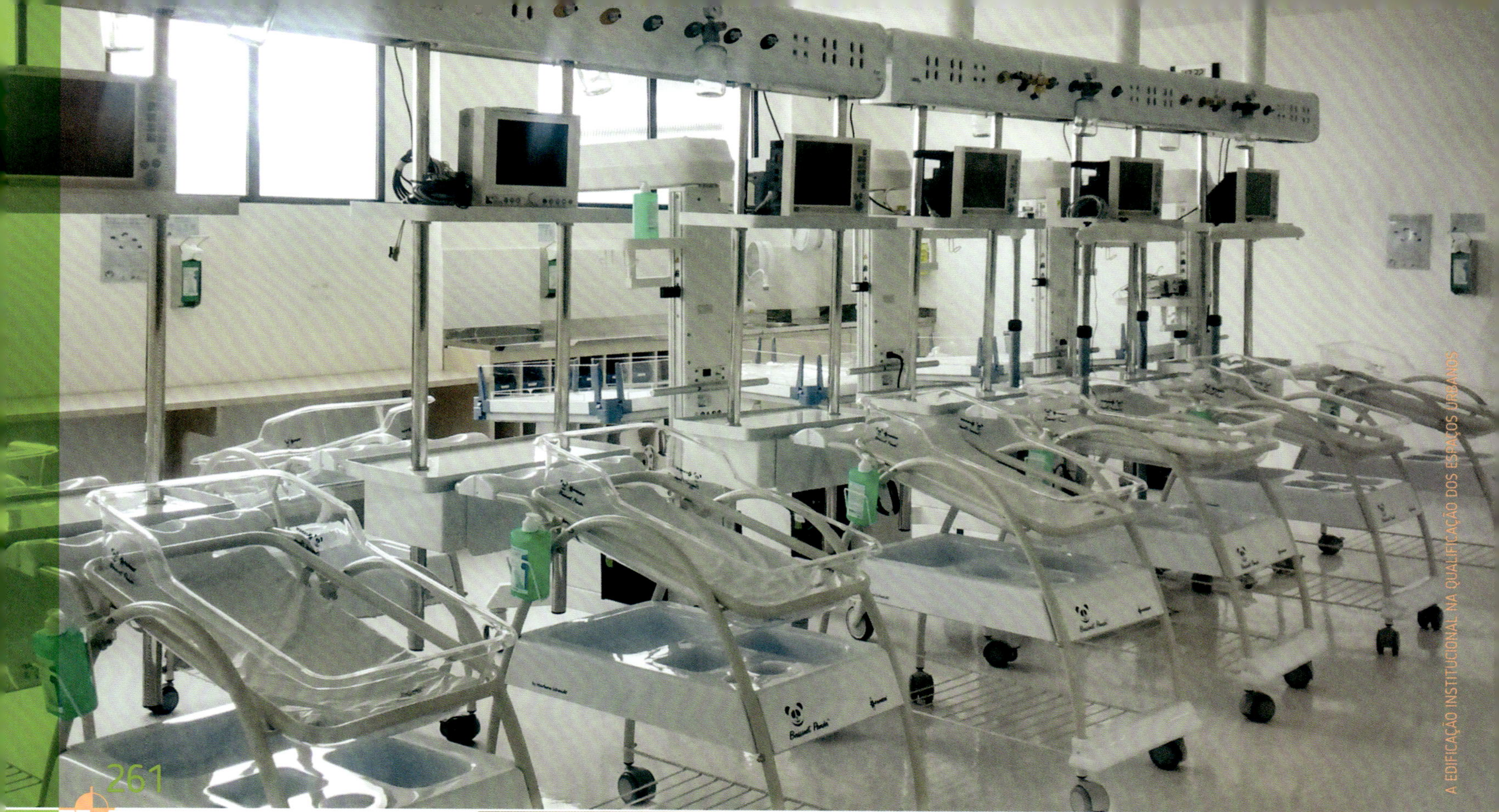

O hospital foi inteiramente reformado, tendo todos os ambientes assistenciais críticos e ambulatoriais com substituição e renovação de instalações, revestimentos e equipamentos. Centro Cirúrgico (à esquerda), Unidade de Cuidados Intermediários – UCIN e Banco de Sangue (à direita).

Implantação.

1. Hospital Geral
2. Centro Médico (Ambulatorial e Diagnóstico)
3. Centro para Longa Permanência
4. Hospital de Pacientes Crônicos
5. Centro Comercial (hotel e cultura)
6. Centro de Ensino e Inovação em Saúde

Desenvolvimento de tipologias modulares para instalação de programas de saúde em distintas situações urbanas.

Estudo para a estruturação de equipamentos modulares correspondentes a serviços por complexidade, para implantação de novo sistema de saúde em território paulista.

O estudo propõe essencialmente a implementação de programa de saúde com diversos graus de complexidade e condições de permanência, a fim de gerar a necessária interconectividade com o tecido urbano.

A conectividade se dá pela integração dos espaços descobertos da quadra com o passeio público. A paginação do piso propõe uma experiência lúdica de caminhada entre as áreas públicas e privadas, conectando o logradouro público às edificações de saúde, a partir de um percurso por meio de praças internas que interligam o térreo dessas edificações.

Vistas do módulo composto por Hospital de Transição, Centro de Diagnóstico e Praça de Acesso.

A reflexão sobre os custos operacionais das unidades de saúde, vinculados à complexidade do programa assitencial, organiza a estruturação do programa neste Business Plan. As tipologias propostas contemplam associar baixa e média complexidade por meio da instalação associada na cidade de Centros Diagnósticos a Hospitais de Transição. Pela característica programática, a previsão de áreas de convivência em virtude da condição de longa permanência é essencial.

Adicionar a esse programa a conexão com o ambiente urbano é fundamental, garantindo, dessa forma, ampliar oportunidades de relacionamento e convivência entre pacientes e a cidade, aproximando-os dos serviços e facilidades urbanas.

Implantação.

1. Hospital de Transição
2. Centro de Diagnóstico
3. Praça/Acesso

Vista do módulo que compõe o conjunto de funcionalidades propostas: Hospital de Alta Complexidade, Hospital de Transição, Centro de Diagnóstico e Praça Interna de acesso ao conjunto.

Implantação.

1. Hospital Geral de Alta Complexidade
2. Hospital de Transição
3. Centro de Diagnóstico
4. Praça Interna

Nesta composição programática prevê-se a alta complexidade, associada à tendência de curta permanência de pacientes.

Em virtude das condições urbanas para a instalação do hospital, a oportunidade de associação da alta complexidade a serviços de média e baixa complexidade demonstra elementos de sinergia altamente positivos em grandes centros urbanos, otimizando a eficiência dos serviços e o custo operacional, sobretudo em áreas que favoreçam a alta densidade construtiva.

7.2
Sobre escolas

Escolas são ambientes fascinantes que contêm na origem de seus espaços a condição essencial de fornecer a oportunidade da experiência, da convivência com o grupo e com a diversidade, do erro e do acerto, do aprendizado, do lúdico, do ócio, da criação.

Não é redundante afirmar que, por outra óptica, os equipamentos de ensino também guardam grande similaridade com componentes essenciais que estruturam os espaços urbanos, sobretudo naquilo que se refere às diversidades.

Como uma extensão da própria cidade e ao mesmo tempo do próprio lar, o edifício educacional fornece a oportunidade de experienciar em um espaço protegido relações complexas que abarcam aspectos culturais, religiosos, rituais, tecnológicos, artísticos, econômicos e políticos fundamentais para a construção de valores condizentes com o que se espera de um indivíduo, no futuro, maduro, inserido de forma ética, cidadã e responsável no contexto e realidade de sua cidade, de seu país e também de suas esperanças e sonhos pessoais.

A elaboração desses projetos trouxe grande oportunidade de pesquisa sobre novas maneiras de abordar os espaços educacionais na busca de promoção de criatividade, reflexão e interatividade. Espaços e mobiliários híbridos, multifuncionais e flexíveis. O espaço de ensino é tratado na sala de aula, nos corredores, na biblioteca, nos pátios, nas vias internas dos campi, nos jardins sob as árvores. A amplitude de alcance das experiências provenientes da relação dos alunos e professores com seus espaços e lugares é material essencial de investigação que deve pertencer ao processo de projeto, e que necessariamente surge a partir de uma delicada aproximação entre o projeto pedagógico da instituição, o planejamento financeiro e as questões espaciais, ambientais, técnicas e tecnológicas de suporte ao projeto.

A seguir, alguns projetos que nos deram a oportunidade de interagir profundamente com as instituições de ensino, resultando em revisão ou complementação dos planos pedagógicos, fruto de uma relação sinérgica bastante produtiva entre as soluções de intervenção espacial proposta e as investigações no campo pedagógico de retorno proveniente dessas experiências.

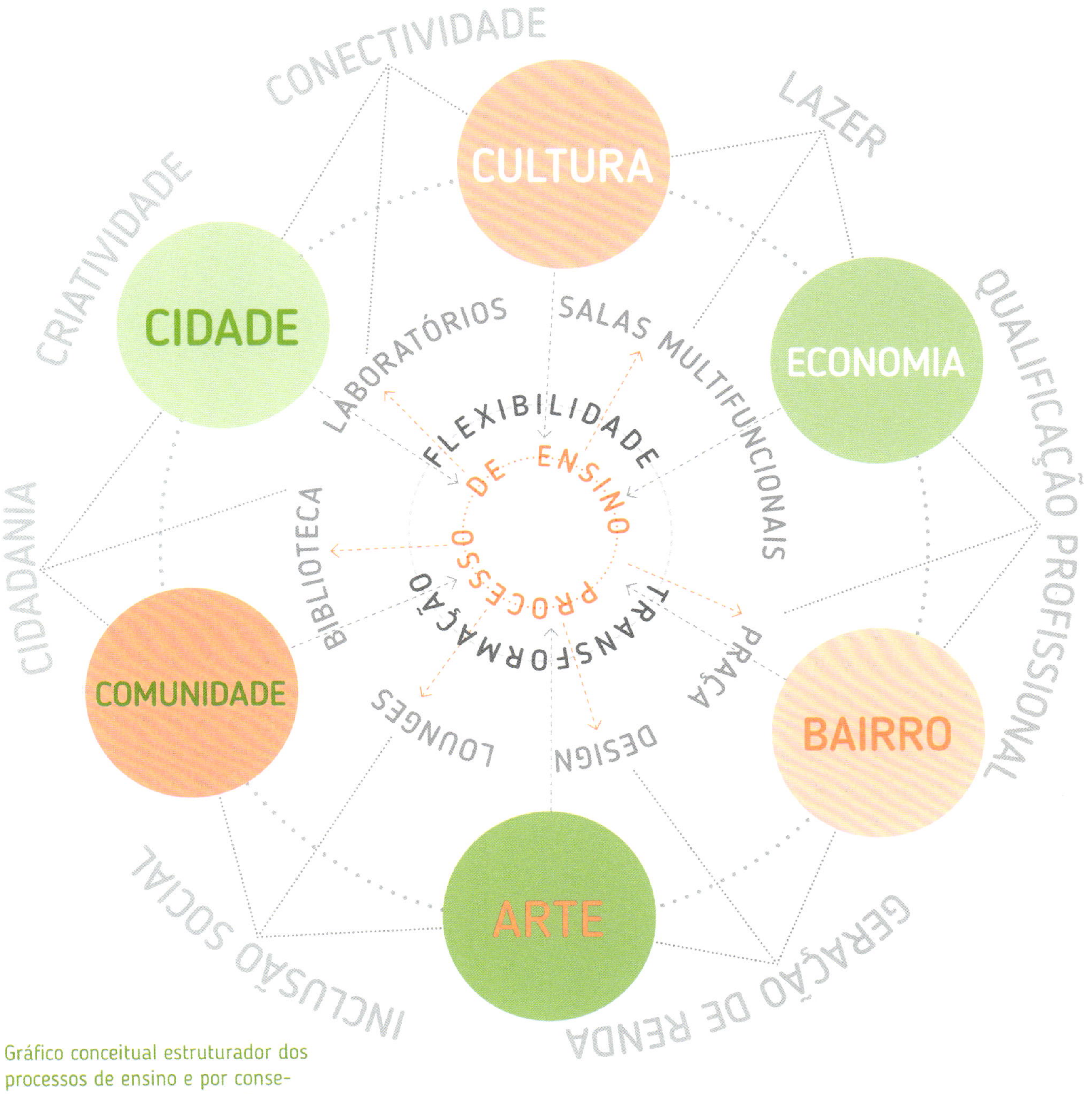

Gráfico conceitual estruturador dos processos de ensino e por conseguinte de seus espaços escolares. Foco na promoção da criatividade, reflexão e interatividade.

O processo de discussão com o colégio surgiu a partir de uma demanda de reforma do ginásio de esportes. Para além dessa discussão, a oportunidade de retirar os carros que invadiam agressivamente o campus, competindo os espaços livres com os alunos, resultou em algo extraordinário e até então não pertencente ao repertório dos alunos e dos professores do colégio.

A partir da construção do novo ginásio de esportes e do estacionamento subterrâneo, a proposta de integração e de tratamento dos espaços livres do campus como efetivos espaços pedagógicos trouxe outra dimensão na experimentação dos espaços do colégio, bem como uma sensação de pertencimento aos alunos. Aquilo que antes era uma experiência de segregação, que fisicamente delimitava o espaço do colégio e efetivamente impedia a livre circulação dos alunos para quaisquer partes do campus, passou a oferecer uma experiência de liberdade e integração associada a um novo exercício de respeito e definição de limites entre os estudantes. O espaço integrado os aproximou simbolicamente da direção, por meio da criação de uma grande praça no coração central do campus.

Plano Diretor do Colégio Santa Cruz, visando ações qualificadoras de mobilidade e integração entre as unidades pedagógicas do colégio. Novo pavimento, integrador das diferentes alas do campus.

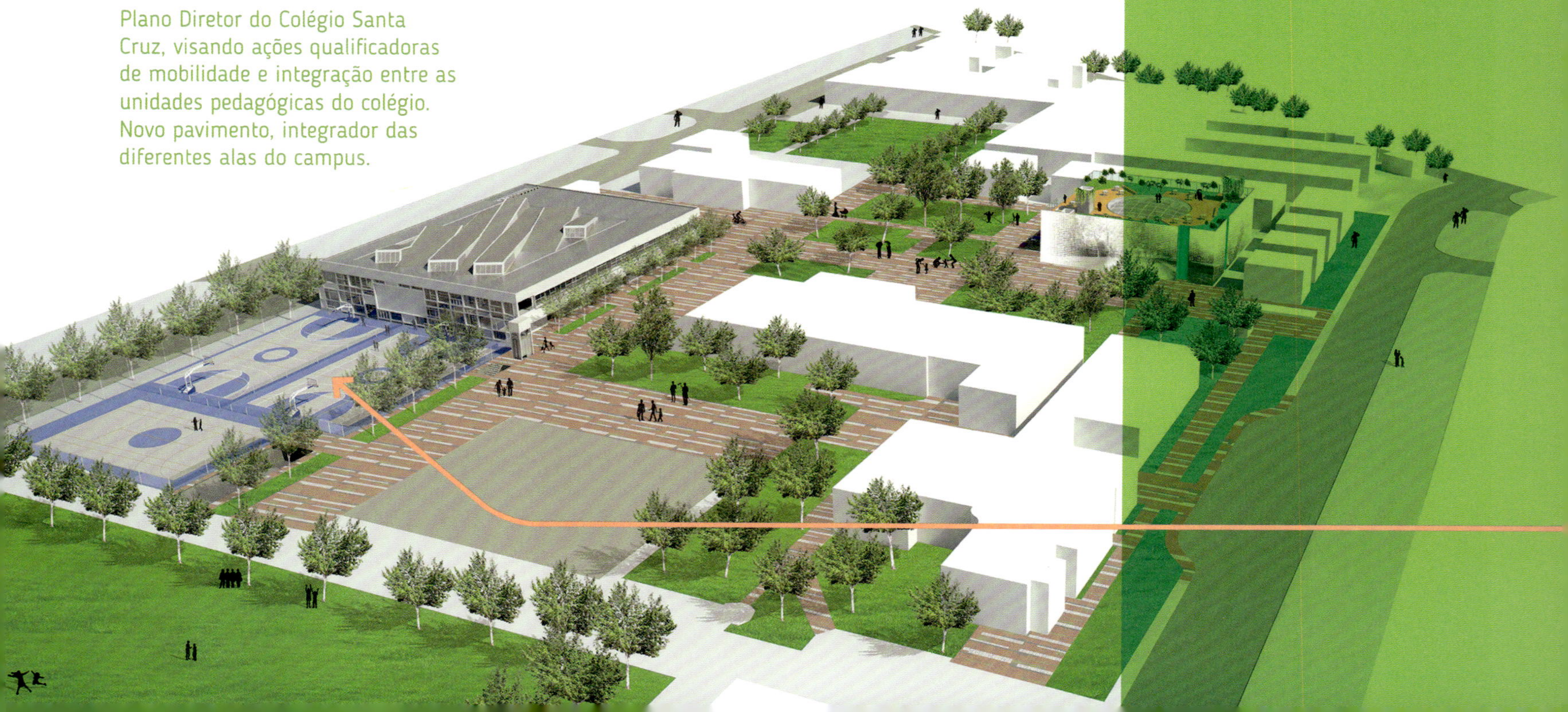

Elevação do projeto executado do cinema ao ar livre no pátio das quadras descobertas do colégio.

Ginásio existente antes das obras de intervenção.

Vista a partir do novo ginásio para as quadras descobertas.

Vista do novo ginásio a partir das quadras descobertas, com a tela de projeção para eventos ao ar livre.

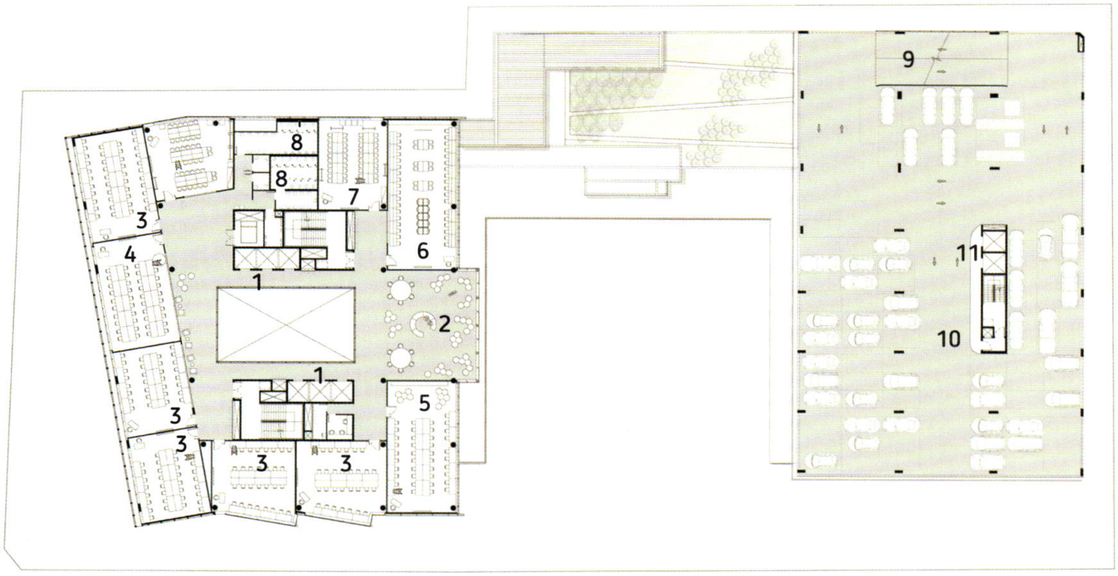

Planta 4º pavimento.

BLOCO 1
1. Elevadores
2. Lounge multiúso
3. Laboratório de informática (PC)
4. Laboratório de informática (MAC)
5. Laboratório de informática – Criação de jogos
6. Laboratório de hardware
7. Salas multifuncionais
8. Sanitários

BLOCO 3
9. Rampa de veículos
10. Estacionamento
11. Elevadores

BLOCO 1
1. Elevadores
2. Laboratório de hospedagem
3. Laboratório de hospedagem – Turismo
4. Laboratório de sala e bar
5. Laboratório de cozinha pedagógica
6. Laboratório de padaria e confeitaria
7. Apoio
8. Sala multifuncional
9. Sanitários/vestiários

BLOCO 3
10. Rampa de veículos
11. Estacionamento
12. Elevadores

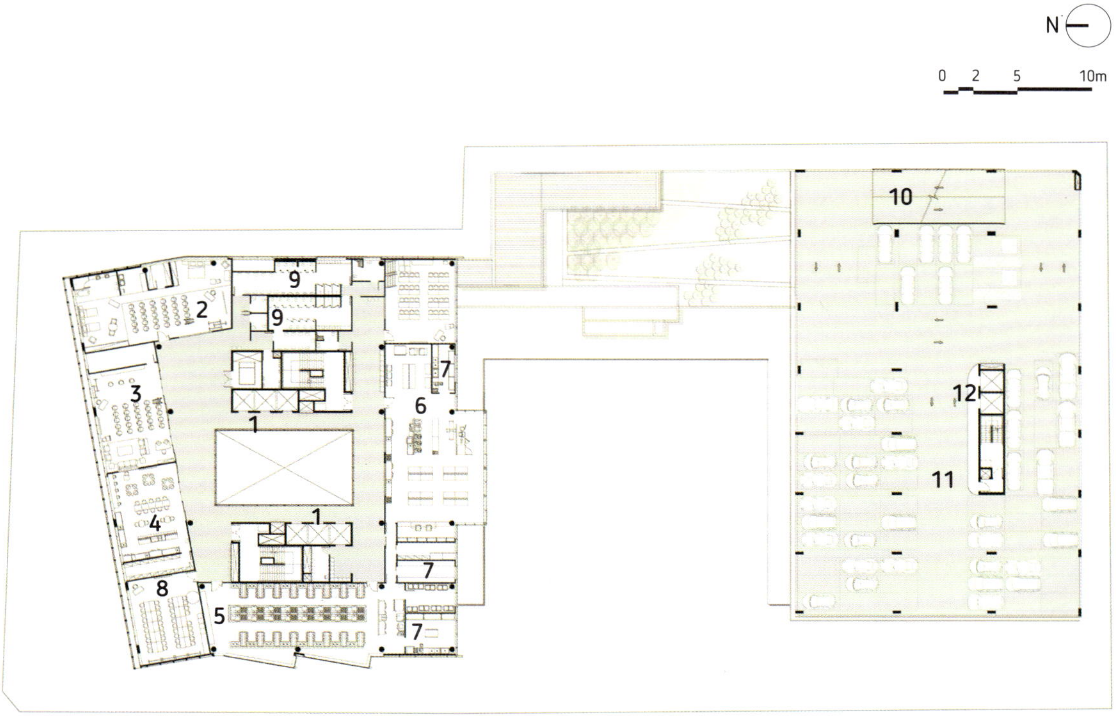

Planta 5º pavimento.

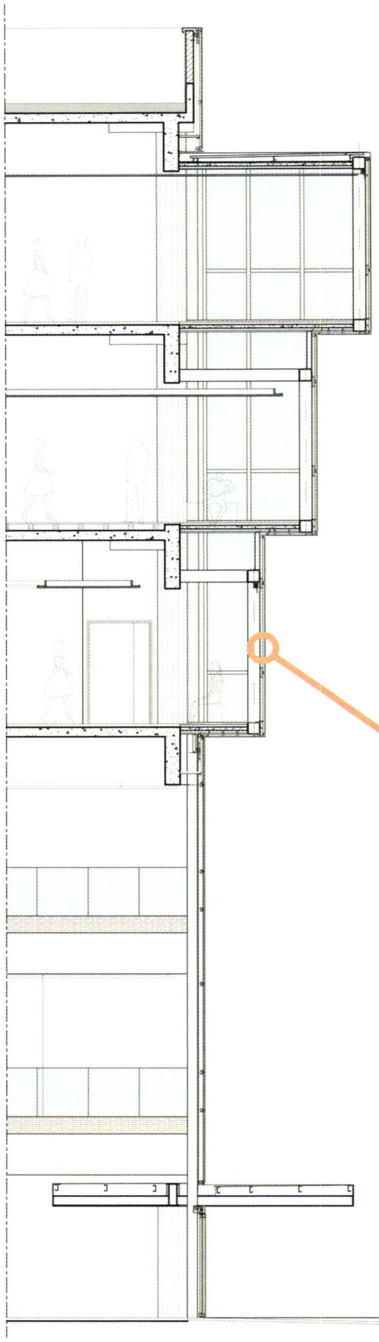

Detalhes da estrutura metálica engastada à de concreto na fachada sul.

À esquerda, vista da fachada sul em pele de vidro com frente para a praça interna. À direita, vista da fachada oeste, ventilada, para a av. Rosário, garantindo conforto termoacústico à unidade de ensino.

5
4
3
2
1
T

Vistas do Bloco composto por atividades de ensino e administrativas nos primeiros pavimentos e garagem nos demais. Fechamento dos pavimentos de garagem com sistema tênsil serigrafado, garantindo ventilação e iluminação natural, bem como meio de interlocução com a cidade a partir das atividades ofertadas na unidade para capacitação profissional da população interessada.

Atrium de acesso principal, configurando grande boulevard de conexão entre a av. Marechal Tito e a av. Rosário.

Vista da biblioteca da unidade.

A iluminação zenital do atrium é multiplicada pelo móbile composto por placas de policarbonato alveolar, item essencial do projeto luminotécnico (Studio IX).

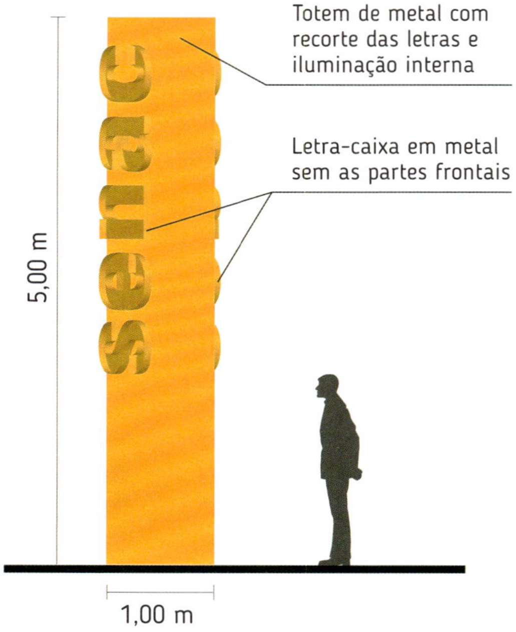

Totem – vista frontal.

Vista superior.

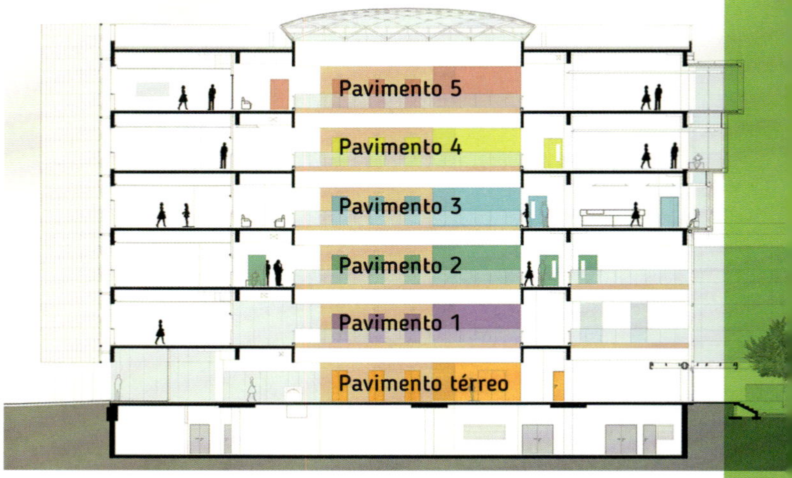

Projeto de Comunicação Visual (Oz Design) integrado à arquitetura. A estrutura cromática organiza a grade programática da Unidade de Ensino. Ilustrações em grandes formatos direcionam de forma lúdica para as atividades do programa pedagógico realizadas em cada andar.

Pavimento térreo

Pavimento 2

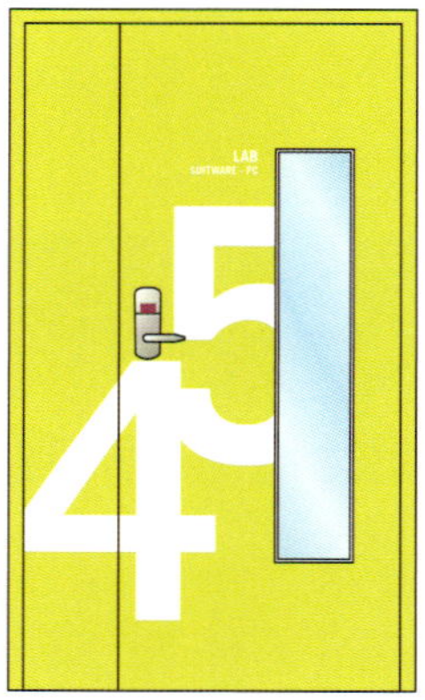

Pavimento 4

Pavimento 1

Pavimento 3

Pavimento 5

Mobiliário, ilustrações, totens, sinalização: componentes do Projeto de Sinalização e Comunicação Visual da unidade.

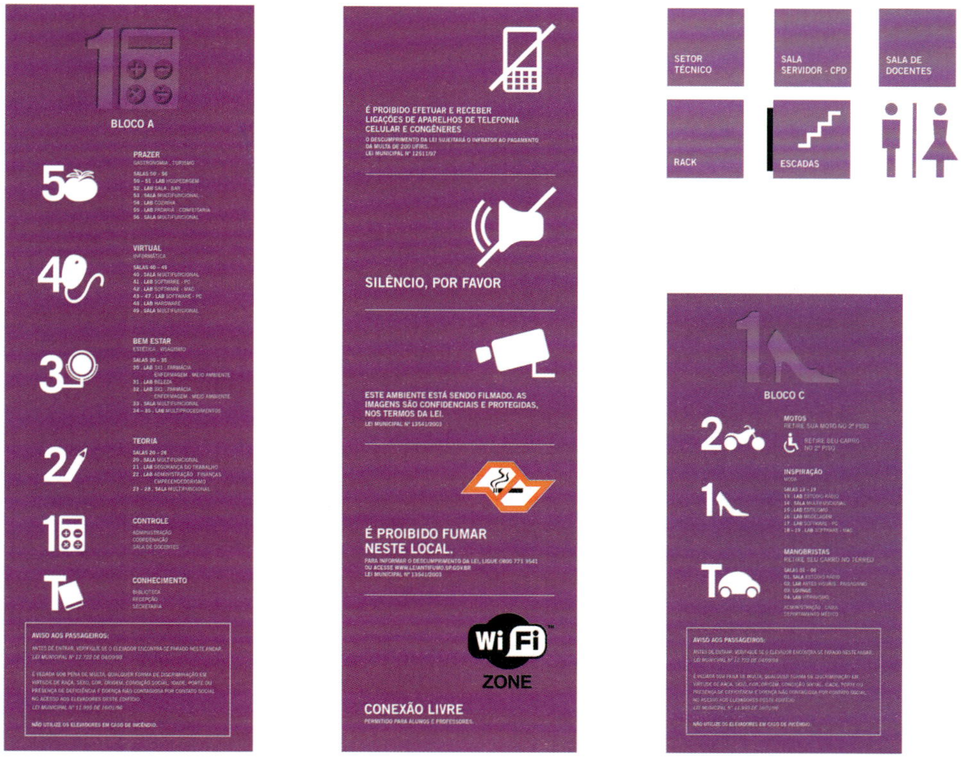

Senac

Unidade Bebedouro, SP

Imagens do projeto da unidade no município de Bebedouro.

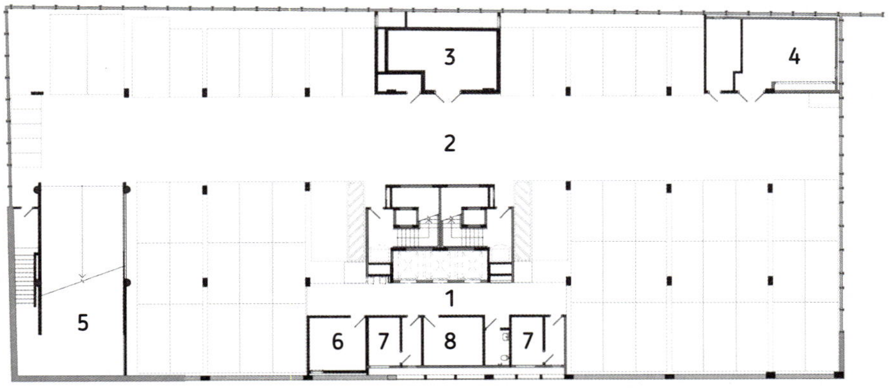

1. Circulação
2. Estacionamento
3. Sala de gerador
4. Cabine primária
5. Reservatório inferior
6. PTR
7. Sala de pressurização
8. Conforto manobristas

Planta subsolo.

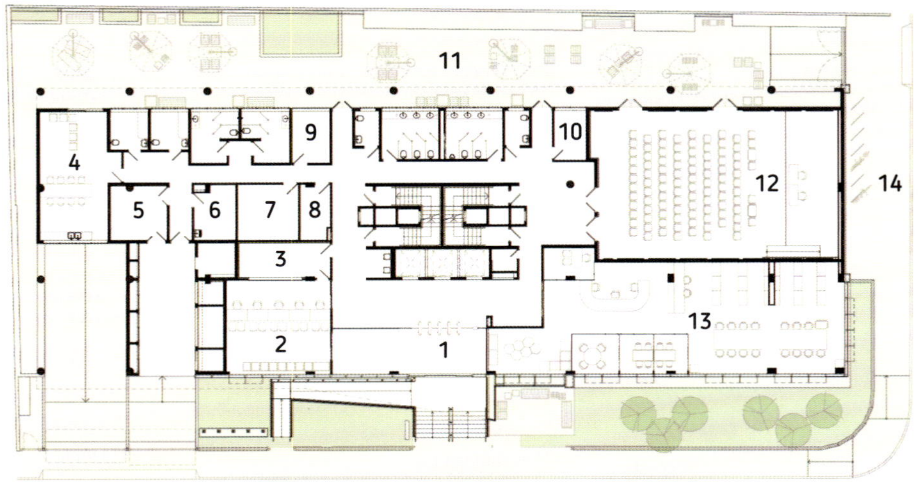

1. Circulação
2. Atendimento
3. Atendimento telefônico
4. Cozinha – conforto
5. Recebimento
6. DML
7. Manutenção
8. Almoxarifado
9. Segurança
10. Sala técnica estabilizadores
11. Conforto externo – jardim pedagógico e convivência auditório
12. Auditório
13. Biblioteca
14. Bicicletário

Planta pavimento térreo.

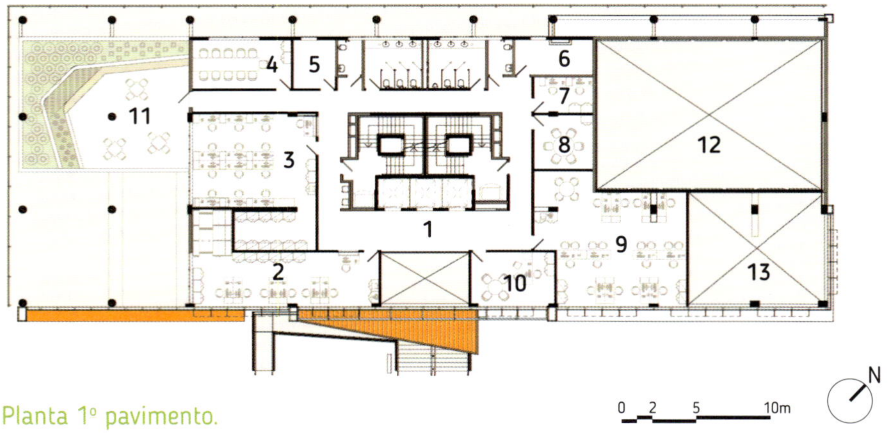

1. Circulação
2. Secretaria educacional
3. Setor administrativo
4. Sala de reunião
5. Depósito
6. Sala técnica servidores
7. Suporte de informática
8. Sala de reunião
9. Setor técnico
10. Gerência
11. Terraço coberto
12. Vazio auditório
13. Vazio biblioteca

Planta 1º pavimento.

1. Circulação
2. Terraço
3. Sala de espera
4. Laboratório de beleza
5. Laboratório de multiprocedimentos
6. Depósito de multiprocedimentos
7. Esterilização
8. Expurgo
9. Laboratório 3 x 1 – farmácia, enfermagem e meio ambiente
10. Sala técnica – rack
11. Sala de docentes
12. Salas de aula

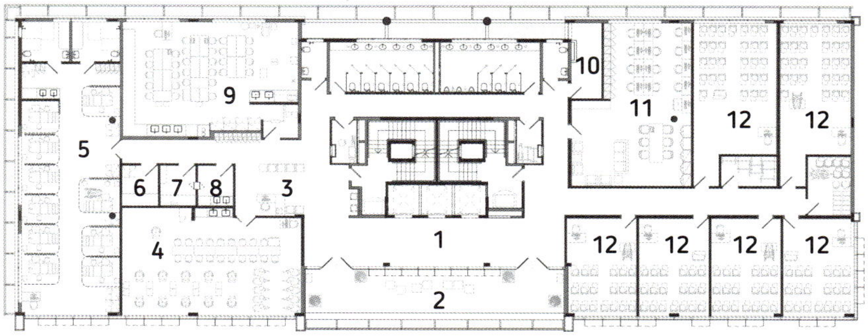

Planta 2º pavimento.

1. Circulação
2. Laboratório de cozinha
3. Sala bar
4. Depósito de mobiliário
5. Depósito de utensílios
6. Paramentação – cozinha
7. Sala técnica – rack
8. Atelier de criação
9. Área de convivência
10. Terraço
11. Salas de aula

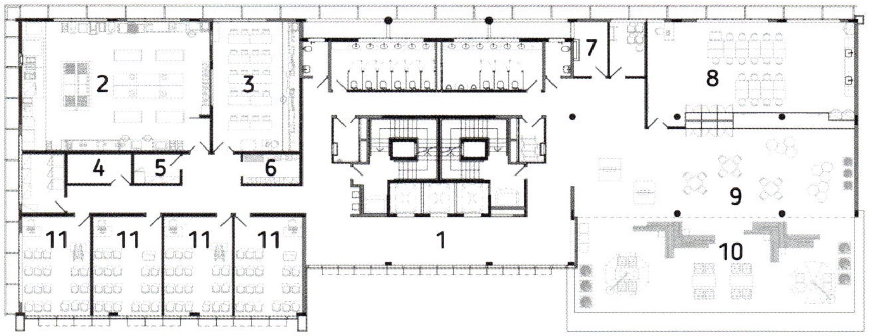

Planta 3º pavimento.

1. Circulação
2. Laboratório de software
3. Laboratório de software
4. Sala armazenamento de equipamento
5. Sala técnica – rack
6. Laboratório móvel laptops
7. Laboratório de hardware
8. Salas de aula

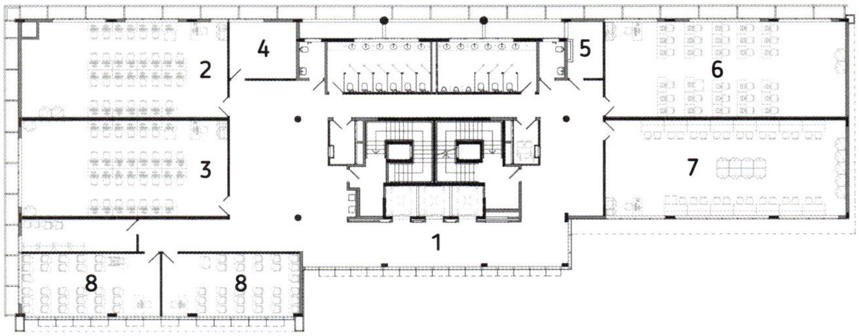

Planta 4º pavimento.

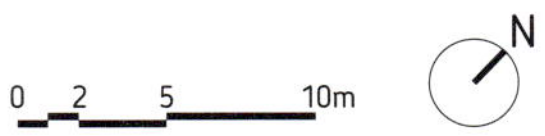

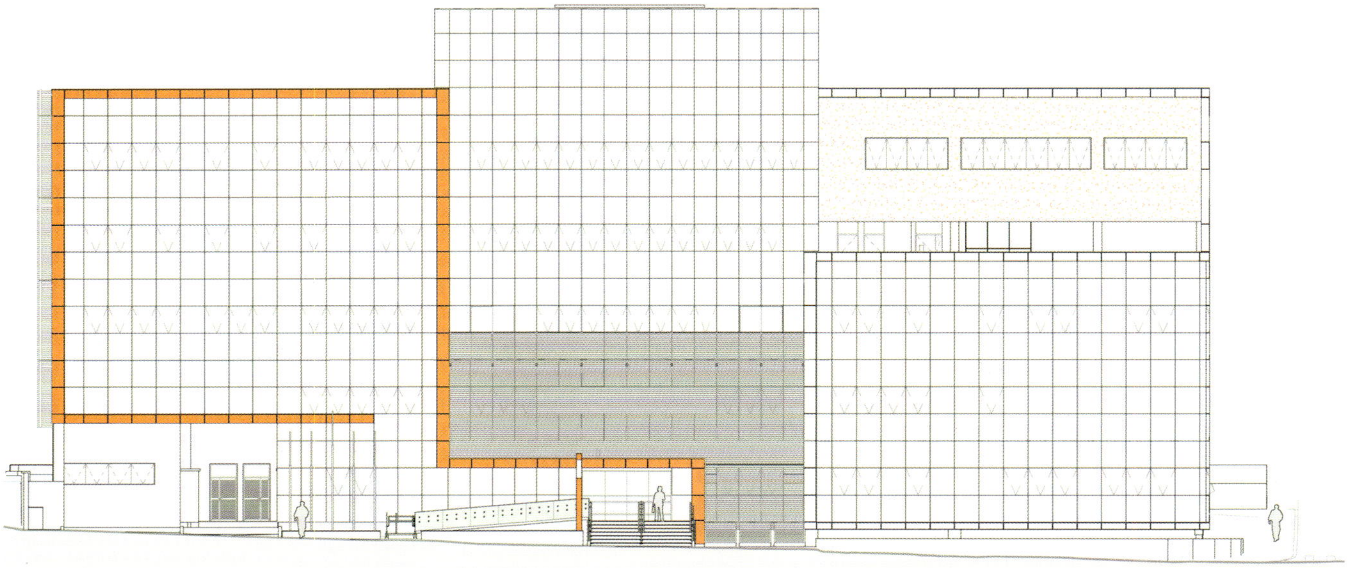

Elevação frontal da Unidade
Bebedouro do Senac.

Área de convivência coberta
integrada à área descoberta.

A estrutura cromática, a comunicação visual e o layout interno atuam de forma lúdica e integrada com a grade programática estabelecida para a unidade.

Áreas de convivência coberta e descoberta integradas.

Hospital Albert Einstein
Unidade Morato de Ensino
Faculdade de Medicina e Enfermagem

Projeto de reforma de antigo galpão adaptado para receber a ampliação da Faculdade de Medicina e Enfermagem do Instituto de Ensino e Pesquisa Albert Einstein, Unidade Morato. À direita, o corredor de conexão das salas de aula às áreas de convivência.

Salas de aula da unidade. Ambientes flexíveis, adaptáveis aos diversos formatos de aulas desejados pela instituição.

O projeto parte do conceito da criação de espaços dinâmicos, flexíveis e interativos, a fim de estimular a criatividade, a convivência, a conexão e a integração dos alunos, ao mesmo tempo que a vivência e a experiência técnica profissional acontecem nos ambientes adaptáveis ao modelo pedagógico.

Com a expansão das salas de aula e de laboratórios multiúso, o conjunto incorporou também novos ambientes de estudo coletivo e individual, um deque descoberto ajardinado para conforto e espaço de convivência coberto, com café e área de descanso. A circulação ganha monitores interativos com a programação das salas de aula, campanhas e referências da identidade visual da instituição.

7.3
Sobre museus

Acima, o interior do Incinerador reformado para receber áreas de exposições temporárias e a exposição permanente sobre a construção da praça Victor Civita e sobre processos de remediação, descontaminação e reabilitação em áreas urbanas.

Ao lado, vista da praça Victor Civita. Incinerador de lixo e piso de paralelepípedos originais foram recuperados. À esquerda, deque metálico suspenso com piso de madeira.

Museus, considerando o conteúdo programático, socioeducacional, cultural e urbano que vimos estudando ao longo do tempo, vão muito além de espaços destinados à preservação e à exposição de obras de arte que, sobretudo, guardam as relíquias do passado. Museus são espaços essencialmente dedicados à exposição e experimentação de conhecimento, criatividade, aprendizado e reflexão. Espaços que nascem da necessidade vital de não só abordar um tema, mas suscitar reflexão a partir de algo exposto, propiciando interatividade, criação e, portanto, mudança. Mudança de visão de mundo... de comportamento... de conhecimento... de entretenimento... de como se encontrar com os outros, relacionar-se, divertir-se, descobrir-se e se posicionar... Museus são espaços provocativos, metaespaços, capazes de contribuir na visão de mundo das pessoas a partir das experiências por eles oferecidas.

Espaços urbanos e edificações institucionais em geral, independentemente de sua escala – um edifício, uma via pública, um parque, um bairro –, em sua essência, podem e devem ser tratados como museus, como entidades capazes de oferecer a oportunidade da interação, do aprendizado e da transformação.

A oferta de conteúdo vinculado às práticas urbanas com responsabilidade ambiental, assim como a produção de energia limpa, a construção de hortas orgânicas e hidropônicas garantem a qualificação do transitar e do permanecer neste lugar, reservando-lhe a caraterística de Museu Aberto.

Na página ao lado, vista do Parque Museu Aberto Cratera de Colônia, antes e depois da intervenção.
O percurso temático prioritário ao pedestre delineia-se por meio de paginação de piso, identificando a rota temática que oferece pelo caminho, junto a espaços de convivência e contemplação e displays expositivos abordando questões relacionadas ao patrimônio ambiental e cultural, bem como ações de responsabilidade urbana, como coleta seletiva, reciclagem, hortas familiares, etc.

À direita, um dos mirantes propostos, onde se faz possível enxergar a depressão geológica, perímetro tombado pelo patrimônio histórico da Cratera de Colônia.

Ampliar as oportunidades de usufruto dos espaços dos reservatórios da Sabesp como áreas de lazer, descompressão e educação resultou nesta proposta vencedora de concurso promovido pela Companhia. A resposta a esse objetivo deu-se por meio do tratamento das áreas de intervenção, como Parques-Museus. De forma lúdica e experiencial, os usuários dos parques têm acesso a conteúdos temáticos relacionados à água – sistema de distribuição, tratamento, reservação e consumo –, bem como a temas de responsabilidade ambiental relevantes para os cidadãos.

Abaixo, a paginação do piso monolítico drenante demarca a rede de distribuição de água responsável por garantir o acesso a esse importante ativo aos moradores da cidade.

Percursos totalmente acessíveis garantem atendimento universal a todos os ambientes do parque. Mirantes: deques metálicos garantem espaços de contemplação com ampla visualização da região.

Displays expositivos abordam curadoria ambiental, garantindo ao parque função educativa para além do lazer e convivência.

Deque metálico garante mobilidade acessível e condições favoráveis de percolação das águas de chuva.

Acima, no alto, vista da circulação acessível em estrutura metálica. À esquerda, observamos a área de convivência e contemplação em piso elevado sobre o reservatório de águas existente, solução que garante a reservação e reúso das águas de chuva.

O estudo propõe, na escala urbana, a instalação de um parque-museu ao longo da av. 9 de Julho, enaltecendo tanto a memória do bairro do Bixiga, como resgatando a da imigração italiana na construção da cidade de São Paulo. Associada à temática histórica e afetiva de construção do bairro e da cidade, a proposta traz temas relevantes à qualidade das cidades, propiciando, por meio da EXPERIÊNCIA, o uso qualificado de espaços públicos, ampliando, para além das funções de mobilidade e drenagem, funções de inclusão social, educação ambiental e comprometimento cidadão.

O "antes" e o "depois" ilustram a remoção do viaduto Plínio de Queiroz e a criação do Parque-Museu, considerando pavimentação drenante, remodelação dos sistemas de mobilidade, intensificação da arborização, instalação de mobiliário urbano e previsão de permissão de uso do espaço público para atividades culturais e gastronômicas.

Parte

Legislação

VELOCIDADE MAXIMA 40 KM/H
RUA SAO CARLOS DO PINHAL
RUA ITAPEVA
ALTURA MAXIMA 4.3 M

e opo

rtunidades

Capítulo 8

O arquiteto urbanista e a intimidade com a legislação urbanística e edilícia

As legislações devem ser lidas e desvendadas em suas mais silenciosas e intrigantes intimidades!

Nos capítulos anteriores, discorremos sobre as formas de atuação do arquiteto urbanista; abordamos, ainda, o papel político que esse profissional desenvolve ou desejavelmente deveria desenvolver na sociedade e sobre uma série de aspectos que envolvem a elaboração e a execução de um projeto de arquitetura ou de urbanismo. Em todas essas discussões, de forma mais ou menos enfática, lançamo-nos de instrumentos legislativos, normas técnicas e convenções para apresentar uma tese que vem pautando nossa experiência profissional que é condição *sine qua non* no exercício da profissão: o arquiteto urbanista deve ter profunda intimidade com as leis e normas que regem as questões urbanas e edilícias e deve, acima de tudo, apropriar-se dessas leis em favor do projeto.

Ao ingressar no mercado de trabalho, o arquiteto urbanista se depara com uma infinidade de leis e normas que deve seguir. Para tentar organizar um pouco esse emaranhado de instrumentos legais, vamos dividi-los em quatro grandes grupos que, de certo modo, correspondem a distintas perspectivas projetuais: o da sociedade, voltado às questões culturais, educacionais, trabalhistas, sociais, econômicas, de mobilidade, de direitos humanos, de desempenho, de infraestrutura e de tecnologia; o do ambiente, que se refere às questões da preservação ambiental, da saúde pública, da gestão dos resíduos e do uso inteligente dos recursos naturais; o do espaço urbano, relacionado às questões da configuração da paisagem urbana e das condições de parcelamento, uso e ocupação do solo; o do objeto construído, referente às questões edilícias afetas ao funcionamento adequado do edifício do ponto de vista dos afastamentos, da acessibilidade e da segurança.

Independentemente do tipo e da escala do projeto, é certo que haverá pontos de intersecção entre todas as perspectivas projetuais apontadas. Neste sentido, as inter-relações que venham a se impor trarão consigo a inevitável e complexa combinação e compatibilização entre legislações e normas técnicas que compõem subliminarmente o repertório e a inteligência – ou, às vezes, desinteligência – de uma sociedade.

A legislação está diretamente relacionada à cultura da sociedade a seu tempo. É fruto dela em todas as dimensões possíveis e imagináveis. Ela aparece, em geral, para suprir uma determinada necessidade, para ocupar uma determinada função e regrar competências, direitos, deveres. Nesse sentido, esse instrumento de extrema potência é um testemunho vivo das entranhas de uma sociedade. A legislação é capaz de traduzir a ideologia, os vícios, a maturidade ou a falta dela em uma sociedade. Também reflete valores como a liberdade, os direitos individuais e coletivos, a qualidade das relações sociais, a relação com o trabalho, com o meio ambiente, com a memória, com o patrimônio privado e público. Abrange as condições de confiança, da qualidade das modalidades comerciais, da arte, do ócio, da criatividade.

Outro aspecto extremamente interessante da legislação, além de tratar desses diversos temas, refere-se ao modo como discorre sobre o indivíduo, ou melhor, ao lugar que ocupa o sujeito. Estaria representando um sujeito determinado? Em primeira pessoa? Oculto? Ou ainda indeterminado ou inexistente? Seria objetivo e direto em suas regras? Ou prolixo, ambivalente, contraditório?

Todas essas características, condições e qualidades, dentre tantas outras, podem ser aplicadas ou vinculadas ao arcabouço legislativo. Esse composto legal algumas vezes singelo, outras gravemente complexo, a depender da cultura que o acolhe, corresponde, portanto, ao instigante retrato de uma sociedade, abraçado por um elemento fortemente cultural, do qual se pode extrair valores, deficiências, justiças e injustiças, demandas, sonhos e ideais. Sob o ponto de vista urbanístico, a partir da legislação, ao revelar os valores de determinada sociedade, regram-se aspectos de salubridade, de conforto, de técnica construtiva e edilícia, ou ainda fatores socioeconômicos e tecnológicos. As leis e normas demonstram como a sociedade enfrenta suas relações espaciais, afetivas e políticas e como as traduz fisicamente no espaço.

Uma sociedade – retomando aqui o geógrafo chinês Yi-Fu Tuan (1983, 2012) – que tenha como conceito de conforto e segurança um espaço individual maior, amplo, provavelmente irá desdobrar essa perspectiva em legislações em que a mensuração do módulo mínimo habitacional traduza esses valores de amplitude, aproximando-se do conceito de conforto e segurança dessa sociedade. Isto é, o módulo mínimo terá relação direta com essa leitura do espaço, do valor que ele tem para que as pessoas consigam transportar a percepção de espaço para uma percepção de lugar e, com isso, estabelecer uma relação de vínculo, criando uma afetividade que transforme aquele espaço em lugar.

Retomamos esses conceitos de Yi-Fu Tuan voltados à construção do vínculo porque ao longo de nossa experiência constatamos o quão importante é construir esse olhar também no que diz respeito à legislação. As leis podem e devem ser lidas sob esse olhar da cultura e da relação entre espaço e pessoas, e com tudo o que se desdobra dessa relação – como o uso e o emprego de técnicas e tecnologias que existem na sociedade ou que vão sendo incorporadas por ela ao longo do tempo. Devem estar presentes também nessa leitura os movimentos econômicos que estruturam a sociedade e que geram experiências no campo da construção, assim como as experiências de riscos e acidentes anteriores, que, inevitavelmente, motivam uma série de cuidados decorrentes daquela experiência. Afinal, as leis regem experiências sociais e o modo de vida da sociedade, em todos os seus aspectos.

Um exemplo clássico de legislação que veio a reboque de grandes tragédias e que interferiu diretamente no projeto de edificação e no modo de construção ocorreu em Nova York. No final do século XIX, a cidade já contava com uma quantidade inumerável de edifícios e, em virtude de um conjunto de situações e dos poucos padrões de segurança da época, uma série de incêndios acometeu vários deles. As tragédias foram tantas e tão desastrosas que há um Museu do Incêndio na cidade que narra a memória desse período. A lei criada em 1867 alterou completamente a paisagem da cidade ao exigir que as escadas de incêndio fossem instaladas na parte externa dos edifícios.

Em 2001 o atentado às Torres Gêmeas, dentre tantas outras tragédias – como a dos edifícios Andraus e Joelma, na década de 1970; da Boate Kiss, em Santa Maria, em 2013; e do Museu Nacional, em 2018, no Brasil –, mais uma vez alterou fortemente os padrões de segurança vigentes, questionando sistemas construtivos, proteção de materiais resistentes ao fogo, áreas de refúgio e compartimentação das edificações. Questionou-se, ainda, a condição de regularidade das edificações, a qualidade de seus projetos, visando o adequado licenciamento, e ainda a qualidade de seus projetistas, obrigatoriamente responsáveis técnicos pelo atendimento às normativas legais pertinentes, garantindo a segurança integral das edificações.

8.1 Brasil e o emaranhado legislativo que circunda e que regula a arquitetura e o urbanismo

Não há uma lei única ou mesmo uma lei primordial que reja o exercício da arquitetura e do urbanismo no Brasil. O que temos, na verdade, é um emaranhado de leis, códigos e normas técnicas que se justapõem na regulação das diferentes situações do cotidiano. Esse emaranhado legal já retrata claramente o alto grau de desintegração que compõe nossas esferas de governo, bem como a sociedade brasileira, tão diversa em seus modos e costumes, ocupando o vasto e diversificado território brasileiro. Até aqui discorremos muito sobre a atuação plural do arquiteto urbanista, em diferentes disciplinas e escalas. Para cada uma dessas áreas há normas e legislações específicas que se dividem e se segmentam de acordo com as mais variadas necessidades, e a partir das mais diversas representações.

Para organizar nossa leitura e abordagem, dividiremos e agruparemos legislações e normas sob as perspectivas projetuais que sugerimos anteriormente (sociedade, ambiente, espaço e objeto construídos). Trata-se de um recorte despretensioso, correspondente particularmente à nossa forma de organizar o conjunto legal e normativo que entendemos ser pertinente à nossa atividade profissional. Tal cenário legal evidencia que o arquiteto urbanista deve lidar com questões que demandam uma intimidade com temas que vão desde a Constituição Federal – desdobrando-se em leis, planos, decretos, resoluções, portarias, medidas provisórias, etc., que vão tratar de políticas públicas e relações sociais (macroescala) – até conteúdos específicos, para os quais aplicam-se uma série de leis e normas acerca de aspectos relativos à ergonomia, segurança, conforto, sistemas construtivos, materiais, higiene, patrimônio, mobilidade, desempenho, acessibilidade e desenho universal, dentre muitos outros.

Sob a perspectiva da sociedade, ou seja, com relação aos direitos e deveres de cidadãos, na esfera federal, além da Constituição, que vai tratar dos princípios que regem o contexto social nacional, temos uma série de leis e normas que regulam os pressupostos que acompanham a arquitetura e o urbanismo. Podemos citar, por exemplo, a Consolidação das Leis Trabalhistas (Decreto-Lei nº 5.452/43), Estatuto da Criança e do Adolescente (Lei nº 8.069/90), o Código de Defesa do Consumidor (Lei nº 8.078/90), a Lei de Licitações (Lei nº 8.666/93), Lei de Direitos Autorais (Lei nº 9.610/98), Estatuto da Cidade (Lei nº 10.257/01), o Código Civil (Lei nº 10.406/02), Estatuto do Idoso (Lei nº 10.741/03), a Lei Brasileira de Inclusão da Pessoa com Deficiência (Lei nº 13.146/15), dentre outras.

Em relação ao meio ambiente, o arquiteto urbanista deve estar atento às regulamentações que regem as condições urbanas e ambientais. Logo, além do profissional ter intimidade com a Lei Federal nº 10.257/01, que regulamenta os artigos

182 e 183 da Constituição e estabelece as diretrizes gerais da política urbana, deve se debruçar sobre a Lei da Política Nacional do Meio Ambiente (Lei nº 6.938/81), Lei de Recursos Hídricos (Lei nº 9.433/97), e o Código Florestal (Lei nº 12.651/12), dentre outras.

Ainda no que diz respeito à sociedade e ao ambiente construído, também deve-se lançar mão, em cada estado, em cada macrorregião, das leis de proteção aos mananciais, planos metropolitanos, etc.

Quanto à construção do espaço, há de se lidar em âmbito municipal com as leis urbanísticas e ambientais que vão tratar das políticas públicas que se desdobram em programas e Planos Diretores, Planos de Habitação, de Transporte, de Saúde, de Educação, parâmetros de parcelamento, uso e ocupação do solo, etc.

Sob a perspectiva do objeto construído, o arquiteto urbanista deverá lidar com as legislações edilícias, que vão tratar dos códigos de edificações e de obras, dos códigos sanitários, etc. Estes, em geral localizam-se nas esferas principalmente municipais, mas também nas estaduais. Ainda vale citar, sobre esse tema, que vem ocorrendo um movimento intenso no sentido de se tentar criar um Código de Obras Nacional. Por todos os motivos já mencionados neste livro, tal tarefa não tem sido fácil e, honestamente, não vemos com otimismo o sucesso de tal feito.

As edificações, em virtude de seu enquadramento, ou seja, dos usos e das atividades que acolhem, também têm suas próprias regras localizadas nas leis e nas normas técnicas, que variam em quantidade e em complexidade, dependendo da finalidade da construção – institucional, comercial, serviços, industrial, armazenamento, entretenimento e residencial. Não se prescinde obviamente das leis e normas que regem as questões urbanas, sociais e ambientais, mas junto a elas somam-se regras específicas para a construção. Os chamados "Códigos de Obras" são geralmente estabelecidos pelos municípios, a depender de seu porte, apresentando regras próprias de construção e licenciamento dos imóveis. Muitos municípios e estados sem códigos próprios historicamente vêm se utilizando das regulamentações estabelecidas pelos códigos de São Paulo. A isso somam-se normas técnicas diversas emitidas por representações setoriais, tratando de inúmeras disciplinas técnicas – acessibilidade, segurança, sistemas construtivos, materiais, segurança do trabalho, ergonomia, procedimentos projetuais, desempenho, etc.

A Associação Brasileira de Normas Técnicas (ABNT) dita um significativo repertório de um verdadeiro emaranhado de normas. Uma das mais recentes, que, em meio a diversas incongruências e dissonâncias, trouxe a importante e essencial proposta de integração de diversas normas aplicadas às edificações residenciais sob a óptica do desempenho, foi a Norma 15.575/13.

Da mesma forma, o Conselho de Arquitetura e Urbanismo do Brasil vem estabelecendo e revisitando continuamente uma relação de resoluções específicas, pertinentes à atividade profissional. Dentre elas, merecem especial atenção:

- Resolução nº 91/14, discorre sobre o Registro de Responsabilidade Técnica (RRT), na prestação de serviços de arquitetura e urbanismo.
- Resolução nº 22/12, dispõe sobre a fiscalização do exercício profissional da arquitetura e urbanismo, os procedimentos para formalização, instrução e julgamento

de processos por infração à legislação e a aplicação de penalidades, e dá outras providências.
- Resolução nº 52/13, aprova o Código de Ética e Disciplina do Conselho de Arquitetura e Urbanismo do Brasil.
- Resolução nº 64/13, aprova o Módulo I – Remuneração do Projeto Arquitetônico de Edificações, das Tabelas de Honorários e Serviços de Arquitetura e Urbanismo do Brasil.
- Resolução nº 76/14, aprova os Módulos II e III das Tabelas de Honorários de Serviços de Arquitetura e Urbanismo do Brasil.

O que acabamos de citar é apenas uma pequena amostra de um arcabouço legal muito maior, gigantesco. E, talvez por isso, não seja incomum o desconhecimento de muitas dessas leis e normas. Desconhecimento funcional, isto é, os profissionais sabem que as legislações existem, até conhecem seus escopos, mas não têm intimidade com elas, o que, muitas vezes, os impedem de trabalhar com tais leis, regras e normas a favor do exercício projetual.

Mais uma vez, podemos associar o tácito desconhecimento dos brasileiros em geral pelas legislações que regem a vida social do país à história de formação de nossa cultura.

Se tomarmos a relação do edifício na cidade como ponto de discussão, podemos verificar como, por muitos anos, desde o século passado, o espaço urbano foi abordado sob uma perspectiva sanitarista no Brasil. A partir dos antigos Códigos Sanitários, foram organizadas as questões construtivas e as infraestruturas das cidades que, em linhas gerais, acabaram por adotar como módulos de reconhecimento do espaço a quadra e o lote.

Em São Paulo, o zoneamento de 1972 passa a alterar uma regra básica nas relações da cidade de então: a proibição da mescla de usos – residencial e não residencial. Essa foi uma fragmentação muito associada à setorização presente no pensamento moderno vinculado à arquitetura e urbanismo, o que gerou, de forma rígida e apartada, bairros completamente residenciais e bairros comerciais e, consequentemente, todo o desdobramento dos problemas que hoje vivemos na cidade, sobretudo com a mobilidade, com o custo da terra, com o desequilíbrio social e com as ocupações irregulares, associados a uma ocupação espraiada do território, à carência de infraestrutura nas regiões mais distantes, etc.

Logicamente, esse modelo de expansão e crescimento das cidades, associado à íntima relação do indivíduo com o lote, traduz-se em um repertório ou em uma maneira de se relacionar com os espaços e, por que não dizer, de se relacionar e agregar (ou não) valor aos espaços públicos e privados. Poderíamos arriscar afirmar então que há uma relação íntima entre os padrões impostos pela legislação urbanística e o repertório cultural presente na sociedade de uma época. Ou seja, a falta de percepção da sociedade para o valor do espaço público enquanto patrimônio coletivo está intimamente relacionado ou refletido no aparato legal que se formou para lidar com a cidade e com os seus módulos de construção apoiados no lote. O processo de construção dessa mentalidade da sociedade se traduz em um processo de individualização, de unificação dentro do lote, de personificação no módulo lote que valoriza, sobretudo, a propriedade particular e que não se mescla com a diversidade, com a mistura de usos. A cidade foi sendo afastada e as edificações se protegeram em si e entre si, dentro desse módulo "lote".

Art. 182 da Constituição Federal de 1988

Art. 182. A política de desenvolvimento urbano, executada pelo Poder Público municipal, conforme diretrizes gerais fixadas em lei, tem por objetivo ordenar o pleno desenvolvimento das funções sociais da cidade e garantir o bem-estar de seus habitantes. (Regulamento) (Vide Lei nº 13.311, de 11 de julho de 2016)

Parágrafo 1º O plano diretor, aprovado pela Câmara Municipal, obrigatório para cidades com mais de vinte mil habitantes, é o instrumento básico da política de desenvolvimento e de expansão urbana.

Parágrafo 2º A propriedade urbana cumpre sua função social quando atende às exigências fundamentais de ordenação da cidade expressas no plano diretor.

Parágrafo 3º As desapropriações de imóveis urbanos serão feitas com prévia e justa indenização em dinheiro.

Parágrafo 4º É facultado ao Poder Público municipal, mediante lei específica para área incluída no plano diretor, exigir, nos termos da lei federal, do proprietário do solo urbano não edificado, subutilizado ou não utilizado, que promova seu adequado aproveitamento, sob pena, sucessivamente, de:

I – parcelamento ou edificação compulsórios;

II – imposto sobre a propriedade predial e territorial urbana progressivo no tempo;

III – desapropriação com pagamento mediante títulos da dívida pública de emissão previamente aprovada pelo Senado Federal, com prazo de resgate de até dez anos, em parcelas anuais, iguais e sucessivas, assegurados o valor real da indenização e os juros legais.

Art. 183.

Aquele que possuir como sua área urbana de até duzentos e cinquenta metros quadrados, por cinco anos, ininterruptamente e sem oposição, utilizando-a para sua moradia ou de sua família, adquirir-lhe-á o domínio, desde que não seja proprietário de outro imóvel urbano ou rural.

Parágrafo 1º - O título de domínio e a concessão de uso serão conferidos ao homem ou à mulher, ou a ambos, independentemente do estado civil.

Parágrafo 2º - Esse direito não será reconhecido ao mesmo possuidor mais de uma vez.

Parágrafo 3º - Os imóveis públicos não serão adquiridos por usucapião.

Lei nº 10.257
De 10 de Julho de 2001
Capítulo I
Diretrizes Gerais

art. 1º Na execução da política urbana, de que tratam os arts. 182 e 183 da Constituição Federal, será aplicado o previsto nesta Lei.

Parágrafo único. Para todos os efeitos, esta Lei, denominada Estatuto da Cidade, estabelece normas de ordem pública e interesse social que regulam o uso da propriedade urbana em prol do bem coletivo, da segurança e do bem-estar dos cidadãos, bem como do equilíbrio ambiental.

art. 2º A política urbana tem por objetivo ordenar o pleno desenvolvimento das funções sociais da cidade e da propriedade urbana, mediante as seguintes diretrizes gerais:

I – garantia do direito a cidades sustentáveis, entendido como o direito à terra urbana, à moradia, ao saneamento ambiental, à infraestrutura urbana, ao transporte e aos serviços públicos, ao trabalho e ao lazer, para as presentes e futuras gerações;

II – gestão democrática por meio da participação da população e de associações representativas dos vários segmentos da comunidade na formulação, execução e acompanhamento de planos, programas e projetos de desenvolvimento urbano;

III – cooperação entre os governos, a iniciativa privada e os demais setores da sociedade no processo de urbanização, em atendimento ao interesse social;

IV – planejamento do desenvolvimento das cidades, da distribuição espacial da população e das atividades econômicas do Município e do território sob sua área de influência, de modo a evitar e corrigir as distorções do crescimento urbano e seus efeitos negativos sobre o meio ambiente;

V – oferta de equipamentos urbanos e comunitários, transporte e serviços públicos adequados aos interesses e necessidades da população e às características locais;

VI – ordenação e controle do uso do solo, de forma a evitar: a) a utilização inadequada dos imóveis urbanos;

...

Código de Ética e Disciplina do CAU/BR

O Código de Ética e Disciplina do CAU/BR foi aprovado pela Resolução CAU/BR Nº 52, de 06/09/2013. A norma regulamenta os artigos 17 a 23 da Lei Nº 12.378/10, em consonância com seus artigos 24 e 28. Trata-se do primeiro Código de Ética e Disciplina específico para os arquitetos e urbanistas editado no Brasil. Tem o objetivo de contribuir para restaurar a imagem da profissão e qualificar o ensino e a prática de Arquitetura e Urbanismo servindo como instrumento de valorização dos arquitetos e urbanistas.

O Código foi elaborado a partir de 18 meses de debates entre arquitetos e urbanistas, conselheiros dos CAU/UF, professores de ensino superior e dirigentes das entidades nacionais e regionais de arquitetos e estudantes – particularmente IAB, FNA, AsBEA, ABEA, ABAP, AsBAI e FeNEA. Foram realizados cinco seminários regionais sobre Ética em Arquitetura e Urbanismo, realizados pelo CAU/BR no Rio de Janeiro, em Recife, Curitiba, Goiânia e Belém, assim como um seminário nacional em Brasília, transmitido online para todos os interessados. Para concluir o processo, o texto foi apresentado à consulta pública pela Internet e recebeu sugestões e críticas diversas. Foi, portanto, uma construção coletiva da categoria.

A proibição da "reserva técnica" está mais claramente definida no item 3.2.16 do Código de Ética e Disciplina do CAU/BR, em vigor desde 2013. Segundo o texto, "O arquiteto e urbanista deve recusar-se a receber, sob qualquer pretexto, qualquer honorário, provento, remuneração, comissão, gratificação, vantagem, retribuição ou presente de qualquer natureza – seja na forma de consultoria, produto, mercadoria ou mão de obra – oferecidos pelos fornecedores de insumos de seus contratantes, conforme o que determina o inciso VI do art. 18 da Lei nº 12.378, de 2010".

O recebimento de "reserva técnica" pode ser coibida com três níveis de punição – podendo ser cumulativa ao profissional e ao escritório de Arquitetura e Urbanismo: advertência, suspensão e cancelamento do registro profissional, além de multa no valor de 1 a 10 anuidades do CAU.

As Resoluções que tratam dos princípios, regras e recomendações e sanções previstas no Código de Ética são as seguintes:

RESOLUÇÃO Nº 52

Aprova o Código de Ética e Disciplina do Conselho de Arquitetura e Urbanismo do Brasil (CAU/BR).

...

ABNT NBR 15575-1/13
Edificações Habitacionais – Desempenho Parte 1: Requisitos gerais
Prefácio

A Associação Brasileira de Normas Técnicas (ABNT) é o Foro Nacional de Normalização. As Normas Brasileiras, cujo conteúdo é de responsabilidade dos Comitês Brasileiros (ABNT/CB), dos Organismos de Normalização Setorial (ABNT/ONS) e das Comissões de Estudo Especiais (ABNT/CEE), são elaboradas por Comissões de Estudo (CE), formadas por representantes dos setores envolvidos, delas fazendo parte: produtores, consumidores e neutros (universidade, laboratório e outros).

Os Documentos Técnicos ABNT são elaborados conforme as regras das Diretivas ABNT, Parte 2.

A Associação Brasileira de Normas Técnicas (ABNT) chama atenção para a possibilidade de que alguns dos elementos deste documento podem ser objeto de direito de patente. A ABNT não deve ser considerada responsável pela identificação de quaisquer direitos de patentes.

A ABNT NBR 15575-1 foi elaborada no Comitê Brasileiro da Construção Civil (ABNT/CB-02), pela Comissão de Estudos de Desempenho de Edificações (CE-02.136.01). O Projeto circulou em Consulta Nacional conforme Edital nº 10, de 28.09.2007 a 27.11.2007, com o número de Projeto 02:136.01-001/1.

A ABNT NBR 15575, sob o título geral "Edificações habitacionais – Desempenho", tem previsão de conter as seguintes partes:

Parte 1: Requisitos gerais;

Parte 2: Requisitos para os sistemas estruturais;

Parte 3: Requisitos para os sistemas de pisos;

Parte 4: Requisitos para os sistemas de vedações verticais internas e externas;

Parte 5: Requisitos para os sistemas de coberturas;

Parte 6: Requisitos para os sistemas hidrossanitários.

Esta versão da ABNT NBR 15575-1:2013 cancela e substitui as versões anteriores da ABNT NBR 15575-1.

...

Lei nº 13.146
De 6 de julho de 2015.

Art. 1º É instituída a Lei Brasileira de Inclusão da Pessoa com Deficiência (Estatuto da Pessoa com Deficiência), destinada a assegurar e a promover, em condições de igualdade, o exercício dos direitos e das liberdades fundamentais por pessoa com deficiência, visando à sua inclusão social e cidadania.

Parágrafo único. Esta Lei tem como base a Convenção sobre os Direitos das Pessoas com Deficiência e seu Protocolo Facultativo, ratificados pelo Congresso Nacional por meio do Decreto Legislativo nº 186, de 9 de julho de 2008 , em conformidade com o procedimento previsto no Parágrafo 3º do art. 5º da Constituição da República Federativa do Brasil , em vigor para o Brasil, no plano jurídico externo, desde 31 de agosto de 2008, e promulgados pelo Decreto nº 6.949, de 25 de agosto de 2009, data de início de sua vigência no plano interno.

Art. 2º Considera-se pessoa com deficiência aquela que tem impedimento de longo prazo de natureza física, mental, intelectual ou sensorial, o qual, em interação com uma ou mais barreiras, pode obstruir sua participação plena e efetiva na sociedade em igualdade de condições com as demais pessoas.

Parágrafo 1º A avaliação da deficiência, quando necessária, será biopsicossocial, realizada por equipe multiprofissional e interdisciplinar e considerará:

I - os impedimentos nas funções e nas estruturas do corpo;

II - os fatores socioambientais, psicológicos e pessoais;

III - a limitação no desempenho de atividades; e

IV - a restrição de participação.

Parágrafo 2º O Poder Executivo criará instrumentos para avaliação da deficiência.

Art. 3º Para fins de aplicação desta Lei, consideram-se:

I - acessibilidade: possibilidade e condição de alcance para utilização, com segurança e autonomia, de espaços, mobiliários, equipamentos urbanos, edificações, transportes, informação e comunicação, inclusive seus sistemas e tecnologias, bem como de outros serviços e instalações abertos ao público, de uso público ou privados de uso coletivo, tanto na zona urbana como na rural, por pessoa com deficiência ou com mobilidade reduzida;

...

Lei nº 13.465
De 11 de julho de 2017.
Art. 4º
II

a) de área até quatro módulos fiscais, respeitada a fração mínima de parcelamento;

Parágrafo 1º

Parágrafo 2º É obrigatória a manutenção no Sistema Nacional de Cadastro Rural (SNCR) de informações específicas sobre imóveis rurais com área de até um módulo fiscal." (NR)

Art. 5º

Parágrafo 4º Na hipótese de acordo administrativo ou acordo realizado no âmbito do procedimento previsto na Lei Complementar nº 76, de 6 de julho de 1993, o pagamento será efetuado de forma escalonada em Títulos da Dívida Agrária (TDA), resgatáveis em parcelas anuais, iguais e sucessivas, a partir do segundo ano de sua emissão, observadas as seguintes condições:

Parágrafo 7º Na aquisição por compra e venda ou na arrematação judicial de imóveis rurais destinados à implementação de projetos integrantes do Programa Nacional de Reforma Agrária, o pagamento poderá ser feito em dinheiro, na forma estabelecida em regulamento.

Parágrafo 8º Na hipótese de decisão judicial transitada em julgado fixar a indenização da terra nua ou das benfeitorias indenizáveis em valor superior ao ofertado pelo expropriante, corrigido monetariamente, a diferença será paga na forma do art. 100 da Constituição Federal.

Parágrafo 9º Se houver imissão prévia na posse e, posteriormente, for verificada divergência entre o preço ofertado em juízo e o valor do bem fixado na sentença definitiva, expressos em termos reais, sobre a diferença eventualmente apurada incidirão juros compensatórios a contar da imissão de posse, em percentual correspondente ao fixado para os títulos da dívida agrária depositados como oferta inicial para a terra nua, vedado o cálculo de juros compostos. (NR)

Art. 17.

IV – integrarão a clientela de trabalhadores rurais, para fins de assentamento em projetos de reforma agrária, somente aqueles que satisfizerem os requisitos fixados para seleção e classificação previstos nesta Lei; e ...

8.2
Exercício profissional e legislação

Se pensarmos as leis como instrumentos que vêm para tentar corrigir algum mal consolidado ou para, de forma visionária, implementar algo novo, podemos observar que a sociedade demora para responder aos aspectos legais, e vice-versa. No exercício profissional do arquiteto urbanista, conhecer e se apropriar das leis e das normas é algo fundamental, assim como discuti-las, repensá-las, reescrevê-las e, sobretudo, utilizá-las no processo de criação projetual.

Isso implica, porém, na outra ponta da corda, uma fiscalização séria e responsável acerca do exercício dos aspectos legais a serem seguidos. Até porque muitos desses aspectos garantem a segurança da sociedade, as condições de salubridade, de fruição, de conforto e de sustentabilidade que compõem a cidade. Infelizmente, nem as cidades brasileiras, nem o nosso conselho profissional – Conselho de Arquitetura e Urbanismo (CAU) – estão aparelhados para garantir, sozinhos, uma fiscalização efetiva do cumprimento dessas normas e leis. As pontas não fecham essa interlocução necessária e, a grosso modo, se um profissional cumpre de forma equivocada a lei, dificilmente algum órgão vai auditar. Para essas pontas se fecharem, é fundamental a atuação de acordo com a boa técnica e ética profissional de cada profissional arquiteto urbanista.

O empenho do CAU – dada sua recente criação – concentrou-se acertadamente nos aspectos legais, sobretudo, nos que concernem o exercício da profissão, como mencionamos anteriormente. Isso, de certo modo, já trouxe um alerta aos profissionais da área e suscitou debates acerca da responsabilidade técnica que o arquiteto urbanista tem sobre os projetos que desenvolve. O Código de Obras e Edificações de São Paulo, aprovado em 2017, por exemplo, que é uma lei que vai discorrer sobre as questões edilícias, sobre os aspectos construtivos do edifício – iluminação, ventilação, segurança –, elimina a figura do projeto de licenciamento detalhado, deixando a cargo do arquiteto – considerando sua responsabilidade profissional, civil e criminal – declarar o integral atendimento às normas pertinentes, dando conta, portanto, do emaranhado de normas e leis que compõem os aspectos edilícios, urbanísticos e funcionais do projeto.

Isso acaba por eximir grande parte da responsabilidade do licenciamento das mãos do poder público, restringindo-lhe as competências de órgão regulador e fiscalizador, e ficando a cargo do projetista a competência do atendimento às legislações pertinentes.

O lado positivo dessa realidade, estabelecida não somente pelo município de São Paulo, mas por tantos outros ao redor do país, é que efetivamente passa a ter mais visibilidade o papel do projetista (como sempre deveria ter sido) enquanto responsável técnico pelo projeto, exigindo-se dele uma *expertise* e uma responsabilidade profunda sobre aquilo que ele está desenvolvendo e entregando como produto para a sociedade. Mudanças como essa talvez comecem a preparar a sociedade para adquirir, perceber e reconhecer o valor e a importância do arquiteto urbanista no cotidiano da cidade.

Nesse cenário, todos os órgãos e instituições voltados à arquitetura e urbanismo precisam assumir seu papel diante da formação, capacitação profissional e do aparelhamento técnico para o exercício da profissão. Recentemente, a Associação Brasileira dos Escritórios de Arquitetura (AsBEA), com o patrocínio do CAU/BR, lançou o *Guia para arquitetos na aplicação da Norma de Desempenho (ABNT NBR 15.575)*. Nesse guia são apresentadas as atribuições do arquiteto diante dessa norma, o que muda no exercício profissional a partir dela, a determinação de desempenho, laudos e consultorias, as fases do projeto de arquitetura, bem como um *checklist* para que o profissional desenvolva todas as etapas necessárias para cumprimento desta norma. É uma compilação das normas que cabem ao exercício da atividade do projeto e os seus conflitos.

Esse esforço das entidades em lançar guias e manuais a respeito dos aspectos legais da profissão está diretamente ligado a um esforço pela capacitação do profissional. Não há onde buscar todas essas leis e normas, não há um único local onde elas se encontrem compiladas, mas esse esforço do CAU, da AsBEA e de outros órgãos busca fornecer subsídios aos profissionais para que eles tenham uma intimidade com todo esse aparato legal e dela usufruam.

Capítulo 9

Autoria e responsabilidade técnica

Há, entre todas as áreas de criação, a noção de autoria – nas ciências, nas artes ou nas inovações tecnológicas. Por isso, não é privilégio da arquitetura e do urbanismo discutir o que é autor e o que é obra autoral. Acerca desse tema, o filósofo francês Michel Foucault conferiu uma palestra em 1969 intitulada: *O que é um autor*? Na ocasião, ele trouxe indagações ao público: "Como fazer atuar a função autor para saber se se trata de um ou de vários indivíduos?". E, discutindo tal pergunta, afirmou:

> Essa noção do autor constitui o momento crucial da individualização na história das ideias, dos conhecimentos, das literaturas, e também na história da filosofia e das ciências. Mesmo hoje, quando se faz a história de um conceito, de um gênero literário ou de um tipo de filosofia, acredito que não se deixa de considerar tais unidades como relativamente fracas, secundárias e sobrepostas

> em relação à primeira unidade, sólida e fundamental, que é a do autor e da obra. (FOUCAULT, 2009)

As noções de autor e obra se imbricaram de tal forma valorosa e sólida ao longo da história que, muitas vezes e em muitas áreas, passaram a destacar o indivíduo, atrelando sua criação à individualidade humana, ao que se sobressai diante tantas outras opções, ao que seria único, exclusivo e particular de uma pessoa.

Na arquitetura e no urbanismo a noção de autor tem, no mínimo, duas importantes distinções. A primeira, como já perguntava Foucault: "O que é o autor?". A segunda: "Qual o valor da autoria?". Ambas as perguntas se situam em um cenário complexo em que a autoria é, muitas vezes, dissociada de responsabilidade técnica. Nesse contexto, há uma série de etapas do projeto que geram dúvidas e questionamentos sobre qual o lugar da autoria do projeto. Estaria ela tranquilamente relacionada somente a uma etapa inicial de concepção do projeto? Esse fato gera uma obrigatória relação de respeito e interdependência entre as determinações estabelecidas em etapas iniciais e etapas posteriores de desenvolvimento do projeto? Deve o autor participar de todo o processo, mesmo que não atue efetivamente no desenvolvimento de etapas finais do projeto?

Em geral, o autor ou os autores de um projeto de arquitetura ou urbanismo são aqueles que concebem a ideia, o conceito do objeto em seu todo. O autor não necessariamente detalhará cada aspecto do projeto, mas ele vislumbra o todo. Já o valor da autoria está, muitas vezes, ligado à inovação de algo que se propõe, que se destaca diante do que já foi realizado, fazendo com que muitas vezes a autoria se torne mais importante do que a própria obra e a *persona*, mais importante que o próprio produto e o próprio resultado.

Esse é um aspecto delicado. O fato de muitos profissionais terem realizado obras valiosas, inovadoras e de grande destaque na história da arquitetura e do urbanismo, muitas vezes modificando as relações técnico-tecnológicas e sociourbanas de suas cidades e países, acarretou um estigma na profissão, em que o sucesso profissional está ligado ao reconhecimento autoral e individual, e não ao desenvolvimento do trabalho, que em si passa por inúmeras etapas, envolvendo muitas vezes – e cada vez mais – inúmeras pessoas. Com isso, é bastante comum encontrar situações de fragmentação do processo de criação do projeto, não garantindo a exclusividade ao autor diante da realização da totalidade das etapas de desenvolvimento do projeto. Isso tem se mostrado cada vez mais frequente nas modalidades de desenvolvimento dos trabalhos, sobretudo por motivações econômicas.

Não é incomum, portanto, que os profissionais da área queiram estabelecer seu nome no mercado e nas esferas sociais da categoria, como revistas especializadas, seminários, congressos, bienais e prêmios, entre outros – mais do que uma marca profissional, buscam um traço de atuação institucional e de posicionamento político que diferencie seu trabalho.

Em relação à responsabilidade técnica, é interessante observar que juridicamente o responsável técnico é nominal, e não empresarial. De acordo com a legislação brasileira, é a pessoa física quem responde civil e criminalmente pelo projeto, e não a pessoa jurídica que venha a estruturá-la. Isso contribui para que a autoria tenha certa preponderância, na medida em que aquele que tem a maior carga da responsabilidade, que anui um conjunto de decisões porque vai assinar tal responsabilidade, é quem toma para si a autoria – mesmo quando um projeto é realizado por um escritório com vários profissionais.

A questão é que nem sempre o autor do projeto é o responsável técnico por ele ou por sua totalidade. Essas figuras não estão necessariamente imbricadas. O autor pode ou não coordenar a execução do projeto que desenvolveu em sua etapa conceitual, e isso significa que ele pode ou não coordenar o trabalho de outros arquitetos e de uma série de outros profissionais que prestam serviços complementares à edificação, como engenheiro civil, engenheiro hidráulico, engenheiro estrutural, profissionais de vedações, cobertura etc.

O papel da compatibilização, da coordenação e do gerenciamento de projetos são funções que nem sempre, para não dizer raramente, concentram-se no hall das atividades contratadas para o autor do projeto. Essa atividade pode caber ao escritório e ao arquiteto autor ou pode ser realizada por outros arquitetos ou empresas especializadas nessas atividades. Esses escritórios, quando terceirizados, recebem, por exemplo, todos os projetos para a efetiva compatibilização e finalização do projeto executivo, seja pelo autor do projeto ou não. Diante desse cenário em que vários profissionais se envolvem no desenvolvimento do projeto, as noções de autoria e de responsabilidade podem ficar nebulosas, dada a tamanha diversidade de modalidades de composição de relacionamentos, de contratos profissionais e de responsabilidades envolvidas.

Para tornar ainda mais complexa a situação, vale relembrar o processo de revisão do Código de Obras e Edificações (COE) do município de São Paulo, iniciada em 2015 e finalizada em 2017, quando ocorreu uma grande discussão entre arquitetos, mercado – por meio de suas entidades representativas AsBEA, Sinduscon e Secovi – e poder público sobre as relações entre as responsabilidades no processo de elaboração, aprovação e execução do projeto de arquitetura e urbanismo.

A Lei nº 16.642/17 (novo COE) deixou bastante evidente a baixa percepção do próprio mercado com relação ao lugar do autor. Enfatiza a figura do responsável técnico pelo projeto e do responsável técnico pela obra, suas autonomias, direitos e deveres. O consenso criado entre arquitetos, mercado e poder público após mais de um ano de debates intensos arrolados por meio de reuniões de trabalho semanais entre os participantes demonstrou, à época, um avanço bastante satisfatório na medida em que o texto legal passou a reconhecer, aos olhos da municipalidade, a figura do responsável técnico pelo projeto e do responsável técnico pela obra, ambos assinando suas responsabilidades devidas perante o município. Dessa forma, a municipalidade explicita sua não cumplicidade com o autor do projeto, reconhece o responsável pelo projeto e estabelece que o responsável pela obra deve executar corretamente a obra exatamente de acordo com as especificações de projeto:

> Art. 8º Considera-se profissional habilitado o técnico registrado perante os órgãos federais fiscalizadores do exercício profissional, respeitadas as atribuições e limitações consignadas por aqueles organismos.
> Parágrafo 1º O profissional habilitado pode assumir as funções de:

I – responsável técnico pelo projeto, sendo responsável pelo atendimento à legislação pertinente na elaboração do projeto, pelo conteúdo das peças gráficas e pelas especificações e exequibilidade de seu trabalho;
II – responsável técnico pela obra, sendo responsável pela correta execução da obra de acordo com o projeto aprovado e pela instalação e manutenção do equipamento, observadas as normas técnicas aplicáveis, zelando por sua segurança e assumindo as consequências diretas e indiretas advindas de sua atuação.
Parágrafo 2º O profissional habilitado pode atuar individual ou solidariamente e como pessoa física ou responsável por pessoa jurídica, facultado ao mesmo profissional a assunção das funções de responsável técnico pelo projeto, de responsável técnico pela obra, de responsável pela instalação do equipamento e de responsável pela manutenção do equipamento.
Parágrafo 3º Fica facultada a transferência da responsabilidade profissional, sendo obrigatória em caso de impedimento do técnico atuante, assumindo o novo profissional, perante a Prefeitura, a responsabilidade pela parte já executada, sem prejuízo da responsabilização do profissional anterior.
Parágrafo 4º No caso de alteração do projeto com simultânea troca do seu responsável técnico, o profissional inicial deverá ser comunicado do ocorrido.
(SÃO PAULO, 2017)

No sentido do que vem ocorrendo frente às diversas modalidades de relacionamento de trabalho e de composição de escopos contratuais, o CAU detalhou possibilidades de atuação da profissão, especificando que cada profissional é respectivamente responsável pela etapa que desenvolve e/ou atuou no projeto. O modo como se lidará com isso é algo aparentemente complicado, já que é difícil segmentar responsabilidades de determinadas etapas, especialmente quando há mudanças no processo de elaboração do projeto – do anteprojeto ao projeto executivo, por exemplo. De qualquer forma, mesmo que o arquiteto autor não seja responsável técnico pelo projeto completo e/ou pelo projeto executivo, ou ainda pela execução da obra, ele não perde o direito que tem sobre a autoria que lhe cabe. Correto? Certamente trata-se de tema ainda nebuloso, a ser discutido. As questões de autoria e de responsabilidade técnica são e devem ser intrinsicamente relacionadas às questões de formas de prestação de serviço e modalidades de contratação, de vínculo, de parcerias, de formatos de sociedade ou de associações. Muitas mudanças nas relações de trabalho vêm ocorrendo recentemente e inevitavelmente demandarão definições cuidadosas sobre as questões de responsabilidade.

À medida que essas questões forem discutidas e forem criadas as devidas condições de serem enfrentadas, seguramente a valorização da profissão tenderá a aumentar e, consequentemente, o valor dedicado ao projeto e ao profissional arquiteto urbanista.

Espera-se que tal avanço ocorra a partir das novas resoluções do Conselho de Arquitetura e Urbanismo, que visam aprimorar a regulamentação das relações de trabalho, as devidas responsabilidades técnicas e o lugar da autoria do projeto. Nesse sentido, as Resoluções do CAU – 28/12 e 91/14 – merecerão ser revisitadas e complementadas[5].

5. Resolução nº 28/2012 e demais alterações subsequentes: Dispõe sobre o registro e sobre a alteração e a baixa de registro de pessoa jurídica de Arquitetura e Urbanismo nos Conselhos de Arquitetura e Urbanismo dos estados e do Distrito Federal e dá outras providências. Resolução nº 91/2014: Dispõe sobre o Registro de Responsabilidade Técnica (RRT) referente a projetos, obras e demais serviços técnicos no âmbito da Arquitetura e Urbanismo e dá outras providências.

Do ponto de vista jurídico, é possível dizer que estamos mal aparelhados, tanto no âmbito do direito autoral quanto no da responsabilidade técnica, admitidas tamanhas possibilidades de fragmentação do processo de produção.

Nesse contexto, vale mencionar quão complexa ainda se torna tal questão à medida que novas metodologias projetuais passam a surgir no mercado mundial, modificando as conhecidas etapas de projeto normatizadas e tradicionalmente conhecidas pela academia e pela velha guarda profissional. O BIM (Building Information Modeling), por exemplo, vem trazendo à discussão as novas etapas de desenvolvimento do projeto, condizentes com essa sistemática projetual, que vem sendo discutida visando a aprovação de Normas Técnicas Brasileiras específicas, a partir da aprovação da ABNT NBR 15965, primeira norma técnica BIM brasileira. Concomitantemente, a crescente concorrência em mercado nacional com empresas internacionais sediadas no país e ainda a própria Norma Técnica de elaboração e desenvolvimento de serviços técnicos especializados de projetos arquitetônicos e urbanísticos, NBR 16.636/17, recentemente revisada – e com problemas graves que suscitam novas discussões –, acabam por relacionar diretamente o processo criativo, a responsabilidade técnica, o custo do projeto e as etapas de desenvolvimento de projeto às modalidades de contratação de projetos, em especial àquelas previstas pela Lei nº 8.666/93 – Lei de licitações e contratos da administração pública e suas subsequentes alterações e regulamentações –, revisitadas pela Lei nº 14.133/21, no entanto ainda com muitas demandas de necessário aprimoramento, em especial com referência ao seu artigo 14.

A Resolução CAU/BR 67/13 disciplinou e detalhou os critérios para o registro de direito autoral (RDA) sobre a obra ou o trabalho técnico, orientando os arquitetos urbanistas nessa etapa de trabalho. Autoria, processo projetual, relações de trabalho, custo, valor do projeto e responsabilidade técnica são temas ao mesmo tempo ancestrais e contemporâneos, que demandam um entendimento coeso, fruto evidentemente de uma compreensão mais consistente, responsável e, por que não dizer, empresarial da profissão, tanto no tempo presente como no futuro, vislumbrando as prováveis transformações e o fortalecimento da profissão frente ao mercado, de uma forma geral.

Tal reflexão reforça a importância da participação institucional dos arquitetos urbanistas junto ao Conselho Profissional visando a necessária qualificação continuada da profissão.

Capítulo 10

A aproximação entre as esferas pública e privada

10.1

A perspectiva de aprimoramento em ações público-privadas de cunho urbanístico

Não é de hoje que a sigla PPP faz parte do cotidiano dos discursos políticos, dos noticiários e dos programas de governo mundo afora. No Brasil, a PPP, ou melhor, a Parceria Público-Privada surgiu em contexto bastante complexo, resultante da história de nossa formação cultural e, consequentemente, dos diferentes modelos de desenvolvimento pelo qual o país passou desde o período colonial.

Contudo, antes de pincelarmos alguns marcos da história da PPP no Brasil, é importante lembrar que como o próprio nome diz PPP é uma parceria entre o poder público e a iniciativa privada, ou seja, se recuperarmos o sentido estrito da palavra "parceria", temos um contrato estabelecido por duas ou mais partes para atingir objetivos comuns, mediante contrapartidas claras e satisfatórias entre os envolvidos diretos. Isso não significa, porém, que a parceria seja uma sociedade ou que cada uma das partes terá de investir recursos iguais para que tal objetivo seja atingido. Ao contrário, há uma série de possibilidades que envolvem uma PPP e sua implantação, e é justamente por isso que é possível perguntar: dentre as várias modalidades de PPPs, estamos prontos para implementação de PPPs Urbanísticas?

Historicamente, o Brasil do século XX se desenvolveu sob a égide do Estado, ou seja, a despeito do regime político em vigência, o poder público fomentou investimentos em infraestrutura e na indústria de base pelo menos até o final da década de 1980. Grandes investimentos desse modelo alavancaram o país em momentos distintos: na era Vargas (1930-1945 e 1951-1954), foram criadas a Companhia Siderúrgica Nacional (CSN), a Companhia Vale do Rio Doce (CVRD) e a Petróleo Brasileiro S.A. (Petrobras). Já com Juscelino Kubitschek (1956-1961), assim como durante o período do regime militar (1964-1985), houve uma grande expansão de estradas, rodovias, entre outros e, já nesses períodos, os recursos não eram provenientes unicamente do orçamento da União, mas também de empréstimos contraídos com organismos financeiros internacionais.

Esse modelo de desenvolvimento entrou em uma espécie de saturação nos anos 1980. Segundo Mileski (2005):

> Por um largo período de tempo, até porque era usado de maneira parcimoniosa, responsável, o sistema de aumentar a arrecadação via operação de crédito funcionou muito bem, atendendo plenamente ao interesse coletivo. Todavia, aos poucos, os administradores públicos passaram a realizar empréstimos muito além das possibilidades de pagamento por parte do Estado, causando um hiper-endividamento, e levando a uma inviabilização do próprio Estado. Em razão desse endividamento desmesurado, passou a haver uma crescente perda de crédito por parte do Estado, com a poupança pública tornando-se negativa, circunstâncias que, somadas a outros fatores, como o esgotamento do modelo de Estado intervencionista que vigeu no século passado, fizeram ocorrer uma grandiosa crise fiscal.

No final dos anos 1980, o cenário nacional apresentava um país que necessitava de investimentos sólidos em infraestrutura para crescer, ao mesmo tempo em que possuía um Estado completamente endividado e sem recursos para investir.

Com a instituição do Plano Nacional de Desestatização (Lei nº 8.031/90), iniciou-se um primeiro passo no sentido de enxugar o Estado, isto é, diminuir o volume dos gastos públicos vendendo empresas públicas, sociedades de economia mistas e ativos pertencentes ao poder público, chegando, inclusive, a delegar a prestação de serviços à iniciativa privada. Esse movimento inicial ficou popularmente conhecido como "privatização" e teve adeptos e simpatizantes, assim como também uma grande corrente contrária.

Entre o final da década de 1990 e o início dos anos 2000, foram privatizados bancos públicos e empresas estatais de grande porte, além de um dos grandes marcos desse movimento: o sistema de telecomunicações.

Nessa época, na esteira da Constituição Federal, na regulamentação de seu artigo 175, é aprovada a Lei nº 8.987/95, que dispõe sobre o regime de concessão e permissão da prestação de serviços públicos, complementada pela Lei nº 9.648/98 e posteriormente complementada e alterada pela Lei nº 11.196/05.

Todo esse processo de privatização ocorrido no Brasil ainda hoje é tema de grandes discussões entre especialistas. Não vamos nos estender nesse ponto, tampouco formular alguma discussão de mérito ou demérito do processo, mas é importante que se pontue que a instituição das Parcerias Público-Privadas (PPPs) nasce a partir dessa mudança no modelo de desenvolvimento econômico. De certo modo, o processo das privatizações ao mesmo tempo que propiciou a abertura da discussão para os modelos recentes de parcerias público-privadas, acabou por dificultar o entendimento entre as diferenças de cada um dos processos, pois, grosso modo, poucos entendem as modalidades de PPPs e muitos as veem como um modo de privatização.

Como já insistentemente abordado neste livro, a cultura do brasileiro é ponto de partida essencial também para a compreensão dos preconceitos, debates ou divergências de entendimento em torno das PPPs. O que vale ressaltar a respeito do processo de evolução das PPPs e a cultura nacional é que a ambiência positiva, decorrente de uma necessária e obrigatória relação madura de confiança, de busca de isonomia e de segurança jurídica entre as esferas pública e privada ainda está em sua adolescência, carecendo de amadurecimento e solidez. E, enquanto esse cenário encontrar-se nesse estágio de maturação, as perspectivas de avanço das PPPs, assim como outros modelos de economia colaborativa, nas mais variadas áreas da economia do país, manter-se-ão frágeis.

Conforme consta no portal PPP Brasil, era necessário fazer alguma coisa para que a PPP não caísse num limbo conceitual ou não carregasse preconceitos como por muito tempo o tema privatização carregou e ainda carrega, inclusive pelo recente e irresponsável mau uso do termo. Conhecer um pouco mais acerca das legislações que regem esses acordos entre o poder público e a iniciativa privada ajudaria a esclarecer oportunidades e aprimorar relações de confiança.

A experiência brasileira atual – em contratos da União, dos estados ou dos municípios – envolvem modelos diferentes de PPPs e, por esse motivo, vale elencar alguns modelos em voga.

10.2

Concessões e PPPs: diferenças e semelhanças

Em 2016, o escritório Vernalha Guimarães & Pereira Advogados (VG&P), em parceria com a Câmara Brasileira da Indústria da Construção (CBIC), lançou o *PPPs e concessões: guia sobre aspectos jurídicos e regulatórios*. A publicação traz uma contribuição importante na explicitação dos conceitos empregados nas Concessões de serviços ou obras públicas e nas PPPs, além de apresentar um apanhado da legislação vigente.

Para sintetizar as principais informações na nossa discussão, vale observar como a Concessão e PPP são definidos nesse material:

> As concessões comuns de serviço público são contratos firmados entre empresas privadas e a Administração Pública, cujo objeto é a prestação de serviços públicos fruíveis diretamente pelos usuários. Numa concessão comum, a empresa concessionária encarrega-se de prover toda a infraestrutura necessária para a disponibilização do serviço público, remunerando-se das tarifas que são pagas pelos usuários pela sua fruição (CBIC; VG&P, 2016, p. 16).

> As Parcerias Público-Privadas (PPPs) são contratos de longo prazo formalizados entre empresas privadas e a Administração Pública, cujo objeto poderá envolver a prestação de serviços públicos ou de serviços à Administração Pública, e, adicionalmente, a execução de obra e o fornecimento de bens. São contratos assemelhados aos contratos de concessão comum, mas se diferem tanto pela integração de compromissos financeiros assumidos pela Administração Pública como pela abrangência de seu objeto (...). Há duas modalidades de PPP no Brasil: (i) concessão patrocinada e (ii) concessão administrativa, também chamadas de PPP patrocinada ou PPP administrativa (CBIC; VG&P, 2016, p. 26).

Por essas descrições, notam-se os pontos de convergências existentes entre os contratos de concessão e de PPPs. O fato é que ambos são bastante complexos e exigem contrapartidas diferentes dos contratos convencionais, além de serem contratos firmados por longos períodos – por vezes, décadas –, já que falamos usualmente de obras de infraestrutura que levam muito tempo para serem construídas ou mesmo de serviços de longa duração. Logo, exige-se tempo e estabilidade econômica e política para que haja um equilíbrio econômico-financeiro saudável entre os investimentos e amortizações.

A Lei Geral das PPPs foi instituída em dezembro de 2004 (Lei nº 11.079/04), e trouxe avanços especialmente no que tange à modalidade de concessão patrocinada, "que contém uma série de regras destinadas precisamente a controlar esses desembolsos financeiros da Administração Pública" (CBIC; VG&P, 2016, p. 27).

Para compreender melhor, vale discorrer sobre as modalidades. A concessão patrocinada ou PPP patrocinada surge com o objetivo de proporcionar a viabilização de projetos em que a receita tributária não era suficiente para equilibrar os custos do contrato e uma taxa de retorno para o concessionário. Com isso, nesse modelo soma-se à receita tarifária contraprestações pecuniárias providas pela Administração Pública, integrando subsídios públicos para sua viabilização.

A concessão ou a PPP administrativa, por sua vez, destaca-se das concessões comuns, por não envolver atividades tarifadas. Logo:

> toda a remuneração do concessionário advém de contraprestações públicas e, eventualmente, de receitas alternativas derivadas de negócios associados (...) Portanto, envolve serviços (e outras prestações) que não permitem a cobrança de tarifa (...), por exemplo, varrição das vias públicas. (CBIC; VG&P, 2016, p. 27)

Em resumo, no modelo de concessão ou PPP patrocinada há um objeto e o sistema de remuneração envolve: tarifa, contraprestação pecuniária e receitas alternativas. No modelo de concessão ou PPP administrativa, há também a estrutura e o objeto, e o sistema de remuneração pressupõe contraprestação pública e receitas alternativas.

Segundo a legislação vigente, as PPPs devem ter um prazo estipulado para a amortização dos investimentos, atualmente, o prazo máximo é de 35 anos, sendo que o período mínimo de prestação de serviços deve ser de 5 anos.

Para avaliar as possibilidades de implantação de uma PPP ou da realização de uma concessão, o poder público pode lançar mão de um instrumento chamado Procedimento de Manifestação de Interesse (PMI) ou Manifestação de Interesse Privado (MIP), que varia de nome e de regramento nos diversos estados da federação. O PMI vem permitir que o poder público obtenha estudos, projetos e levantamentos realizados pela iniciativa privada para avaliar um futuro programa de concessão ou PPP.

O PMI tem sido considerado um passo prévio aos programas de concessão ou PPP e pode ser posto em pauta tanto por chamamento público quanto por uma manifestação espontânea da iniciativa privada.

> Do ponto de vista de sua estrutura procedimental, o PMI compreende as fases de (i) divulgação da solicitação e chamamento de contribuições de particulares; (ii) análise das contribuições e definição do projeto selecionado; e (iii) incorporação e aproveitamento da contribuição, com a definição do ressarcimento do particular pela transferência dos direitos sobre o projeto. Caso seja exitoso, o PMI servirá a instruir e aparelhar subsequentemente um processo de licitação de PPP ou de concessão, do qual o autor do projeto poderá, como regra, participar. (CBIC; VG&P, 2016, p. 81)

O Decreto Federal nº 8.428, que dispõe sobre o Procedimento de Manifestação de Interesse a ser observado na apresentação de projetos, levantamentos, investigações ou estudos, por pessoa física ou jurídica de direito privado, a serem utilizados pela administração pública, foi aprovado em 2015.

Para a participação de um PMI, é necessário que as empresas demonstrem experiência na elaboração de projeto e estudos similares, assim como é possível a contratação de terceiros ou a elaboração conjunta dos estudos e afins. A depender do município de participação em um PMI, regras específicas poderão ser estabelecidas por meio de decretos municipais regulamentadores da matéria, como é o caso do Decreto Municipal nº 57.678/17, que dispõe sobre o Procedimento de Manifestação de Interesse para a apresentação de projetos, levantamentos, investigações ou estudos, por pessoa física ou jurídica de direito privado, a serem utilizados pela Administração Pública Municipal de São Paulo.

Tanto no processo de contratação das concessões como das PPPs, a iniciativa privada deve seguir as regras do devido edital, que, por sua vez, obedece aos princípios das licitações. Isso significa que, em linhas gerais:

- é possível que sejam formados grupos de empresas para participação na licitação e, consequentemente, para futura concessão ou PPP;
- a empresa ou grupo de empresas deve atender aos requisitos de habilitação e de qualificação técnico-econômica da licitação;
- realização de estudos e preparação das propostas;
- garantias e declarações de instituições financeiras e/ou seguradoras.

Já a celebração e a execução do contrato, conforme sintetiza o escritório Queiroz-Maluf Sociedade de Advogados, abrange:

- aspectos societários: constituição da Sociedade de Propósito Específico (SPE) e aportes e pagamentos prévios à celebração do contrato;
- engenharia financeira: financiamentos, garantias e operações no mercado de capitais;
- engenharia física: execução do objeto sob modalidade *turn-key*, regime de preço global e lógica de concessão (matriz de risco, metodologia marginal de reequilíbrio, parâmetros de desempenho);
- relação com o concedente: regulação típica das concessões;
- relações com os diversos *stakeholders*: estabelecimento de uma série de relações jurídicas com terceiros, decorrentes da concessão ou PPP.

Por fim, vale salientar que, de acordo com a legislação em vigor, no caso das concessões comuns sugere-se, embora não seja uma exigência, que o "edital de licitação condicione a formalização do contrato à constituição, pela empresa vencedora do certame, de uma Sociedade de Propósito Específico (SPE) vocacionada à execução da concessão" (CBIC; VG&P, 2016, p. 86). Já no caso das PPPs, a formação de uma SPE é obrigação para o licitante declarado vencedor no certame. Desse modo, as PPPs devem ser geridas por uma sociedade empresarial exclusivamente criada para isso, garantindo que a organização desse trabalho e/ou prestação de serviços não esteja(m) agregada(s) às demais atividades realizadas pela empresa. Isso deve proporcionar uma melhor gestão dos recursos das PPPs, incluindo os recursos humanos e financeiros.

Aprimoramentos diversos merecem dedicação para que essa modalidade evolua. Permanece pouco preservada na legislação a importância e os interesses dos grupos de consultoria e de projetistas interessados exclusivamente no desenvolvimento dos projetos com relação àqueles interessados essencialmente na execução das obras. O conflito ético e de interesses que usualmente é questionado pelo judiciário ao mesclar equipes e interesses relacionados a conhecimentos e interesses diversos, sobretudo naquilo que corresponde à preservação do que se diz como "interesse público" tem sido motivo de inúmeros questionamentos e interpretações. Outro aspecto ainda a se debruçar refere-se ao fato de haver a necessidade de contar com instâncias de interlocução e de avaliação técnica dos projetos de intervenção que, por sua natureza claramente complexa e interdisciplinar, requerem alta capacitação de equipe técnica, em geral inexistente enquanto estrutura organizada. Em áreas específicas da administração pública, certamente há equipes especializadas. No entanto, quando se trata de projetos mais complexos, interdisciplinares, que exigiriam o entrosamento e a compatibilização de diversas áreas do conhecimento, fica evidente, como já mencionado, a frágil capacidade da máquina pública de se organizar, aproximando os conhecimentos e interesses das diversas áreas da administração, bem como gerenciando uma equilibrada e transparente interlocução entre as esferas pública e privada.

Devo dizer que, apesar de todas as dificuldades existentes, aposto no necessário desenvolvimento e envolvimento com o modelo das PPPs para o sucesso de um relacionamento mais maduro entre as pessoas que compõem a sociedade, e entre sociedade e governo, e mais, para a qualificação dos modos de vida na contemporaneidade, tão carentes de experiências claras, transparentes e éticas, e visando a isonomia entre seus pares e a garantia da lisura de suas ações e compromissos.

Parece-me ser esse o ponto fundamental para a consolidação das devidas competências e responsabilidades naturais e saudavelmente existentes em organizações contemporâneas. Isso porque modelos de PPPs exigem contratos claros de responsabilidades, nos quais o Pacto e a interdependência entre os agentes público e privado, em seu mais variado espectro, são a sua essência.

Sociedades maduras, capazes de estabelecer parcerias, teoricamente dispõem de noções claras de limites entre a liberdade de um e do outro. Caracterizam-se culturalmente por suportarem melhor a negociação transparente e, portanto, modelos mais flexíveis e adaptáveis às dificuldades e imprevisibilidades no tempo. São sociedades menos heterogêneas, que estruturalmente reconhecem o valor do interesse público. Ou seja, daquele que é comum, que é bom, essencial e primordial para todos, e não para o ente público ou para o ente privado.

A noção de valor do patrimônio público, como já dito anteriormente, nasce do amadurecimento de uma sociedade que seja capaz de se reconhecer como cidadã e agregar valor a essa condição. O senso de cidadania, por sua vez, naturalmente se traduz no reconhecimento do valor do interesse e do patrimônio comum e, com isso, redunda a percepção e a distinção entre a liberdade e o limite do indivíduo e do coletivo.

Senso de cidadania, segurança jurídica, percepção de valor do patrimônio coletivo e sucesso em modelos de PPPs podem parecer mundos desconexos. Mas não são! Certamente teremos ambientes contemporâneos, sobretudo urbanos mais qualificados, à medida que a sociedade tenha capacidade de aproximar esses mundos, mitigando seus conflitos e amenizando, por meio de contratos claros e seguros, suas diferenças.

Sob essa perspectiva, parece-me extremamente promissora a oportunidade de investirmos esforços na criação de condições reais para podermos contar, a partir de um processo de planejamento consistente, com o modelo de PPPs como uma das opções de estruturação de projetos e alcance de metas a médio e longo prazos.

As, por que não denominar, "PPPs Urbanísticas", nesse contexto, devem ser seriamente estudadas pelos especialistas nas áreas da economia, da política, da administração pública, da administração empresarial, das relações internacionais, das tecnologias, das infraestruturas, da saúde pública, do meio ambiente, da arquitetura e do urbanismo.

Admitir a realidade urbana como uma plataforma ou, em outras palavras, um pano de fundo capaz de agregar e costurar a infinidade de disciplinas afetas ao objeto das licitações amplia as condições de integração e gestão das diversas áreas do conhecimento que devem compor uma Parceria Público-Privada Urbanística.

Evidentemente alguns aspectos fundamentais merecerão profunda atenção no sucesso das PPPs Urbanísticas e das PPPs em geral no país, em especial no quesito confiabilidade e segurança jurídica. Dentre eles, essencialmente, a garantia da qualidade de um bom projeto – que preveja com antecipação a realização de um CAPEX e OPEX fidedignos, bem como as providências, riscos e cronogramas a serem provisionados previamente – e a transparência do processo. Um bom projeto evitará ou ao menos minimizará significativamente a realização de aditivos contratuais, bem como imprevistos, erros de dimensionamento, acidentes e falhas de cronograma. A transparência exigirá a elaboração consistente e a divulgação de um planejamento do passo a passo das atividades e custos, assegurando a lisura de um processo que poderá contar com o acompanhamento da sociedade.

Para garantir um bom projeto, evidentemente há de se considerar e dar condições para que seja elaborado de forma completa, contando com todas as suas etapas de desenvolvimento, bem como com a devida responsabilidade técnica, cabíveis aos profissionais autores e responsáveis técnicos. Criar uma cultura para dar condições para que seja elaborado um Projeto Completo previamente à contratação das obras públicas ou ao lançamento de um edital de licitação de uma PPP é, portanto, tema essencial a ser enfrentado, quebrando todas as práticas e interesses políticos e comerciais ora em vigor, sobretudo no que se refere à Lei de Licitações, à RDC – Regime Diferenciado de Contratação, como também à Lei de Concessões e à Lei de PPPs.

Evidentemente, pela própria natureza da Lei de PPPs, a flexibilidade e a adequação de projetos, em se tratando principalmente de longos períodos que acabam por reger esses contratos, é muito bem-vinda. No entanto, a legitimidade, a transparência e a confiabilidade provenientes das consultorias e equipes responsáveis pela elaboração de projetos hão de ser cuidadosamente preservadas.

A Lei nº 8.666/93, inovada parcialmente pela recente edição da Lei nº 14.133/21 – Lei de Licitações e Contratos Administrativos, que institui normas para licitações e contratos da Administração Pública, como já dito anteriormente, tem sido tema de intensos debates e disputas de interesses. Desde 1995, sua revisão estava em discussão no Planalto por meio do Projeto de Lei nº 1.292/95, que carrega apensado a ele mais de duzentos outros projetos de lei. Trata-se de assunto complexo, de extrema seriedade e de difícil superação. Alguns temas pontuais acabaram por se pacificar recentemente. Ainda assim, outros permanecem pendentes, essencialmente no que se refere à restrição de participação de autor de etapa de projeto para a realização de etapas subsequentes, ou ainda a consideração da suficiência de etapa intermediária de projeto para a precificação e a licitação de obras e serviços.

No entanto, no bojo do necessário amadurecimento da sociedade, superar esse tema da revisão profunda na essência da lei de licitações, valorizando adequadamente a disciplina projetual por meio da contratação de projetos completos previamente ao lançamento dos processos licitatórios de execução de obras e serviços públicos, certamente enquadra-se no grupo dos assuntos estruturais.

Somado a isso, as restrições impostas pelo teto fixado para as modalidades de Carta Convite e Tomada de Preço, apesar de recentemente alteradas, em muito apresentam-se prejudiciais ao processo, por afugentarem as empresas mais qualificadas para a prestação dos serviços de consultoria e projetos de engenharias, arquitetura e urbanismo, tendo em vista o evidente equívoco criado na essência da lei, na busca indiscriminada pelo menor preço. O projeto corresponde a um percentual extremamente reduzido, se comparado ao custo de implementação das obras.

Dessa forma, as categorias profissionais relacionadas ao exercício projetual encontram-se em posição similar de fragilidade perante essas legislações, à medida que, conceitualmente e na prática, refletem uma visão da administração pública, assim como também de determinados setores da indústria da construção civil, de soberania e controle da instância de obras que engole a instância projetual, fatia primordial do processo responsável por garantir *expertise*, qualidade e responsabilidade técnica. Há de se esclarecer para o conjunto de formadores de opinião envolvidos na revisão dessa legislação que, na busca de qualidade, segurança jurídica e técnica e previsibilidade financeira, é essencial separar a instância da obra da instância de projetos. E ainda mais distante é a percepção de que projetos não são somente aqueles relacionados às engenharias, mas sim à arquitetura e ao urbanismo.

Nesse sentido, a batalha ainda se faz mais abstrata e árdua. Não há profunda percepção e também interesse dentre as esferas jurídica, política e técnica que haja distinção no escopo contratual entre as disciplinas da arquitetura e urbanismo e das engenharias. Por uma herança dos tempos de Crea – Conselho Regional de Engenharia, Arquitetura e Agronomia, evidentemente as áreas da arquitetura e do urbanismo estiveram historicamente misturadas com as das engenharias. No entanto, este não é e não pode ser o retrato dessas *expertises* profissionais. Assim, cabe à nossa categoria profissional organizar-se e essencialmente capacitar-se para almejar seu espaço nesse feudo.

A partir da leitura do trabalho intitulado *Estruturação de projetos de PPP e concessão no Brasil: diagnóstico do modelo brasileiro e propostas de aperfeiçoamento*, contratado pela International Finance Corporation-World Bank Group, ao abordar o universo de utilização da Lei de Licitações, conferem que a prática não tem sido boa, em virtude da usual fixação de prazos excessivamente curtos para a conclusão dos trabalhos e muitas idas e vindas nos produtos entregues, avaliados pelos gestores como sendo de má qualidade (CNI, 2014).

> Parte do problema vem dos parâmetros utilizados na licitação, baseados principalmente em preço. Isso não apenas afugenta as melhores empresas, como não dá incentivos à realização de bons projetos via mecanismos de reputação. É preciso mudar os parâmetros legais com que trabalham os gestores públicos para corrigir esses problemas. Além disso, devem-se criar cadastros de classificação a serem alimentados por todos os órgãos públicos, com avaliações das empresas e de seus responsáveis, que criem um esquema de pontuação de qualidade a ser usado em futuras licitações (PINHEIRO et al., c. 2016, p. 42[6]).

No bojo da aprovação da Lei nº 12.462/11 – Contratação Integrada, estabelece-se o regime de contratação integrada, criado como parte do Regime Diferenciado de Contratação. O Parágrafo 1º do Art. 9º estabelece:

> *A elaboração e o desenvolvimento dos projetos básico e executivo, a execução de obras e serviços de engenharia, a montagem, a realização de testes, a pré-operação e todas as demais operações necessárias e suficientes para a entrega final do objeto.*

Nesse regime de contratação integrada, o particular tem responsabilidade por uma parcela maior das atividades envolvidas. Na contratação integrada, o gestor público precisa definir com precisão as características finais da obra que pretende receber e ser capaz de fiscalizar o produto entregue. A necessidade dessa capacitação é reforçada pelo fato da licitação poder ser feita sem a elaboração de um projeto básico, podendo ser utilizado apenas um anteprojeto de engenharia com "elementos de projeto básico" que permitam caracterizar a obra ou serviço (Inciso I, Parág. 2º, Art. 9º).

Nisso, inspira-se no que ocorre nas concessões, que também prescindem da elaboração do projeto básico (PINHEIRO et al., c. 2016, p. 45).

Parte desses equívocos foram superados ou tendem a ser superados a partir da edição da Lei nº 14.133/21, que inclusive revoga parte relevante da Lei nº 12.462/11. No entanto, apesar dos serviços de arquitetura passarem a ser reconhecidos de forma distinta daqueles de engenharia, a distorção ainda permanece quanto à compreensão da importância sobre a consideração prévia do Projeto Completo, no que se refere à segurança na precificação, na responsabilidade técnica e no respeito à autoria do projeto.

6. Esta publicação foi realizada com recursos do Programa de Fomento à Participação Privada. Este programa é resultado de um esforço conjunto entre IFC, BNDES e BID.

Área abrangida pelo Arco Tietê com a demarcação do perímetro da Operação Urbana Consorciada proposta (parceria com a Bacco Arquitetos Associados).

- OUC Proposta
- PPP Articulação Norte
- OUC Perímetro expandido
- ZEIS 1
- ZEIS 2
- ZEIS 3
- ZEIS 4
- ZEIS 5
- Área de influência
- Área de influência (2016)
- Trem (estação existente)
- Trem (linha existente)
- Metrô (estação existente)
- Metrô (estação licenciada)
- Metrô (linha existente)
- Metrô (estação planejada – 2016)
- Metrô (linha planejada – 2016)
- Metrô (linha planejada – 2025)
- Corredor de ônibus municipal existente
- Corredor de ônibus municipal planejado (2016)
- Corredor de ônibus municipal planejado (2025)
- Viário estrutural de Nível I

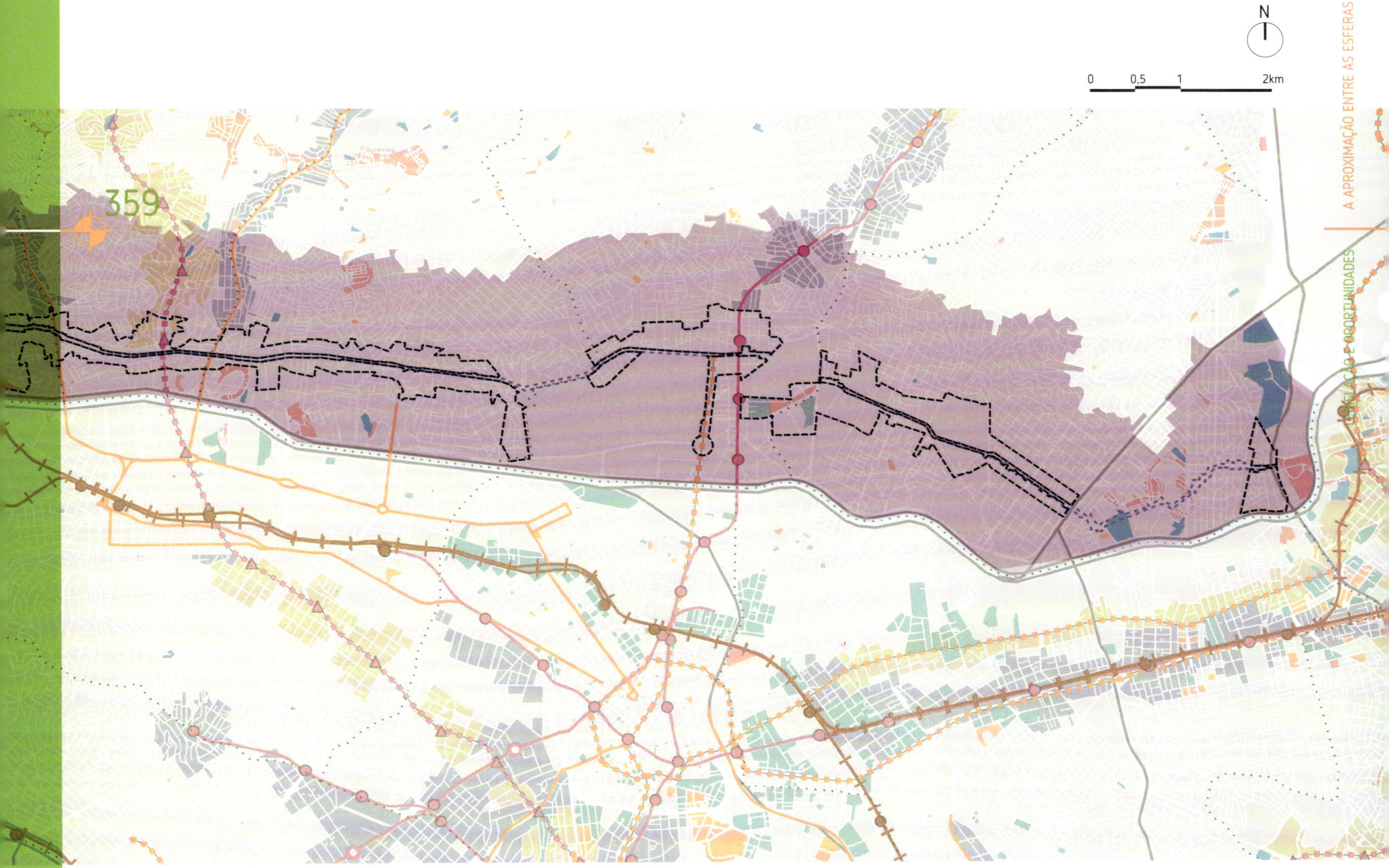

Lei nº 14.133/21, Art. 14. Não poderão disputar licitação ou participar da execução de contrato, direta ou indiretamente:
I – autor do anteprojeto, do projeto básico ou do projeto executivo, pessoa física ou jurídica, quando a licitação versar sobre obra, serviços ou fornecimento de bens a ele relacionados;
II – empresa, isoladamente ou em consórcio, responsável pela elaboração do projeto básico ou do projeto executivo, ou empresa da qual o autor do projeto seja dirigente, gerente, controlador, acionista ou detentor de mais de 5% (cinco por cento) do capital com direito a voto, responsável técnico ou subcontratado, quando a licitação versar sobre obra, serviços ou fornecimento de bens a ela necessários;
(...)
Parágrafo 1º O impedimento de que trata o inciso III do *caput* deste artigo será também aplicado ao licitante que atue em substituição a outra pessoa, física ou jurídica, com o intuito de burlar a efetividade da sanção a ela aplicada, inclusive a sua controladora, controlada ou coligada, desde que devidamente comprovado o ilícito ou a utilização fraudulenta da personalidade jurídica do licitante.
Parágrafo 2º A critério da Administração e exclusivamente a seu serviço, o autor dos projetos e a empresa a que se referem os incisos I e II do *caput* deste artigo poderão participar no apoio das atividades de planejamento da contratação, de execução da licitação ou de gestão do contrato, desde que sob supervisão exclusiva de agentes públicos do órgão ou entidade.
Parágrafo 3º Equiparam-se aos autores do projeto as empresas integrantes do mesmo grupo econômico.
Parágrafo 4º O disposto neste artigo não impede a licitação ou a contratação de obra ou serviço que inclua como encargo do contratado a elaboração do projeto básico e do projeto executivo, nas contratações integradas, e do projeto executivo, nos demais regimes de execução.
Parágrafo 5º Em licitações e contratações realizadas no âmbito de projetos e programas parcialmente financiados por agência oficial de cooperação estrangeira ou por organismo financeiro internacional com recursos do financiamento ou da contrapartida nacional, não poderá participar pessoa física ou jurídica que integre o rol de pessoas sancionadas por essas entidades ou que seja declarada inidônea nos termos desta Lei.

Em 2013, a Secretaria Municipal de Desenvolvimento Urbano (SMDU) lançou um chamamento público para a apresentação de manifestações de interesse privado na elaboração e exposição de estudos de transformação urbana da área denominada Arco Tietê, com a finalidade de convocar a produção de estudos de viabilidade considerados necessários pela Prefeitura de São Paulo a partir de pedido formulado no Processo nº 2012-0.347.212-5, de iniciativa privada, que solicitava autorização para a realização de estudos de viabilidade de requalificação urbana de parcela do território então denominado Faixa Leste-Oeste. Em face dos objetivos do programa denominado Arco do Futuro, a prefeitura, a partir daquele processo, ampliou o chamamento para os limites do programa de governo.

Curiosamente, apesar de coordenado por uma equipe essencialmente de arquitetos urbanistas, o processo foi inaugurado com uma grave e controversa determinação: quaisquer interessados em participar da Manifestação de Interesse Privado deveriam obrigatoriamente *a priori*, para alcançarem o direito de participação, assinar termo de cessão de direitos patrimoniais sobre os estudos a serem oportunamente entregues à apreciação da municipalidade. Evidentemente, em nada tal exigência do ente público colaborou, colabora ou contribuirá para a valorização do projeto e da atividade do arquiteto urbanista. Muito pelo contrário, depõe contra o valor do projeto e da especialidade e responsabilidade técnica dos profissionais da arquitetura e do urbanismo dentre as demais áreas técnicas que necessariamente devem compor a equipe de trabalho interdisciplinar, deflagrando antigos vícios adotados historicamente pelo setor público e os prestadores de serviços de obras públicas, chancelados a partir da Lei de Licitações nº 8.666/93, vigente à época.

Tal chamamento pretendia, portanto, a partir de uma modelagem urbanística, jurídica e financeira, orientar uma transformação no território do Arco Tietê, pertencente à Macroárea de Estruturação Metropolitana.

A primeira fase do PMI teve como objetivo apresentar a consolidação de estratégias e estudos para o território do Arco Tietê a partir do processo de planejamento urbano coordenado pelo Poder Público, em que uma série de consórcios, instituições e empresas apresentaram propostas para essa área da cidade, considerada estratégica para a estruturação do desenvolvimento urbano do município (PMI: ARCO TIETÊ. Relatório Final, p. 3).

Para o município, os estudos e projetos apresentados pelas empresas participantes do PMI deveriam conter:

- Serviços e obras que qualificassem o desenvolvimento urbano, de forma espacial e social, com plena regulação pública durante o processo de transformação urbana;
- Projetos para implantação de infraestruturas urbanas articuladas aos projetos de consolidação de uma centralidade para a metrópole;
- Projetos de Intervenção Urbana ou projetos específicos que pudessem ser articulados a programas de desenvolvimento econômico e habitacional.

Compusemos uma equipe liderada pela Bacco Arquitetos Associados. Nosso escritório coordenou a modelagem urbanística da proposta.

O trabalho compôs-se de duas fases. A fase 1 pretendia que as equipes apresentassem propostas gerais de intervenção para a totalidade da área de aproximadamente 6 mil hectares. A fase 2 correspondeu a um recorte adotado pela prefeitura, elegendo três áreas específicas de intervenção – Apoio Norte, Apoio Sul, Centralidade da Metrópole –, ficando a critério das equipes desenvolver conforme suas escolhas e estratégias.

A proposta da Fase 1 desenvolvida por nossa equipe buscou trabalhar em propostas de intervenção de requalificação da Marginal Tietê e das transposições do Rio Tietê em pontos estratégicos, visando a interconexão entre os diversos modais de transporte associados a instrumentos jurídicos urbanísticos de requalificação e desenvolvimento urbano.

A proposta da fase 2 desenvolvida por nossa equipe teve de optar pelo direcionamento apresentado pela prefeitura, que estabeleceu os setores de intervenção – Apoio Norte, Apoio Sul e Centralidade da Metrópole. Optamos por desenvolver o projeto de intervenção para o Apoio Norte. Este consistiu na elaboração de modelagem urbanística composta por uma PPP de mobilidade, a partir da previsão do enterramento do linhão da Eletropaulo existente, considerando requalificação e modernização do sistema, implantação de sistema viário sobre o antigo leito do linhão e instalação de BRT conectando de oeste a leste o trecho de intervenção – Pirituba-Tiquatira. Como receita e estrutura acessória, uma Operação Urbana Consorciada foi indicada ao longo de todo o sistema de mobilidade proposto, com o objetivo de redesenho da região por meio de um conjunto de incentivos e parâmetros urbanísticos e exigências ambientais.

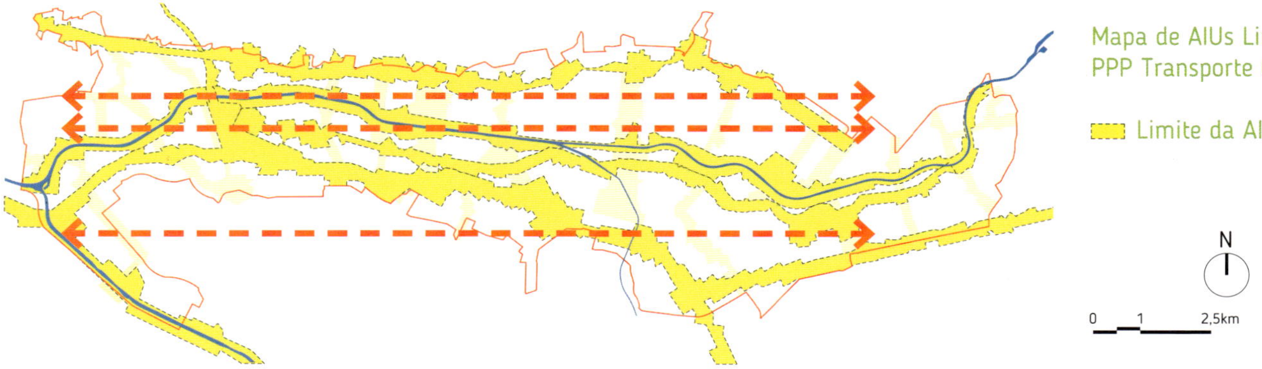

Mapa de AIUs Lineares
PPP Transporte Coletivo.

Limite da AIU Linear

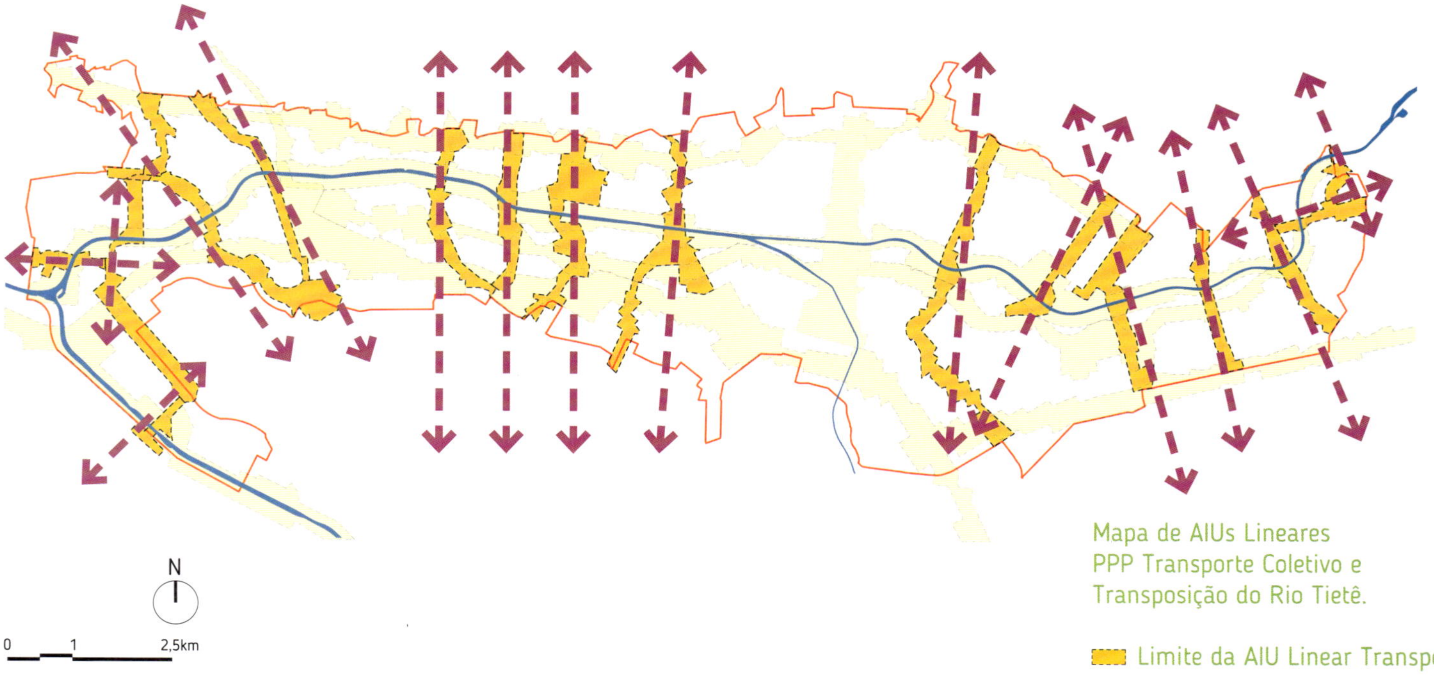

Mapa de AIUs Lineares
PPP Transporte Coletivo e
Transposição do Rio Tietê.

Limite da AIU Linear Transposição

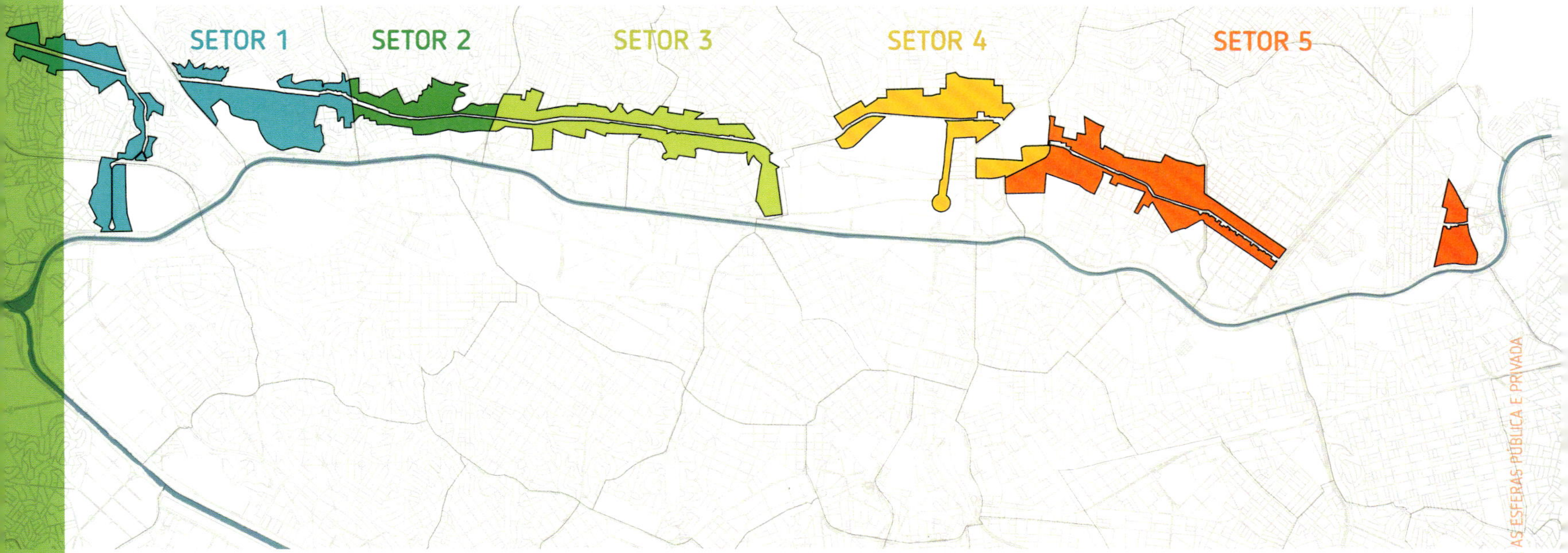

Setores da OUC-AN.

A partir de diagnóstico detalhado realizado na Fase 1 dos estudos, a proposta seleciona o "Apoio Norte" como área de intervenção, onde propõe, visando a requalificação da região, modelagem urbanística, acompanhada de modelagem econômica e jurídica, para a promoção de uma Parceria Público Privada (PPP) de mobilidade para a instalação de um sistema de BRT municipal, conjuntamente com a Operação Urbana Consorciada Apoio Norte, atuando como possível receita acessória para a viabilidade da proposta, além de estabelecer parâmetros legais específicos de planejamento e desenho urbano para a região.

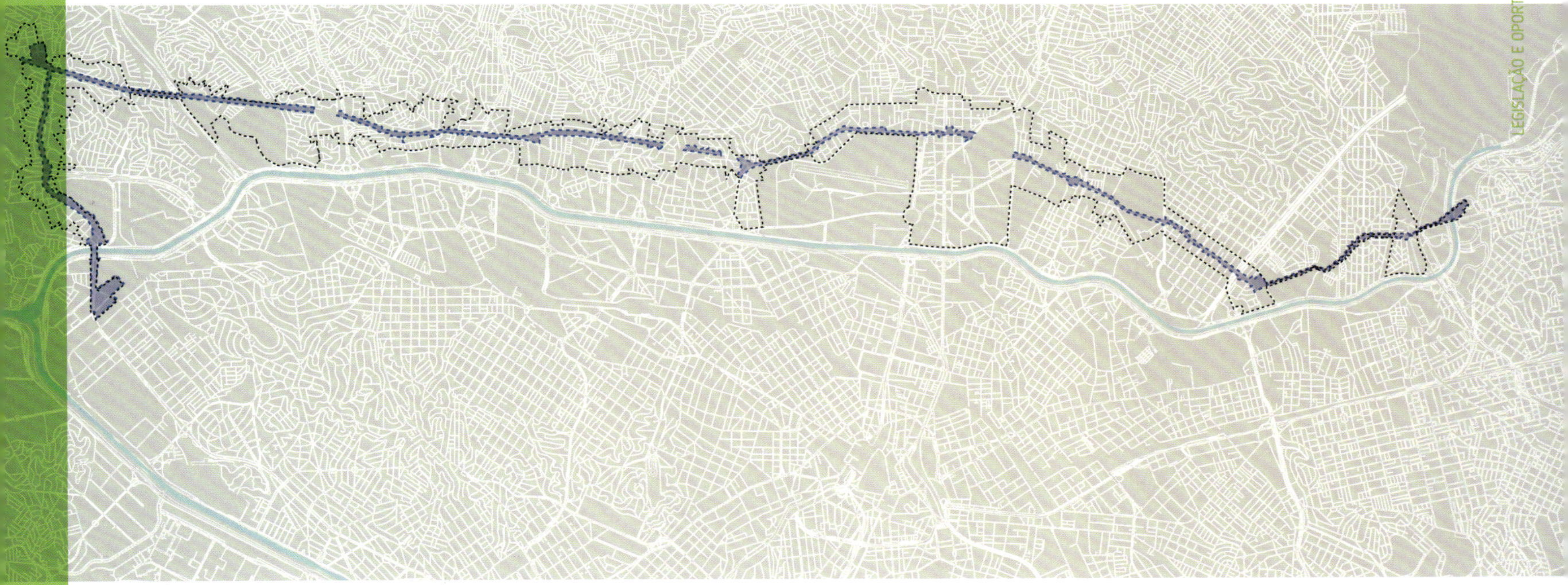

Perímetro AIU.

AIU AN Proposta
PPP BRT Apoio Norte

Área de Intervenção.

— Limite Arco Tietê
---- Limite OUC
— PPP Articulação Norte
— OUC Articulação Norte

Edifício garagem
Habitação
Lixo mínimo
Ciclovia

Infovia
Corredor de ônibus
Terminal de ônibus
Enterramento da linha de transmissão

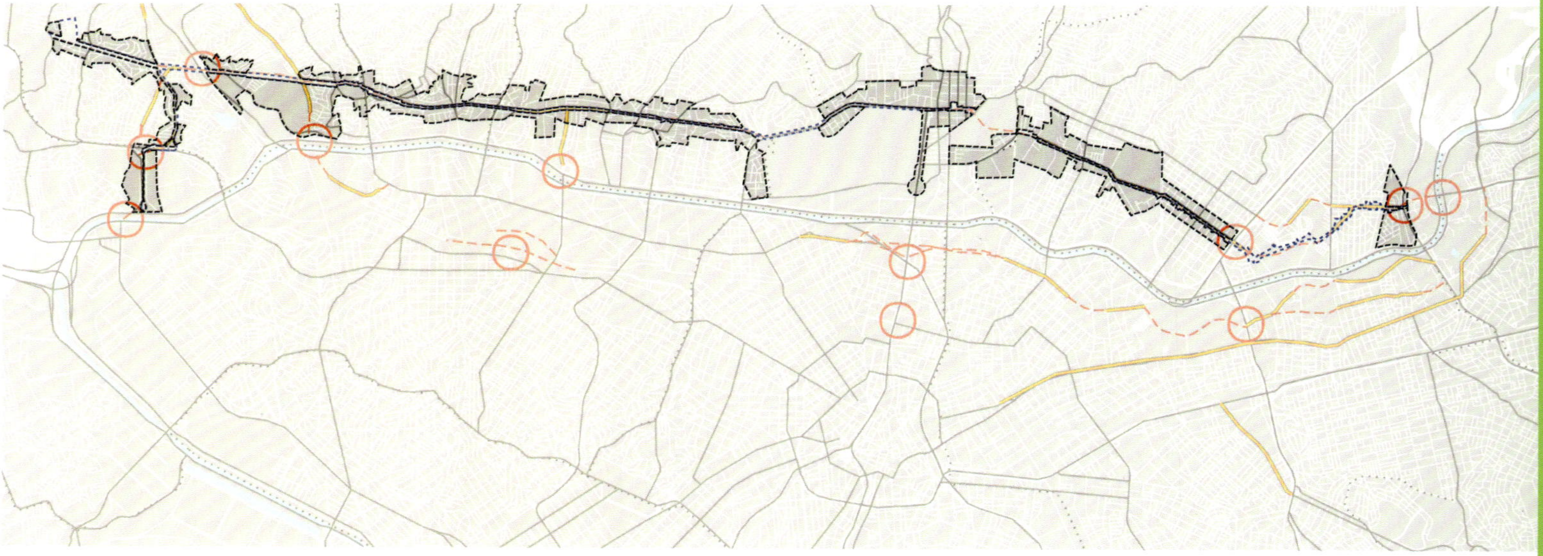

Ações Prioritárias no Sistema Viário Estrutural.

OUC Proposta
PPP BRT Apoio Norte
--- Via estrutural a abrir
Intervenção pontual
— Via estrutural a melhorar
— Viário estrutural

Aprendizado 1

Foi uma experiência inédita ter a oportunidade de realizar um projeto de intervenção urbana para um perímetro de tais dimensões, equivalente ao de Manhattan, na cidade de Nova York.

O processo de trabalho foi extremamente enriquecedor, tendo a sorte de ter contado com uma equipe altamente capacitada e integrada durante todo o processo. Concluímos o trabalho chegando a uma modelagem urbanística que propôs a minuta de Projeto de Lei de Operação Urbana Consorciada, a minuta de contrato de PPP, bem como o CAPEX e o OPEX de todas as operações envolvidas no projeto.

Próximos passos

Evidentemente, a proposta correspondia a uma ousadia extrema, em se tratando de seu porte, de seus custos, da complexidade de implantação e do investimento e do comprometimento políticos.

Apesar de termos buscado minimizar ao máximo as arestas e interconexões de cunho político-administrativo que um projeto dessa natureza claramente possui, sem vontade política clara para que tal solução avançasse buscando meios para sua realização, não teria havido nenhuma perspectiva palpável de avanço. Desta contribuição, apenas foi publicada a Lei nº 16.541/16, que aprova o plano de melhoramentos viários para o subsetor Arco Tietê, da Macroárea de Estruturação Metropolitana.

Esta, como tantas outras realizações no país, percorre trajetórias similares: grandes investimentos, combinados ao agrupamento de talentos e inteligências, morrem no vazio, no desconhecimento e, ao longo do tempo, no esquecimento...

De todo modo, apesar das dificuldades, densas e muitas vezes obscuras, não se pode dizer que trabalhos como esse não valem a pena!

A qualificação profissional decorrente de feitos como este cria repertório, consolida relações, estrutura equipes interdisciplinares de trabalho, estabelece novos modelos comerciais, abre oportunidades de implementação de novas metodologias de trabalho, bem como o uso de novas tecnologias, materializa bancos de dados, fortalece e qualifica a atividade projetual e profissional.

Enfim... vale a pena prosseguir!!!

Tiquatira

PPP de Transporte e Requalificação Urbana

Na oportunidade de previsão de uma nova estação intermodal na área do Tiquatira, foi desenvolvida a modelagem urbanística, conjuntamente com a modelagem econômica do espaço, visando validar a viabilidade da implantação de PPP, no âmbito do Governo do Estado de São Paulo, considerando a instalação, a manutenção, a operação e a gestão social durante o período de concessão, a partir do contrato existente para a execução da estação intermodal Tiquatira, para:

- abertura de vias e parcelamento do solo;
- instalação de 2.338 Unidades Habitacionais, sendo 1.766 HIS, 572 HMP;
- 37.520 m² de áreas não residenciais;
- 1.400 m² de áreas institucionais;
- extensão do Parque Linear Tiquatira;
- novas conexões com o bairro da Penha e imediações.

O cancelamento do contrato de execução da estação intermodal interrompeu o desdobramento do projeto, em virtude da então comprovada inviabilidade, demonstrada pela modelagem econômica (Galípolo Consultoria).

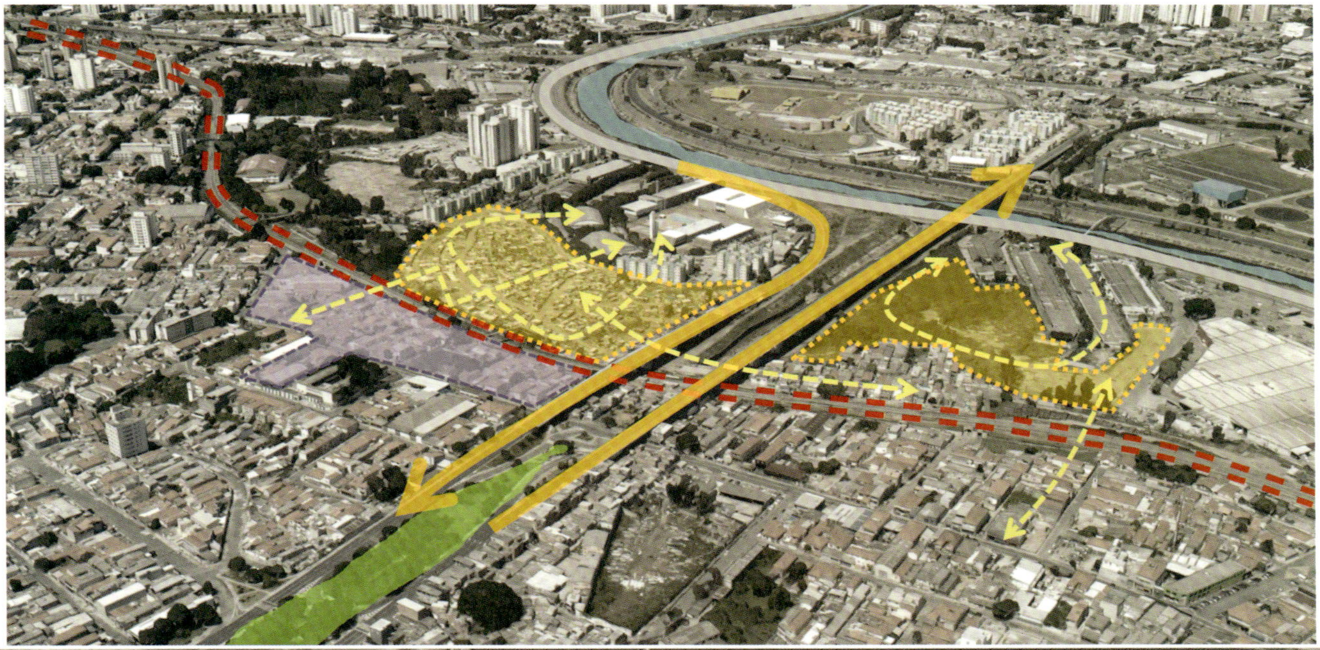

10.3
Os Projetos de Intervenção Urbana – PIUs: outra modalidade de ações público-privadas

A Lei nº 16.050/14, Plano Diretor Estratégico de São Paulo, estabeleceu o Projeto de Intervenção Urbana, que, por meio de seu artigo 136, estabelece:

> Os Projetos de Intervenção Urbana, elaborados pelo Poder Público objetivam subsidiar e apresentar as propostas de transformações urbanísticas, econômicas e ambientais nos perímetros onde forem aplicados os instrumentos de ordenamento e reestruturação urbana, como as operações urbanas, as áreas de intervenção urbana, áreas de estruturação local e concessão urbanística.

Esses PIUs, precedidos de análise diagnóstica e de programa de interesse público, correspondente à futura intervenção proposta por ente público ou privado, regulamentados em 2016 por meio do decreto municipal 56.901/16, inauguraram uma outra e nova modalidade de interlocução entre as esferas de governo e o poder público e o privado, no caso de intervenções apresentadas pela sociedade.

Estamos novamente diante de formas de integração e interlocução entre agentes públicos e privados.

Esse novo e interessante instrumento, apesar de requerer uma série de ajustes, mostra-se extremamente interessante. Primeiro, pelo fato de valorizar virtuosamente a ferramenta do projeto como instrumento de interlocução e legitimação de propostas de intervenção; e segundo, por enfatizar e buscar regulamentar a necessária interlocução entre partes envolvidas em um tema de interesse comum.

Desde sua regulamentação, uma série de PIUs vêm sendo desenvolvidos no município de São Paulo, com maior ou menor desenvoltura. A maioria deles, públicos, porém alguns deles pertencentes ao privado.

A ferramenta em si, a partir de uma metodologia de trabalho regulamentada e se utilizando do Projeto de Intervenção Urbana como ferramenta de diálogo, permite criar oportunidades, mediante o crivo da administração pública, de flexibilizar condições de parcelamento, uso e ocupação do solo, mediante procedimentos legislativos ou simplesmente do Poder Executivo.

Os PIUs não distinguem os limites de atuação do poder público quando se trata de imóvel particular ou público. Tal detalhamento carece de aprimoramento. Porém, apesar de nenhum desses PIUs ter ainda resultado em obras concluídas, muitos deles já percorreram etapas de consulta pública, audiências públicas, interlocução e negociação entre diversas secretarias e conselhos da administração municipal e estadual, bem como com a sociedade e com o Ministério Público. Demonstra-se um instrumento promissor na valorização do projeto e na estruturação de uma metodologia de interlocução para os complexos processos de intervenção urbana.

A partir da parceria firmada entre o nosso escritório e o escritório Königsberger Vannucchi Arquitetos Associados foi apresentada ao Jockey uma proposta de elaboração de um projeto de intervenção urbana, nos termos da Lei Municipal nº 16.050/14 e da Lei nº 16.402/16, visando consolidar novas condições de uso e ocupação do solo para a área do Jockey Club no bairro Cidade Jardim, em virtude de seu enquadramento legal na Lei de Parcelamento, Uso e Ocupação do Solo como ZOE – Zona de Ocupação Especial.

Nesses termos, tendo nossa oferta acolhida pela diretoria do Jockey, iniciou-se um trabalho diagnóstico minucioso que resultou na elaboração de um Master Plan de Requalificação Urbanística e do Patrimônio, construído no Jockey Club de São Paulo, que buscou associar intervenções de interesse público a soluções e oportunidades de viabilização da sustentabilidade financeira, patrimonial e operacional do clube.

Inúmeras reuniões ocorreram junto às secretarias municipais e estaduais pertinentes, bem como às associações de bairro lindeiras ao clube. Dessas reuniões, diversos temas foram levantados, bem como oportunidades de atuação conjunta em prol da requalificação do bairro em termos de desenho urbano, mobilidade, segurança, oferta de vagas de estacionamento, criação de novos pontos de comércio, serviço e entretenimento, incremento de infraestrutura urbana – iluminação, pavimentação, arborização públicas, qualificação de calçadas, mobiliário urbano, ciclovias, etc.

Mapa demonstrativo dos pontos de vista do espectador, garantindo a visualização integral do bem tombado sem obstruções prejudiciais à paisagem.

Acessos e conexões:
Fruição pública para pedestres e ciclistas conectando a ponte Cidade Jardim à Eusébio Matoso, o Parque do Povo à estação Butantã do Metrô.

- ▲ Acessos públicos principais
- ▲ Acessos ao Jockey Club
- ● Permeabilidade visual
- ····· Fruição pública

Proposta consolidada: edificações a preservar, parque privado de uso público e novas edificações.

Edificações a preservar
Parque privado de uso público
Novas edificações

1. Tribunas
2. Villa Hípica (retrofit)
3. Pistas
4. Parque privado de uso público
5. Clube
6. Polo Lineu (novas edificações institucionais e culturais, restauro do hospital e tribunas)
7. Polo Cidade Jardim (nova edificação icônica)
8. Polo Eusébio Matoso (nova edificação icônica de uso misto)

O Master Plan apresentado teve deliberação favorável do Conpresp (Conselho Municipal de Preservação do Patrimônio Histórico, Cultural e Ambiental da Cidade de São Paulo) e do Condephaat (Conselho de Defesa do Patrimônio Histórico, Arqueológico, Artístico e Turístico do Estado de São Paulo), validando as diretrizes de implantação do Projeto de Requalificação proposto.

Caberá, na próxima etapa, a aprovação do PIU junto à Secretaria Municipal de Urbanismo e Licenciamento, quando se pretende formalizar as condições de parcelamento, uso e ocupação do solo, bem como à pactuação com a sociedade, a partir de proposta de requalificação urbana previamente acolhida pela municipalidade e pelo estado.

O Master Plan realizado pelos escritórios Levisky Arquitetos e Königsberger Vannucchi inaugurou amplo processo de divulgação pela administração pública, que resultou posteriormente na inauguração de Procedimento de Manifestação de Interesse Privado (PMI). A partir daí o Jockey Club pleiteou na Secretaria Municipal de Desenvolvimento Urbano a aprovação do PIU.

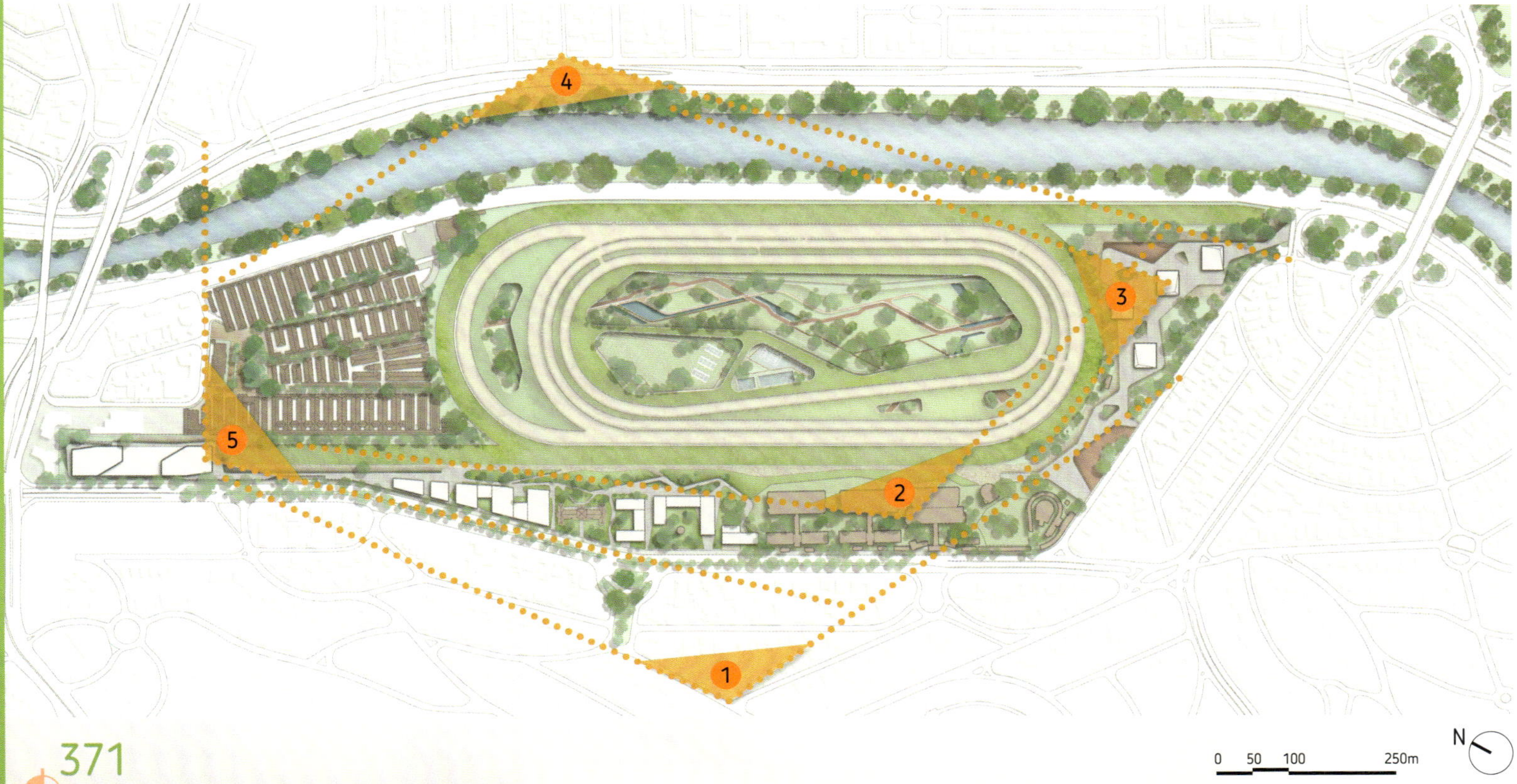

371

Permeabilidade Visual.
Preservação da visibilidade do conjunto tombado, da paisagem urbana e do bairro.

1. A partir do bairro residencial
2. A partir das tribunas
3. A partir do Polo Cidade Jardim
4. A partir da Marginal Pinheiros
5. A partir do Polo Eusébio Matoso

O Master Plan percorre e confirma a efetiva possibilidade de boa e necessária convivência entre bens tombados e adensamento qualificado. Trata das oportunidades pactuadas de qualificação e zeladoria da cidade e da gestão compartilhada de espaços de uso público.

O Master Plan propõe a setorização das áreas passíveis de novas construções, atingindo maior verticalização. No centro da pista, a proposta de criação de um parque de uso público com acesso sob o hipódromo.

O Master Plan sugere uma grande marquise interconectando as funcionalidades de lazer, serviços, comércio e entretenimento, e, ainda, integrando as novas edificações ao patrimônio histórico a ser recuperado, permitindo um passeio lúdico e educativo.

Urbanismo

PROJETO DO JOCKEY TEM PARQUE E TORRES

Conselho Municipal do Patrimônio aprovou diretrizes de construção em área de 586 mil m²

Fabio Leite

Afundado em dívidas milionárias e com gigantescas áreas ociosas, o Jockey Club de São Paulo deu o primeiro passo para mudar de cara e transformar uma das regiões mais nobres da capital paulista. O Conselho Municipal de Preservação do Patrimônio Histórico, Cultural e Ambiental de São Paulo (Conpresp) aprovou nesta semana diretrizes que abrem caminho para a construção de um parque rebaixado com área de 150 mil metros quadrados no meio do hipódromo e de torres comerciais e residenciais nas duas pontas do terreno tombado da Marginal do Pinheiros, no bairro Cidade Jardim, zona sul paulistana.

O **Estado** teve acesso com exclusividade ao projeto de requalificação urbana do Jockey, que será apresentado hoje pelo prefeito João Doria (PSDB) e pelo presidente do conselho administrativo do clube, Benjamin Steinbruch. Com o conceito de integrar a área de 586 mil metros quadrados à cidade, o projeto prevê a demolição do muro de quase dois quilômetros de extensão na Avenida Lineu de Paula Machado para facilitar a circulação de pessoas e melhorar a visibilidade interna do equipamento. Por causa das limitações impostas pelo tombamento e para não prejudicar as corridas de cavalos, o parque será instalado no nível abaixo ao da pista e o acesso será feito por passagem subterrânea.

O projeto prevê o restauro das estruturas tombadas, como a cocheira, as tribunas e o antigo hospital, e que ocupam cerca de 90 mil metros quadrados. Na entrada principal, as construções de equipamentos culturais e de galerias comerciais não poderão ultrapassar a altura da arquibancada dos espectadores do turfe. Nos dois polos extremos do Jockey, do lado próximo à ponte Cidade Jardim, e do lado próximo à Ponte Eusébio Matoso, a ideia é erguer torres residenciais e comerciais para atrair investidores.

"Trabalhamos com um modelo de ocupação que combina o respeito e preservação do patrimônio histórico, integrado com a vizinhança e com a cidade, e novas construções que tragam viabilidade financeira para a manutenção do equipamento e do próprio patrimônio", explica a arquiteta Adriana Levisky, do consórcio Königsberger Vannucchi + Levisky Arquitetos, responsável pelo projeto. Segundo ela, conceitos semelhantes já foram utilizados nos hipódromos de Auteuil, em Paris, na França, e de Meydan, em Dubai, nos Emirados Árabes, e transformaram as regiões.

Com as diretrizes aprovadas pelo Conpresp, o Jockey deve agora aprimorar o projeto e apresentá-lo ao conselho estadual de proteção ao patrimônio, o Condephaat. Em seguida, deve discutir as regras de zoneamento com a Prefeitura para saber, por exemplo, quais serão os limites de construção no terreno, em área equivalente a 60 quarteirões. As regras serão definidas por meio de um Projeto de Intervenção Urbana (PIU) específico para o hipódromo.

Vocações. "É um equipamento de vulto urbano que marcou a história da cidade. Entendemos que, pelo porte dele e pela importância para São Paulo, o Jockey deve ser visto nesse contexto e potencializar as vocações da região", diz Adriana. "Por isso, propomos a ocupação com uso misto, para garantir vitalidade e circulação 24 horas . A deliberação do Conpresp foi um primeiro passo extremamente importante porque valida as diretrizes de ocupação."

Embora a proposta tenha avançado, nem todos os membros do Conpresp aprovaram a verticalização do terreno. Relator do projeto, o arquiteto Silvio Oksman solicitou alterações e esclarecimentos sobre a proposta, mas foi voto vencido. Ele, representante do Instituto dos Arquitetos do Brasil (IAB) no órgão, entregou carta ontem renunciando ao cargo.

NA WEB
Portal. Leia mais notícias de São Paulo

estadao.com.br/e/sao-paulo

MUDANÇAS

Muro será demolido para integração com entrada do Jockey

INFOGRÁFICO/ESTADÃO
WERTHER SANTANA/ESTADÃO - 29/7/2014

Cenário. Hoje, o Jockey Club de São Paulo está endividado e tem áreas ociosas

375

A publicação do Jornal O Estado de S. Paulo, de 20 de outubro de 2017, divulga a aprovação do Master Plan de Requalificação do Jockey Club de São Paulo junto ao Conselho Municipal de Preservação do Patrimônio Histórico, Cultural e Ambiental (Conpresp).

Ginásio do Ibirapuera

Projeto de Intervenção Urbana (PIU)

Modelagem urbanística desenvolvida com a elaboração de Projeto Referencial a partir de consultoria prestada ao Governo do Estado de São Paulo, para validar a viabilidade de implementação do projeto, bem como a aprovação de Projeto de Intervenção Urbana (PIU) junto à municipalidade (Consultoria Fipe – Fundação Instituto de Pesquisas Econômicas).

O Projeto referencial prevê a instalação de uma arena coberta multiúso para 18 mil a 22 mil pessoas, fruição pública e esportiva e atividades acessórias bem-vindas para a viabilidade econômica do projeto bem como para a integração deste às demandas locais e regionais da cidade.
A previsão de atividades acessórias à arena, associada à generosa área de fruição pública, trará à escala do bairro, sobretudo ao pedestre, condição de usufruir desse espaço, de maneira integrada e conectada com o tecido urbano ao redor.

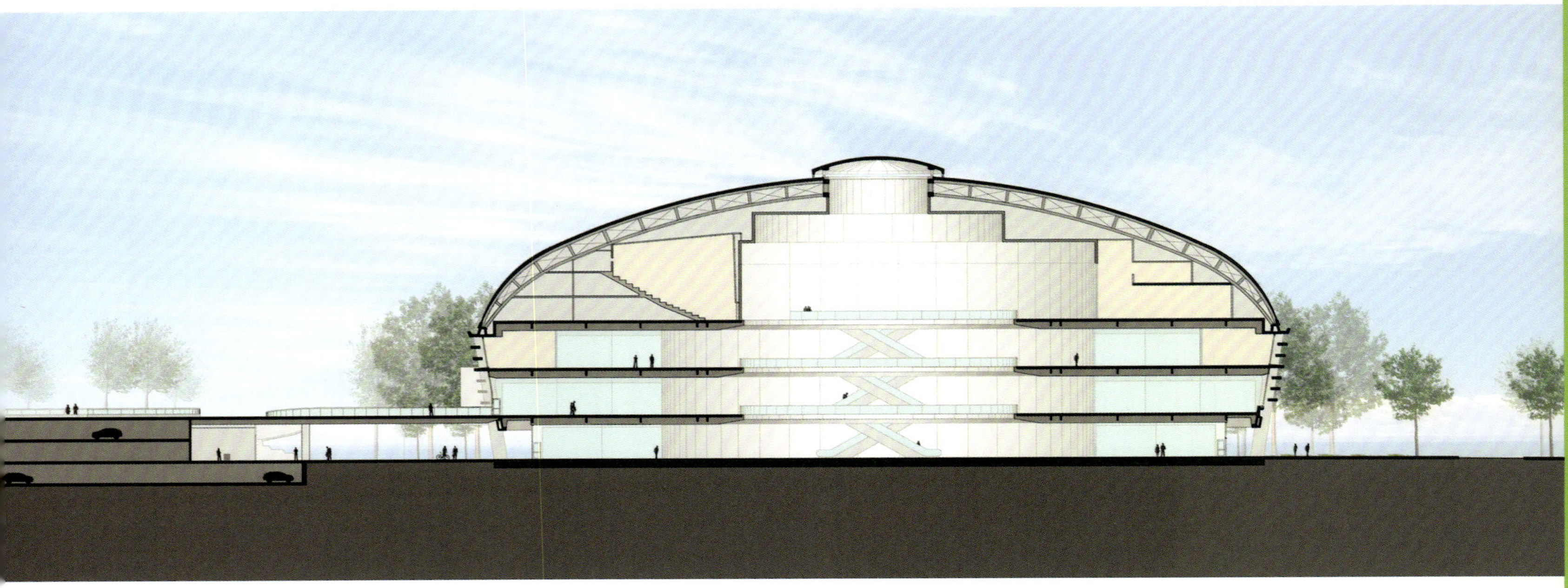

A modelagem urbanística, fundamental para dar insumos técnicos para a elaboração de modelagens econômica e jurídica, visando à estruturação da minuta de contrato de concessão com o Governo do Estado, bem como a regulamentação do Projeto de Intervenção Urbana (PIU), contendo os parâmetros urbanísticos e condições de instalação ditadas pela Prefeitura de São Paulo para a área de intervenção. A modelagem urbanística testa a reconversão de usos a partir da preservação da caixa volumétrica e fachadas do Ginásio.

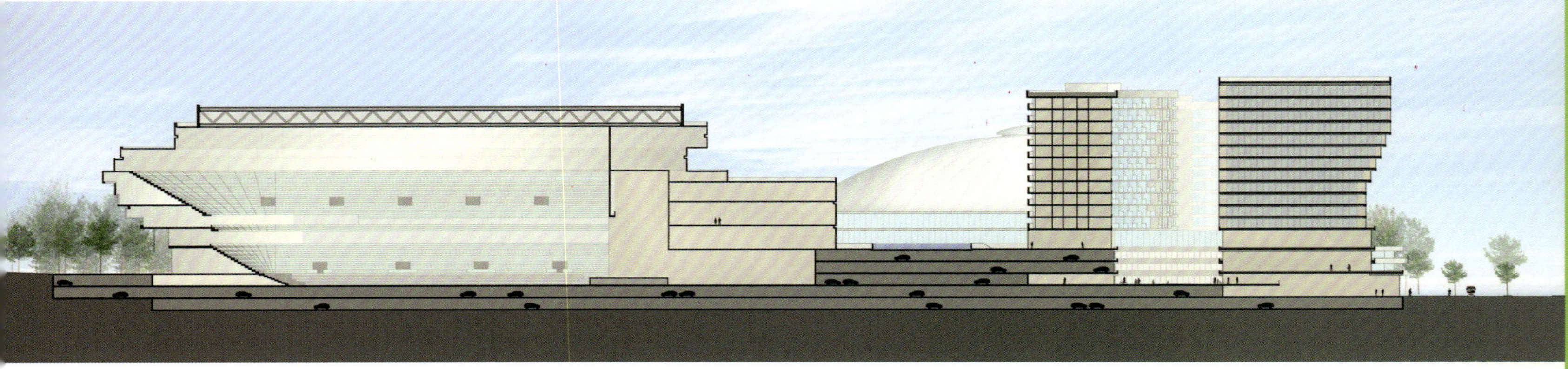

Cortes

Implantação

1. Arena multiúso
2. Ginásio Ibirapuera
3. Quadras poliesportivas externas, pista de salto com vara, pista de skate, parede de escalada
4. Ciclovia interna
5. Pista de cooper
6. Torre multiúso
7. Torre hotel
8. Torre flat
9. Acessos para estacionamento
10. Acesso doca arena
11. Via interna/serviço

A partir da Proposta de Manifestação de Interesse, proveniente da iniciativa privada, para revitalização do Complexo Constâncio Vaz Guimarães, o Governo do Estado lança um chamamento público para a apresentação de propostas de interessados privados, visando testar a pertinência de se instaurar uma concessão para o local. Mediante o resultado positivo desse chamamento e em consonância com as políticas esportivas e turísticas do Governo, foi aprovada pela Assembleia Legislativa a Lei Estadual de Concessão nº 17.099/19, que estabelece como obrigatório ao futuro concessionário a construção de uma nova arena multiúso com finalidade esportiva e cultural, bem como a oferta de área de fruição gratuita à população para fins esportivos, de lazer e saúde. Permite ainda, para além dessas obrigações estabelecidas, a possibilidade de instalação de demais atividades no imóvel do Complexo Desportivo Constâncio Vaz Guimarães, conhecido como "Ginásio do Ibirapuera". Nesse contexto, à consultoria prestada ao Governo do Estado coube a elaboração de Modelagem Urbanística, realizada pelo escritório, bem como a Modelagem Jurídica e Econômica, coordenada pela Fipe, visando validar a viabilidade do empreendimento pretendido. No bojo desse processo, no âmbito municipal, almejando o rito legal pertinente para o devido licenciamento do futuro equipamento, decorreu a elaboração do Projeto de Intervenção Urbana, seguindo os procedimentos administrativos e legais municipais pertinentes, mediante processo participativo, que pretende ser concluído com a edição de decreto regulamentador desse PIU.

Enfrentar o debate sobre a revitalização de áreas degradadas na cidade é fundamental. Há que se compatibilizar demandas relativas ao bom funcionamento das infraestruturas urbanas, sobretudo ambientais e de mobilidade, neste caso, e propor soluções capazes de superar a condição do equipamento existente quanto à sua função socioeconômica e sustentar seu interesse público. Conectar a cidade, integrar o polo esportivo e cultural do Parque do Ibirapuera e região da Vila Mariana com o polo comercial, cultural e financeiro da avenida Paulista foram elementos estruturadores desta proposta.

Boulevard da Diversidade

São Paulo

10.4
Acordos de cooperação

Com base na Lei Federal do Terceiro Setor, Lei nº 13.019/14, Marco Regulatório das Organizações da Sociedade Civil (MROSC), uma outra modalidade de parceria é prevista entre entidades da sociedade civil (OSCs) e o poder público: os acordos de cooperação.

Em São Paulo, o projeto Boulevard da Diversidade, também conhecido como Parque das Flores, encaixa-se nessa modalidade. A proponente, organização da sociedade civil privada sem fins lucrativos, São Paulo Capital da Diversidade, propôs-se, nos termos do MROSC, a implantar o projeto Boulevard da Diversidade, pelo prazo de 30 anos, com a execução das seguintes etapas:

ETAPA 1 – execução de passagem inferior em trecho da rua São Carlos do Pinhal (entre a alameda Rio Claro e a rua Itapeva), de forma gratuita para o município de São Paulo;
ETAPA 2 – implantação de boulevard público e de um mercado de orgânicos e de alimentação ao longo da alameda Rio Claro e na superfície superior da passagem inferior da rua São Carlos do Pinhal; e
ETAPA 3 – manutenção e conservação do boulevard; com implantação, operação e manutenção de pontos de acesso gratuito à internet, bem como a operação de um mercado de orgânicos e de alimentação, e de realização de atividades socioculturais-educacionais.

O projeto contempla objeto amplo, com vistas à transformação do espaço urbano e dos hábitos das pessoas que circulam na região, e à promoção de valores de cidadania, cultura e educação, inclusão social, proteção ao meio ambiente e sustentabilidade. Trata-se de uma nova perspectiva para a cidade de São Paulo.

O projeto propõe a requalificação urbana e o melhoramento viário da alameda das Flores, alameda Rio Claro, trecho da rua São Carlos do Pinhal e trecho da rua Itapeva, no bairro Bela Vista, São Paulo, com o objetivo de ampliar o espaço público com circulação peatonal, garantindo acessibilidade e desenho universal, por meio do rebaixamento do leito viário da rua São Carlos do Pinhal, entre a alameda Rio Claro e a confluência com a rua Itapeva, por meio da construção de uma passagem em desnível para o transporte veicular. A confluência e a integração das vias citadas constitui o Boulevard da Diversidade.

Conceitos do projeto

Criação do Boulevard da Diversidade: um novo espaço público de aproximadamente 9.850 m², dedicado à convivência, entretenimento, cultura, lazer e inclusão social junto à avenida Paulista.

O espaço pretende representar simbolicamente a diversidade e a integração social. Trata-se de um espaço público absolutamente aberto ao uso público, 24 horas por dia.

A requalificação do espaço urbano ocorrerá a partir da execução de uma passagem em desnível em um trecho da rua São Carlos do Pinhal, entre a alameda Rio Claro e a rua Itapeva, garantindo um nível de acesso exclusivo para o automóvel, com melhor desempenho da fruição carroçável, a partir da eliminação dos semáforos atualmente existentes, para fundamental e essencialmente oferecer, como consequência dessa obra viária, a oferta de um espaço dedicado ao pedestre em sua superfície superior. O espaço contará com renovação completa do piso; das áreas ajardinadas e arborizadas; de novos espaços de lazer e convivência; e terá novos mobiliários urbanos; intensificação da arborização no espaço público, com árvores, revestimentos arbustivos e rasteiros; nova iluminação pública; mercado com quiosques dedicados à comercialização de produtos orgânicos e de alimentação; banheiros públicos, e um novo sistema de drenagem urbana.

A intervenção pretende qualificar o fluxo viário e a mobilidade carroçável a partir da execução de passagem em desnível em parte da rua São Carlos do Pinhal, eliminando cruzamentos e semaforização, e ainda melhorar a mobilidade peatonal na nova superfície dedicada ao pedestre, além de criar um novo espaço de convivência, lazer e contemplação.

Ao lado, corte esquemático do Boulevard da Diversidade, no nível da av. Paulista, dedicado ao pedestre e passagem inferior para fruição carroçável – carros, caminhões e ônibus. A paisagem urbana ganha qualidade por meio do enterramento de todas as redes de infraestrutura urbana, da nova pavimentação drenante, bem como do novo sistema de iluminação pública e mobiliário urbano, com design dos Irmãos Campana.

385

Implantação: previsão de integração de empreendimentos privados a partir do desenho urbano em espaço público. Térreos dos edifícios integrados por soluções de pavimentação, mobiliário e atividades comerciais no nível do logradouro público.

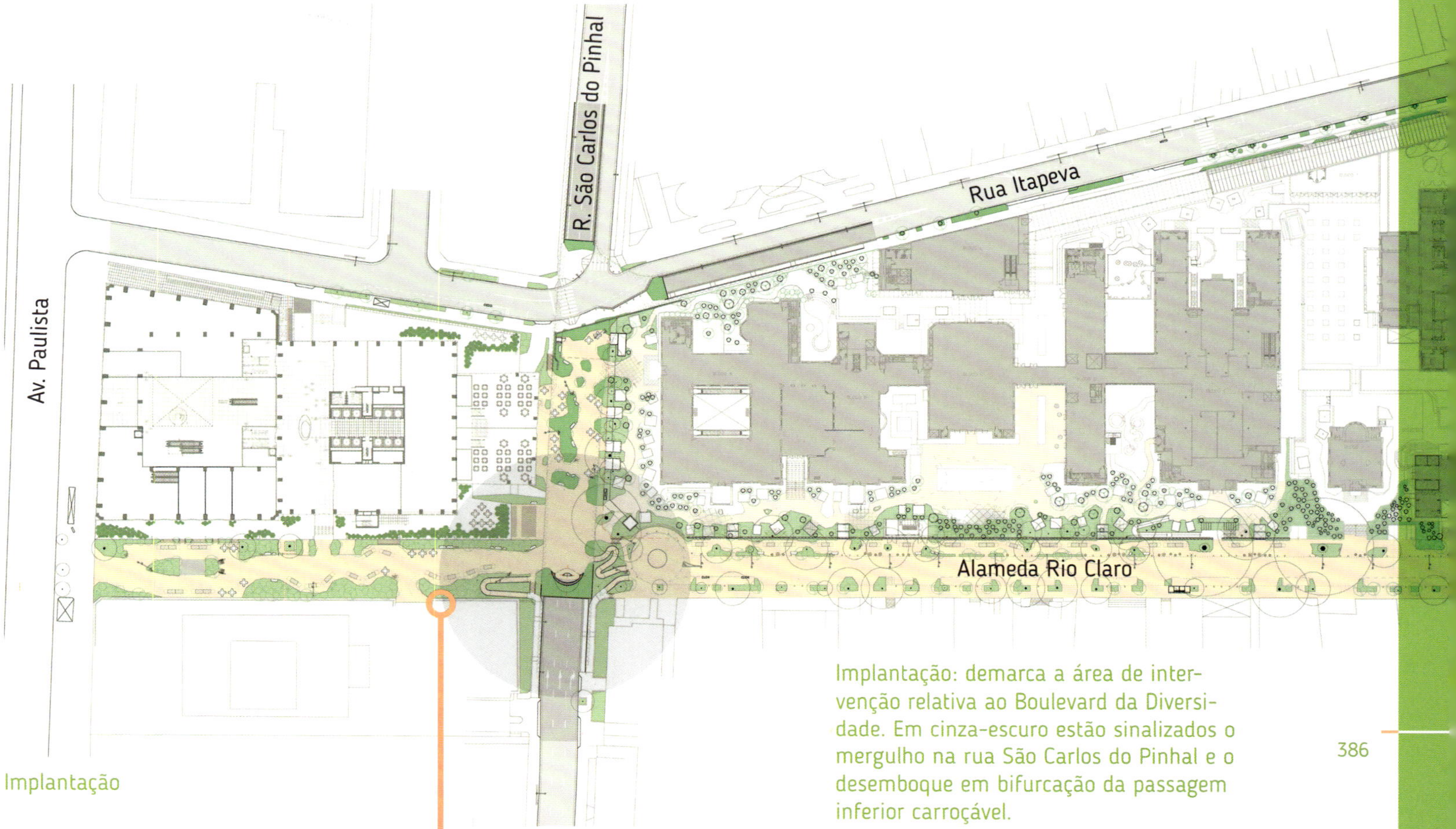

Implantação

Implantação: demarca a área de intervenção relativa ao Boulevard da Diversidade. Em cinza-escuro estão sinalizados o mergulho na rua São Carlos do Pinhal e o desemboque em bifurcação da passagem inferior carroçável.

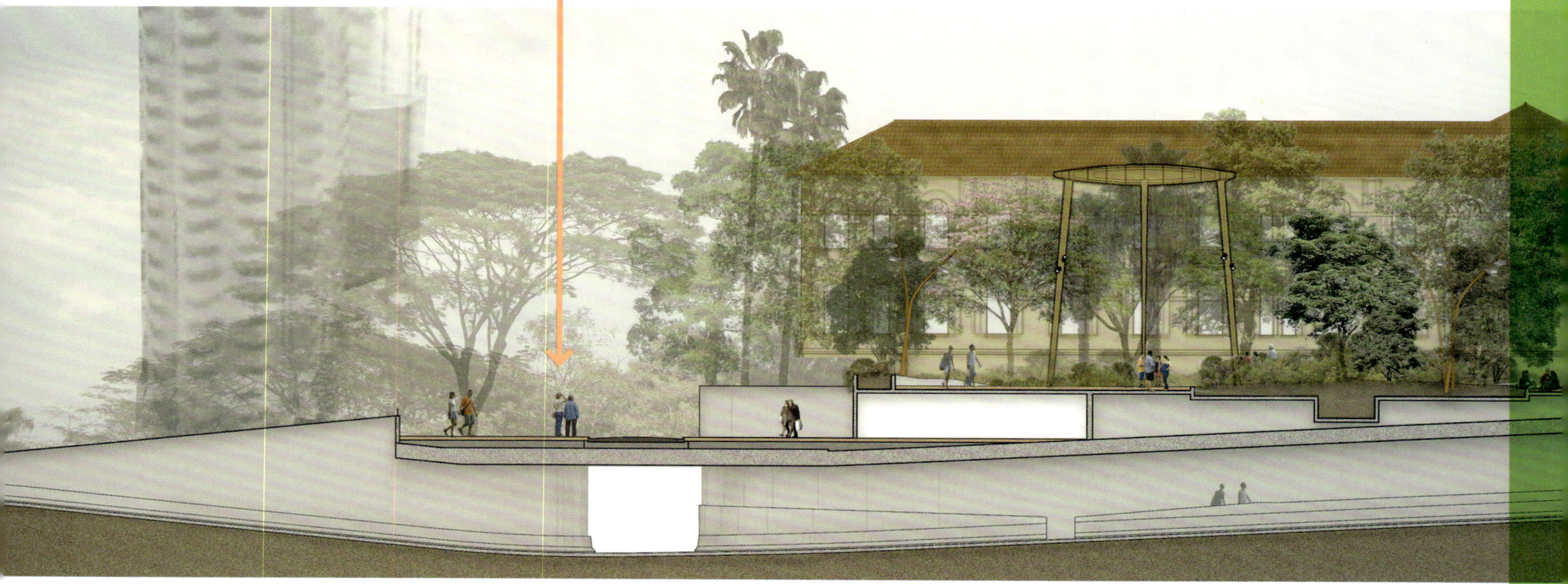

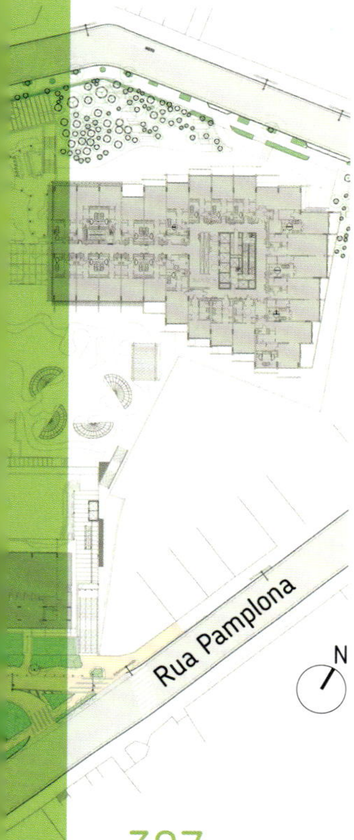

A elevação do nível do Boulevard, alinhado com a cota da av. Paulista, garante condições de acessibilidade e desenho universal ao transeunte, além de promover a integração dos pavimentos térreos dos empreendimentos privados lindeiros. Tal conexão permitirá, por meio da fruição pública, intraempreendimentos à circulação dos transeuntes, favorecendo o trajeto entre a av. Paulista e a av. 9 de Julho.

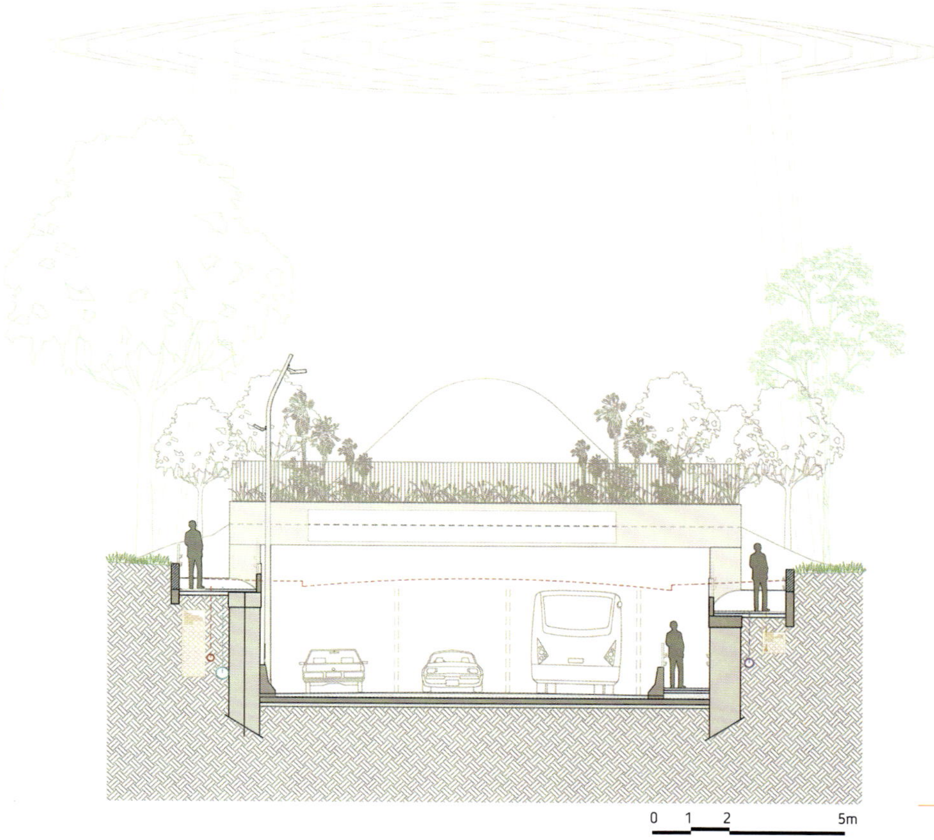

Corte esquemático longitudinal, ilustra o eixo do Boulevard da Diversidade e a passagem inferior carroçável ao longo da rua São Carlos do Pinhal. Na superfície, pontuando os ambientes de encontro, pergolados metálicos compõem o desenho urbano junto aos demais mobiliários previstos.

Estudo inicial para o acesso e circulação de pedestres na rua Itapeva.

Proposta de integração peatonal acessível entre a al. Rio Claro e a av. Paulista. A proposta mantém a al. Rio Claro carroçável, no entanto com vocação exclusivamente para o tráfego local, ampliando as condições de mobilidade para pedestres.

Sistema de reservação de águas pluviais proposto, aprovado pela Secretaria Municipal de Infraestrutura Urbana. Acoplado a ele, o projeto sugere a futura interligação do sistema de reservação, vinculado à macrodrenagem urbana, e ao sistema público municipal de tratamento e reúso de águas pluviais. Trata-se de provocação ainda utópica, visando futura regulação para implementar um sistema de reúso de água, a partir de logradouros públicos.

Evidentemente, o projeto garante o atendimento às normas de segurança e manutenção: o novo pavimento foi calculado para acesso de caminhões de manutenção, bombeiros, é de fácil manutenção, com capacidade drenante associada a um sistema de drenagem urbana, há pavimento drenante sobre o subleito, com adequado tratamento de compactação.

O desenho urbano mediante apresentação completa do projeto às diversas instâncias técnicas da municipalidade pode propor especificações inovadoras, considerando a iluminação pública por meio de luminárias, postes e balizadores; mobiliário urbano com design dos Irmãos Campana, composto por bancos, mesas, cadeiras e quiosques; implantação, operação e manutenção de pontos de acesso gratuito à internet por sistema wi-fi no boulevard público, de forma a incluir digitalmente os cidadãos; remoção das árvores comprometidas, sob orientação técnica da Secretaria Municipal do Verde e do Meio Ambiente (SVMA) e da Secretaria Municipal das Subprefeituras (SMSUB), realização de compensação arbórea nos termos da legislação pertinente e enriquecimento arbóreo adicional, considerando espécies adequadas aos espaços públicos; previsão de drenagem urbana nos subleitos do boulevard, calçadão e via carroçável (alameda Rio Claro), considerando o sistema de retardo de águas pluviais, sistema este que representará uma oportunidade real ao município de lidar com a gestão da drenagem urbana a partir da experimentação de novas tecnologias; previsão de valas técnicas para o enterramento total da fiação elétrica e de telecomunicações em toda a área de intervenção; implantação de um mercado de orgânicos e de alimentação no boulevard, prevendo inclusão social por meio da geração de empregos para a venda dos produtos, bem como para a produção orgânica em fazendas de orgânicos ou hortas urbanas.

A proposta de mobiliário e de vegetação do boulevard baseia-se nos projetos atualmente aprovados. Caso haja necessidade de eventuais adequações nessa proposta, as medidas administrativas necessárias à aprovação das alterações serão adotadas pela Associação.

Paginação de piso intertravado drenante associado a sistema de captação central de águas pluviais garante a integração em nível do leito carroçável e dos passeios públicos. Canteiros permeáveis intensamente arborizados e mobiliários urbanos compõem as soluções de proteção do pedestre na via.

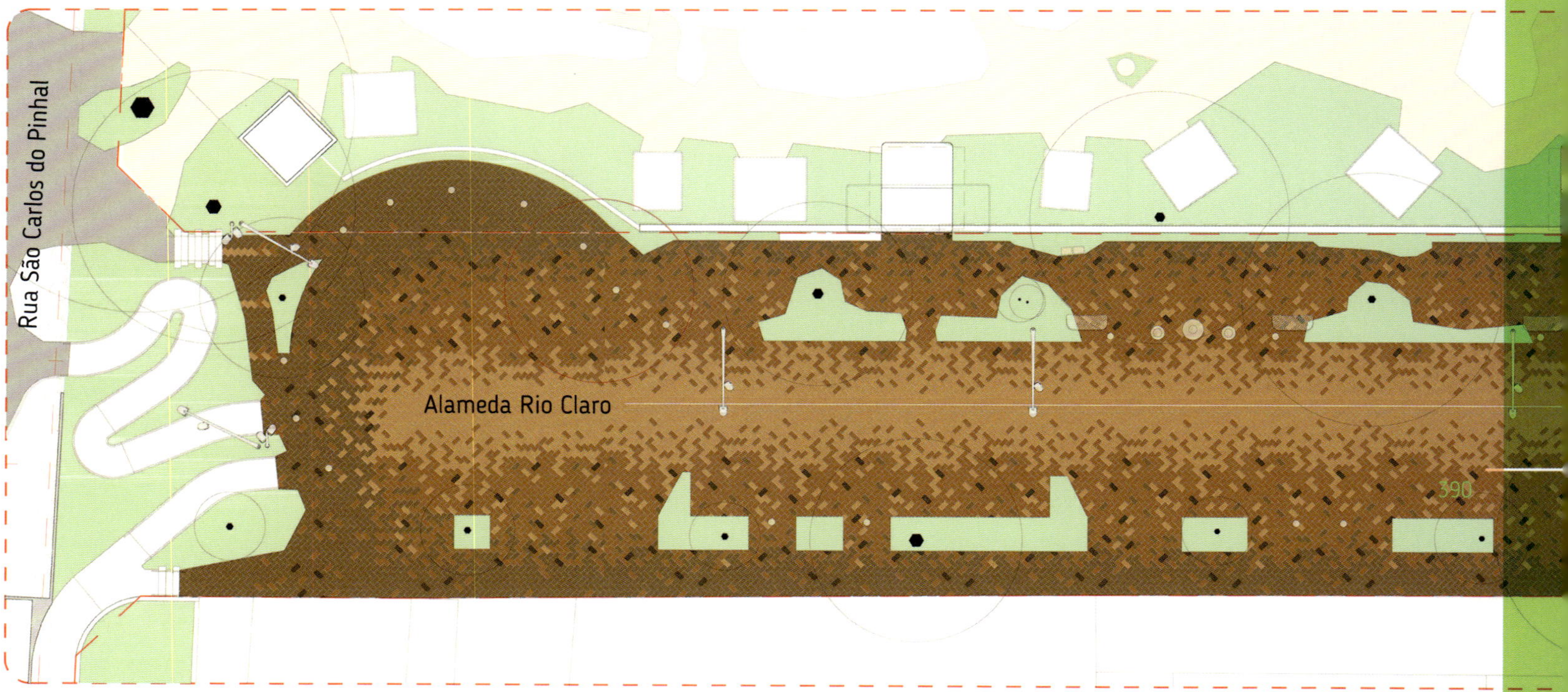

A responsável pela intervenção será a São Paulo Capital da Diversidade, associação privada sem fins lucrativos, por meio de parcerias e contratações com empresas tecnicamente qualificadas. Tanto a execução das obras quanto a manutenção do espaço público ocorrerão no âmbito do instrumento firmado entre a OSC e a prefeitura, denominado Acordo de Cooperação, e com recursos exclusivamente privados, a serem captados pela associação.

O acordo envolverá a execução do projeto em três etapas:

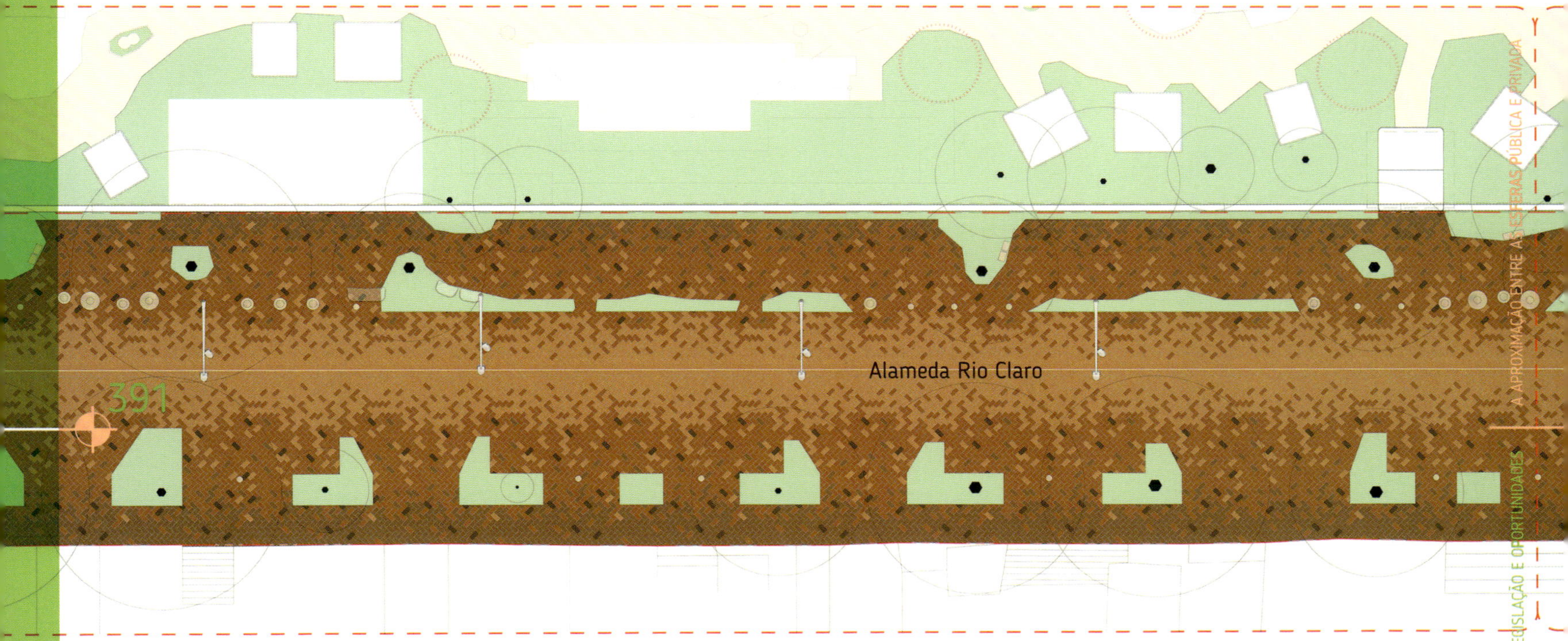

Ao lado, vista do Boulevard da Diversidade em nível com a av. Paulista e o térreo do edifício Brazilian Financial Center. Carrinhos do mercado de orgânicos e demais mobiliários com design dos Irmãos Campana.

ETAPA 1 – execução da passagem inferior em trecho da rua São Carlos do Pinhal (entre a alameda Rio Claro e a rua Itapeva), de forma gratuita para o município de São Paulo;

ETAPA 2 – implantação de boulevard público e de um mercado ao longo da alameda Rio Claro e na superfície superior da passagem inferior da rua São Carlos do Pinhal; e

ETAPA 3 – manutenção e conservação do boulevard, com implantação, operação e manutenção de pontos de acesso gratuito à internet, bem como com operação de um mercado de orgânicos e de alimentação e de realização de atividades socioculturais-educacionais.

O acordo de cooperação proposto regula todos os direitos e obrigações das partes referentes ao uso, manutenção e conjunto de obrigações em relação ao espaço, ao mobiliário e à infraestrutura pública, dentre outros fatores essenciais para a segurança jurídica do município e da associação.

Este projeto teve início em 2016, passando pelo crivo e deliberação de três diferentes prefeitos e respectivas equipes.

Vista da al. Rio Claro: integração visual entre o leito carroçável e o passeio público, garantida pela instalação do sistema central de microdrenagem.

Há de se dizer que, considerando a complexidade do projeto, exigindo a inter-relação de diversas pastas municipais e estaduais, somada à natural descontinuidade de abordagens estampadas por diferentes administrações públicas, foi de essencial importância a precisa elaboração do planejamento estratégico, visando à aprovação deste projeto.

Muitas Secretarias tiveram de se manifestar para a efetiva deliberação dessa intervenção referente às mais variadas disciplinas: Secretaria de Transporte, Secretaria de Desenvolvimento Urbano, Secretaria do Verde e do Meio Ambiente, Secretaria de Infraestrutura Urbana, Secretaria das Subprefeituras, Subprefeitura da Sé, Secretaria de Justiça, Secretaria de Trabalho e Empreendedorismo, Secretaria de Desenvolvimento e Assistência Social, diversas agências e concessionárias – Ilume, Comgás, Sabesp, Metrô, Telecoms, etc.

Vista da rua Itapeva, onde se observa a opção de conexão acessível, por meio de um agradável passeio, interligando a FGV, o Masp, o empreendimento Cidade Matarazzo, o bairro residencial e comercial ao redor e a av. Paulista.

A mediação de tais atividades coube ao escritório orquestrar, fazendo manter acesa e aquecida a máquina para não perder o ritmo da evolução das tratativas e licenças a serem conquistadas. Já a modelagem jurídica, coube ao brilhantismo do escritório Duarte Garcia, Serra Netto e Terra Advogados.

Há de se dizer que a idealização, persistência e disponibilidade para que esta intervenção de tamanha envergadura persistisse está intimamente relacionada ao perfil da proponente, que, em sua composição, conta com personalidades altamente qualificadas, idealistas, extremamente apaixonadas pela cidade, de forma encantadora e exemplar como raramente se encontra na alma dos nativos.

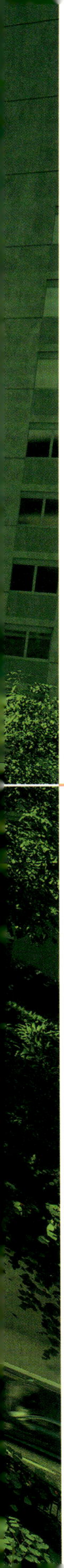

Foram mais de vinte processos administrativos tramitados e integralmente aprovados pela municipalidade, bem como pelas concessionárias de infraestruturas públicas. Inúmeras reuniões técnicas com o Poder Executivo. Outras tantas com a vizinhança residencial e comercial do entorno. Três audiências públicas e duas reuniões técnicas com a Câmara Municipal e a sociedade. Projeto apresentado, diversas adequações solicitadas pela vizinhança e por comissões técnicas da Prefeitura atendidas.

Por fim, a associação proponente, mediante liminar impedindo a realização das obras, ativa por mais de um ano meio, após a aprovação quase integral dos processos administrativos pertinentes pela municipalidade, optou por solicitar o cancelamento do contrato de acordo de cooperação, dado o tempo decorrido e a subsequente inviabilidade de realização das obras propostas.

Após mais de quatro anos de dedicação e conquistas, há de se refletir sobre a maturidade da sociedade brasileira que, por meio do anonimato e de interesses particulares, utiliza-se de ferramentas de forte teor político que têm certas vezes o acolhimento do Ministério Público, fazendo valer a voz de poucos em detrimento da pujança de vigorosos processos participativos e de profunda acuidade técnica.
Qual o custo social, administrativo e urbano envolvido em inúmeros processos que se acumulam com esse mesmo desfecho? Quantas perdas relevantes para a requalificação da vida urbana podem e poderão ainda ser listadas com base na imaturidade da nossa sociedade e de nossos sistemas de governança?

Projetos que não saíram da prancheta

CDHU e IAB

Concurso Público Nacional Habitação para Todos

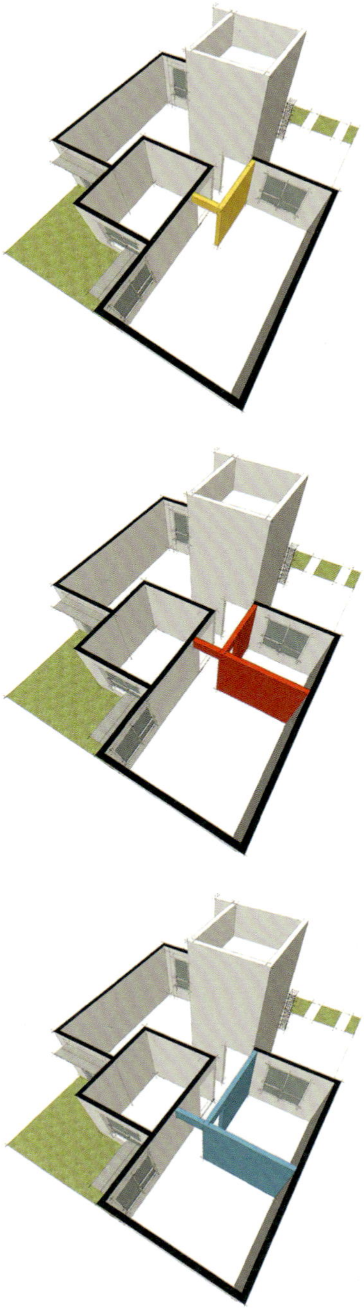

Ficam aqui registros de pensamentos, reflexões e soluções urbanas que não saíram do papel: concursos ou concorrências em que não conquistamos o direito de construir...

De todo modo, vale a vontade de compartilhar os processos percorridos...

CICLO DE VIDA

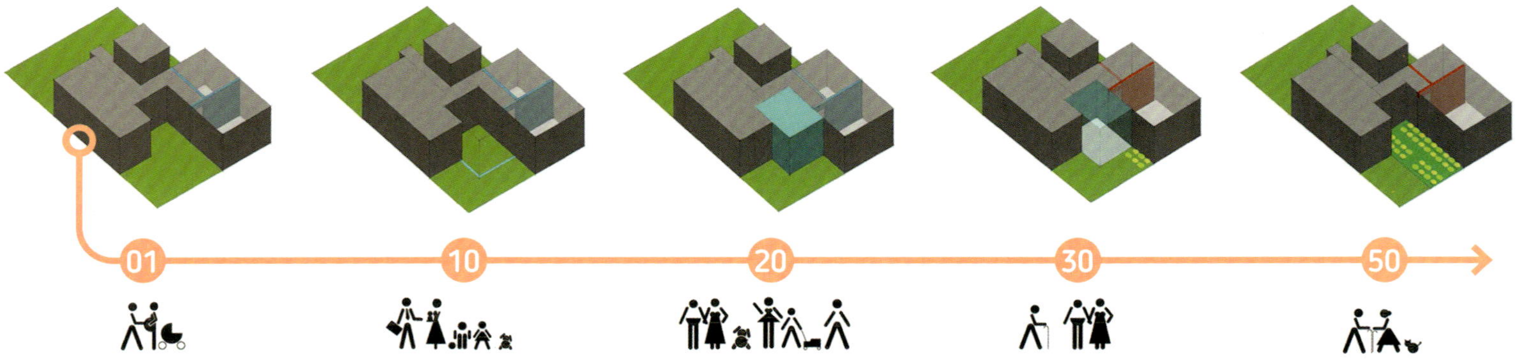

Concurso CDHU, ano 2010. Topologias residenciais unifamiliares.

Tipologias modulares, com previsão de ampliação de área.

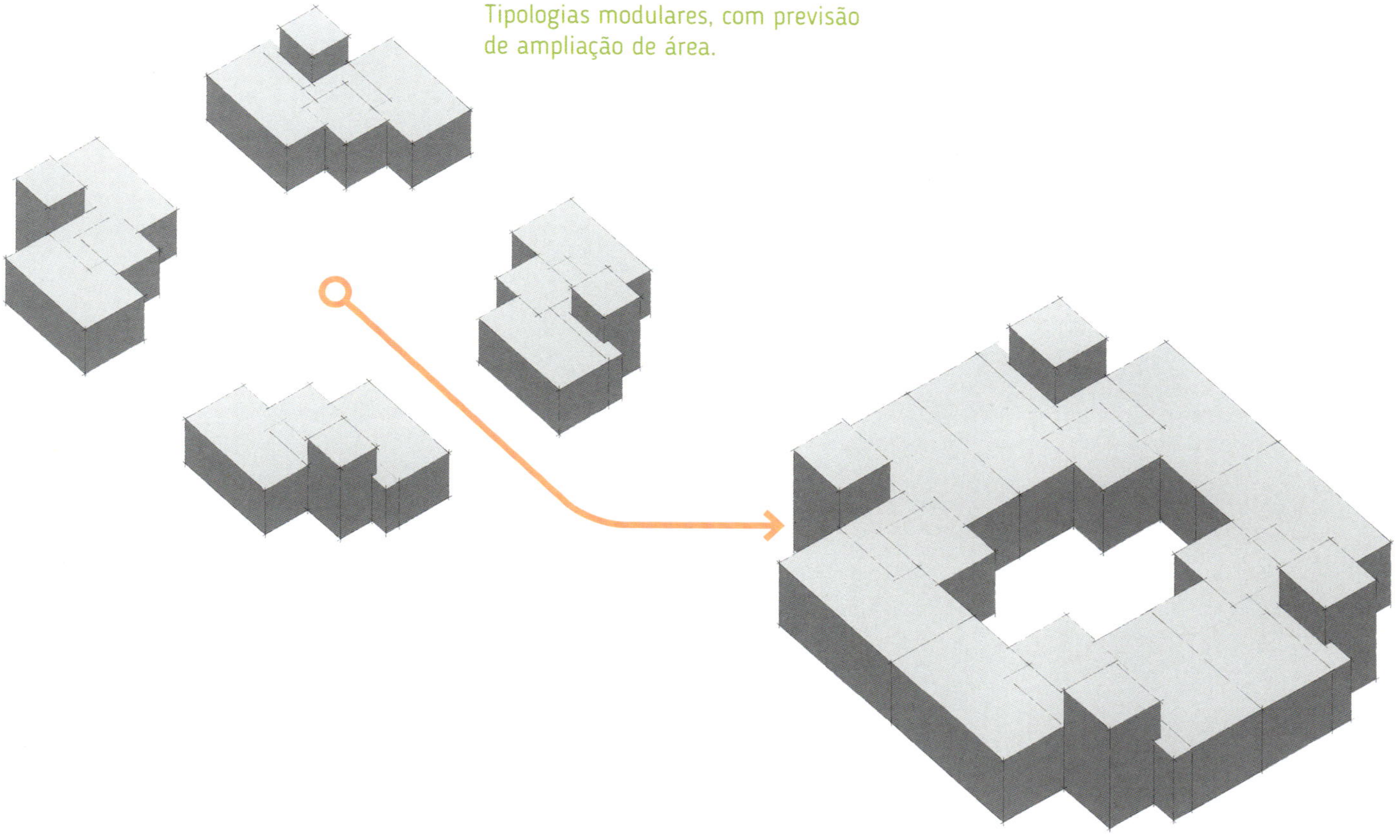

"Prêmio 2º Lugar" do Concurso CDHU: o lote proposto com 140,45 m² admite as diretrizes do Desenho Universal e a fração ideal adequada ao bom aproveitamento do potencial construtivo. As tipologias consideram unidade habitacional com 2 dormitórios e 56,21 m² de área construída, e unidade com 3 dormitórios e 65,36 m² de área construída. A diversidade volumétrica propõe a composição de fachadas e surpresas ao longo do passeio público.

Vistas internas da cozinha e da sala de estar da unidade de habitação de interesse social.

Hospital Albert Einstein

Estudo de viabilidade de implantação da unidade de ensino e administrativo

Perspectivas de estudo de viabilidade para a instalação de um centro de ensino e administrativo na região do Butantã.

A proposta contempla edificação com 55.109 m² de área construída em terreno de 13.600 m² na região do Butantã.

IOCAP Instituto de Otorrinolaringologia e Cirurgia de Cabeça e Pescoço da Unicamp

Estudo em concurso fechado para nova unidade ambulatorial

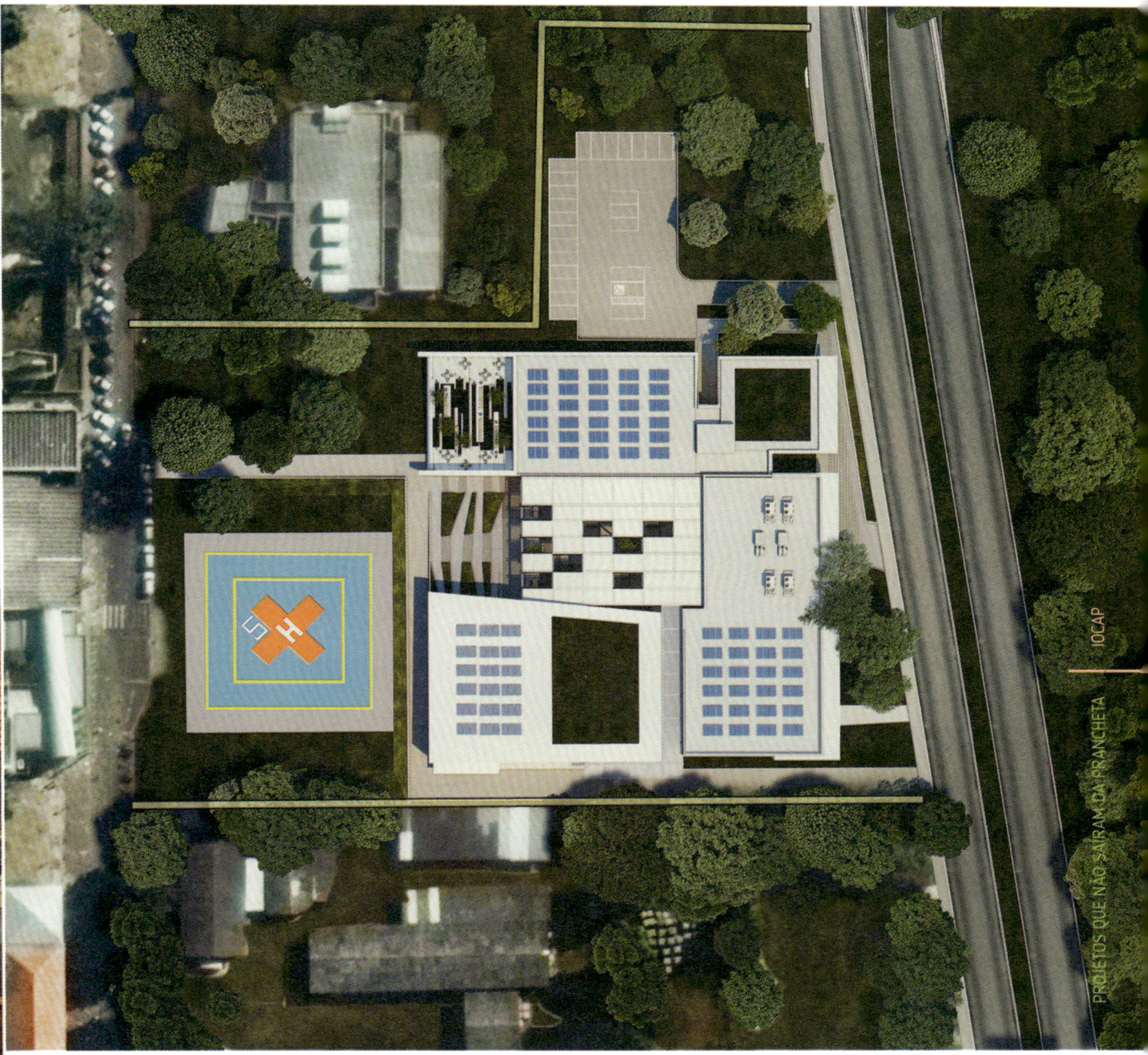

A proposta, fruto de concurso fechado, prevê a implantação do centro especializado do Instituto de Otorrinolaringologia, em Campinas. Composto por três edifícios interligados, totaliza 6.853m^3 de construção, que abriga as atividades propostas para o centro, sendo dois edifícios dedicados ao programa de assistência ambulatorial, com 23 leitos de internação day clinic, centro cirúrgico, consultórios, diagnóstico e apoios, além de edifício dedicado ao ensino e pesquisa, com um grande auditório e o Laboratório de Estudos Anatômicos. Todas as atividades são conectadas por uma praça central, que é um espaço multiúso promotor da convivência e encontro entre alunos, corpo clínico e colaboradores. Concurso realizado com a Bacco Arquitetos Associados. Menção Honrosa.

Seção transversal do complexo.
Abaixo, vista aérea.

Seção longitudinal do conjunto.
Abaixo, vista da fachada frontal.

Operação Urbana Água Branca

Plano de Urbanização do Subsetor A1

Concurso Público Nacional

Faseamento

Fase 1

Fase 2

Fase 3

Proposta apresentada para o Estudo Preliminar do Plano de Urbanização, para o subsetor A1 da Operação Urbana Consorciada Água Branca, em 2015. O trabalho foi realizado em parceria com Barbosa e Corbucci Arquitetos Associados e recebeu menção honrosa.

Concurso realizado com a Bacco Arquitetos Associados.

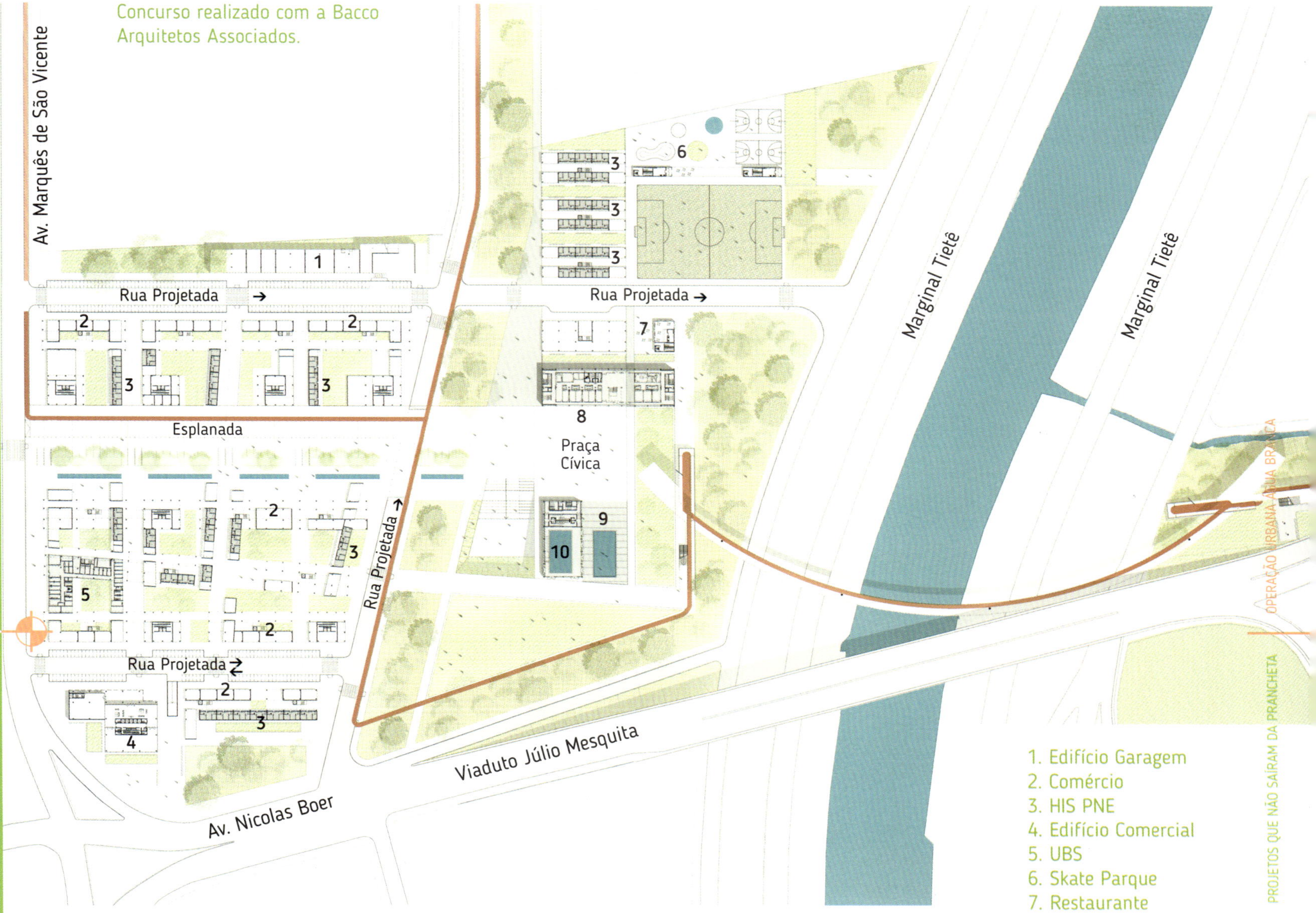

Implantação

1. Edifício Garagem
2. Comércio
3. HIS PNE
4. Edifício Comercial
5. UBS
6. Skate Parque
7. Restaurante
8. Território CEU
9. Piscina externa
10. Ginásio CEU

Senac Presidente Prudente

Concurso

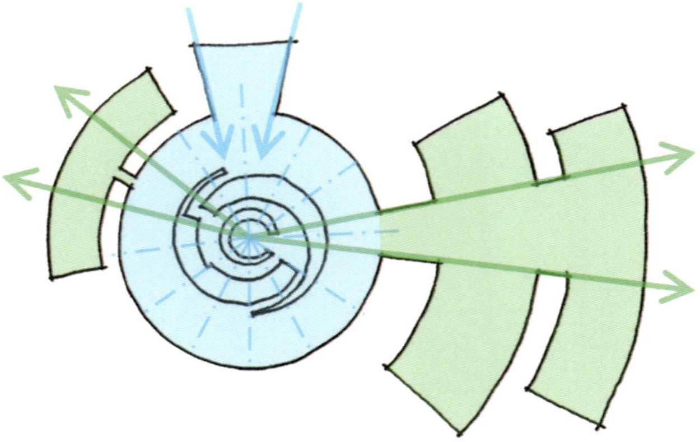

Partido da Implantação
Conceito do Projeto.

Projeto de reforma com ampliação de área a partir de edificação existente de autoria da Botti Rubin Arquitetura.

DESIGN
INFORMÁTICA

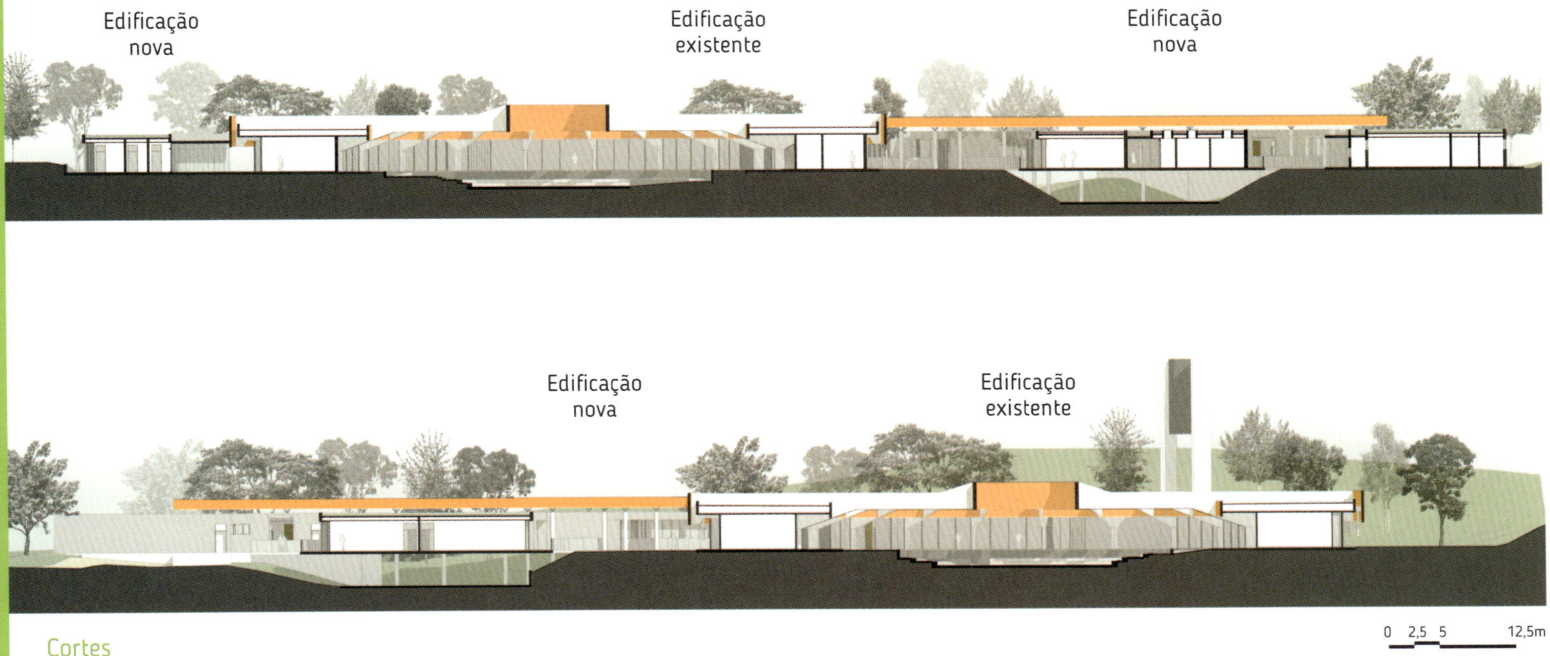
Edificação nova
Edificação existente
Edificação nova
Edificação nova
Edificação existente
0 2,5 5 12,5m

Cortes

Concurso para implantação de Unidade do Sesc em Limeira. Área construída proposta de 16.300 m², em terreno com 20.516,52 m².

Parque Vila Flora

Requalificação urbana

Projeto de implantação de Parque Urbano em decorrência de Termo de Ajuste de Conduta. Projeto realizado; no entanto, a obra não foi executada. O projeto propôs a qualificação de área ao longo da rodovia Fernão Dias, oferecendo novas oportunidades de lazer e convivência, sobretudo, para a Comunidade Vila Flora, lindeira à área de intervenção de cerca de 19.900 m².

Vista aérea da inserção urbana da proposta do Parque.
Abaixo, detalhes das áreas de lazer infantil no Parque.

Instituto Israelita de Ensino e Pesquisa Albert Einstein

Centro de Ensino e Pesquisa Unidade Lebret

Uma grande estrela de David em aço, importante símbolo da cultura judaica, "abraça" todo o Centro de Ensino e Pesquisa, fazendo-se presente a partir do grande atrium de entrada.

Estudo Preliminar para o Centro de Ensino e Pesquisa. A SBIAE seguiu o projeto arquitetônico com o escritório Safdie Architects.

Earth
E=mc²

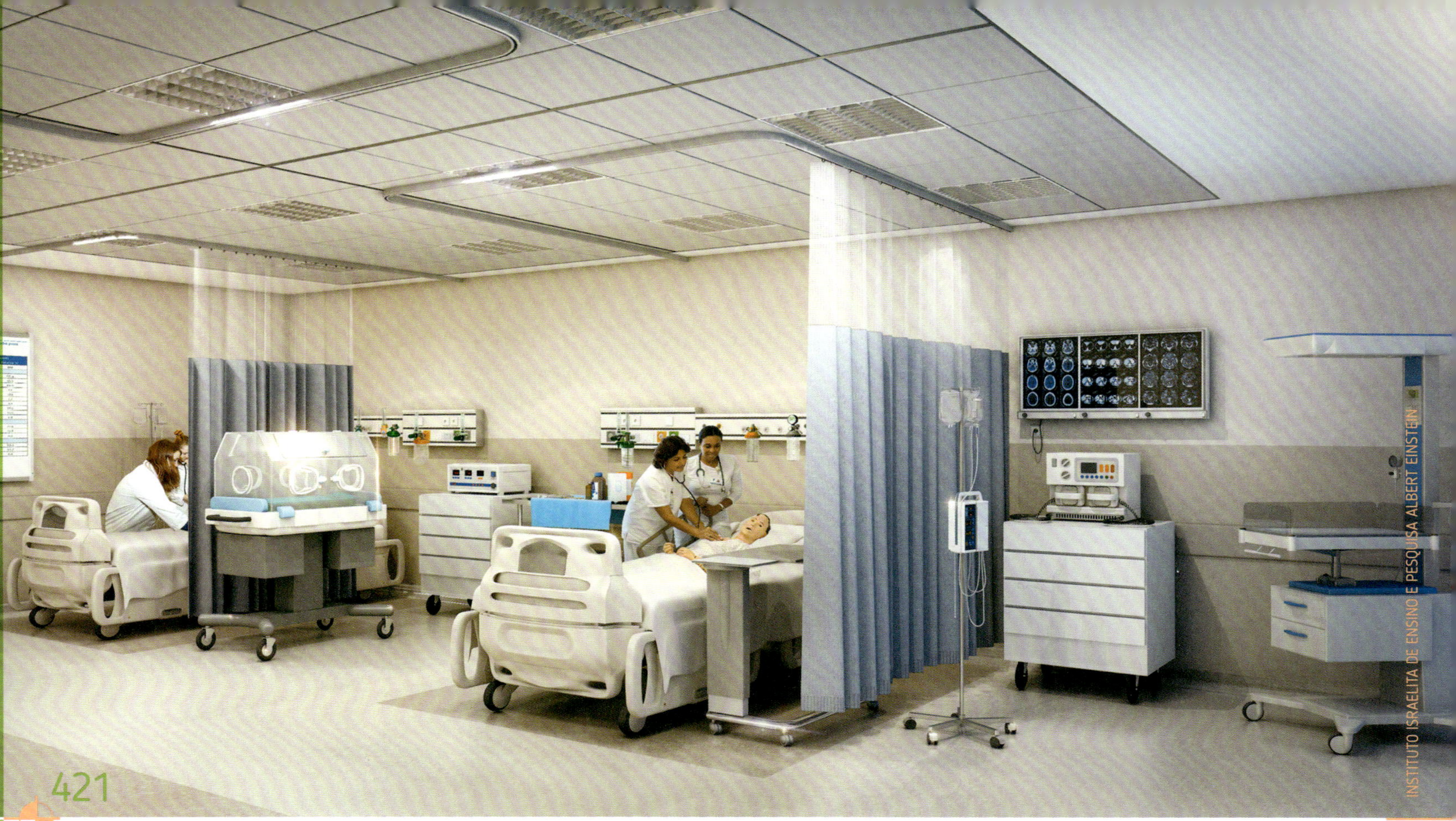

Vistas internas do Centro de Inovação, auditório e áreas de simulação realística para aprendizado.

Rumos e desafios

Este relato reflete a persistente inquietação presente em uma trajetória profissional que, ao longo de aproximadamente trinta anos, vem buscando formas e metodologias de atuação nas cidades de maneira sustentável, sistêmica e inclusiva do ponto de vista social, econômico, ambiental, técnico-tecnológico e cultural.

A partir dos temas transcorridos neste livro, buscamos refletir, com base em experiências realizadas pelo escritório Levisky Arquitetos | Estratégia Urbana, a respeito da formação do arquiteto urbanista; sua natureza essencialmente política na perspectiva de atuação nas cidades; sua função estratégica enquanto mediador de conflitos inerentes às representatividades que compõem a sociedade; sua intimidade com as leis e modelagens urbanísticas, jurídicas e econômicas; sua capacidade de gerenciar interlocutores e atuar em ambiente projetual essencialmente interdisciplinar; a oportunidade de estruturação de ações colaborativas entre as esferas pública e privada na contemporaneidade frente à nossa realidade sobretudo econômica e administrativa; a urgência de engajamento, maturidade e proatividade da sociedade como um todo, visando a sustentabilidade dos territórios urbanos com foco em sua requalificação, inclusão, manutenção e gestão; e, por fim, a oportunidade de criação de novos valores e ativos urbanos com base em uma era fortemente caracterizada pela Diversidade.

Para divagar, portanto, sobre rumos e desafios, alguns temas-chaves poderiam organizar esta reflexão:

A mediação: formação e atuação do arquiteto urbanista

A formação e atuação do arquiteto urbanista pouco tem sido eficiente e contundente na capacitação de profissionais com desenvoltura na prática do projeto e do desenho urbano. O engajamento da academia às demandas cotidianas da contemporaneidade, a perspectiva de atuação continuada em pesquisa aplicada e inovação tecnológica junto à indústria, bem como a coordenação de processos e a prática com disciplinas como a psicologia, ciências sociais, economia, administração e direito precisam ser seriamente consideradas na formação do profissional de arquitetura e urbanismo. A academia por natureza é uma potência de inteligências, reciclagem e de inovação cultural e tecnológica. A arquitetura e o urbanismo são disciplinas de excelência. Carregam instrumental altamente estratégico às tratativas da contemporaneidade, suas demandas, suas carências.

Não é novidade para a sociedade de uma forma geral – e menos ainda aos arquitetos e urbanistas – que a problemática urbana é tema prioritário na agenda social, cultural, ambiental e econômica deste século. A população mundial atualmente já se encontra, em sua maioria, sediada em núcleos urbanos. A tendência do adensamento populacional concentrar-se nas áreas urbanas ao redor do mundo é visível. Em países como o Brasil, essa concentração em aglomerados urbanos já corresponde a mais de 85% da população. Não há evidentemente como negar que as ações estratégicas visando garantir cuidados e qualidade às formas e condições de vida, sobretudo nas cidades, é a solução para diversos problemas da contemporaneidade.

Viver em sociedade, ter a percepção dos limites entre os interesses individuais e coletivos, não é tarefa fácil. A maturidade da população mundial é heterogênea e está intimamente ligada às experiências históricas decorrentes da formação de cada povo, de cada etnia, de cada religião e de cada cultura.

Ter algum senso de justiça comum, o desejo do bem coletivo – privado ou público – requer envolvimento, doação, transparência, tolerância e capacidade de coexistir.

Em diversos países do mundo, poder-se-ia dizer que a sociedade, em virtude de sua experiência política, tem baixo grau de maturidade, podendo ser comparada ao estágio evolutivo de um adolescente. Essa maturidade da sociedade – ou a falta dela – reflete diretamente na sua capacidade de pactuar interesses comuns a partir de uma frágil percepção de seus próprios interesses individuais e coletivos.

Polifonia Urbana pretende, por meio da experimentação de uma série de experiências projetuais, trazer a carga simbólica e sensorial do que é a natureza das cidades. Nada mais do que um território onde necessariamente convivem vozes diversas e plurais, harmônicas e dissonantes, representativas de realidades, histórias, poderes, desejos, condições, repertórios, experiências e interesses distintos. A partir desse contexto, tratar das oportunidades e necessárias competências do arquiteto urbanista, pouco exploradas em nosso país, desde a academia até a prática profissional, frente às possibilidades de intervenção e qualificação de nossos ambientes urbanos, é imprescindível.

O diálogo, com características polifônicas, resultante das diversas vozes da cidade, resulta em música. No entanto, para a qualidade desse diálogo, como numa orquestra, pressupõe-se uma regência adequada, desenvolvida de forma generosa e flexível na busca de uma harmoniosa sinfonia. É fruto de um esforço pelo exercício não ideológico, talvez quase amoral, capaz de suportar a diversidade, a pluralidade de opiniões, de compreender conflitos e posições paradoxais, retratando a necessária vocação do arquiteto urbanista enquanto mediador.

É sobre esse lugar de mediação do arquiteto urbanista, porém, que buscamos refletir ao longo de todo este livro. Investigando as qualidades necessárias à formação do arquiteto-urbanista que, paciente e atentamente, deve constituir repertório adequado para prosseguir nessa trajetória, carregada de posicionamento estratégico, com ética, rigor, método, transparência e poética.

Ao mediador caberá a observação e o reconhecimento das diversidades, seu agrupamento e catalogação, para, em seguida, a partir de critérios claros e rigorosos, realizar ações sensíveis e delicadas, generosas e firmes, que, necessariamente, devem percorrer o campo da política, da gestão e da ética, sustentados por um profundo domínio da legislação, da técnica, do empreendedorismo e da prática profissional.

O empreendedorismo urbano como vetor de novos produtos e ativos

Em tempos de diversidade com mudanças galopantes dos padrões culturais – do morar, do relacionar-se, do comunicar-se, do consumir coisas, das formas e dos meios de comunicação e informação impulsionada pelos *inputs* velozes e ferozes das novas tecnologias, das novas composições afetivas e familiares, das mudanças nos padrões de consumo e do comportamento com relação à aquisição de bens móveis e imóveis, reinventar as competências e o alcance da atuação do arquiteto urbanista faz-se fundamental. A oferta de experiências ganha uma importância extremamente significativa e de alto valor agregado no universo dos desejos das novas gerações. Nesse âmbito, os espaços da cidade devem ser tratados como um ativo, uma vez que podem, em sua essência, oferecer uma ampla gama de experiências. Ativo sob o ponto de vista sociocultural, ambiental, turístico. Um ativo, enfim, relacionado à qualidade de vida – abarcando temas como mobilidade, criatividade, integração, sustentabilidade e biodiversidade –, que passa a constituir fortemente oportunidades de tratamento das cidades como verdadeiros empreendimentos urbanos. Negócios capazes de atingir valores financeiros, ambientais e humanos dignos da composição de resultantes nitidamente sensíveis, demandados e apreciados pela contemporaneidade.

Ajudam a apoiar essa reflexão, frente aos novos desafios de nossa profissão frente à qualificação das cidades, leituras como Zygmunt Bauman (autor de livros como *Cegueira moral*, *Modernidade líquida*, *Mal líquido*, *Tempos líquidos*, *O mal-estar da pós-modernidade*), Mikhail Bakhtin (*Os gêneros do discurso*, *A cultura popular na Idade Média e no Renascimento*), Jacques Le Goff (*A história deve ser dividida em pedaços?*, *História e memória*), Edgar Morin (*O pensar complexo*, *Os sete saberes necessários à educação do futuro*) e Elinor Ostrom.

Faz todo o sentido admitir o espaço urbano como um ativo com alto potencial de valoração a partir do exercício de ações empreendedoras. Para tanto, evidentemente, o modelo de relação e colaboração entre as esferas pública e privada merecem essencial atenção. Com foco na qualificação dessa interlocução, o desafio, portanto, estará na capacitação do arquiteto urbanista como mediador e gestor dessas ações.

A consolidação de empreendimentos urbanos nas cidades se fará possível não por meio de grandes empreitadas, mas, sim, pela realização de pequenos gestos. Intervenções comunitárias. Transformações cujo reconhecimento esteja ao alcance dos envolvidos, estimuladas por movimentos assimétricos e multidimensionais, do erudito para o popular e do popular para o erudito.

Favorecendo, por meio de pequenos atos com grande potencial multiplicador, a percepção e a consolidação de novas práticas empreendedoras. A partir delas, a percepção e implementação de novos modelos de valoração dos espaços coletivos. Partindo de um movimento líquido e sinuoso, multiplicador de realizações representativas no imaginário da sociedade, o poder da transformação acaba por contribuir à consolidação de mentalidades e, portanto, de mudanças culturais e do amadurecimento da sociedade.

Qualificação da relação entre as esferas públicas e as organizações privadas

A partir da história escrita pelas civilizações, o planeta, atualmente ocupado por quase 8 bilhões de pessoas, disputa historicamente espaço, riquezas, direitos, posses e poderes. O adensamento populacional, associado à queda da taxa de mortalidade e ao avanço da expectativa de vida, traz ao mundo contemporâneo imensos desafios, tanto econômicos quanto sociais e políticos, para equacionar a boa convivência, assimilando as diferenças entre grupos e absorvendo a diversidade. Certamente, novos modelos de colaboração estão se constituindo e serão determinantes para a coexistência entre os povos. A Organização das Nações Unidas veio, na esfera política, nos apontar rumos de diálogo e colaboração. O avanço tecnológico, associado a disparidades e disputas econômicas, movimenta o mundo por meio de uma dança ao mesmo tempo virtuosa e perigosa, pondo em xeque, de um lado, culturas, meio ambiente e vidas e, do outro, oferecendo ferramentas para sanar e sanear problemas. A construção de um ambiente favorável ao diálogo e capaz de acolher as diversidades vem se demonstrando cada vez mais fundamental.

É evidente que, para além das esferas de governo que, no âmbito político, buscam traçar metas e políticas públicas pertinentes, a sociedade é convocada a uma participação cada vez mais proativa em favor dos interesses coletivos. Para tanto, há de se aprender a dialogar. Há de se dispor a tolerar. Há de se admitir ceder. Nesse exercício dinâmico entre ações nas esferas governamentais e civis, a mescla, o compartilhamento e a construção de práticas colaborativas entre sociedade civil e governo e na sociedade em si se fazem extremamente necessárias. A polarização tradicionalmente estabelecida entre as esferas pública e privada, encontrada em diversos cantos do mundo – e no Brasil, especialmente –, não carrega razoabilidade alguma em um momento em que o país e o mundo carecem de ações colaborativas, com foco no ganha-ganha.

Desconstruindo modelos pretéritos maniqueístas, tal movimento de integração e coexistência deverá se refletir em todos os vetores e modelos de participação, sobretudo os de viés político e econômico. A metodologia para realização de ações com esse caráter certamente estará entre as oportunidades de qualificação dos arquitetos urbanistas.

A relação entre a inteligência tecnológica e a inteligência afetiva

Não é de hoje que a indústria tecnológica vem construindo oportunidades para a construção de cidades inteligentes, *Smart Cities*. Com elas, novos temas vinculados ao armazenamento e ao gerenciamento de dados, bem como à gestão de sistemas, tornam-se mais evidentes. A percepção de valor agregado ao dado vem trazendo novos segmentos de negócios, modelos produtivos, etc. Hackers, programadores, projeto e construção generativa, processos de criação e produção integrados por meio da modelagem BIM passam a compor a realidade de nosso dia a dia, das formas e metodologias de qualificação da produção e da reestruturação de escopos de trabalho. No entanto, com foco na qualidade de vida nas cidades, surge o debate entre os conceitos de cidades inteligentes x cidades sensíveis. Aproximar a realidade altamente digital e tecnológica daquela afetiva, emocional, física e tátil, propícia ao diálogo, é o grande desafio das cidades contemporâneas.

A valorização do projeto

Ao tratarmos ao longo deste livro das oportunidades de qualificação do profissional de arquitetura e das competências e vocações inerentes a uma profissão que em sua essência lida com cidades, discorremos sobre a importância de sua atuação enquanto mediador, e, para tanto, de sua desenvoltura assimilando o caráter político e técnico que deve compor seu repertório de atuação. Enquanto figura política, abordamos também a importante atuação institucional do profissional arquiteto urbanista, visando consolidar um ambiente claro e acessível sobre a ética profissional, as responsabilidades e o valor da profissão. Neste exercício, de uma coletividade profissional que olha para dentro, buscando seus acertos e erros, suas virtudes e defeitos, há muito o que aprimorar. O reconhecimento do valor do projeto, tão pouco assimilado pela cadeia produtiva, decorrerá essencialmente da forma com que a categoria profissional lida com o valor do seu conhecimento. Estão intimamente relacionados: visão empresarial, estruturação profissional dos escritórios de arquitetura e urbanismo, implementação de processos administrativos adequados, relações de trabalho estruturadas, infraestrutura qualificada e legalizada, capacitação técnica continuada e, enfim, qualidade ética na relação com a profissão e com a categoria profissional.

A diversidade

Condição que nos constitui, transforma e instiga daqui para diante, a diversidade demonstra-se ser o personagem desta era. Ter, seja enquanto cidadão ou enquanto profissional, a capacidade de lidar com a infinidade de referências e repertórios, de escolhas e de valores, ao redor do mundo, deverá ser, cada vez mais, mote de nossa reflexão. Estar no mundo, enquanto um ser político, responsável pela realização de seu compromisso civil e profissional, será essencialmente admitir conviver com a nossa ignorância, com o exercício de lidar com o desconhecido, com a velocidade de transformação das coisas e, ao mesmo tempo, predispor-se ao aprendizado, ao exercício do não preconceito e ao desejo de coexistência...

Posfácio
A Polifonia Urbana e o interesse coletivo

Esta edição se conclui no ano de 2021, na onda de uma arrebatadora pandemia da Covid-19, de amplitude planetária, que nos trouxe à lembrança a fragilidade e a prepotência do ser humano, assim como as imensas desigualdades socioculturais que abarcam o planeta. Trouxe-nos experiências de confinamento, impotência, medo, tristeza, saudades, desilusão, solidão, desemprego, fome.

Alterou de forma aparentemente profunda certas condições de uso do espaço, das relações de trabalho, da criação de mecanismos de intimidade com as tecnologias da comunicação. Dos meios de comunicação e gestão de processos. Dos padrões de consumo. Da produção artística e cultural. Da moda. Do turismo. Das formas de reconhecimento e apropriação da cidade.

Escancarou a importância vital da CASA, do ninho seguro, provedor, salubre. Ampliou a percepção da importância dos espaços abertos, iluminados, ventilados, provedores de encontros, de saúde emocional, física, mental e moral.

Trouxe uma melhor compreensão da importância da relação com os ambientes naturais. Salubres. O valor da ÁGUA. Do SANEAMENTO BÁSICO. Das NECESSIDADES BÁSICAS.

Explicitou ainda a potência ou a impotência dos sistemas de governança. Mais do que isso, os frutos da incompetência e desestruturação da máquina pública, bem como da sociedade.

Evidenciou também as não suficientes, mas efetivas ações de colaboração e solidariedade organizadas pela própria sociedade, por meio de ações comunitárias, institucionais e individuais.

Apoio-me, portanto, nessa evidência, para discorrer, no desfecho desta reflexão que propiciou ao leitor deparar-se com as pluralidades que compõem a vida de nossas cidades, sobre a complexidade que envolve suas relações e a riqueza de oportunidades que podem ser traçadas a partir dessa verdadeira COLCHA DE RETALHOS. Retalhos de diversas cores, densidades, texturas e tamanhos, que se conectam com outros à medida que ofereçam fronteiras claras, superfícies de contato, condições de costura...

Preparar os retalhos, portanto, corresponde a uma tarefa cuja reflexão este livro propõe aprofundar com o entendimento do papel do arquiteto urbanista frente às oportunidades de requalificação da vida urbana, sua atuação técnica, ética e política, assim como também dos possíveis modelos de governança e dos processos participativos, entre as esferas pública e privadas, na gestão da vida urbana.

A viabilidade da costura. A transformação dos retalhos em colcha corresponde a um dinâmico e contínuo exercício de reconhecimento, construção e reconstrução do "SENSO DE COLETIVO".

***

O senso de coletivo ou, em outras palavras, a percepção de valor do que o COLETIVO representa, para a sociedade como um todo – estando nela incluídas a categoria profissional de arquitetos urbanistas, a instituição pública e as diversas representações civis –, uma profunda fragilidade que nos encobre e imobiliza historicamente, mas também representa sustentar a semente promissora para uma necessária mudança de chave.

Encontrar o significado e o valor do interesse coletivo conduz para uma necessária mudança de mentalidade, capaz de tangibilizar questões aparentemente distantes de diversos segmentos da sociedade, mas que, na prática, correspondem a fatores de influência direta na qualidade de vida das pessoas, no valor monetário da terra, no sentimento de pertencimento, de cidadania, nas questões de segurança, dentre tantos outros aspectos.

Urbanizar uma favela, por exemplo, não resultará exclusivamente em uma melhor qualidade de vida de seus moradores. Trará também condições de qualificação ambiental, de suas infraestruturas e da paisagem urbana. Com isso, tal urbanização certamente agregará valor para além de seus limites, à sua área envoltória. À sua vizinhança, tantas vezes demarcada por muralhas delimitadoras de fronteiras tão profundas.

Monetizar essa valorização seria, dentre ações a serem aplicadas, um percurso simples para a concretização de possíveis modelos de acordos e colaborações público-privadas, visando a destinação de recursos necessários para a requalificação almejada. Seria uma maneira concreta de objetivação de contrapartidas, viabilizando receita, por um lado, e apontando para uma perspectiva de mudança de mentalidade a partir da percepção e usufruto das transformações realizadas.

Dentre esses modelos de acordos colaborativos público-privados, o efetivo incentivo a propostas de manifestação de interesse provenientes do privado – seja ele uma organização civil, um coletivo, uma empresa, uma pessoa física – para requalificação dos espaços públicos, dentre eles favelas, áreas livres, bairros, logradouros, parques, praças, edifícios institucionais, mostra-se como uma grande oportunidade. A partir de uma prática colaborativa continuada, novas oportunidades de qualificação dos espaços públicos podem ser multiplicadas, garantindo, ao mesmo tempo, a qualificação da cidade e o sentimento de pertencimento e, portanto, de cidadania, ou, em outras palavras, de respeito ao coletivo, por parte da sociedade como um todo.

Para tanto, a grave polarização que temos vivido, num exercício de rotulação do Bem e do Mal, do Certo e do Errado, do Verdadeiro e do Falso, da Esquerda e da Direita, do Público e do Privado, vem minando as possibilidades de construção de relacionamentos mais plurais, capazes de acomodar diversas vozes e interesses distintos, em um exercício que ao final busque o melhor resultado para todos.

O mais curioso é que não se trata de desconhecimento das complexidades que arrebatam e constituem o planeta. Em tempos em que a ciência atinge patamares dos mais elevados, em razão da física quântica, da bioengenharia, da nano-medicina, da engenharia genética e das tecnologias de comunicação, as escolhas no campo da política e da economia persistem em se manter conservadoras em seus modelos polarizados de controle e de poder.

Nesse sentido, não há como se esperar mudanças profundas de mentalidade se não enveredarmos ao interior escuro de nossos valores culturais e éticos que insistem em se manter protegidos e, portanto, engessados; se os jogos de interesse permanecem dançando conforme a mesma música.

É nesse contexto que a investigação que vimos por longa data trilhando, apostando na possibilidade de construção de vínculos até então pouco estruturados entre representações da sociedade civil, entre as pessoas que compõem a sociedade e entre entes públicos faz-se promissora.

A perspectiva de buscar instrumentos capazes de fortalecer a percepção de VALOR do COLETIVO, sejam eles jurídico-urbanísticos, econômicos ou metodológicos, que correspondam a um efetivo processo de "ganha-ganha" entre os envolvidos é o caminho de reflexão proposto por este livro.

Curiosamente, a experiência da pandemia veio colocar à prova esse equilíbrio estrutural. É claro que outros surtos pandêmicos já ocorreram ao longo dos séculos, assim como também guerras de abrangência intercontinental colocaram em xeque os modelos de interdependência e as relações de poder entre as nações.

No entanto, parece claro dizer que nenhuma dessas ocorrências anteriores trouxe, em proporções similares, à consciência, com tamanha simultaneidade, velocidade e abrangência, aquilo que o mundo se vê forçado em lidar.

Nesse sentido, o que emana como tema essencial dessa reflexão e que certamente afeta diretamente as perspectivas de melhora da qualidade de vida das pessoas no mundo é a percepção da nossa profunda condição de interdependência. Seja entre as nações, economias e culturas, seja entre diferentes segmentos sociais, etnias, religiões, memórias, histórias e estórias...

No entanto, as evidências que buscamos retratar neste livro trazem uma realidade absolutamente plural, composta por diversas vozes distintas carregadas de necessidades e demandas diversas que compõem o mundo contemporâneo. Repleta de sons, cores, tipos, sabores, quereres, saberes e poderes.

Urge a necessidade de rompermos um rançoso padrão comportamental, que vem apostando em uma estrutura passiva de uma sociedade que aguarda soluções e tradicionalmente aponta culpados.

Para além do senso de solidariedade que visivelmente vem se fazendo mais presente nos atos da sociedade, parece ainda estar em um horizonte longínquo essa efetiva percepção DO VALOR DO INTERESSE COLETIVO.

Mas como tocar as diversas camadas da sociedade tão pouco permeáveis a esse entendimento?

***

Um dos temas essenciais a serem amadurecidos a partir de nosso repertório participativo, mais recentemente aplicado, é exatamente a LEGITIMAÇÃO dos processos participativos.

Se as questões de interesse das e nas cidades devem ser geradas com a colaboração da sociedade, cabe-nos olhar para trás a avaliar que segmentos da sociedade vêm participando desses processos e quais os outros que não.

É fato que o rito participativo requer aprendizado e este vem vindo num crescente nas últimas décadas, colecionando cada vez maior número de participantes.

No entanto, curiosamente, esse rito participativo não tem se demonstrado suficiente, tanto por aqueles que participaram e não gostaram do resultado alcançado decorrente do desejo da maioria, como pelos que não participaram do rito formal e se veem no direito de questionarem, em qualquer tempo, o processo e os pactos realizados.

Não há como se criar relações de confiança e dedicação se os pactos firmados são muitas vezes colocados em "xeque"!

O que faltaria, afinal, para essa fundamental legitimação dos processos participativos?

Tentando, com otimismo, responder a essa instigante pergunta, parece ainda nos faltar MATURIDADE para realizarmos nosso necessário exercício de DEMOCRACIA.

Nem tudo se ganha. Nem tudo se perde. No entanto, à medida que nos capacitemos enquanto profissionais, enquanto sociedade, enquanto vozes plurais que compõem o coletivo, seremos mais capazes de ouvir, divergir, tolerar, pactuar e ganhar. Ganhar muito mais do que temos ganhado... afinal, da pluralidade das vozes, por mais dissonantes que muitas vezes sejam, faz-se uma sinfonia!

Referências

BARDI, L. B. A mão do povo nordestino. **Arte Vogue.** São Paulo, n. 2, nov. 1977, p. 52-54.

BRASIL. **Constituição da república federativa do brasil de 1988.** Disponível em: <http://www.planalto.gov.br/ccivil_03/constituicao/constituicao.htm>. Acesso em: 11 out. 2019.

__________. **Lei nº 6.938, de 31 de agosto de 1981**. Disponível em: <http://www.planalto.gov.br/ccivil_03/LEIS/L6938.htm>. Acesso em: 17 out. 2019.

__________. **Lei nº 8.069, de 13 de julho de 1990.** Disponível em: <http://www.planalto.gov.br/ccivil_03/leis/l8069.htm>. Acesso em 17 out. 2019.

__________. **Lei nº 8.078, de 11 de setembro de 1990.** Disponível em: <http://www.planalto.gov.br/ccivil_03/leis/l8078.htm>. Acesso em: 17 out. 2019.

__________. **Decreto nº 8.428, de 2 de abril de 2015.** Disponível em: <http://www.planalto.gov.br/ccivil_03/_Ato2015-2018/2015/Decreto/D8428.htm>. Acesso em: 11 out. 2019.

__________. **Lei nº 8.666, de 21 de junho de 1993.** Disponível em: <http://www.planalto.gov.br/ccivil_03/leis/l8666cons.htm>. Acesso em: 14 out. 2019.

__________. **Lei nº 8.987, de 13 de fevereiro de 1995.** Disponível em: <http://www.planalto.gov.br/ccivil_03/leis/l8987compilada.htm>. Acesso em: 11 out. 2019.

__________. **Lei nº 9.433, de 8 de janeiro de 1997.** Disponível em: <http://www.planalto.gov.br/ccivil_03/LEIS/L9433.htm>. Acesso em: 17 out. 2019.

__________. **Lei nº 9.610, de 19 de fevereiro de 1998.** Disponível em: <http://www.planalto.gov.br/ccivil_03/leis/l9610.htm>. Acesso em: 17 out. 2019.

__________. **Lei nº 9.648, de 27 de maio de 1998.** Disponível em: <http://www.planalto.gov.br/ccivil_03/LEIS/L9648cons.htm>. Acesso em: 11 out. 2019.

__________. **Lei nº 10.257, de 10 de julho de 2001.** Disponível em: <http://www.planalto.gov.br/ccivil_03/leis/leis_2001/l10257.htm>. Acesso em 16 out. 2019.

__________. **Lei nº 10.406, de 10 de janeiro de 2002.** Disponível em: <http://www.planalto.gov.br/ccivil_03/leis/2002/l10406.htm>. Acesso em: 17 out. 2019.

__________. **Lei nº 10.741, de 1º de outubro de 2003.** Disponível em: <http://www.planalto.gov.br/ccivil_03/leis/2003/l10.741.htm>. Acesso em: 17 out. 2019.

__________. **Lei nº 11.079, de 30 de dezembro de 2004.** Disponível em: <http://www.planalto.gov.br/ccivil_03/_Ato2004-2006/2004/Lei/L11079.htm>. Acesso em: 11 out. 2019.

__________. **Lei nº 11.196, de 21 de novembro de 2005.** Disponível em: <http://www.planalto.gov.br/ccivil_03/_Ato2004-2006/2005/Lei/L11196.htm>. Acesso em: 11 out. 2019.

__________. **Lei nº 12.462, de 4 de agosto de 2011.** Disponível em: <http://www.planalto.gov.br/ccivil_03/_Ato2011-2014/2011/Lei/L12462.htm>. Acesso em: 14 out. 2019.

__________. **Lei nº 12.651, de 25 de maio de 2012.** Disponível em: <http://www.planalto.gov.br/ccivil_03/_Ato2011-2014/2012/Lei/L12651.htm>. Acesso em: 17 out. 2019.

__________. **Lei nº 13.019, de 31 de julho de 2014.** Disponível em: <http://www.planalto.gov.br/ccivil_03/_ato2011-2014/2014/lei/l13019.htm>. Acesso em: 15 out. 2019.

__________. **Lei nº 13.146, de 6 de julho de 2015.** Disponível em: <http://www.planalto.gov.br/ccivil_03/_ato2015-2018/2015/lei/l13146.htm>. Acesso em: 17 out. 2019.

CÂMARA DOS DEPUTADOS. **Projeto de Lei nº 1292, de 30 de novembro de 1995.** Disponível em: <https://www.camara.leg.br/proposicoesWeb/fichadetramitacao?idProposicao=16526>. Acesso em: 14 out. 2019.

__________. **Decreto-lei nº 5.452, de 1º de maio de 1943.** Disponível em: <https://www2.camara.leg.br/legin/fed/declei/1940-1949/decreto-lei-5452-1-maio-1943-415500-publicacaooriginal-1-pe.html>. Acesso em: 17 out. 2019.

CAU/BR. **Lei nº 12.378, de 31 de dezembro de 2010.** Disponível em: <http://www.planalto.gov.br/ccivil_03/_Ato2007-2010/2010/Lei/L12378.htm>. Acesso em 16 out. 2019.

__________. **Resolução nº 17, de 2 de março de 2012.** Disponível em: <https://transparencia.caubr.gov.br/resolucao17/>. Acesso em 17 out. 2019.

__________. **Resolução nº 22, de 4 de maio de 2012.** Disponível em: <https://transparencia.caubr.gov.br/resolucao22/>. Acesso em: 17 out. 2019.

__________. **Resolução nº 28, de 6 de julho de 2012.** Disponível em: <https://transparencia.caubr.gov.br/resolucao28/>. Acesso em: 11 out. 2019.

__________. **Resolução nº 52, de 6 de setembro de 2013.** Disponível em: <https://transparencia.caubr.gov.br/resolucao52/>. Acesso em: 17 out. 2019.

__________. **Resolução nº 64, de 8 de novembro de 2013.** Disponível em: <https://transparencia.caubr.gov.br/resolucao64/>. Acesso em: 17 out. 2019.

__________. **Resolução nº 67, de 5 de dezembro de 2013.** Disponível em: <https://transparencia.caubr.gov.br/resolucao67/>. Acesso em: 11 out. 2019.

__________. **Resolução nº 76, de 10 de abril de 2014.** Disponível em: <https://transparencia.caubr.gov.br/resolucao76/>. Acesso em: 17 out. 2019.

__________. **Resolução nº 91, de 9 de outubro de 2014.** Disponível em: <https://transparencia.caubr.gov.br/resolucao91/>. Acesso em: 11 out. 2019.

CBIC; VG&P. **PPPs e concessões:** guia sobre aspectos jurídicos e regulatórios. 2016. Disponível em: <https://cbic.org.br/wp-content/uploads/2017/11/Guia_sobre_Aspectos_Juridicos_e_Regulatorios_2016.pdf>. Acesso em: 11 out. 2019.

CDHU (Companhia de Desenvolvimento Habitacional e Urbano). **Serra do Mar e Mosaicos da Mata Atlântica:** uma experiência de recuperação socioambiental. São Paulo: KPMO Cultura e Arte, 2014.

FOUCAULT, M. O que é um Autor? In: **Estética:** literatura e pintura, música e cinema. Organização e seleção de textos: Manoel Barros da Motta. Tradução: Inês Autran Dourado Barbosa. 2 ed. Rio de Janeiro: Forense Universitária, 2009.

HOUAISS, A. **Dicionário Houaiss da Língua Portuguesa.** Rio de Janeiro: Objetiva, 2001.

MILESKI, H. S. Parcerias Público-Privadas: fundamentos, aplicação e alcance da lei, elementos definidores, princípios, regras específicas para licitações e contratos, aspectos controvertidos, controle e perspectivas de aplicação da lei nº 11.079/04. Interesse Púbico-IP, Belo Horizonte, nº 29, p. 5-6, ano 7, jan-fev, 2005. Apud LIMA, O. **A instituição das Parcerias Público-privadas e sua aplicação na administração pública brasileira.** Mar. 2014. Disponível em: <https://jus.com.br/artigos/27175/a-instituicao-das-parcerias-publico-privadas-e-sua-aplicacao-na-administracao-publica-brasileira/2?secure=true>. Acesso em: 3 mar. 2017.

PINHEIRO, A. C. Um framework para analisar modelos de estruturação de projetos do setor público. In: PINHEIRO, A. C. et al. **Estruturação de projetos de PPP e concessão no Brasil:** diagnóstico do modelo brasileiro e propostas de aperfeiçoamento. São Paulo: IFC, c. 2016, p. 35-57. Disponível em: <https://web.bndes.gov.br/bib/jspui/bitstream/1408/7211/1/Estrutura%-

C3%A7%C3%A3o%20de%20projetos%20de%20PPP%20e%20concess%C3%A3o%20no%20Brasil_P.pdf>. Acesso em: 14 out. 2019.

SÃO PAULO. **Decreto Estadual nº 53.485, de 26 de setembro de 2008.** Disponível em: <https://governo-sp.jusbrasil.com.br/legislacao/144559/decreto-53485-08>. Acesso em: 17 out. 2019.

__________. **Decreto Municipal nº 56.901, de 29 de março de 2016.** Disponível em: <http://legislacao.prefeitura.sp.gov.br/leis/decreto-56901-de-29-de-marco-de-2016>. Acesso em: 15 out. 2019.

__________. **Decreto Municipal nº 57.678, de 4 de maio de 2017.** Disponível em: <https://www.prefeitura.sp.gov.br/cidade/secretarias/upload/chamadas/decreto_pmi_1494440571.pdf>. Acesso em: 11 out. 2019.

__________. **Lei nº 10.209, de 9 de dezembro de 1986.** Disponível em: <https://leismunicipais.com.br/a/sp/s/sao-paulo/lei-ordinaria/1986/1020/10209/lei-ordinaria-n-10209-1986-dispoe-sobre-a-construcao-de-habitacoes-de-interesse-social-para-moradores-de-habitacao-sub-normal-concede-incentivos-e-da-outras-providencias>. Acesso em: 16 out. 2019.

__________. **Lei nº 11.732, de 7 de março de 1995.** Disponível em: <https://leismunicipais.com.br/a/sp/s/sao-paulo/lei-ordinaria/1995/1173/11732/lei-ordinaria-n-11732-1995-estabelece-programa-de-melhorias-para-a-area-de-influencia-definida-em-funcao-da-interligacao-da-avenida-brigadeiro-faria-de-lima-com-a-avenida-pedroso-de-moraes-e-com-as-avenidas-presidente-juscelino-kubitschek-helio-pellegrino-dos-bandeirantes-eng-luis-carlos-berrini-e-cidade-jardim-cria-incentivos-e-instrumento-para-sua-implantacao-e-da-outras-providencias>. Acesso em: 16 out. 2019.

__________. **Lei nº 11.774, de 18 de maio de 1995.** Disponível em: <http://legislacao.prefeitura.sp.gov.br/leis/lei-11774-de-18-de-maio-de-1995>. Acesso em: 16 out. 2019.

__________. **Lei nº 12.349, de 6 de junho de 1997.** Disponível em: <https://www.prefeitura.sp.gov.br/cidade/upload/783a3_Lei_N_12.349-97_Estabelece_programas_de_melhorias.pdf>. Acesso em: 16 out. 2019.

__________. **Lei nº 13.260, de 28 de dezembro de 2001.** Disponível em: <https://cm-sao-paulo.jusbrasil.com.br/legislacao/814134/lei-13260-01>. Acesso em: 16 out. 2019.

__________. **Lei nº 13.430, de 13 de setembro de 2002.** Disponível em: <https://www.prefeitura.sp.gov.br/cidade/secretarias/upload/infraestrutura/sp_obras/arquivos/plano_diretor_estrategico.pdf>. Acesso em: 16 out. 2019.

__________. **Lei nº 13.769, de 26 de janeiro de 2004.** Disponível em: <http://legislacao.prefeitura.sp.gov.br/leis/lei-13769-de-26-de-janeiro-de-2004/detalhe>. Acesso em: 16 out. 2019.

__________. **Lei nº 13.885, de 25 de agosto de 2004.** Disponível em: <https://www.prefeitura.sp.gov.br/cidade/upload/1da2a_Lei_N_13.885-04_Estabelece_normas_ao_PDE.pdf>. Acesso em: 16 out. 2019.

__________. **Lei nº 15.416, de 22 de julho de 2011.** Disponível em: <https://www.prefeitura.sp.gov.br/cidade/secretarias/upload/infraestrutura/sp_obras/arquivos/lei_15416_22_07_11.pdf>. Acesso em: 16 out. 2019.

__________. **Lei nº 15.893, de 7 de novembro de 2013.** Disponível em: <https://www.prefeitura.sp.gov.br/cidade/secretarias/urbanismo/sp_urbanismo/operacoes_urbanas/agua_branca/index.php?p=163691>. Acesso em: 16 out. 2019.

__________. **Lei nº 16.050, de 31 de julho de 2014.** Disponível em: <https://leismunicipais.com.br/a/sp/s/sao-paulo/lei-ordinaria/2014/1605/16050/lei-ordinaria-n-16050-2014-aprova-a-politica-de-desenvolvimento-urbano-e-o-plano-diretor-estrategico-do-municipio-de-sao-paulo-e-revoga-a-lei-n-13430-2002>. Acesso em: 4 out. 2019.

__________. **Lei nº 16.402, de 22 de março de 2016.** Disponível em: <http://legislacao.prefeitura.sp.gov.br/leis/lei-16402-de-22-de-marco-de-2016>. Acesso em 4 out. 2019.

__________. **Lei nº 16.642, de 9 de maio de 2017.** Disponível em: <http://legislacao.prefeitura.sp.gov.br/leis/lei-16642-de-09-de-maio-de-2017>. Acesso em: 11 out. 2019.

__________. **Lei nº 16.975, de 3 de setembro de 2018.** Disponível em: <http://legislacao.prefeitura.sp.gov.br/leis/lei-16975-de-3-de-setembro-de-2018/consolidado>. Acesso em: 16 out. 2019.

__________. **Resolução SC nº 60, de 20 de agosto de 2003.** Disponível em: <https://www.prefeitura.sp.gov.br/cidade/upload/d4105_RES.%20SC%20N%2060%20-%20Cratera%20de%20Colonia.pdf>. Acesso em: 16 out. 2019.

__________. **Resolução nº 27, de 5 de março de 2018.** Disponível em: <https://www.prefeitura.sp.gov.br/cidade/upload/re2718tombamentocrateracoloniapdf_1529940831.pdf>. Acesso em: 16 out. 2019.

TUAN, Y. **Espaço e lugar:** a perspectiva da experiência. Tradução: Lívia de Oliveira. São Paulo: DIFEL, 1983.

__________. **Topofilia:** um estudo de percepção, atitudes e valores do meio ambiente. Londrina: Eduel, 2012.

Fichas técnicas

Caxingui
Plano de Mobilidade e Moderação de Tráfego

Local: City Caxingui, São Paulo, SP
Ano do Projeto: 2003 a 2008
Ano de Construção: 2013
Área de Intervenção: 315.334,00 m²
Cliente: AABCC – Associação Amigos do Bairro Caxingui City
Autor do Projeto: Levisky Arquitetos | Estratégia Urbana, Adriana Levisky
Equipe/Colaboradores: Tatiana Antonelli e Vivian Hawthorne

Projetos Complementares e Consultoria

Apoio: SMT/CET - Companhia de Engenharia de Tráfego

Praça Victor Civita

Local: São Paulo, SP
Ano do Projeto: 2006-2007, 2010 (Implantação cobertura da Arquibancada)
Ano da Obra: 2008
Área de Terreno: 13.648,00 m²
Área Construída: 2.650,00 m²
Realização: Instituto Abril, Prefeitura do Município de São Paulo
Parceria: Grupo Abril, Itaú, Even Construtora e Incorporadora, Petrobrás
Laudos Técnicos e Acompanhamento: Prefeitura do Município de São Paulo, Secretaria Municipal do Verde e Meio Ambiente, Cetesb, Emurb, GTZ
Gestão e Coordenação de Projeto: Levisky Arquitetos Associados Ltda.
Autor do Projeto: Levisky Arquitetos Associados Ltda., Adriana Levisky, Anna Julia Dietzsch (arquiteta convidada)
Coordenador: Renata Gomes
Equipe/Colaboradores: Casey Mahon, Tatiana Antonelli, Lílian Braga, Luciana Magalhães, Renata H. de Paula, Cátia Portughesi e Gabriela Kuntz
Fotografia: Nelson Kon, Pedro Mascaro, Nathalie Artaxo

Projetos Complementares e Consultorias

Instalações: Grau Engenharia
Estrutura: Companhia de Projetos
Luminotécnica: Franco & Fortes Lighting Design
Paisagismo: Benedito Abbud Paisagismo e Projetos
Fundação: Zaclis e Falconi Engenheiros Associados
Sondagem: Alphageos Tecnologia Aplicada
Acústica: Fernando Iazzetta
Reúso de Águas: Eduardo Oliveira
Acústica: Fernando Iazzetta
Madeira e Recursos Florestais: IPT
Comunicação Visual Projeto: OnArt Design
Comunicação Visual Execução: Kojima
Sonorização e Iluminação: BPM
Maquete Eletrônica: Metaurbe
Maquete Volumétrica: Maquetaria da Vila
Gerenciamento do Projeto e Obra: CMS Engenharia
Execução da Obra: Even Construtora e Incorporadora
Raspagem e Destinação dos Resíduos do Antigo Incinerador: Carbone Engenharia, Resotec, Holcim Brasil

Loteamento Rubens Lara

Local: Jardim Casqueiro, Cubatão, SP
Ano do Projeto: 2006-2007 (Parceria com EMFA Arquitetos), 2010-2011 (Desenho Universal aplicado em Loteamento)
Ano da Construção: 2008 a 2011
Cliente: Companhia de Desenvolvimento Habitacional e

Urbano – CDHU, Secretaria da Habitação do Estado de São Paulo
Autor do Projeto: Levisky Arquitetos | Estratégia Urbana, Adriana Levisky
Coautoria: EMFA Arquitetura, Eduardo Martins Ferreira
Área do Terreno: 197.475,50 m²
Área Edificada Construída: 121.888,98 m², 1.840 unidades habitacionais
Equipe/Colaboradores: Renata Gomes, Tatiana Rodrigues Antonelli, Lilian Costa Braga, Vivian Hori Hawthorne, Cristiano Aprigliano, Mirela G. Rezze, Aline Stievano, Camila Barreto Roma, Camila Hisi, Camila Volponi, Danyela Corrêa, Guilherme A. Almeida Rebelo, Lilian Morais, Thiago Gianinni e Alberto Faria
Fotografia: Nelson Kon
Gerenciadoras: Ductor Implantação de Projetos, Cobrape - Companhia Brasileira de Projetos e Empreendimentos
Construção: Schahin Engenharia
Maquete Eletrônica: Visualize Arquitetura Digital
Projeto Premiado: Prêmio IAB/SP 2008, Menção Honrosa na Categoria Habitação de Interesse Social/ Produção Pública.
Projeto Integrante do SUSHI - Sustainable Social Housing Initiative, programa da ONU que aponta importantes avanços mundiais para a inserção da sustentabilidade em construções de Habitações de Interesse Social (HIS).

Hospital Israelita Albert Einstein Unidade Avançada Perdizes

Local: Perdizes, São Paulo, SP
Ano do Projeto: 2008 a 2009
Ano da Obra: 2010
Área do Terreno: 2.503,90 m²
Área Edificada da Obra: 20.000,00 m²
Cliente: Sociedade Beneficente Israelita Brasileira Hospital Albert Einstein
Autor do Projeto: Levisky Arquitetos | Estratégia Urbana, Adriana Levisky
Coordenador: Renata Gomes
Equipe/Colaboradores: Flávia Sousa, Lílian Braga, Tatiana Antonelli, Julianny Rafea, Carina Terra, Raquel Abdian, Luciana Magalhães, Lígia Gonçalves, Rosangela do Nascimento
Coautoria Programa Hospitalar: Kahn do Brasil, Arthur Brito, Eleonora Zioni, Carolina Botelho, Adriana Salles e Carlos Eduardo Furtado
Fotografia: Nelson Kon

Projetos Complementares e Consultorias

Estrutura: ETCPL (engenheiros César Pereira Lopes e Orlando Stranieri)
Estrutura Metálica: Cia de Projetos
Fundação: Infraestrutura Engenharia
Instalações: Grau Engenharia, Selten Engenharia
Ar-condicionado: Grau Engenharia, Enthal Engenharia de Tratamento e Controle do Ar
Gases Medicinais: Grau Engenharia, White Martins
Acústica: Harmonia Acústica
Luminotécnica: Esther Stiller Consultoria SC
Esquadrias: QMD Consultoria
Paisagismo: Fany Galender Arquitetura e Paisagismo
Impermeabilização: PROASSP Assessoria e Projetos
Heliponto: Escritório Técnico Carlos Freire
Certificação: CTE Centro de Tecnologia de Edificações
Consultoria Legal: Levisky Arquitetos e Pan Serviços
Elevadores: Vertec
Bombeiro: Engepoint Gerenciamento e Consultoria
Maquete Eletrônica: Visualize Arquitetura Digital
Maquete Volumétrica: Maquetaria da Vila

Praça 14 Bis

Local: São Paulo, SP
Ano do Projeto: 2009-2017
Área de Intervenção: aproximadamente 38.116,13 m² (parque e praça)
Extensão do Trecho de Intervenção: 1,5 km lineares
Cliente: Rede Bela Vista
Autor do Projeto: Levisky Arquitetos | Estratégia Urbana, Adriana Levisky
Colaboradores: Benedito Abbud Arquitetura Paisagística, Itamar Berezin Arquitetura
Equipe: Aline Victor, Ana Carolina Angotti, Eduardo Borba, Fabiano Bonafé, Fabio Pittas, Felipe Farina, Fellipe Brandt, Renata Gomes, Tatiana Antonelli
Maquete Eletrônica: Visualize Arquitetura Digital

Museu Aberto Cratera de Colônia Requalificação Urbana

Local: Vargem Grande, Parelheiros, São Paulo, SP
Ano do Projeto: 2010-2012
Ano de Construção (parcial): 2010 – em execução
Área de Intervenção: 2.460.000,00 m²
Realização: Programa Mananciais, Secretaria da Habitação do Município de São Paulo
Cliente: Construtora Camargo Corrêa
Autor do Projeto: Levisky Arquitetos | Estratégia Urbana, Adriana Levisky
Equipe/Colaboradores: Renata Gomes, José Eduardo Borba, Vivian Hawthorne, Tatiana Antonelli e Flávio Castro
Fotografia: Nelson Kon
Gerenciamento e Obra (parcial): JNS/HPLAN,

Construtora Camargo Corrêa
Paisagismo: Fany Galender Paisagismo
Maquete Eletrônica: Visualize Arquitetura Digital

Concurso Público Nacional Habitação para Todos CDHU e IAB

Realização: CDHU e IAB
Prêmio: 2º lugar
Ano do Concurso: 2010
Área Lote Unifamiliar: 140,45 m²
Área Edificada de Projeto: 56,21 m² (Unidade com 2 dormitórios), 65,36 m² (Unidade com 3 dormitórios)
Autor do Projeto: Levisky Arquitetos | Estratégia Urbana, Adriana Levisky
Coordenadores: Renata Gomes, José Eduardo Borba, Cristiano Aprigliano
Equipe/Colaboradores: Amanda Cassone, Caio Belleza, Daniel Maekawa, Lilian Braga, Lígia Gonçalves, Raquel Abdian, Reinaldo Ramos Queiroz, Tatiana Antonelli e Vivian Hori

Projetos Complementares e Consultoria

Estrutura: Cesar Pereira Lopes
Cobertura Verde: Paulo Vinicius Jubilut
Orçamento: AWL PLANORC

Hospital Israelita Albert Einstein (Unidade Morato) Estudo de Viabilidade de Implantação da Unidade de Ensino e Administrativo

Local: Vila Sônia, São Paulo, SP
Ano do Projeto: 2006/2011 a 2012
Área do Terreno: 13.600,00 m²
Área Edificada do Projeto: 50.000,00 m²
Cliente: Sociedade Beneficente Israelita Brasileira Hospital Albert Einstein
Autor do Projeto: Levisky Arquitetos | Estratégia Urbana, Adriana Levisky
Equipe/Colaboradores: Ana Carolina Angotti, Catia Portughesi, Fellipe Brandt, Karina Machado, Lígia Gonçalves, Lílian Costa Braga, Luciene Sandoval, Nathalie Artaxo, Renata Gomes, Rosângela do Nascimento e Tatiana Antonelli

Núcleo Jardim Colombo Requalificação urbana

Local: Jardim Colombo, São Paulo, SP
Ano de Projeto: 2011-2013
Ano de Construção: 2011 – em construção
Área de Projeto Urbano: 66.563,00 m²
Área de Plano Urbanístico: 48.091,00 m²
Área de Projeto Arquitetônico: 8.000,00 m²
Realização: Secretaria Municipal de Habitação
Autor do Projeto: Levisky Arquitetos | Estratégia Urbana, Adriana Levisky
Coordenador: Renata Gomes
Equipe/Colaboradores: Lilian Braga, Eduardo Borba, Raquel Abdian, Tatiana Antonelli, Aline Victor, Ana Carolina Angotti, Aline Lima, Vivian Hori, Vitoria Albuquerque, Renata Peloi, Kaísa Isabel, Daniel Sousa, Carolina Pazian e Thiago Andrade

Projetos Complementares e Consultoria

Paisagismo: Fany Galender Paisagismo
Drenagem, Geométrico, Canalização e Pavimentação: Linear Engenharia
Contenção da Canalização: G4U Engenharia
Construção (parcial): Consórcio Boa Morada
Gerenciamento (parcial): Ductor Implantação de Projetos
Maquete Eletrônica: Visualize Arquitetura Digital

Núcleo Mata Virgem Requalificação Urbana

Local: Jardim Eldorado, São Paulo, SP
Ano do Projeto: 2011 a 2013
Ano de Construção (parcial): 2011 – em construção
Área do Plano Urbanístico: 1.642.617,00 m²
Área do Projeto Urbano: 308.089,00 m²
Realização: Programa Mananciais, Secretaria da Habitação do Município de São Paulo
Cliente: Passarelli Engenharia e Construção
Autor do Projeto: Levisky Arquitetos | Estratégia Urbana, Adriana Levisky
Equipe/Colaboradores: Renata Gomes, José Eduardo Borba, Vivian Hawthorne, Tatiana Antonelli, Fabio Torres, Kaísa Isabel, Daniel de Souza
Construtora: Passarelli Engenharia e Construção
Gerenciadora: JNS Engenharia, Consultoria e Gerenciamento

Parque-Museu Sabesp Butantã

Local: R. Coronel Ferreira Leal com R. Olga Behisnelian, São Paulo, SP
Ano do Projeto: 2011 a 2013
Área do Terreno: 10.400,00 m²
Área da Intervenção: 10.400,00 m²
Cliente: Sabesp – Companhia de Saneamento Básico de São Paulo

Autor do Projeto: Levisky Arquitetos | Estratégia Urbana, Adriana Levisky
Equipe/Colaboradores: Renata Gomes, Raquel Abdian, Aline Victor, Cristiano Aprigliano, Vitória Albuquerque, Lilian Braga, Ana Carolina Angotti, Tatiana Antonelli, Rosangela do Nascimento, Karina Machado, Aline Lima, Fellipe Brandt, Thiago Andrade, Lígia Gonçalves e Luciene Sandoval
Fotografia: Ana Mello
Projetos Complementares e Consultoria
Estrutura: Companhia de Projetos
Fundações: GEOBrax Engenharia
Contenções e Terraplenagem: GEOBrax Engenharia
Instalações: CPS Engenharia
Luminotécnica: Urb SP
Paisagismo: Fany Galender Arquitetura e Paisagismo
Maquete Eletrônica: Screet
Pré-orçamento: AWL Planorc Engenharia e Consultoria
Aprovação e Consultoria Legal: Levisky Arquitetos | Estratégia Urbana
Consultoria Ambiental: Legal Tree
Consultoria Combate a Incêndio: Garutti Reis Consultoria

Parque-Museu Sabesp Cangaíba

Local: Cangaíba, São Paulo, SP
Ano do Projeto: 2011 a 2013
Área do Terreno: 11.944,00 m²
Área Construída: 2.605,00 m² existente (aproximado), 50,00 m² nova (aproximado)
Área de Intervenção: 11.944,00 m²
Cliente: Sabesp – Companhia de Saneamento Básico de São Paulo
Autor do Projeto: Levisky Arquitetos | Estratégia Urbana, Adriana Levisky
Equipe/Colaboradores: Renata Gomes, Raquel Abdian, Aline Victor, Cristiano Aprigliano, Vitória Albuquerque, Lilian Braga, Ana Carolina Angotti, Tatiana Antonelli, Rosangela do Nascimento, Karina Machado, Aline Lima, Fellipe Brandt, Thiago Andrade, Lígia Gonçalves e Luciene Sandoval
Fotos: Ana Mello
Projetos Complementares e Consultoria
Estrutura: Companhia de Projetos
Fundações: GEOBrax Engenharia
Contenções e Terraplenagem: GEOBrax Engenharia
Instalações: CPS Engenharia
Luminotécnica: Urb SP
Paisagismo: Fany Galender Arquitetura e Paisagismo
Maquete Eletrônica: Screet
Pré-orçamento: AWL Planorc Engenharia e Consultoria
Aprovação e Consultoria Legal: Levisky Arquitetos | Estratégia Urbana
Consultoria Ambiental: Legal Tree
Consultoria Combate a Incêndio: Garutti Reis Consultoria

Parque-Museu Sabesp Mooca

Local: Mooca, São Paulo, SP
Ano do Projeto: 2011 a 2013
Área do Terreno: 37.867,00 m²
Área de Intervenção: 21.000,00 m²
Área Construída: 12.298,00 m² existente (aproximado), 50,00 m² nova (aproximado)
Cliente: Sabesp – Companhia de Saneamento Básico de São Paulo
Autor do Projeto: Levisky Arquitetos | Estratégia Urbana, Adriana Levisky
Equipe/Colaboradores: Renata Gomes, Raquel Abdian, Aline Victor, Cristiano Aprigliano, Vitória Albuquerque, Lilian Braga, Ana Carolina Angotti, Tatiana Antonelli, Rosangela do Nascimento, Karina Machado, Aline Lima, Fellipe Brandt, Thiago Andrade, Lígia Gonçalves e Luciene Sandoval
Fotos: Ana Mello
Projetos Complementares e Consultoria
Estrutura: Companhia de Projetos
Fundações: GEOBrax Engenharia
Contenções e Terraplenagem: GEOBrax Engenharia
Instalações: CPS Engenharia
Luminotécnica: Urb SP
Paisagismo: Fany Galender Arquitetura e Paisagismo
Maquete Eletrônica: Screet
Pré-orçamento: AWL Planorc Engenharia e Consultoria
Aprovação e Consultoria Legal: Levisky Arquitetos | Estratégia Urbana
Consultoria Ambiental: Legal Tree
Consultoria Combate a Incêndio: Garutti Reis Consultoria

Instituto Israelita de Ensino e Pesquisa Albert Einstein Centro de Ensino e Pesquisa Unidade Lebret

Local: Morumbi, São Paulo, SP
Ano do Projeto: 2012 a 2015
Área do Terreno: 12.262,00 m²
Área Edificada Projetada: 51.500,00 m²
Cliente: Sociedade Beneficente Israelita Brasileira

Hospital Albert Einstein
Autor do Projeto: Levisky Arquitetos | Estratégia Urbana, Adriana Levisky
Coordenadores: Renata Gomes, Daniel Mifano
Equipe/Colaboradores: Ana Carolina Angotti, Carolina Cominotti, Fabiano Bonafé, Felipe Farina, Fellipe Brandt, Lígia Gonçalves, Luciene Sandoval, Marina Tarquini, Nelson Pietra, Tatiana Antonelli, Thais Cardoso e Thiago Andrade
Maquete Eletrônica: Visualize Arquitetura Digital

Grande Hotel São Pedro Senac Requalificação das Áreas de Lazer e do Parque Aquático

Local: Águas de São Pedro, SP
Ano do Projeto: 2013-2015
Ano da Obra: 2015 a 2016
Área do Parque: 15.540,00 m²
Área Construída: 1.500,00 m²
Cliente: Senac – Serviço Nacional de Aprendizagem Comercial
Autor do Projeto: Levisky Arquitetos | Estratégia Urbana, Adriana Levisky
Equipe/Colaboradores: Renata Gomes, Raquel Abdian, Carlos Azevedo, Daniel Mifano, Nathalie Artaxo, Aline Victor, Lilian Braga, Eduardo Borba, Aline Lima, Fellipe Brandt, Nelson Pietra, Miriam Coradini, Tatiana Antonelli, Thais Cardoso, Ana Angotti, Karina Machado, Rosangela Nascimento, Lígia Gonçalves, Luciene Sandoval e Fabio Pittas
Fotografia: Ana Mello
Maquete Eletrônica: Studio 10:18
Execução: Sistema Engenharia e Arquitetura Ltda.

Projetos Complementares e Consultoria

Estruturas de Concreto e Metálica: Perezim Consult. e Projetos Estruturais
Estrutura de Madeira: Carpinteria Estruturas de Madeira Ltda.
Fundações: Solonet
Contenções: Perezim Consult. e Projetos Estruturais
Sondagem e Terraplanagem: Damasco Penna Engenharia Geotécnica
Instalações Elétricas e Hidráulicas: PHE Projetos Hidráulicos e Elétricos
Climatização: Politécnica Engenharia
Drenagem: PHE Projetos Hidráulicos e Elétricos
Luminotécnica: Studio IX
Paisagismo: Fany Galender Arquitetura e Paisagismo
Impermeabilização: Proassp Assessoria & Projetos
Esquadrias: QMD Consultoria
Comunicação Visual: Und | Corporate Design
Acessibilidade: Design Universal Consultoria
Irrigação: Regatec Sistema de Irrigação
Pré-orçamento: AWL Planorc Engenharia e Consultoria
Consultoria Ambiental: Legal Tree
Levantamento planialtimétrico: Mesure Engenharia

PMI Arco Tietê PPP Urbanística

Local: São Paulo, SP
Ano do Projeto: 2013 a 2016
Área de Intervenção: 5.366,00 ha
Realização: SMDU – Secretaria Municipal de Desenvolvimento Urbano, SP-Urbanismo – São Paulo Urbanismo
Coordenação Geral: Bacco Arquitetos Associados
Autores do Projeto: Bacco Arquitetos Associados, Levisky Arquitetos | Estratégia Urbana
Coautores do Projeto: Estudio América, Galvão Engenharia, Jansana de la Villa/de Paauw Arquitectes, Guilherme Filocomo

Equipe Levisky Arquitetos

Coordenadores: Renata Gomes, Tatiana Antonelli
Equipe/Colaboradores: Aline Victor, Ana Carolina Angotti, Andréa Cavalcanti, Carolina Cominotti, Ligia Gonçalves, Luciene Sandoval e Thiago Andrade

Projetos Complementares e Consultoria

Ambiental/Resíduos Sólidos: Planur Incorporadora e Urbanizadora
Energia: W Plenas Consultoria em gestão de energia
Geologia e Geotécnia: Ludemann Engenharia Ambiental
Habitação e Gestão Participativa: Simone Gatti
Fotografias Aéreas: Ana Mello
Modelagem Financeira: Galípolo Consultoria
Modelagem Jurídica: Moysés & Pires Sociedade de Advogados
Mobilidade Urbana e Acessibilidade: Luis Otávio Calagian
Mobilidade Urbana Não Motorizado: Renata Falzoni
Patrimônio Público: Helena Ayoub Silva & Arquitetos Associados
Tecnologia da Informação: ICM USP – São Carlos
Impacto Ambiental: Walm Ambiental
Caracterização Sócio Territorial: Diagonal Transformação de Territórios
Consultoria Econômica: Contacto Consultores Associados, Proficenter Planejamento de Obras
Consultoria Urbanística: Urbis
Revisão dos Textos: Fernanda Critelli

Hospital Municipal Vila Santa Catarina Termo de Cooperação com o Hospital Israelita Albert Einstein

Local: Jabaquara, São Paulo, SP
Ano do Projeto: 2014 a 2015
Ano da Construção: 2015 a 2016
Área do Terreno: 8.100,00 m²
Área Edificada da Obra: 25.000,00 m²
Número de Leitos: 369
Cliente: Sociedade Beneficente Israelita Brasileira Hospital Albert Einstein
Autor do Projeto: Levisky Arquitetos | Estratégia Urbana, Adriana Levisky
Coordenador: Renata Gomes
Equipe/Colaboradores: Aline Victor, Ana Angotti, Carolina Cominotti, Caroline Domingues, Fellipe Brandt, Isadora Correa, Karina Machado, Lilian Maracini, Luciene Sandoval, Marina Tarquini, Nelson Pietra, Rosangela Nascimento, Tatiana Antonelli, Thais Cardoso e Roberta Bellarmino
Gerenciamento de Obra: MAPE Engenharia

Projetos Complementares e Consultoria

Câmaras Frigoríficas: São Rafael
Centro Cirúrgico: Drager
Climatização: Clima Clean
Combate a Incêndio e Licenciamento: Engepoint
Comunicação Visual: Dois2
Projeto de Cozinha: RS Arquitetos
Levantamento Cadastral: Marcos Cosceli
Projeto de instalações Prediais e Iluminação: Politécnica
Projeto de Estruturas Metálicas, Concreto e Fundações: ETCPL
Gases Medicinais e Vácuo: White Martins
Geradores: Sotreq
Projeto de Marcenaria: C+A
Sondagem: EZAN
Projeto da Subestação: ELETEL

Senac Unidade São Miguel Paulista

Local: São Miguel Paulista, São Paulo, SP
Ano do Projeto: 2011 a 2012
Ano da Obra: 2014 a 2017
Área do Terreno: 7.945,00 m²
Área Edificada da Obra: 26.089,30 m²
Cliente: Senac – Serviço Nacional de Aprendizagem Comercial
Autor do Projeto: Levisky Arquitetos | Estratégia Urbana, Adriana Levisky
Equipe/Colaboradores: Aline Lima, Ana Carolina Angotti, Carlos de Azevedo, Carolina Cominotti, Carolina Pazian, Caroline Fernandes, Daniel Mifano, Fellipe Brandt, José Eduardo Borba, Karina Machado, Lígia Gonçalves, Lilian Braga, Lilian Maracini, Luciene Sandoval, Marina Tarquini, Nelson Pietra, Renata Gomes, Rosangela do Nascimento, Tatiana Antonelli, Thaís Cardoso e Vivian Hori
Fotos: Ana Mello, Pedro Mascaro

Projetos Complementares e Consultoria

Estrutura: ETCPL – engenheiro César Pereira Lopes
Estrutura Metálica: Cia. de Projetos, ETCPL – engenheiro César Pereira Lopes
Fundação: MGA Consultores de Solos
Instalações: SELTEN Instalações e Consultiva Engenharia
Ar-condicionado: Clima Clean Ar-condicionado e Instalações
Acústica: Harmonia Acústica
Luminotécnica: Studio IX
Esquadrias: QMD Consultoria
Ancoragem: PB Soluções em Sistemas de Ancoragem
Comunicação Visual: Oz Design
Cozinhas: Nucleora Projetos
Paisagismo: Fany Galender Arquitetura e Paisagismo
Impermeabilização: PROASSP – Assessoria e Projetos
Elevadores: Empro Comércio e Engenharia em Transporte Vertical
Acessibilidade: Design Universal Consultoria
Maquete Eletrônica: Visualize Arquitetura Digital
Maquete Volumétrica: Practica Maquetes
Orçamento: AWL Planorc Engenharia e Consultoria
Aprovação e Consultoria Legal: Levisky Arquitetos | Estratégia Urbana, Gaia Semear, Tékton, Engepoint Gerenciamento e Consultoria
Construção: Consultenge Consultoria e Engenharia

Colégio Santa Cruz Novo Ginásio de Esportes, Edifício Garagem e Requalificação do Campus

Local: São Paulo, SP
Ano do Projeto: 2015 a 2016
Área do Terreno: 50.000,00 m²
Área Edificada da Obra: 6.180,00 m²
Cliente: Colégio Santa Cruz
Autor do Projeto: Levisky Arquitetos | Estratégia Urbana, Adriana Levisky
Coordenadores: Renata Gomes, Daniel Mifano, Carlos Azevedo
Equipe/Colaboradores: Ana Carolina Angotti, Aline

Victor, Aline Lima, Carolina Cominotti, Caroline Fernandes, Fabiano Bonafé, Fabio Pittas, Felipe Farina, Fellipe Brandt, Karina Machado, Lígia Gonçalves, Lilian Maracini, Luciene Sandoval, Marina Tarquini, Miriam Coradini, Nelson Pietra, Raquel Abdian, Tatiana Antonelli, Thais Cardoso e Thiago Andrade
Construção: Hochtief do Brasil
Projetos Complementares e Consultoria
Acessibilidade: Soluções Consultoria
Acústica: Harmonia
Alambrados: PRN
Combate a Incêndio: Engepoint
Caixilharia: Paulo Duarte
Climatização: WS Ar-condicionado
Conforto Térmico: Ambiental Consultoria
Drenagem Profunda: Erelys
Instalações Elétricas e Hidráulica: Gera
Elevadores: EMPRO
Estrutura de Concreto: ETCPL Projeto Estrutural
Estrutura Metálica: Companhia de Projetos
Fundações: Consultrix
Impermeabilização: Hochtief do Brasil
Luminotecnia: Studio IX
Pisos em Concreto: Mix Design Tartuce
Vedações: Inovatec

Operação Urbana Água Branca Plano de Urbanização do Subsetor A1 – Concurso Público Nacional

Menção honrosa
Local: Água Branca, São Paulo, SP
Ano do Projeto: 2015
Área de Intervenção: 145.215,00 m²
Promotores: Prefeitura de São Paulo – Secretaria de Desenvolvimento Urbano, SP-Urbanismo – São Paulo Urbanismo
Organização: IAB-SP – Instituto de Arquitetos do Brasil
Coautores: Marcelo Barbosa – Bacco Arquitetos Associados, Adriana Levisky – Levisky Arquitetos, Lucas Fehr, Jupira Corbucci, André Ko, Edson Maruyama, Gustavo Fontes, Laís Labate e Larissa Urbano
Colaboradores: Tatiana Antonelli, Ana Carolina Angotti, Carolina Cominotti, Miriam Coradini, Thais Cardoso, Guilherme Lemke Motta e João Paulo Procópio Lacerda
Projetos Complementares e Consultoria
Urbanismo: Adriana Levisky
Paisagismo: Claudia Souza Ramos
Infraestrutura: Ricardo Borges Kerr
Mobilidade: Luiz Otavio Calagian
Geotecnia: Sérgio Murari Ludemann

Senac Unidade Bebedouro

Projeto vencedor da Carta Convite
Local: Bebedouro, SP
Ano do Projeto: 2015 a 2017
Ano Construção: 2019 em execução
Área do Terreno: 1.850,04 m²
Área Projeto: 6.840,00 m²
Área do Terreno: 1.850,04 m²
Área Edificada: 6.840,00 m² em construção
Cliente: Senac – Serviço Nacional de Aprendizagem Comercial
Autor do Projeto: Levisky Arquitetos | Estratégia Urbana, Adriana Levisky
Coordenadores: Daniel Mifano, Renata Gomes
Equipe/Colaboradores: Aline Lima, Ester de Oliveira, Fabio Pittas, Fellipe Brandt, Isadora Correa, Karina Machado, Lígia Gonçalves, Lilian Maracini, Luciene Sandoval, Marina Tarquini, Miriam Coradini, Nathalie Artaxo, Nelson Pietra, Rosangela Nascimento, Tatiana Antonelli, Thais Cardoso e Thiago Andrade
Construção: MKM Engenharia
Projetos Complementares e Consultoria
Estruturas Concreto: ECTPL Escritório Técnico César Pereira Lopes
Estruturas Metálica: Kurkdjian Fruchtengarten Engenheiros
Fundações e Contenções: Infraestrutura Engenharia
Sistema Ancoragem: Bueno Freitas Projetos e Soluções
Sondagem e Terraplanagem: Damasco Penna Engenharia Geotécnica
Piso Estrutural de Concreto: Mix Design
Instalações Hidráulicas: MA2 Projeto & Gerenciamento
Instalações Elétricas: Interplanus Engenharia
Sistemas Eletrônicos: Bosco & Associados.
Climatização: Projetar Projetos e Sistemas
Drenagem: Infraestrutura Engenharia
Luminotécnica: ATO Iluminação e Arquitetura
Paisagismo: Fany Galender Arquitetura e Paisagismo
Impermeabilização: Proassp Assessoria & Projetos
Esquadrias: PCD Consultores
Acústica: Passeri Arquitetos Associados
Combate a Incêndio e Licenciamento: Engepoint
Comunicação Visual: Und | Corporate Design
Transporte Vertical: MG Engenharia
Projeto Cozinha e Sala Bar: Interarq Arquitetos Associados
Acessibilidade: Design Universal Consultoria
Pré-orçamento: W&K Engenharia
Consultoria Ambiental – Arbóreo: Grupo Agroarte
Consultoria Ambiental - Cetesb: Conam Consultoria Ambiental

Levantamento Planialtimétrico: GEO Express Agrimensura
Maquete Eletrônica: Studio 10:18
Maquete Física: Ms2 Tech

Hospital Sírio-Libanês
Velório e Centro de Inovação

Local: Bela Vista, São Paulo, SP
Ano do Projeto: 2015 a 2018
Ano de Conclusão Obra: 2019
Área de Terreno: 519,00 m²
Área de Construção: 2.038,00 m²
Cliente: S.B.S. Hospital Sírio-Libanês
Autor do Projeto: Levisky Arquitetos | Estratégia Urbana, Adriana Levisky
Coordenador: Daniel Mifano
Equipe/Colaboradores: Aline Lima, Ana Angotti, Caroline Domingues, Daniel Mifano, Fabio Pittas, Felipe Farina, Fellipe Brandt, Isadora Correa, Karina Machado, Luciene Sandoval, Marina Tarquini, Miriam Coradini, Nathalie Artaxo, Nelson Pietra, Renata Gomes, Rosangela Nascimento, Tatiana Antonelli, Thais Cardoso e Thiago Andrade
Fotografia: Nathalie Artaxo

Projetos Complementares e Consultoria

Acústica: Harmonia Acústica
Automação: Bettoni Automação e Segurança
Climatização: JCNS Projetos
Instalações Prediais: Politécnica Engenharia
Luminotécnia: Foco Luz
Caixilhos: D&S Consultores
Estrutura: ETCPL
Vedações: ADDOR & Associados
Impermeabilização: Proassp Assessoria e Projetos
Fundação: Apoio Assessoria de Fundações
Consultoria Legal: Levisky Arquitetos

Grande Hotel São Pedro Senac
Requalificação do Jardim Contemplativo

Local: Águas de São Pedro, SP
Ano do Projeto: 2016
Ano da Obra: 2019
Área: 19.200,00 m²
Cliente: Senac – Serviço Nacional de Aprendizagem Comercial
Autor do Projeto: Levisky Arquitetos | Estratégia Urbana, Adriana Levisky
Equipe/Colaboradores: Renata Gomes, Daniel Mifano, Lilian Maracini, Marina Tarquini, Nathalie Artaxo, Aline Victor, Fabio Pittas, Fellipe Brandt, Thiago Andrade, Nelson Pietra e Luciene Sandoval
Fotografia: Divulgação Senac e Levisky Arquitetos
Maquete Eletrônica: Studio 10:18
Execução: Agroarte e Natural Lagos

Projetos Complementares e Consultoria

Luminotécnica: Studio IX
Paisagismo: Fany Galender Arquitetura e Paisagismo
Drenagem: PHE Projetos Hidráulicos e Elétricos
Irrigação: Regatec Sistema de Irrigação
Sondagem e Terraplanagem: Damasco Penna Engenharia Geotécnica
Instalações Elétricas e Hidráulicas: PHE Projetos Hidráulicos e Elétricos
Climatização: Politécnica Engenharia
Drenagem: PHE Projetos Hidráulicos e Elétricos
Levantamento Planialtimétrico: Mesure Engenharia

Hospital Israelita Albert Einstein
Unidade Morato Ensino
Faculdade de Medicina e Enfermagem

Local: Vila Sônia, São Paulo, SP
Ano do Projeto: 2016 a 2017
Área do Terreno: 13.600,00 m²
Área Objeto da Reforma: 1.590,00 m²
Cliente: Sociedade Beneficente Israelita Brasileira Hospital Albert Einstein
Autor do Projeto: Levisky Arquitetos | Estratégia Urbana, Adriana Levisky
Coordenador: Daniel Mifano
Equipe/Colaboradores: Aline Lima, Alynne Queiroz, Ana Carolina Angotti, Ana Claudia Gonzaga, Caroline Domingues, Felipe Farina, Fellipe de Paiva Brandt, Isadora Correa Carioca, Karina Machado, Luciene Sandoval, Nelson Della Pietra, Roberta Belarmino, Thais Cardoso, Renata Gomes e Tatiana Antonelli

Projetos Complementares e Consultoria

Estrutura: AMPD Projetos Estruturais
Instalações: Politécnica Engenharia
Ar-condicionado: Politécnica Engenharia
Acústica: Harmonia Acústica
Luminotécnica: Studio IX
Esquadrias: QMD Consultoria
Comunicação Visual: Ativa
Paisagismo: Fany Galender Arquitetura e Paisagismo
Maquete Eletrônica: Visualize Arquitetura Digital
Orçamento: AWL Planorc Engenharia e Consultoria
Aprovação e Consultoria Legal: Levisky Arquitetos | Estratégia Urbana, Engepoint Gerenciamento e Consultoria

Jockey Club de São Paulo Master Plan

Local: Jardins, São Paulo, SP
Ano do Projeto: 2016 a 2017
Área de Intervenção: 586.630,00 m²
Cliente: Jockey Club São Paulo
Autor do Projeto: Levisky Arquitetos | Estratégia Urbana, Königsberger Vannucchi Arquitetos Associados
Equipe/Colaboradores: Ana Carolina Angotti, Fabiano Bonafé, Felipe Farina, Karina Machado, Miriam Coradini, Renata Gomes e Tatiana Antonelli

Boulevard da Diversidade

Local: Bela Vista, São Paulo, SP
Ano do Projeto: 2016 a 2020
Área de Intervenção: 9.850,00 m² (superfície), 2.400 m² (passagem subterrânea)
Realização: Associação São Paulo Capital da Diversidade
Autor do Projeto: Levisky Arquitetos | Estratégia Urbana, Adriana Levisky
Coordenador: Daniel Mifano
Equipe/Colaboradores: Renata Gomes, Tiago Candido, Aline Lima, Ana Carolina Angotti, Caroline Domingues, Fábio Pittas, Fellipe Brandt, Isadora Carioca, Isadora Toledo, Karina Machado, Luciene Sandoval, Marina Tarquini, Nelson Pietra, Sarah Porto, Tatiana Antonelli, Thaís Cardoso e Victoria Arruda

Projetos Complementares e Consultoria

Escultura TUPI: Arne Quinze
Paisagismo: Benedito Abbud
Patrimônio Histórico: CASATUAL Incorporações e Construções
Elétrica: CTPF Projetos e Consultoria
Acessibilidade: Design Universal Consultoria
Infraestrutura e Pavimento: FAT's Engenharia
Mobiliário Urbano: Irmãos Campana
Drenagem e Hidráulica: Linear Engenharia
Meio Ambiente: Legal Tree Consultoria e Engenharia
Estrutura: Maffei Engenharia
Sistema Viário: Michel Sola Consultoria e Engenharia
Luminotécnica: Studio IX
Maquete Eletrônica: Visualize Arquitetura Digital

Tiquatira PPP de Transporte e Requalificação Urbana

Local: São Paulo, SP
Ano do Projeto: 2016-2017
Área de Intervenção: 116.582,00 m²
Cliente: Secretaria da Habitação do Estado de São Paulo, CDHU – Companhia de Desenvolvimento Habitacional e Urbano
Autor do Projeto: Levisky Arquitetos | Estratégia Urbana, Adriana Levisky
Equipe/Colaboradores: Ana Carolina Angotti, Carolina Cominotti, Fabiano Bonafé, Felipe Farina, Lígia Gonçalves, Luciene Sandoval, Renata Gomes e Tatiana Antonelli
Modelagem Econômica: Galipolo Consultoria – Gabriel Galipolo

Hospital Israelita Albert Einstein Plano Diretor Urbanístico Hospitalar

Local: Morumbi, São Paulo, SP
Ano do Projeto: 2017 a 2019
Área de Intervenção: 302.415,00 m²
Área Edificada: 194.500,00 m²
Cliente: Sociedade Beneficente Israelita Brasileira Hospital Albert Einstein
Autor do Projeto: Levisky Arquitetos | Estratégia Urbana, Adriana Levisky
Coordenadores: Renata Gomes, Adriana Salles, Daniel Mifano
Equipe/Colaboradores: Aline Lima, Ana Angotti, Caroline Domingues, Débora Mello, Fabiano Bonafé, Fellipe Brandt, Isadora Correa, Isadora Toledo, Karina Machado, Luciene Sandoval, Manuel Sequeira, Miriam Coradini, Nelson Pietra, Sarah Porto, Tatiana Antonelli, Thais Cardoso e Tiago Candido
Maquete Eletrônica: Visualize Arquitetura Digital

Sesc Unidade Limeira Concurso

Estudo Preliminar não vencedor
Local: Limeira, SP
Ano do Projeto: 2017
Área do Terreno: 20.516,52 m²
Área Edificada de Projeto: 19.954,05 m²
Autor do Projeto: Levisky Arquitetos | Estratégia Urbana, Adriana Levisky
Coordenadores: Renata Gomes, Daniel Mifano
Equipe/Colaboradores: Aline Lima, Daniel Mifano, Fabio Pittas, Felipe Farina Fellipe Brandt, Miriam Coradini, Nelson Pietra e Thais Cardoso

Sistema de Saúde | Business Plan
Estudo de Viabilidade

Local: São Paulo, SP
Ano do Projeto: 2017
Área do Terreno: 19.252,15 m²
Área do Estudo: 110.000,00 m²
Autor do Projeto: Levisky Arquitetos | Estratégia Urbana, Adriana Levisky
Coautores: Ânima e Thacc Soluções
Coordenadores: Renata Gomes, Daniel Mifano
Equipe/Colaboradores: Felipe Farina, Miriam Coradini, Tatiana Antonelli, Tiago Candido e Victoria Almeida
Consultores: ÂNIMA Consultoria, THACC Soluções

Parque Vila Flora
Requalificação urbana

Local: Guarulhos, SP
Ano do Projeto: 2017
Área de Projeto: 19.900,00 m²
Cliente: Umicore Brasil Ltda.
Autor do Projeto: Levisky Arquitetos | Estratégia Urbana, Adriana Levisky
Coordenador: Renata Gomes
Equipe/Colaboradores: Aline Victor, Ana Carolina Angotti, Fabio Pittas, Isadora Correa, Lígia Gonçalves, Luciene Sandoval, Roberta Belarmino e Tatiana Antonelli

Projetos Complementares e Consultoria

Maquete Eletrônica: Visualize Arquitetura Digital
Orçamento: AWL Planorc Engenharia e Consultoria

IOCAP Instituto de Otorrinolaringologia e Cirurgia de Cabeça e Pescoço da UNICAMP
Estudo em concurso fechado para nova unidade ambulatorial (não vencedor)

Local: Campinas, SP
Ano do Estudo: 2018
Área Lote: 9.017,00 m²
Área Edificada de Projeto: 6.853,75 m², 2.597,10 m² (área descoberta)
Cliente: FASCAMP – Fundação da Área de Saúde de Campinas
Autor do Projeto: Levisky Arquitetos | Estratégia Urbana, Adriana Levisky
Equipe/Colaboradores: Renata Gomes, Daniel Mifano, Adriana Salles, Thaís Cardoso, Felipe Farina, Fellipe Brandt, Isadora Toledo, Victoria de Almeida, Nelson Pietra e Luciene Sandoval
Maquete Eletrônica: Visualize Arquitetura Digital

Senac
Unidade Presidente Prudente
Concurso

Carta Convite
Estudo Preliminar não vencedor
Local: Presidente Prudente, SP
Ano do Projeto: 2018
Área do Terreno: 20.062,00 m²
Área Edificada de Projeto: 8.650,00 m²
Cliente: Senac – Serviço Nacional de Aprendizagem Comercial
Autor do Projeto: Levisky Arquitetos | Estratégia Urbana, Adriana Levisky
Coordenadores: Renata Gomes, Daniel Mifano
Equipe/Colaboradores: Aline Lima, Fabio Pittas, Felipe Farina, Fellipe Brandt, Luciene Sandoval, Nelson Pietra e Thais Cardoso

Projetos Complementares e Consultoria

Maquete Eletrônica: André Sauaia Arquiteto

Hospital Sírio-Libanês
Plano Diretor Urbanístico Hospitalar

Local: Morumbi, São Paulo, SP
Ano do Projeto: 2018 a 2019
Área de intervenção: 182.600,00 m²
Cliente: S.B.S. Hospital Sírio-Libanês
Autor do Projeto: Levisky Arquitetos | Estratégia Urbana, Adriana Levisky
Coordenadores: Renata Gomes, Adriana Salles
Equipe/Colaboradores: Aline Lima, Ana Angotti, Caroline Domingues, Daniel Mifano, Fabiano Bonafé, Fabio Pittas, Fellipe Brandt, Isadora Correa, Isadora Toledo, Karina Machado, Luciene Sandoval, Miriam Coradini, Nelson Pietra e Tatiana Antonelli

Santa Casa de Misericórdia de São Paulo
Plano Diretor Urbanístico Hospitalar

Local: São Paulo, SP
Ano do Projeto: 2019 a 2020
Área de Terreno: 48.506,45 m²
Área de Construção: 91.019,00 m²
Cliente: Santa Casa de Misericórdia de São Paulo
Autor do Projeto: Levisky Arquitetos | Estratégia Urbana, Adriana Levisky
Coordenador: Renata Gomes
Equipe/Colaboradores: Aline Lima, Alynne de Queiroz, Ana Angotti, Caroline Domingues, Daniel Mifano, Débora Mello, Fabiano Bonafé, Felipe Farina, Fellipe Brandt,

Isadora Correa, Karina Machado, Luciana Gimeno, Luciene Sandoval, Mariana Higa, Miriam Coradini, Nelson Pietra, Sarah Porto, Tatiana Antonelli, Thais Cardoso, Victoria de Almeida e Yara Fonseca
A versão anterior do projeto contou com a parceria de FGMF Escritório de Arquitetura.

Ginásio do Ibirapuera
Projeto de Intervenção Urbana (PIU)

Local: São Paulo, SP
Ano do Projeto: 2019-2021
Área de Estudo: 91.860,00 m²
Realização: Governo do Estado de São Paulo
Coordenação Geral da Consultoria: Fipe – Fundação Instituto de Pesquisas Econômicas
Coordenação das Consultorias Técnicas (Modelagem Urbanística): Levisky Arquitetos | Estratégia Urbana

Projetos Complementares e Consultoria

Ambiental: Legal Tree
Mobilidade: TTC Soluções em Mobilidade
Patrimônio: Casatual Incorporações e Constr.
Levantamento Planialtimétrico: Kazutoshi Shibuya Serviços Técnicos de Agrimensura
Engenharia: Avanza
Coordenador: Tatiana Antonelli, Daniel Mifano
Equipe/Colaboradores: Ana Angotti, Fabiano Bonafé, Felipe Farina, Karina Machado, Tiago Candido, Victoria de Almeida e Yara Fonseca

Colaboradores Levisky Arquitetos

Listamos aqui os profissionais que atuam na Levisky Arquitetos ou que colaboraram conosco em algum momento desta trajetória: Adriana Faria Salles, Adriana Limoli, Aline Lima dos Santos, Alynne de Queiroz Santos Saraiva, Amanda Cassone Llata, Ana Beatriz Ferreira Xavier, Ana Carolina Bocchio Angotti, Ana Claudia Polettini Gonzaga de Oliveira, Anderson da Costa Silva, Annye Gabriela Kuntz Nascimento, Breno Luiz da Silva Miguel, Carina Terra de Moraes Luizaga, Carlos Manuel Domingues Sequeira Junior, Carlos Roberto de Azevedo, Carolina Dondice Cominotti, Carolina Moterani Pazian, Caroline Nogueira Domingues Athayde, Caroline Nunes de Souza Fernandes, Catia Portughesi de Moura, Cristiano Aprigliano, Daniel de Souza Lima, Daniel Maiettini, Daniel Mifano, Daniela Cristina Santana, Debora Sanchez Gomes de Mello, Ester Carro de Oliveira, Fabiano de Siqueira Bonafe, Fabio Eduardo Taurizano Torres, Fabio Tapias Maisonnave Pittas, Felipe Farina Borges Fortes, Fellipe Cornellio de Paiva Caldeira Brandt, Fernando Silveira Lima, Flavia Cancian, Flavia Pulcherio de Oliveira e Souza, Flavio Resende de Magalhaes Castro, Fred Montecinos, Iderlene Luciene Sandoval, Isadora Correa Carioca, Isadora Gonçalves de Toledo, Jasel Alvarenga, José Eduardo Borba Pereira, Juliana Hanyin Cavalcanti Yue, Juliana Vargas Castilho, Julianny Aidel Rafea, Kaisa Isabel da Silva Santos, Karina Pereira Machado, Lidia Vitoria Pires de Albuquerque, Lígia Gonçalves da Silva Dias, Lilian Costa Braga, Lilian Maracini, Luciana de Castro Lima Magalhães, Luciana Fernandez Gimeno, Maria Andrea Cavalcanti, Mariana Goncalves Higa, Mariany de Castro Proette, Marina Ferreira Mendes, Marina Tarquini, Miriam Chanquini, Miriam Paula Coradini, Nathalie Artaxo Santiago Toledo, Nelson della Pietra, Paulo Gagliardi Noguer, Raquel Ghiotto Abdian, Regina Matos de Carvalho, Renata de Oliveira Saraiva, Renata Helena de Paula, Renata Peloi Bettencourt, Roberta Belarmino de Aguiar, Rosangela do Nascimento Henrique, Sandro Foltran, Sarah Aparecida de Sá Porto, Sheila Cristina Coelho dos Santos, Tatiana Rodrigues Antonelli de Mendonça, Tayana Barradas Mesquita, Thais Rodrigues Cardoso, Thiago Andrade Costa, Tiago Henrique Candido, Vera Regina Caputo Jacintho, Victoria de Almeida Arruda, Vivian Hori Hawthorne e Yara Fonseca Alves.

Sobre a autora

A arquiteta urbanista Adriana Levisky, formada pela Faculdade de Arquitetura e Urbanismo da USP e mestre pela Faculdade de Filosofia, Letras e Ciências Humanas da USP, é sócia titular do Levisky Arquitetos | Estratégia Urbana, escritório de projetos arquitetônicos, sobretudo institucionais, na área da educação, da saúde e da cultura, de projetos urbanos e de consultoria estratégica. A partir de uma visão que une criatividade e inovação, Levisky Arquitetos | Estratégia Urbana vem elaborando, desde 2003, soluções e ações relacionadas às questões urbanística e edilícia, ao desenvolvimento e à aprovação de empreendimentos complexos, bem como à viabilização de interlocuções e modelos de cooperação público-privados. Com um portfólio que traz mais de 15 milhões de metros quadrados desenvolvidos entre projetos e consultorias, a Levisky Arquitetos | Estratégia Urbana vem atuando com foco em requalificação de espaços públicos e privados para a valorização urbana e a melhora da qualidade de vida nas regiões metropolitanas.

Ao longo de sua atividade profissional, Adriana lecionou na cadeira de projeto arquitetônico e desenho urbano nas Faculdades Braz Cubas, Uniban e Módulo, e nas disciplinas de planos diretores hospitalares e de procedimentos regulatórios na pós-graduação do Instituto de Ensino e Pesquisa Albert Einstein. Em sua atividade institucional, Adriana é conselheira do Conselho Deliberativo da Associação Regional dos Escritórios de Arquitetura de São Paulo (AsBEA-SP), por meio da qual atua como membro da Comissão de Edificações e Uso do Solo (CEUSO). É conselheira do Conselho Brasileiro da Construção Sustentável (CBCS) e membro representante da FecomercioSP, na Câmara Técnica de Legislação Urbanística (CTLU).

Saiba mais:
www.leviskyarquitetos.com.br
www.facebook.com/leviskyarquitetos
www.instagram.com/leviskyarquitetos

Crédito das imagens

Legenda: a (alto), ae (alto esquerda), ac (alto centro), ad (alto direita), c (centro), ce (centro esquerda), cc (centro centro), cd (centro direita), e (embaixo), ee (embaixo esquerda), ec (embaixo centro), ed (embaixo direita), i (página inteira), esq (esquerda), dir (direita).

Ana Mello: 67i, 68i, 69i, 88ee, 88ed, 89e, 90i, 91ae, 91ad, 91c, 93e, 94e, 95a, 95e, 96/97i, 98e, 99ad, 100a, 100ee, 100/101e, 102/103i, 200i, 203ed, 204ae, 204ad, 204e, 205a, 205e, 206a, 206e, 207a, 207e, 290dir, 291i, 292a, 292e, 293a, 294a, 294ed, 295i, 314a, 314c, 314e, 315a, 315e, 316a, 316e, 317esq, 317ad, 317ed, 408a (Fotomontagem Bacco Arquitetos sobre foto de Ana Mello).

Bacco Arquitetos: 348/349i, 358/359e, 362a, 362e, 363a, 363e, 364a, 364e, 408a (Fotomontagem Bacco Arquitetos sobre foto de Ana Mello), 408c, 408e, 409a, 409e.

Daniel Ducci: 159ae, 159ad, 159cd, 159ee, 159ed.

Levisky Arquitetos: 27i, 28i, 30/31i, 35c, 37ee, 38a, 38ee, 39ed, 40i, 45a, 45e, 46ae, 46ad, 46c, 46ee, 46ed, 48i, 49a, 49ee, 49ed, 50c, 51a, 52e, 56a, 57i, 58/59i (Desenho Levisky Arquitetos sobre base/ortofoto 2003), 60/61i (Desenho Levisky Arquitetos sobre base/ortofoto 2003), 64e, 65ae, 65ad, 65e, 70i, 71i (Fotomontagem Levisky Arquitetos sobre base Google), 72/73i, 75e, 77esq, 77ed (Fotomontagem Levisky Arquitetos sobre foto de Nelson Kon), 78esq (Fotomontagem Levisky Arquitetos sobre base Google), 78ad (Fotomontagem Levisky Arquitetos sobre base Google), 79i, 80a, 80ee, 81ad (Fotomontagem Levisky Arquitetos sobre foto de Nelson Kon), 82a (Fotomontagem Levisky Arquitetos sobre foto de Nelson Kon), 83ee, 84c (Fotomontagem Levisky Arquitetos sobre foto de Nelson Kon), 86a, 87a, 87e (Fotomontagem Levisky Arquitetos sobre foto de Nelson Kon), 88a, 88c, 89a, 89c, 91e, 92ae, 92ad, 92e, 93ae, 93ad, 94a, 98a, 99ae, 99e, 100ec, 101ad, 104a, 104e, 105i, 106esq, 107a, 107e (Fotomontagem Levisky Arquitetos sobre foto de Nelson Kon), 108e (Fotomontagem Levisky Arquitetos sobre foto de Nelson Kon), 109ad, 109cd, 109ed, 110e (Fotomontagem Levisky Arquitetos sobre foto de Nelson Kon), 111a (Fotomontagem Levisky Arquitetos sobre foto de Nelson Kon), 112/113i, 114i (Fotomontagem Levisky Arquitetos sobre base Google), 116esq, 116ad, 117ae, 117ad, 119i (Fotomontagem Levisky Arquitetos sobre base), 121i (Fotomontagem Levisky Arquitetos sobre base), 122i (Fotomontagem Levisky Arquitetos sobre base), 123i (Fotomontagem Levisky Arquitetos sobre base), 124i (Fotomontagem Levisky Arquitetos sobre base), 125i (Fotomontagem Levisky Arquitetos sobre base), 126i (Fotomontagem Levisky Arquitetos sobre base), 128/129i, 130a, 130e, 132a, 133a, 134/135i, 136esq, 136dir, 142/143c, 143ce, 143cd, 144/145e (Desenho Levisky Arquitetos sobre base/ortofoto PMSP, 2017), 146i (Desenho Levisky Arquitetos sobre base/ortofoto PMSP, 2017), 147ce, 147cd, 148i (Desenho Levisky Arquitetos sobre base/ortofoto PMSP, 2017), 149e, 150/151i, 153cd, 153e, 154/155i, 156e, 157d (Desenho Mapa de Risco IPT, 2007. Cota 200), 160a, 161a, 162/163a, 162/163e (Fotomontagem Levisky Arquitetos sobre base Google Earth), 163ad, 165i, 168ae, 168e, 168/169a, 169ad, 169c, 169e, 170ae, 170ad, 170/171e, 171ad, 172ae, 172ad, 172e, 174ce, 174cd, 174ee, 174/175e, 175ec, 175ed, 184i, 192a, 192/193i (Fotomontagem Levisky

Arquitetos sobre base Google), 195a, 196a, 197e, 198/199i, 201a, 201e, 202a, 202/203e, 208i, 209ae, 209ad, 209e, 210/211i, 212ae, 212/213e, 214/215e, 216/217a, 216/217e, 220i (Fotomontagem Levisky Arquitetos sobre base Google Earth), 221e, 222e, 223c, 223e, 224/225e, 225a, 226a, 226e, 226/227e, 228a, 228e, 228/229i, 230a, 230e, 231a, 231e, 232i, 233esq, 233ad, 233cd, 233ed, 234i, 235i, 236i, 237i, 238a, 238c, 238e, 240a, 240e, 241a, 241e, 242i, 243i, 244i, 245i, 248dir, 252a, 252e, 253ad, 253cd, 253ee, 254a, 254e, 255a, 255e, 258i, 259i, 260i, 261a, 261e, 262a, 262ee, 262ec, 262ed, 263e, 264e, 265a, 265e, 266a, 266e, 267e, 268a, 268e, 269e, 271i, 272e, 273a, 273ee, 273ed, 274ae, 274ad, 274/275e, 275dir, 276a, 276c, 276e, 277a, 277e, 278a, 278e, 279ad, 279e, 280a, 280e, 281a, 281e, 282a, 282e, 283a, 283e, 284a (Fotomontagem Levisky Arquitetos sobre base Google Earth), 284e, 285a, 285c, 285e, 286a, 287a, 287e, 288a, 288e, 289a, 289e, 290esq, 290ec, 294ee, 296ad, 298e, 299a, 299e, 300i, 301i, 302a, 302e, 303ae, 303ad, 303e, 304a, 304e, 305a, 305ee, 305ed, 306a, 306e, 307a, 307e, 312a (Fotomontagem Levisky Arquitetos sobre foto de Nelson Kon), 313a, 313e, 318c, 318e, 319a, 319e, 321i, 322i, 323i (Fotomontagem Levisky Arquitetos sobre base Google), 324/325i, 342/343i, 366a (Fotomontagem Levisky Arquitetos sobre base Google Earth), 367a (Fotomontagem Levisky Arquitetos sobre base Google Earth), 367e (Fotomontagem Levisky Arquitetos sobre base Google), 369e, 370a, 371a, 371e, 372a, 372/373e, 373a, 373e, 374/375i, 376e (Fotomontagem Levisky Arquitetos sobre base Google), 377a, 377e (Fotomontagem Levisky Arquitetos sobre base Google Earth), 378a, 378e, 379a (Fotomontagem Levisky Arquitetos sobre base Google), 380a, 380e, 381a, 381e (Fotomontagem Levisky Arquitetos sobre base Google Earth), 382/383i, 384a (Fotomontagem Levisky Arquitetos sobre base Google), 385a (Fotomontagem Levisky Arquitetos sobre base Google), 385e, 386/387a, 386/387e, 387a, 388a, 388e, 389a, 390e, 390/391a, 392c, 393c, 394i, 396/397i, 397dir, 398a, 398e, 399a, 399e, 400/401e, 401ad, 401cd, 402a (Fotomontagem Levisky Arquitetos sobre base Google Earth), 402e (Fotomontagem Levisky Arquitetos sobre base Google Earth), 403i (Fotomontagem Levisky Arquitetos sobre base Google Earth), 404/405i, 405ad (Fotomontagem Levisky Arquitetos sobre base Google), 406a, 406e (Fotomontagem Levisky Arquitetos sobre base Google Earth), 407a, 407e, 410a, 410e, 411a, 411e, 412a, 412e, 413i, 414i, 415i (Fotomontagem Levisky Arquitetos sobre base Google Earth), 416/417a (Fotomontagem Levisky Arquitetos sobre base Google), 417ad, 417ed (Fotomontagem Levisky Arquitetos sobre base Google Earth), 418a (Fotomontagem Levisky Arquitetos sobre base Google Earth), 418e, 419a, 419e, 420a, 420e, 421a, 421e.

Lis Levisky Loureiro: 430i

Nathalie Artaxo: 29i, 38ed, 39ee, 42a, 43a, 256esq, 257c, 308i, 310esq, 311a.

Nelson Kon: 25i, 26i, 37ec, 37ed, 42ee, 43e, 47a, 47e, 50a, 50e, 51e, 53a, 76e, 77ed (Fotomontagem Levisky Arquitetos sobre foto de Nelson Kon), 81ae, 81ad (Fotomontagem Levisky Arquitetos sobre foto de Nelson Kon), 82e, 82a (Fotomontagem Levisky Arquitetos sobre foto de Nelson Kon), 84c (Fotomontagem Levisky Arquitetos sobre foto de Nelson Kon), 87e (Fotomontagem Levisky Arquitetos sobre foto de Nelson Kon), 107e (Fotomontagem Levisky Arquitetos sobre foto de Nelson Kon), 108ae, 108e (Fotomontagem Levisky Arquitetos sobre foto de Nelson Kon), 110a, 110e (Fotomontagem Levisky Arquitetos sobre foto de Nelson Kon), 111e, 111a (Fotomontagem Levisky Arquitetos sobre foto de Nelson Kon), 176a, 179i, 182/183i, 219e, 238/239i, 246/247i, 248esq, 249i, 250a, 250e, 251a, 251e, 309a, 310/311e, 312e, 312a (Fotomontagem Levisky Arquitetos sobre foto de Nelson Kon).

O Estado de S.Paulo: 140a, 141a, 375a.

Oz Design: 296ae, 296e, 297a, 297e.

Pedro Mascaro: 34i, 44c, 52a, 54/55i, 292/293e.

Senac: 213dir, 298a.